中央专项彩票公益金支持青少年校外研学实践
教育项目的实践与思考研究成果系列丛书

教学计划与策略：文化传承与创新教育

中国教育会计学会　组织编写
田书源　杨　昕　主　审
郭永昌　杨　伟　林春树　孟祥池　徐显平　编　著

中国财经出版传媒集团
中国财政经济出版社
·北　京·

图书在版编目（CIP）数据

教学计划与策略．文化传承与创新教育／中国教育会计学会组织编写；郭永昌等编著．-- 北京：中国财政经济出版社，2024.6

（中央专项彩票公益金支持青少年校外研学实践教育项目的实践与思考研究成果系列丛书）

ISBN 978-7-5223-3182-9

Ⅰ．①教…　Ⅱ．①中…　②郭…　Ⅲ．①中小学生—文化素质教育—教学研究　Ⅳ．①G631

中国国家版本馆CIP数据核字（2024）第103014号

责任编辑：陈　冰　　　　责任印制：张　健
封面设计：卜建辰　　　　责任校对：胡永立

教学计划与策略：文化传承与创新教育
JIAOXUE JIHUA YU CELÜE：WENHUA CHUANCHENG YU CHUANGXIN JIAOYU

中国财政经济出版社 出版

URL：http：//www.cfeph.cn
E-mail：cfeph@cfeph.cn

社址：北京市海淀区阜成路甲28号　邮政编码：100142
营销中心电话：010-88191522
天猫网店：中国财政经济出版社旗舰店
网址：https：//zgczjjcbs.tmall.com
北京密兴印刷有限公司印刷　各地新华书店经销
成品尺寸：185mm × 260mm　16开　23.5印张　470 000字
2024年6月第1版　2024年6月北京第1次印刷
定价：67.00元
ISBN 978-7-5223-3182-9
（图书出现印装问题，本社负责调换，电话：010-88190548）
本社图书质量投诉电话：010-88190744
打击盗版举报热线：010-88191661　QQ：2242791300

序

文化，是一个区域、一个民族在一个漫长时期里共同的思维、言行及表达习惯，也是青少年正德铸魂的重要基础。语言、科技、艺术、饮食、服饰、习俗等是文化最明显的表达符号。中华民族五千多年源远流长的璀璨文化，是我们宝贵的精神财富。随着时代的飞速发展和中国的崛起，中华民族博大精深的优秀文化正日益广泛地向世界展示其独特的魅力。

2023 年 6 月 2 日，习近平总书记出席中国历史研究院文化传承座谈会时，就中国文化与中华文明的传承与发展发表了重要讲话。对中华文化的渊源、特征，以及继续推动文化繁荣、建设文化强国、构筑中华民族现代文明的新时代新的文化使命，作出重要论述。《中共中央关于党的百年奋斗重大成就和历史经验的决议》中指出："中华优秀传统文化是中华民族的突出优势，是我们在世界文化激荡中站稳脚跟的根基，必须结合新的时代条件传承和弘扬好。"

在青少年文化传承与创新教育中，校外研学实践教育起到了至关重要的作用。多年来，国家级研学实践教育营地充分挖掘当地及周边特色文化资源，弘扬中华民族优秀传统文化主旋律，创设了丰富多彩、生动有效的研实践教育活动与课程，用文化润物细无声地浸润学生们的心田。《教学计划与策略：文化传承与创新教育》一书，以习近平同志重要讲话精神为指引，牢牢把握创造性转化与创新性发展这两个青少年文化传承与创新教育的关键词，与各相关营地的教师团队精心遴选、悉心研磨、实践验证，汇编了25个教学策略与计划案例。案例汇集了各个国家级营地的经验与成果，为全国青少年校外研学实践教育提供了丰富的“菜谱”，更为全国营地、基地以及研学实践同行机构提供了可资借鉴与复制的范本。

我们期待，全国的校外研学实践教育营地、基地共同努力，研发更多、更精彩的文化传承与创新主题校外研学实践教育活动与课程，以此涵养青少年社会主义核心价值观，并坚定他们的文化自信。

田书源　杨　昕
2024年3月30日

编写说明

文化传承与创新教育是中小学校外研学实践教育目的指向中资源最广泛、内容最丰富的实践教学活动。《预算管理视角下的中小学生校外研学实践研究》课题组就校外研学实践教育如何进行文化传承与创新教育开展了深入研究。研究认为，学校应根据教育教学计划灵活安排研学时间，并根据学段特点和地域特色，逐步建立小学阶段以乡土乡情为主、初中阶段以县情市情为主、高中阶段以省情国情为主的文化传承与创新教育研学活动课程体系。国家级研学实践教育营地应充分发挥枢纽作用，依托周边历史文化遗产、红色教育基地和研学实践教育基地等优质研学资源，打造一批具有代表性、可选择性和规划性的研学线路，开发设计时长2~5天的必修课程和选修课程，形成以营地为枢纽、基地为站点，布局合理、互联互通的研学实践教育网络。

本书是《预算管理视角下的中小学生校外研学实践研究》的部分成果。为方便阅读和比较，课题组研究设计了教学计划与策略探索列表，内容包含研学资源利用、与校内教育衔接、研学课程、研学线路、教学重难点、教学策略、实施方案等。全书共分四部分，第一部分介绍了文化传承与创新教育教学指向的意义，突出主题内容；第二部分是围绕该目的指向，设定了小学高年级段、初中段、高中段三个不同学段的教学目的，突出目的导向；第三部分基于不同学段学生情况，分别从年龄阶段特点与需求、现有知识与能力、学习兴趣与动机、学习障碍与策略四个维度进行分析，突出个性化；第四部分是不同研学主题的教学计划与策略列表优秀案例展示，突出代表性。优秀案例是从全国71家营地关于文化传承与创新教育教学计划与策略探索案例中择选的25个典型案例，这些案例主题鲜明、内容丰富，各具特色、亮点纷呈，特别是在营地周边优质研学资源整合利用、研学实践与校内教育衔接、研学线路与课程设计等方面具有较强的实践性和教育性，为各级各类营地（基地）校外研学实践教育活动开展提供了范例参考。

书中选编的优秀案例是按照营地编号从小到大进行排序。

敬畏历史、敬畏文化，深化全社会对历史文化的滋养与理解，需要推动中华优秀传统文化创造性转化和创新性发展。希望本书呈现的文化传承与创新教育教学计划与策略探索研究成果，能为各地各校在弘扬优秀中华文明，创新发展中华优秀传统文化方面提供有益的参考和帮助。

编者

2024年3月

目录

CONTENTS

1 文化传承与创新教育教学指向的意义

文化是人类在社会发展过程中所创造的物质财富和精神财富的总和。中华文化源远流长、博大精深，是中华民族独特的精神标识，是当代中国文化的根基，是维系全世界华人的精神纽带，也是中国文化创新的宝藏。习近平主席深刻指出："没有高度的文化自信，没有文化的繁荣兴盛，就没有中华民族伟大复兴。""我们一定要重视历史文化保护传承，保护好中华民族精神生生不息的根脉。"

文化传承是对传统文化、历史、艺术、科学等方面的知识、技能、价值观等进行继承、传播和弘扬的过程。文化创新是在传承的基础上，对传统文化进行创新、改进和发展，使其更符合现代社会的需求和价值观。习近平提出要推动中华优秀传统文化创造性转化、创新性发展，加强社会主义精神文明建设，不断推动中华优秀传统文化创新发展。

2016年11月，教育部等11部门印发了《关于推进中小学生研学旅行的意见》（以下简称《意见》），要求各地将研学旅行摆在更加重要的位置，推动研学旅行健康快速发展。《意见》明确指出开展研学旅行，有利于促进学生培育和践行社会主义核心价值观，激发学生对党、对国家、对人民的热爱之情；有利于推动全面实施素质教育，促进书本知识和生活经验的深度融合；有利于满足学生日益增长的旅游需求，从小培养学生文明旅游意识。

研学实践教育活动拓宽了文化教育的实施空间，丰富和发展了文化教育的内容和形式，是衔接校内、校外文化教育的有效途径。文化传承与创新作为研学实践教育内容之一，旨在通过深度挖掘传统文化、历史文化、革命文化、非物质文化等各类文化资源，并将其转化为符合不同学段学生认知需求的教育资源，开展丰富的文化传承与创新研学实践教育活动，让学生了解博大精深的中华文化内涵，树立文化传承意识，培养文化创新精神，传承和弘扬中华优秀传统文化，促进学生培育和践行社会主义核心价值观，成为有理想、有道德、有文化的新时代青年。

2 不同学段的教学目的设计

2.1 小学高年级段

（1）价值体认：通过亲历、参与历史文化研习、传统礼仪体验、中医药文化探究等文化传承与创新主题教育活动，培养对中华优秀传统文化的基本认知和积极学习的态度，树立尊重传统文化、珍视文化传承的价值观。

（2）责任担当：围绕文化传承与创新主题开展传统手工制作、非遗文化传承、红色思政教育活动，深刻理解中华优秀传统文化的内涵，将文化元素内化为自己的情感、认知和行为。

（3）问题解决：能在教师的研学任务和情境创设引导下，以探究和游戏化等方式，树立文化传承与创新的责任心和担当意识，激发主动参与文化传承活动的积极性，主动发现关于如何传承优秀传统文化的有关问题，并进行系统化的探究，找出解决问题的办法，主动担当，做文化传承的实践者和守护者。

（4）创意物化：在传承传统文化基础上进行自主设计、文艺创作等创意拓展，通过手工艺、绘画等形式，将传统文化元素具体化、可视化，培养创造力和审美观。

2.2 初中段

（1）价值体认：通过积极参加文物探究、非遗体验等文化与传承创新主题教育活动，探索文物奥秘，感受历史人文积淀，传承革命先烈不屈不挠的奋斗精神。培养对多元文化的包容性观念，形成对文化多样性的尊重和理解。

（2）责任担当：围绕文化传承与创新主题教育开展红色体验、历史探究等活动，将多学科知识应用于实践活动，培养综合所学知识和技能解决实际问题的能力。将传统文化知识融入生活，形成对传统文化的认同感和自豪感。

（3）问题解决：能在文化传承与创新主题教育中，主动关注中华优秀传统文化保护的相关问题，探索如何保护和传承历史文化、初步形成中华民族共同体意识；激发对文化传承的主动参与和贡献。

（4）创意物化：能够运用传统文化知识技能，解决现实中出现的问题，培养文化创意能力，将传统文化元素重新演绎，在创新中传承。

2.3 高中段

（1）价值体认：通过主动参与、体验传统技艺、传统艺术、传统礼仪、民俗、红色文化等文化传承与创新主题教育活动，拓展对传统文化的深层次理解，培养对文化传承的高度认同和价值追求，引导形成对文化传承与创新的复合性思考。激发爱党、爱国、爱家乡的情感，培养家国情怀。

（2）责任担当：围绕传统技艺学习与体验、文物探究与修复、红色历史研究等文化传承与创新主题教育活动，在学习传统文化的知识技能时，承担起传承和创新的责任，增强民族自豪感和爱国情怀，并养成利用所掌握的知识技能主动服务他人、服务社会的意识，培养社会责任感和公民意识。

（3）问题解决：在文化传承与创新主题教育活动中，主动探索如何将弘扬优秀传统文化和发展现实文化有机统一起来，增强综合解决问题的能力。

（4）创意物化：通过设计、制作、展示等方式积极参与动手操作实践，将优秀传统文化与现代科技、艺术等相结合，推动文化元素的创新性发展，提升实践能力和创新意识。

3 不同学段的学情分析

3.1 小学高年级段

3.1.1 总体年龄特征

（1）年龄段特点：①认知能力提升，学生的认知能力和思维能力逐渐提高，能够理解更为复杂的概念和抽象的思维模式；②学习兴趣多样化，学生的兴趣逐渐多样化，对不同领域的知识和活动有一定的好奇心，渴望通过探索和体验获得新的经验和知识；③自我意识增强，学生逐渐形成自我认知，对自己的兴趣、能力和价值观有一定的了解，同时开始探索自己的身份和社会角色；④具有团队合作意识，学生逐渐培养了团队合作意识，能够在小组中合作完成任务，并且能够理解团队合作的重要性。

（2）学习需求。小学高年级段的学生对新鲜事物和文化传统充满好奇心，渴望探索未知领域，对历史、艺术等文化内容也有强烈的兴趣；学生的审美情趣逐渐形成，开始对文化艺术、传统手工艺等产生浓厚兴趣，愿意参与各种艺术创作和文化体验活动；尽管学生们在创新领域的能力尚显稚嫩，但他们已经开始展现出一定的创新意识，勇于尝试新颖的观点和方法。学生也逐渐到认识到自己作为社会一员的责任和担当，愿意投身于文化传承与保护活动中，以实际行动来践行社会责任。

3.1.2 现有知识与能力

（1）基础文化知识。学生已经掌握了一定的基础文化知识，如历史、传统文化、艺术等方面的基本概念和常识。

（2）学科知识。学生已经学习了语文、数学、道德与法治、劳动等学科的基础知识，了解了中国的基本国情和文化内涵，初步掌握了剪、刻、折、捏、编等传统手工技法，能够理解和运用相关的概念和方法。

（3）文化传承意识。学生对于文化传承的重要性有了一定的认识，了解传统文化的价值和意义，具备一定程度的文化传承意识。

3.1.3 学习兴趣与动机

（1）探索文化多样性的兴趣。学生对于不同特色的文化传统表现出浓厚的研究兴趣，渴望通过参与文化传承与创新活动，探索文化多样性，了解不同文化背景下的艺术、习俗和传统。

（2）创意表达的动机。学生具备一定的创造力和想象力，愿意通过艺术创作、手工制作等方式来表达对文化的理解和感受，设计制作相关文创作品，展示个性和才华。

（3）参与实践体验的热情。学生对文化艺术和非遗传承等领域有浓厚的兴趣，希望亲身体验文化传统的魅力，感受传统手工艺和艺术活动的乐趣。

（4）社会责任感的驱动。学生逐渐意识到自己作为社会成员的责任和担当，愿意通过参与文化传承与创新的活动，以此践行社会责任，为文化传承和保护贡献自己的力量。

3.1.4 学习障碍与策略

（1）学生对中华优秀传统文化的理解不深刻，动手实践能力需进一步提高。因此，教师应全方位挖掘研学资源育人元素，注重技法的传授和知识的迁移应用。

（2）小学生的创新能力尚处于发展阶段，缺乏创新思维和方法，导致在文化创新活动中难以展现。因此教师应发挥引导作用，通过设计富有启发式的问题与挑战，激发学生的创造力和想象力。同时，教师应给予必要的指导和支持，鼓励学生尝试新的想法和方法，在实践中逐步培养创新意识和能力。

3.2 初中段

3.2.1 总体年龄特征

在文化传承与创新研学实践活动中，青少年时期的学生们正逐渐开启对传统文化的认知之旅，这是一个充满好奇和探索的阶段，可以从以下三个方面分析这个年龄阶段的特点：

（1）认识能力迅速发展。感知能力提高，视听觉感受性增强，灵敏性超过成人；时空知觉发展，观察事物目的性、持久性和概括性提高；记忆力显著提高，有意识记发展，理解性记忆比重增大，能自觉提出记忆任务并选择方法、检查效果；想象力迅速发展，创造性成分增加；注意力和思维发展，形象思维向抽象思维过渡，抽象思维逐渐占主导，但仍需以具体形象思维为基础，全面性和分析性不足。

（2）情感丰富、不稳定。少年期是一个半幼稚、半成熟的时期，是独立性和依赖性、自觉性和幼稚性错综矛盾的时期，因此情绪、情感表现强烈，变化快，并显得狭隘和肤浅；容易因知识和经验的不足，缺乏判断力。初中生已开始追求远大的目标和理想，敬佩和向往英雄模范人物，在集体生活中往往表现出较强烈的集体荣誉感。初中生的积极情感在学习与交往中获得发展，但也易受外界影响显得不够冷静，有待于教师的细心引导而加以慢慢培养。

（3）自我意识和独立意识增强。初中生的自我意识迅速发展，由评价他人转向自我评价，注重内心体验，分析个性特点，渴望成人承认和尊重，重视家庭与班级地位，但也可能为显示自己而采取简单鲁莽行为。同时，独立意识也在增强，不再依赖教师和家长，开始用批判的眼光看待周围事物，独立思考并发表意见，反对过多监督与干涉。

该阶段学生的认知能力发展迅速，感知能力达到较高程度，他们的目的性、持久性和概括性都得到了显著增强，能够感知到中华传统文化的魅力，文化传承与创新类研学实践活动的探究与学习正是引导学生感悟传统文化魅力的理想途径，使得他们在文化传承与创新类研学实践活动中，能够更好地发挥自己的主观能动性，积极参与到探究与学习的过程中。通过这些活动，学生可以亲身感受到传统文化的独特魅力，深入了解传统文化的内涵与外延。同时，这些活动也为学生提供了一个展示自己才华和创造力的平台，让他们在实践中不断探索、不断创新，将传统文化与现代元素相结合，创造出具有时代特色的新文化。

3.2.2　现有知识与能力

传统文化是一个国家和民族的精神瑰宝，它承载了历史的记忆和民族的智慧。对于青少年学生来说，他们对于基础的语文、历史、艺术等学科有了初步的了解，这为他们进一步学习文化传承与创新相关知识奠定了基础。然而，由于学生个体的差异，他们的知识经验水平不尽相同。因此，在教学过程中，需要根据学生的实际情况，因材施教，确保每个学生都能够在原有基础上得到提升。

了解传统文化不仅是学习历史的过程，更是培养民族自豪感和文化认同感的重要途径。在教学中，我们可以通过讲述经典故事、展示传统艺术品、组织实地考察等方式，让学生们亲身感受传统文化的魅力。例如，在“探寻祖国南疆文化多样性，铸牢中华民族共同体意识”主题研学活动中，学生通过“学习跳阿细跳月舞蹈”一课，了解了中国古代的神话传说、传统节日的由来和习俗，学会了彝族阿细跳月的基本舞蹈动作和跳法，更好地理解了传统文化的内涵和价值。

然而，仅仅了解传统文化的历史背景和表面形式是不够的，我们还需要引导学生们深入思考传统文化的深层次意义。这需要我们运用生动有趣的案例和实践活动，让学生在亲身体验中感悟文化的力量。例如，在“慕承古人之智，匠绘多彩青春”主题研学活动《花样年画》一课中，通过组织学生参与绵竹木版年画的制作，让他们亲身感受传统工艺的精湛技艺和独特韵味。

同时，我们还需要鼓励学生在了解传统文化的基础上进行创新。创新是文化发展的动力，也是时代赋予我们的使命。初中阶段的学生正处于学习能力快速发展的时期，他们的逻辑思维能力、批判性思维能力和创新能力都在不断提升。在文化传承与创新的学习中，学生需要运用这些能力来分析和理解传统文化，同时也需要发挥创新能力，将传统文化与现代元素相结合，创造出新的文化形式。因此，在教学过程中，需要注重培养学生的这些能力，激发他们的学习潜能，帮助他们更好地进行文化传承与创新。

3.2.3 学习兴趣与动机

首先，初中生正处于身心发展的关键时期，他们渴望通过多元化的方式了解并融入社会。文化传承与创新主题的研学实践活动为他们提供了一个亲身参与、感受文化魅力的平台。在活动中，学生可以通过亲手制作传统工艺品、亲身体验传统技艺等方式，深入了解我国丰富的文化遗产，从而增强对传统文化的认同感和自豪感。

其次，初中生具有较强的好奇心和求知欲。在研学实践活动中，他们可以通过亲身实践，探索传统文化的奥秘，满足自己的好奇心和求知欲。同时，这种实践活动也有助于培养学生的创新思维和实践能力，使他们在实践中发现问题、解决问题，提高其独立思考和解决问题的能力。

最后，初中生还具有较强的团队合作意识和竞争意识。在以文化传承与创新为主题的研学实践活动中，学生需要分组合作，共同完成任务。这不仅能够培养学生的团队合作精神，还能够激发他们的竞争意识，使他们在竞争中不断进步、提高自我。

3.2.4 学习障碍与策略

学习障碍一：知识点繁杂。文化传承涉及的内容十分广泛，包括历史、文学、艺术等多个领域，这使得学生在学习过程中容易感到知识点繁杂，难以全面掌握。策略：为了克服这一障碍，教师可以提前为学生准备一些相关的背景资料，如中华文化的历史脉络、主要特点等，帮助学生建立起对传统文化的初步认知。

学习障碍二：创新能力不足。研学实践活动的核心在于创新，但很多学生在面对实际问题时，往往缺乏创新思维和解决问题的能力。策略：为了培养学生的创新能力，教师可以引导学生从多个角度思考问题，鼓励他们提出不同的解决方案。此外，提高学生的认知能力、感知能力和观察能力，也能够培养他们的创新思维和实践能力。

学习障碍三：理解困难。由于文化传承涉及的内容多为抽象、深奥的知识，学生往往难以理解其中的深层含义，导致学习效果不佳。策略：老师可以通过生动的案例、形象的比喻、丰富的视听材料等方式，将抽象的知识具象化，帮助学生更好地理解和掌握。

3.3 高中段

3.3.1 总体年龄特征

（1）生理特征。高中生的年龄大致在15—18岁，处于青年初期。高中生的生理发展与初中生同属一个大阶段，有一定的延续性和关联性。高中生的身体生长速度逐渐减慢，已基本接近成人的标准，趋于成熟，在体态上逐渐趋于匀称，体型也已稳定，骨骼骨化过程基本完成，肌肉力量还在发展，所以外表看来高中生已是一个成人。高中生大脑的结构和机能已和成人相等，神经细胞已发育完全，神经过程的兴奋和抑制达到平衡，第二信号系统的调节机能更加完善。同时，高中生的性机能已经发育成熟，性意识越来越强烈。

（2）心理特点。①心理发展更成熟。高中生的心理明显地比初中生更为成熟，已达到一个更高的发展水平。心理上正处于脱离父母的断乳期，认识能力进一步发展。感知觉的目的性和系统性增强，观察力有很大提高，并且趋向精确和细致；注意力更加稳定；记忆力由机械记忆为主过渡到以理解记忆为主；思维表现出更高的抽象概括水平，逻辑思维已占主导地位，思维的深刻性、独立性和批判性都有明显发展；想象力也日益丰富和新异。高中生认识能力的提高为其学习复杂的科学知识，完成较重的学习任务提供了条件。②情感过程发展较快。高中生的情绪和情感体验强烈而富于热情，相对于初中生尤为稳定和深刻，趋于内向和分化。他们的感情变得内隐，即内心世界活跃，情感在外部的表现却并不明显。他们的爱国主义与集体主义情感更为浓厚，与个人社会责任感联系起来。他们的友谊感也增加了理智性与深刻程度，多从道德观念的一致，理想、志向的共同点上去寻求友谊。男女同学的友好表示逐渐增多，在正确教育引导下，一般能克制自己的行为与感情，表现出道德上的成熟与情感的深刻性。③意志的自觉性提高。高中生的意志自觉性比初中生有明显的提高，但水平仍不是很高。随着身体的迅速发育，高中生自我意识的明显增强，独立思考和处理事务能力得到发展，在心理和行为上表现出强烈的自主性，迫切希望从父母的束缚中解放出来。此外，高中生受暗示性减弱，克服困难的毅力也有所增强，自我调节能力逐步提高，但有时喜欢意气用事，需要老师的正确引导和帮助。

3.3.2　现有知识与能力

（1）对传统文化的认知程度。大部分高中生对于中国传统文化有一定的了解和认知，能够认识一些基本的传统文化符号，如书法、国画、京剧等。然而，对于传统文化的深层次内涵和精神价值，部分学生的理解还不够深入。

（2）传统文化方面的实践能力。部分高中生能够运用传统文化知识进行创作和表达，如写作、绘画、表演等。但整体而言，高中生在传统文化实践方面的能力还有待提高，需要更多的实践机会和指导。

3.3.3　学习兴趣与动机

高中生普遍对新事物和新方法具有较强的好奇心和求知欲，表现出浓厚的兴趣，非常愿意尝试。他们愿意参与传统文化的学习活动，如诵读经典、学习传统技艺等，但也有一些学生对传统文化学习缺乏兴趣，认为其与现实生活脱节。

3.3.4　学习障碍与策略

（1）创新能力方面。在创新能力方面，部分学生的表现尚显不足，缺乏独立思考和解决问题的能力。

（2）跨学科融合能力。文化创新往往需要跨学科的知识和技能。目前，高中生在跨学科融合方面还存在一定的局限性，难以将不同学科的知识进行有效整合和应用。

（3）实践与创新结合能力。在实践与创新结合方面，部分高中生能够应用所学知识解决实际问题。但整体而言，高中生在实践创新方面能力还有待加强，需要在实践中不断尝试、总结和反思，以提高自己的创新能力。

4 不同研学主题的教学计划与策略列表

4.1 教学计划与策略列表：领略文化传承与创新魅力，讲好新时代北京故事

<table>
<tr><td colspan="3">营地名称</td><td>北京市自动化工程学校（简称“北京营地”）</td><td>命名机构</td><td>教育部</td><td>识别码</td><td>Y145110001</td></tr>
<tr><td colspan="3">从业资质（摘要）</td><td>中专教育，大专教育，研学等综合实践教育，培训教育</td><td>单位属性</td><td>公益二类</td><td>法定代表人</td><td>胡定军</td></tr>
<tr><td colspan="3">研学主题</td><td>领略文化传承与创新魅力，讲好新时代北京故事</td><td colspan="2">主要目的指向</td><td colspan="2">文化传承与创新教育</td></tr>
<tr><td rowspan="7">营地（枢纽）及周边主要优质研学资源</td><td colspan="2">基地层级</td><td colspan="5">研学站点（基地）名称</td></tr>
<tr><td rowspan="2">教育部命名基地</td><td>已列入教学计划</td><td colspan="5">一、与本主题相关列入教学计划的基地10个
1.北京陶瓷艺术馆；2.国家图书馆；3.北京花乡世界花卉大观园有限公司（简称“世界花卉大观园”）；4.中国园林博物馆；5.文化和旅游部恭王府博物馆（简称“恭王府”）；6.北京天文馆；7.中国医学科学院药用植物研究所（简称“北京药用植物园”）；8.北京鲁迅博物馆（简称“鲁迅博物馆”）；9.国家京剧院；10.中国人民抗日战争纪念馆
二、与本主题关联不大但列入本营地教学计划的基地11个
1.中国人民革命军事博物馆；2.中央芭蕾舞团；3.中国儿童艺术剧院；4.宋庆龄故居；5.中国铁道博物馆；6.中国铁道科学研究院院史馆；7.中国宋庆龄青少年科技文化交流中心；8.中国科学院动物研究所；9.北京汽车博物馆；10.北京黄花城长城旅游开发有限责任公司；11.天安门国旗护卫队</td></tr>
<tr><td>待列入教学计划</td><td colspan="5">无</td></tr>
<tr><td colspan="2">其他部委命名基地</td><td colspan="5">1.北京市天坛公园管理处（简称“天坛”）；2.北京故宫文化发展有限公司（简称“故宫”）；3.中国国家博物馆（简称“国家博物馆”）；4.圆明园遗址文源研学基地；5.中国科学院国家天文台；6.中国科学院生物物理研究所；7.中国科技馆；8.中国共产党历史展览馆；9.中国铁道科学研究院集团有限公司院史馆；10.北京新文化运动纪念馆（简称“北大红楼”）</td></tr>
<tr><td colspan="2">地方命名基地</td><td colspan="5">无</td></tr>
<tr><td colspan="2">本营地资源</td><td colspan="5">1.智能制造中心；2.信息技术中心；3.人工智能技术中心；4.虚拟现实技术中心；5.轨道交通运营中心；6.数字影像技术中心</td></tr>
<tr><td colspan="2">其他资源</td><td colspan="5">无</td></tr>
</table>

维度或要素	小学高年级段	初中段	高中段
校内教育基础（与校内教育的衔接）	对照课标，小学高年级段在文化传承与创新方面提出努力学习社会主义先进文化、革命文化和中华优秀传统文化，理解和践行社会主义核心价值观，逐步领会改革创新的时代精神的培养目标。本研学主题必修课程与校内教育衔接内容如下：1.人教版语文六年级上册第6课“狼牙山五壮士”；2.人教版语文六年级上册第27课“我的伯父鲁迅先生”；3.人教版道德与法治六年级上册第7课“多元文化多样魅力”；4.北师大版语文五年级上册第9课“唱脸谱”；5.人教版道德与法治五年级上册第8课“美丽文字民族瑰宝”；6.人教版道德与法治六年级上册第3课“戏曲人物”；7.人教版美术五年级上册第16课“珍爱国宝——古代的陶瓷艺术”；8.人教版美术五年级下册第16课“珍爱国宝——古代的青铜艺术”；9.人教版科学六年级上册第四单元第3课“多种多样的植物”；10.人教版美术六年级上册第10课“爱护古建筑”	对照课标，初中段在文化传承与创新方面提出认识中华文化丰厚博大，汲取智慧，弘扬社会主义先进文化、革命文化、中华优秀传统文化，建立文化自信的培养目标。本研学主题必修课程与校内教育衔接内容如下：1.人教版语文八年级上册第14课“故宫博物院”；2.湘教版地理七年级上册第三章第四节第2课“世界文化遗产的保护”；3.人教版历史与社会九年级上册第二单元第4课“中国新民主主义革命的开始”；4.人教版九年级政治全一册第二单元第5课“中华文化与民族精神”；5.人教版生物八年级上册第六单元第三章“保护生物的多样性”；6.人教版语文九年级下册第15课“驱遣我们的想象——艺术作品的鉴赏”；7.人教版历史七年级上册第2课“原始的农耕生活”；8.北师大版历史七年级上册第17课“先进的科学技术”	对照课标，高中段在文化传承与创新方面提出热爱中华文化，继承和弘扬中华优秀传统文化、革命文化、社会主义先进文化，关注和参与当代文化生活，了解和借鉴人类文明优秀成果，具有比较开阔的文化视野和一定的文化底蕴的培养目标。本研学主题必修课程与校内教育衔接内容如下：1.人教版高中思想政治必修4第7课“继承发展中华优秀传统文化”；2.人教版语文第一册第十四单元第14课“胡同文化”；3.人教版高中思想政治必修三第二单元“文化传承与创新”；4.人教版高中历史必修3第三单元第10课“布满魅力的书画和戏曲艺术”；5.人教版高中历史必修3第五单元第15课“新文化运动与马克思主义的传播”；6.人教版高中历史必修1第一单元“古代中国的政治制度”；7.人教版高中思想政治必修3第三单元“中华文化与民族精神”；8.人教版语文第一册第十四单元第13课“呼喊”

维度或要素			小学高年级段	初中段	高中段
研学课程	必修课程一	名称	陶瓷初体验	陶瓷成型大揭秘	共话少年梦，细品茶香浓
		活动目的	了解陶艺的基本知识和技法，初步掌握传统陶瓷的制作工艺和艺术表现技巧	进一步了解泥条盘筑成型的基本知识和技法，掌握泥条盘筑的制作工艺	了解茶知识，掌握自制茶珠工艺，学会茶香品鉴，感受茶文化
		活动形式	教师讲授、实地探访、实践体验相结合	自主探究、教师讲授、实践体验相结合	教师讲授、实地探访、实践体验相结合
	必修课程二	名称	陶瓷贴花	扎染技艺	釉上彩绘
		活动目的	了解陶瓷贴花的特点和技艺，初步掌握陶瓷贴花的制作方法和技巧	探索植物染色的奥秘，掌握不同的扎染制作方法，并制作自己的丝绸作品	学习釉上彩绘的基本知识和技法，熟练掌握釉上彩绘技艺
		活动形式	教师讲授、实地探访、实践体验相结合	教师讲授、实地探访、实践体验相结合	教师讲授、实地探访、实践体验相结合
	必修课程三	名称	京剧人物绘制	恭王府的彩画	恭王府“曲水流觞”
		活动目的	了解京剧人物的分类，初步掌握不同京剧人物的绘制方法	了解恭王府彩画的分布、类别及研究价值，掌握彩画的绘制工艺和技巧	熟悉沁秋亭的形制与周边环境，探究古人“曲水流觞”的游戏规则
		活动形式	实地探访、教师讲授、实践体验相结合	教师讲授、实地探访、实践体验相结合	任务驱动、教师讲授、实地探访、实践体验相结合
	必修课程四	名称	编竹简写篆书	古代书籍的传播和复制	《永乐大典》的回归和再造
		活动目的	学习掌握竹简编制基本方法和篆书的书写方法，增强对中国传统文化的认识	学习了解古代的传拓和雕版印刷技术，掌握两项传统技艺方法	了解“中书体”的演变过程，描摹《永乐大典》，从传承的角度认识中国传统经典
		活动形式	教师讲授、实地探访、实践体验相结合	任务驱动、教师讲授、实地探访、实践体验相结合	任务驱动、教师讲授、实地探访、实践体验相结合

维度或要素			小学高年级段	初中段	高中段
研学课程	必修课程五	名称	中国抗日战争纪念馆	北大红楼	中国共产党历史展览馆
		活动目的	了解抗日战争的历史背景和抗战故事，培养民族意识和家国情怀	参观北大红楼，理解新青年与五四运动的重要历史意义，激发爱国主义情怀	了解中国共产党波澜壮阔的百年历程和新中国历史，培养对党和国家的热爱之情
		活动形式	教师讲授、实地探访、实践体验相结合	教师讲授、实地探访、实践体验相结合	教师讲授、实地探访、实践体验相结合
	必修课程六	名称	紫禁城的隔扇门	故宫里的掐丝珐琅	中国5000年文明简史
		活动目的	了解隔扇门的结构和工艺特点，感受中国传统建筑文化的博大精深	掌握掐丝珐琅的制作工艺，领悟中华传统手工艺术的独特魅力	了解春秋战国、秦汉、隋唐五代等社会历史，系统掌握古代中国的时代变迁脉络
		活动形式	任务驱动、实地探访、实践体验相结合	任务驱动、实地探访、实践体验相结合	教师讲授、实地探访、实践体验相结合
	必修课程七	名称	花文化，探寻美的渊源	一天走遍中国	盆花花境组合
		活动目的	了解节气物候对园林花卉生长的重要影响，体验中华传统园林艺术之美	认识五大气候区域典型特征，了解中国地理气候类型，理解气候与人文之间的关系	通过花镜的设计和制作，掌握花卉在不同景观中的造型搭配，并分析其人文背景
		活动形式	任务驱动、实地探访、实践体验相结合	教师讲授、实地探访、实践体验相结合	任务驱动、实地探访、实践体验相结合
	必修课程八	名称	重温鲁迅的书信时光	藏书票里的翰墨书香	诗情闻香识鲁迅
		活动目的	了解鲁迅先生与信和信笺的故事，学习写信封，并亲笔写信寄给远方的朋友	欣赏馆藏藏书票，了解藏书票相关知识，设计藏书票图样，完成藏书票的刻制	学习古代的笺纸文化，回忆鲁迅与笺纸的故事，体验我国传统饾版拱花技艺
		活动形式	任务驱动、教师讲授、实地探访、实践体验相结合	任务驱动、教师讲授、实地探访、实践体验相结合	教师讲授、任务驱动、实地探访、实践体验相结合

维度或要素			小学高年级段	初中段	高中段
研学课程	必修课程九	名称	百草绘画	小小药学家	板蓝根扎染
		活动目的	了解药用植物形态特征、结构特征、入药部位等知识，进行药用植物绘画	掌握中药性味、归经等知识，掌握传统中医药文化内涵	了解板蓝根的生物性状，掌握提取板蓝根色素的方法，学会用板蓝根进行丝绸扎染
		活动形式	任务驱动、教师讲授、实地探访、实践体验相结合	任务驱动、教师讲授、实地探访、实践体验相结合	教师讲授、实地探访、实践体验相结合
	必修课程十	名称	传承非遗彩绘	船洋互鉴，园林瓷韵	识园林群芳谱，创掌中热缩花
		活动目的	通过学习沥粉、贴金的技法，掌握中国传统非遗彩绘的艺术特点	了解中华瓷文化的融合与发展历史，掌握中国传统瓷器烧制的工艺原理	探究不同花朵的花序类型、花冠形状，掌握制作热缩片花朵的方法
		活动形式	任务驱动、教师讲授、实地探访、实践体验相结合	任务驱动、教师讲授、实地探访、实践体验相结合	任务驱动、教师讲授、实地探访、实践体验相结合
	选修课程		1. 扎染艺术 2. 编竹简写篆书 3. 效法自然，咫尺山林 4. 版画漏印中的“一叶知秋”	1. 古都磁韵 2. 石碑传拓 3. 穿墙透壁——解析官式古建筑营造技艺 4. 三味书屋读鲁迅	1. 陶瓷成型大揭秘 2. 设计古籍版式 3. 感受中国插花文化 4. 鲁迅书籍封面设计中的“封”情

维度或要素		小学高年级段	初中段	高中段
研学线路	代表性线路（时长五日）	第一天：北京营地—陶瓷艺术馆—北京营地；第二天：北京营地—国家京剧院—鲁迅博物馆—北京营地；第三天：北京营地—国家图书馆—中科院药用植物研究所—北京营地；第四天：北京营地—中国人民抗日战争纪念馆—中国园林博物馆—北京营地；第五天：北京营地—故宫—世界花卉大观园—北京营地	第一天：北京营地—陶瓷艺术馆—北京营地；第二天：北京营地—恭王府—鲁迅博物馆—北京营地；第三天：北京营地—国家图书馆—中科院药用植物研究所—北京营地；第四天：北京营地—北大红楼—中国园林博物馆—北京营地；第五天：北京营地—故宫—世界花卉大观园—北京营地	第一天：北京营地—陶瓷艺术馆—北京营地；第二天：北京营地—恭王府—鲁迅博物馆—北京营地；第三天：北京营地—国家图书馆—中科院药用植物研究所—北京营地；第四天：北京营地—中国共产党历史展览馆—中国园林博物馆—北京营地；第五天：北京营地—国家博物馆—世界花卉大观园—北京营地
	可选择线路（按天设计，菜单式选择）	1.北京营地—中国人民革命军事博物馆—北京营地；2.北京营地—中央芭蕾舞团—中国儿童艺术剧院—北京营地；3.北京营地—宋庆龄故居—北京营地；4.北京营地—中国铁道博物馆—中国铁道科学研究院院史馆—北京营地；5.北京营地—中国宋庆龄青少年科技文化交流中心—北京营地；6.北京营地—中国科学院动物研究所—北京营地；7.北京营地—北京汽车博物馆—北京营地；8.北京营地—北京黄花城长城旅游开发有限责任公司—北京营地	1.北京营地—中国人民革命军事博物馆—北京营地；2.北京营地—中央芭蕾舞团—中国儿童艺术剧院—北京营地；3.北京营地—宋庆龄故居—北京营地；4.北京营地—中国铁道博物馆—中国铁道科学研究院院史馆—北京营地；5.北京营地—中国宋庆龄青少年科技文化交流中心—北京营地；6.北京营地—中国科学院动物研究所—北京营地；7.北京营地—北京汽车博物馆—北京营地；8.北京营地—北京黄花城长城旅游开发有限责任公司—北京营地	1.北京营地—中国人民革命军事博物馆—北京营地；2.北京营地—中央芭蕾舞团—中国儿童艺术剧院—北京营地；3.北京营地—宋庆龄故居—北京营地；4.北京营地—中国铁道博物馆—中国铁道科学研究院院史馆—北京营地；5.北京营地—中国宋庆龄青少年科技文化交流中心—北京营地；6.北京营地—中国科学院动物研究所—北京营地；7.北京营地—北京汽车博物馆—北京营地；8.北京营地—北京黄花城长城旅游开发有限责任公司—北京营地
	规划线路（按天设计）	1.北京营地—天坛—北京营地；2.北京营地—中国科技馆—北京营地；3.北京营地—天安门国旗护卫队—北京营地	1.北京营地—天坛—北京营地；2.北京营地—中国科技馆—北京营地；3.北京营地—天安门国旗护卫队—北京营地	1.北京营地—天坛—北京营地；2.北京营地—中国科技馆—北京营地；3.北京营地—天安门国旗护卫队—北京营地

维度或要素		小学高年级段	初中段	高中段
教学重点难点（以代表性线路教学设计为例，以下同）	教学重点	1.理解陶艺的基本知识及贴花的特点和技艺；理解不同京剧人物的绘制方法；2.了解鲁迅先生与信和信笺的故事，学习篆书的书写方法，进行药用植物绘画；3.掌握抗日战争的历史背景、抗战故事以及抗日战争对中国历史的影响；4.学习沥粉、贴金的技法，引导学生探究中国古老的传统工艺；5.通过参观故宫，体味中国传统文化博大精深的底蕴	1.理解泥条盘筑成型的基本知识和技法；学习植物染料的提取和运用技术；2.了解恭王府的历史和王府彩画的分布、类别及研究价值，理解彩画的绘制工艺和技巧；3.观看鲁迅博物馆馆藏藏书票佳作，了解藏书票相关知识；学习了解古代的传拓和雕版印刷，掌握两项传统技艺方法；4.掌握中药性味、归经等，学习传统医药文化知识；5.通过参观园林博物馆引导学生了解中国传统瓷器烧制工艺，感受中华文化和技艺的传承；参观世界花卉大观园的七大温室，了解中国地理气候类型，理解气候与植物的生态关系	1.学习茶知识，熟练掌握自制茶珠工艺，茶香品鉴，感受茶文化；2.走进“三味书屋”，学习中国古代的笺纸文化，回忆鲁迅与笺纸的故事，体验我国传统饾版拱花技艺；3.探索板蓝根的科学奥秘，掌握不同的扎染制作方法，并制作自己的丝绸作品；4.了解中国园林传统花卉的结构、不同花朵的区别，调查并总结出不同花朵的花序类型、花冠形状等知识，掌握热缩花原理，并能制作出热缩片花朵作品；5.观察园内景观布置，掌握花卉在不同景观中的不同配置，及花卉生长物候对景观的影响，学习基础花境的设计，并完成初级花境的设计和建造
	教学难点	1.掌握传统陶瓷的制作工艺和艺术表现技巧，进行陶瓷贴花的制作方法及技巧实践；掌握沥粉、贴金的技法的应用；2.学习写信封，亲笔写信寄给远方的朋友；掌握篆书的书写方法，并动手编竹简；3.理解药用植物形态特征、结构特征和入药部位；4.掌握抗战的历史背景，对历史场景进行还原，传承艰苦奋斗的精神；5.理解紫禁城隔扇门的结构和工艺特点，完成模型拼插	1.掌握泥条盘筑的制作工艺，制作泥条盘筑制品；掌握蓝晒、扎染等技艺，制作创意丝绸作品；2.设计藏书票图样，完成藏书票的刻制；3.完成传拓和雕版印刷实践活动；4.理解新青年与“五四运动”的重要历史意义，激发爱国主义情怀；5.沿着故宫中轴线参观，细细体味中国传统文化博大精深的底蕴，掌握掐丝珐琅的制作工艺，完成故宫文创制作	1.学习釉上彩绘的基本知识和技法，熟练掌握釉上彩绘技艺；2.熟悉沁秋亭的形制与周边环境，作出假设、设计实验方案，通过实验探究古人“曲水流觞”的游戏规则；3.了解中国书法中书体的演变过程，描摹《永乐大典》书页上的内容；4.了解中国共产党波澜壮阔的百年历程，理解党史和新中国史，知史爱党，知史爱国；5.通过参观远古、夏商西周、春秋战国、秦汉、三国两晋南北朝、隋唐五代、辽宋夏金元、明清八个展厅，系统理解古代中国的历史发展

维度或要素	小学高年级段	初中段	高中段
教学策略	针对小学高年级段学生已具备一定的文化基础知识，逐渐形成独立思考的能力，实践能力也有所提升，对文化传承的重要性有一定的认识，愿意主动探究和学习，但是对某些文化的历史背景和深层含义了解不足的学情，基于多元智力理论，以中华优秀传统文化及革命传统精神为主题，选取古籍文化、书信文化、花文化、医药文化、非遗文化等内容，应用讲授、演示、练习等教法和自主学习、探究学习、合作学习等学法，依托研学课程教材、研学手册、设备、配套耗材，采用游戏、情境教学、跨学科教学、合作学习等策略进行总体设计，开展非遗传承、历史文明、传统文化等主题研学实践活动，培养学生对中华优秀传统文化的意义和价值的基本认知，增强对优秀传统文化的欣赏、学习和体验，树立尊重和珍视文化传承的价值观，感受优秀传统文化的魅力，坚定文化自信	针对初中段学生已具备一定的文化底蕴，对文化传承的意义有更为深入的认识，并意识到自身在其中的角色与责任，随着独立思考能力的提高，学生不仅满足于传统知识，更期望探索创新的途径和方法的学情，基于实用主义、发现学习理论思想，以学生对传统文化的认同、基于传统的创新意识和能力培养为目标，选取古籍文化、书信文化、陶瓷文化、医药文化、非遗文化等内容，应用讲授、演示、练习、实验等教法和自主学习、探究学习、体验学习、合作学习等学法，依托研学课程教材、研学手册、设备、配套耗材，采用情境教学、跨学科教学、合作学习、项目学习等策略进行总体设计，开展非遗传承、历史文明、传统文化等主题研学实践活动，加深对中华优秀传统文化的意义和价值的认知，探索人文文化发展的独特魅力，感受历史人文的深厚积淀，形成对国家文化的认同，激发出文化传承与创新的意识与能力	针对高中段学生已具备较为系统的文化基础知识，对文化传承的重要性及其当代价值有更为明确的认识，并逐渐形成对文化传承的责任感和使命感，且学生的创新思维逐渐成熟，渴望在实践中探索、挖掘和检验自己的创新观点和方法的学情，基于实用主义、建构主义、发现学习理论思想，以学生获得深度的文化浸润和实践锻炼、形成对优秀传统文化的传承创新意识和能力、弘扬传统文化精神的价值观和责任感培养为目标，选取古籍文化、书信文化、陶瓷文化、医药文化、非遗文化等内容，应用讲授、演示、练习、实验等教法和自主学习、探究学习、体验学习、合作学习等学法，依托研学课程教材、研学手册、设备、配套耗材，采用情境教学、跨学科教学、合作学习、项目学习等策略进行总体设计，开展非遗传承、历史文明、传统文化等主题研学实践活动，深化学生对中华优秀传统文化内涵和价值的理解，深层次激发对文化传承的高度认同和执着追求，形成对文化创新与传承的综合思考

维度或要素				小学高年级段	初中段	高中段
实施方案	入营教育	安全	引导	组织学习《研学安全手册》，对吃、住、行、学等环节进行行为管理	组织学习《研学安全手册》，深入了解安全应急知识，熟练掌握应急救护技能	熟练辨识安全标志，深入学习自我管理知识，提升防护警觉
			实训	开展安全知识竞赛，进行设施设备实践操作训练	研究营地疏散地图，进行疏散演练，培养有序撤离能力	对吃住行学各环节进行疏散和安全应急演练
		应急	引导	学习急救知识，通过视频教程学习，掌握应急处置技能	研究紧急情况疏散线路图、紧急情况应急处理办法，掌握应对策略	分析典型案例，学习应急事件处理办法和技巧，培养突发事件随机应变能力
			实训	熟练掌握灭火器使用技巧和火灾、地震应急处理方法，进行疏散演练	开展安全救护技能实践操作，提升应急救护能力	组织学生开展地震、消防等安全应急演练，强化安全避险意识
		救助	引导	播放应急救助相关视频，学会正确的求助方式	老师进行救护方法示范，学生掌握基本应急救护方法	模拟触电、晕倒、磕碰伤等真实场景，开展救助培训，提高应变能力
			实训	观看视频，掌握方法	开展止血包扎等应急技能培训，帮助学生熟练掌握求助方法和技巧	开展心肺复苏、包扎等应急技能培训，帮助学生熟练掌握求助方法和技巧
		自我管理	引导	进行自我管理方法植入，初步形成管理意识	通过团建课程，增强团队凝聚力，提高主动适应环境和他人的能力	通过自主管理问题引导，让学生能够进行科学合理的自我管理
			实训	开展自我管理培训，掌握自我管理知识	通过团建活动，让学生在合作体验、分享感悟过程中，进行自我心理管理建设	通过技能测试、互动交流等方式，熟练掌握自我管理技能
		团队协作	引导	分析团队合作任务，分配角色，引导学生分享团队协作体会	引导学生组织团队，并在活动中沟通、倾听，鼓励团队成员分享和表达	引导学生提升沟通技巧、倾听能力，从而更有效地应对团队内的冲突和分歧
			实训	团队合作完成任务，形成团队合作成果	通过团建等活动，培养团队间配合度和信任度	通过团建活动，鼓励团队成员分享和表达团队协作的观点，提升团队配合度

维度或要素		小学高年级段	初中段	高中段
实施方案	导入教学环节	1.故事导入：通过讲述馆藏的红色主题陶瓷艺术品，了解展品背后的感人故事和革命先辈的丰功伟绩，激发爱国情怀；2.情境导入：参观北京鲁迅博物馆馆藏鲁迅亲笔书信，和鲁迅先生走进那个我们与书信相伴的旧时代；3.视频导入：观看书籍装帧形制的演变历程视频，感悟浓浓的国学文化氛围；4.情境导入：老师带领学生参观“锦色——传统建筑彩画技艺展”，开始园林探索之旅，引导学生探究中国古老的传统工艺；5.问题导入：故宫三大主殿太和、中和、保和殿有怎样的使用价值，太和殿上屋脊的神兽都是什么，分别代表了什么意思。沿着故宫中轴线参观，细细体味中国传统文化博大精深的底蕴	1.情境导入：化身陶瓷艺人，通过观看制作陶瓷的宣传片，充分了解中国博大精深的陶瓷文化及古老工艺；2.情境导入：漫步鲁迅博物馆，观看馆藏藏书票佳作，了解作为现代版画艺术积极倡导者的鲁迅先生与藏书票的故事；3.视频导入：观看中国古代最负盛名的四大发明之一的印刷术视频资料，了解古代的传拓和雕版印刷两项传统技艺方法，激发学习兴趣；4.情境导入：科普老师带领学生参观中国古代园林厅，了解中国园林从萌芽到繁盛的历史变革，初步感知园林文化的人文历史；5.任务驱动：故宫三大主殿太和、中和、保和殿的使用价值，乾清宫正大光明牌匾与立储之间的故事，故宫都有哪些大怪兽，沿着故宫中轴线参观，体味中国传统文化的博大精深	1.视频导入：观看红色影像材料，年轻一辈人不可忘记革命年代的烽火岁月，革命的记忆应铭刻在历史的痕迹上；2.情境导入：参观鲁迅曾居住过的四合院，在先生亲手种植的白丁香树下，聆听鲁迅与丁香花的故事，见证那些大师的人生过往；3.情境导入：走入国宝吉光——中华传统文化典籍的海洋，了解我国历史悠久的典籍文化，以及其中蕴含的思想内涵、保护内容、文化思潮等；4.问题导入：分析任务卡，按照红船精神、延安精神、长征精神、抗战精神的线索，走进党史馆，探寻中国共产党的光辉历程；5.任务导入：春秋战国有怎样的精彩故事，秦朝兵马俑是怎样被发现的，汉朝的金缕玉衣是怎样的稀世珍宝，汉朝时期开通丝绸之路后，怎样与外部沟通，跟随国博展出的2026件文物，开展一次古代中国历史发现之旅
	授课教学环节	第一天：必修课程一“陶瓷初体验”、必修课程二“陶瓷贴花”、选修课程1“扎染艺术”；第二天：必修课程三“京剧人物绘制”、必修课程八“重温鲁迅的书信时光”、选修课程4“版画漏印中的‘一叶知秋’”；第三天：必修课程四“编竹简写篆书”、必修课程九“百草绘画”、选修课程2“古今图书巡礼”；第四天：必修课程五“中国抗日战争纪念馆”、必修课程十“传承非遗彩绘”、选修课程3“效法自然 咫尺山林”；第五天：必修课程六“紫禁城的隔扇门”、必修课程七“花文化，探寻美的渊源”	第一天：必修课程一“陶瓷成型大揭秘”、必修课程二“扎染技艺”、选修课程1“古都磁韵”；第二天：必修课程三“恭王府的彩画”、必修课程八“藏书票里的翰墨书香”、选修课程4“三味书屋读鲁迅”；第三天：必修课程四“古代书籍的传播和复制”、必修课程九“小小药学家”、选修课程2“石碑传拓”；第四天：必修课程五“北大红楼”、必修课程十“船洋互鉴，园林瓷韵”；第五天：必修课程六“故宫里的掐丝珐琅”、必修课程七“一天走遍中国”、选修课程3“穿墙透壁——解析官式古建筑营造技艺”	第一天：必修课程一“共话少年梦，细品茶香浓”、必修课程二“釉上彩绘”、选修课程1“陶瓷成型大揭秘”；第二天：必修课程三“恭王府‘曲水流觞’”、必修课程八“诗情闻香识鲁迅”、选修课程4“鲁迅书籍封面设计中的‘封情’”；第三天：必修课程四“《永乐大典》的回归和再造”、必修课程九“板蓝根扎染”、选修课程2“设计古籍版式”；第四天：必修课程五“中国共产党历史展览馆”、必修课程十“识园林群芳谱，创掌中热缩花”；第五天：必修课程六“中国5000年文明简史”、必修课程七“盆花花境组合”、选修课程3“感受中国插花文化”

维度或要素		小学高年级段	初中段	高中段
实施方案	进阶教学环节	1. 实践体验：实地探访北京陶瓷艺术馆，完成拉坯、陶瓷贴花；2. 讨论探究：通过鲁迅先生写给母亲、妻子、朋友的信，探讨如何写一封具有旧时代文人风格的信；3. 实践体验：动手制作典籍早期的装帧形式——竹简，并体验如何书写篆书；进行药用植物绘画，中医药知识与绘画艺术融为一体，展示中医药国粹之魅力；4. 实践体验：体验建筑彩画绘制的过程，通过贴金、上色等过程，感知古代匠人精湛的工艺；5. 实践动手：完成紫禁城隔扇门的拼插制作	1. 分析展示：四种基础的陶瓷成型方法有什么异同？讲一讲你还知道哪些陶瓷成型方法；2. 实践体验：完成扎染丝巾制作；绘制恭王府文创书包；3. 知识竞赛：教师讲解后，就中药名称、基源植物、药性、药用部位、功效、一般用途等知识展开竞赛；4. 主题演讲：瓷器上的园林故事、海运历史、瓷器烧制技艺、中国文化传承共四个版块，以“瓷韵漂漂乐”的形式展开主题演讲；5. 传承与体认：沿着故宫中轴线参观，细细体味中国传统文化博大精深的底蕴，完成非遗故宫掐丝珐琅作品的制作	1. 实践体验：自制茶珠、品茶，红色主题釉上彩绘；2. 实验探究：研究沁秋亭的形制与周边环境，作出假设、设计实验方案，通过实验探究古人“曲水流觞”的游戏规则；3. 归纳讲述：参观“大典犹看永乐传”“合古今而集大成”“久阅沧桑惜弗全”“遂使已湮得再显”“珠还影归惠学林”5个单元展览后，归纳并讲述《永乐大典》这部巨著的前世今生；4. 调查归纳：了解中国园林传统花卉的结构，调查归纳出不同花朵的花序类型、花朵的花冠形状等知识；5. 设计创作：学习基础花境的设计并完成初级花镜的设计建造
	巩固教学环节	1. 交流分享：学生小组合作完成红色主题海报，进行研学期间所观所学的分享；2. 成果展示：展示以红船等历史原型为内容制作的贴花作品；展示亲笔绘制的京剧人物；展示写给朋友的信；3. 归纳提升：将自己所知道的药用植物的形态特征、结构特征、入药部位进行归纳，填入研学手册；4. 拓展：展示沥粉贴金建筑彩画作品。与古建筑专家互动，听听关于故宫古建筑的那些事儿；5. 成果展示：展示自己拼插的紫禁城的隔扇门，并进行经验交流与分享。以填写问卷调查和研学手册的形式，引导学生回顾研学期间的所见所闻所感	1. 成果展示：展示扎染丝巾、泥条盘筑作品、恭王府彩画书包和刻制的藏书票，分享创作的过程；2. 回顾反思：回顾研学过程中的收获与感悟，学生反思自己的不足，并探讨改进的方法；3. 提升：化身小小药学家，以演讲的方式，讲讲你所知道的中医药文化知识；4. 拓展提升：通过编排舞台剧《觉醒时代》，重温革命先辈建党的光辉历程和业绩，以及他们为了民族独立和人民幸福而奋斗的历史；5. 展示与拓展：展示自己完成的故宫掐丝珐琅作品，作为礼物送给父母。与古建筑专家互动，就故宫古建筑的相关问题进行讨论	1. 拓展：与陶瓷艺术大师或非遗传承人面对面沟通，加深学习印象，并进行知识问答；2. 论证：将“曲水流觞”提出的假设方案进行实地探访论证；3. 提升与拓展：通过舞台剧的方式，重现《永乐大典》的回归与再造过程，进行提升。与典籍博物馆专家互动，听听关于古代书籍的那些故事；4. 调查总结与展示：将调查出的不同花朵的花序类型、花冠形状等知识进行科学对比和归纳总结。展示掌中热塑花作品，并进行经验交流与分享；5. 拓展：作为国家博物馆的一位志愿者，你将以什么样的方式参与到文物的保护和传承工作中

维度或要素			小学高年级段	初中段	高中段
实施方案	总结教学环节	教学创新	根据学生年龄特点，充分利用技术工具辅助教学，发挥学生的主动性。根据学生情况，调整课程结构，综合运用多学科知识，开展跨学科学习，初步培养学生的综合素养和创新能力	引导学生主动探究问题、发现规律、解决问题，激发学生的学习兴趣和探究欲望，培养他们的创新能力和批判性思维。建立合作学习共同体，强化动手实践，建立多元化的评价体系，关注学生的学习过程、学习态度、合作能力等多方面表现	通过课题研究、实验设计、社会调查等研究性学习活动，鼓励学生通过亲身实践来探索知识、发现问题和解决问题，培养他们的创新精神和实践能力，培养学生多维度思考，提升思维想象力、创造力和审美能力，进而提升学生的综合素质和潜力
		教学总结	通过多种形式全面收集学生的即时反馈与评价，进行深入分析后，做出有针对性的调整，持续优化实施方案。建立研学档案，妥善保存教学过程性资料，随时进行教学反思和总结	对研学过程进行回顾，收集学生、指导教师以及家长等不同层面参与人员的反馈意见，注重多元化和全方位的参与，及时了解研学环节中存在的问题，建立研学档案，随时查阅和回顾研学活动的历史记录	关注学生的情绪变化、参与热情以及价值观的形成与转变，设立多渠道的反馈机制，通过定期回顾和分析研学档案，更加清晰地了解研学活动的效果和影响，为今后的活动提供更有针对性的指导和建议
		教学反思	根据学生的自我评价和总结以及他人评价结果，反思教学方法的选择和教学环节设计中出现的问题，对于教学环节中的差异与不足，及时进行调整优化，确保教学质量与效果	将实际教学实施情况与预设的教学计划进行详细的对比分析，全面梳理设计思路、实施过程和最终效果，从中提炼成功经验和亟须改进之处，不断完善教学方案，提升教学效果，为学生的研学之旅创造更加优质的学习体验	根据研学反馈结果，对研学环节进行优化，对研学资源进行二次挖掘，进一步梳理与学校课程的衔接点，总结经验教训，为下一次研学活动提供参考和借鉴，为学生提供更加优质的学习体验和发展机会

维度或要素				小学高年级段	初中段	高中段
实施方案	评价教学环节	教学水平评价	自我评价	教师需要认真对比预设教学目标的达成情况、教学方法的使用及教学内容的设定，精确客观地填写自我评价表。逐步构建个人教学水平档案，持续完善并优化教学实践，不断提升教学质量	教师应围绕业务水平、师德师风、教学质量、教学过程进行自我评估，形成教学反思材料，按阶段形成工作总结，将反思成果转化为实际行动，不断优化教学过程，提升教学效果	教师需要就研学内容的合理性、目标设置的明确性、实施过程的流畅性、学生参与的积极性以及研学效果的实际影响等进行评价与反思，形成自我评价报告，根据评价结果改进教学
			学生评价	以学生的任务完成情况、活动参与情况、研学手册完成情况等作为评价维度，通过学生访谈的形式，征集他们对教师的评价意见，对教师的教学质量给予综合评价	学生匿名完成满意度调查表填写，就教学内容、教学效果、教师态度、活动满意度等对教师进行评价，帮助教师及时发现问题，改进教学，提升研学的教学质量	问卷调查和座谈相结合，学生对教师调动学习主动性、科学安排教学内容、引导学生深度思考和积极参与动手实践，鼓励表达交流和引导正确价值观等方面进行评价
			同行评价	营地教师、学校带队教师通过问卷调查等方式，对教师的素质、教育教学理念、教学设计、教学过程中的内容安排、实施策略、实施效果等方面进行全面评价	营地教师、学校带队教师通过随队观摩的方式，对研学指导教师的专业素养、教育理念、课程设计、教学流程与内容规划、执行策略以及教学成效等多个维度进行全面评估	指导教师就教学理念是否先进、设计是否合理、是否具有创新性和实效性、内容是否具有层次性和逻辑性、实施策略是否得当、实施效果是否显著、是否能够达到预期的教学目标等进行评估
			培训和考核	定期对学生、家长进行满意度调查测评；定期对营地（基地）教师的专业理论、线路课程开发与组织实施等方面进行专业培训并进行相应考核	进行多方满意度调查测评，确保问卷内容能够真实反映各方的需求和期望；结合营地（基地）的实际情况，设计具有针对性的培训课程，帮助教师解决在实际教学中遇到的问题	定期对营地（基地）教师的教学成果进行展示，邀请行业专家、学者进行授课，分享最新的教育理念和教学方法，定期请校外研学实践教育专家进行督导提升
			教学成果展示	制作精美海报，将学生的作品、研究报告等内容以图文并茂的形式呈现出来；将研学活动的精彩瞬间、学生的实践过程等制作成视频；展示学生在研学过程中创作的绘画、手工、摄影等作品，体现他们的创造力和艺术表现力	展示学生在研学过程中创作的各种作品，体现学生的创意和艺术素养；利用视频、PPT等形式，将学生的研学过程、成果以及心得体会进行呈现；鼓励教师用教学成果、论文及课程案例等展示研学成果	利用照片、视频等多媒体素材记录研学过程，展示学生在研学中的实际表现和收获；展示学生撰写的研学报告，包括实地考察、调研分析、问题解决等内容，体现学生的研究思路、方法、数据分析以及得出的结论

维度或要素				小学高年级段	初中段	高中段
实施方案	评价教学环节	学业评价	形成性评价	在研学实践中，对学生的参与度、兴趣表现等方面进行及时记录与反思，进而根据学生的实际表现，优化活动流程，调整教学内容或改进教学方法，以更好地适应学生的需求和提高他们的学习效果	在研学实践中，对学生的参与度、提问质量、独立思考能力、合作能力以及表达清晰度等方面进行及时评估。通过评估，可以及时了解学生的学习状态和进步情况，为后续研学指导提供参考	在研学实践中，对学生的探究能力、价值观培养、团队协作能力等方面进行及时评估。通过这些评估，可以及时进行相应调整，为后续研学指导提供有价值的参考
			总结性评价	研学实践结束后，根据预先设定的学习目标，通过知识点测验、技能操作考核、成果展示等形式，对学生知识点的掌握情况、参与程度等方面进行评价。根据结果，及时进行调整	通过作品展示、演讲汇报和报告展示等形式，对学生知识点的掌握情况、技能运用能力、思维能力、创新能力和综合素质等方面进行评价，提供针对性的学习建议和指导	通过调研报告展示汇报、研学成品展示等形式，对学生探究能力、责任意识、技能运用能力、思维能力和综合素质等方面进行评价，调整研学主题和活动安排，使研学实践更符合学生的发展需求
			教师评价	教师对学生的资料收集整理、装备物品准备、安全知识与应急预案了解等行前准备工作，研学过程中的学习态度，以及知识掌握与理解等多个方面进行综合评价	由研学导师、带队教师对学生的知识理解与生成、技能掌握、团队合作与沟通、思维拓展与创新、学习方法与策略、实践能力等多个方面进行综合评价，并与学生进行沟通和反馈	由研学导师、带队教师对学生的知识生成、迁移与运用能力、实践能力、团队有效分工协作、创新思维、价值体认、责任感和担当精神等多个方面进行综合评价
		项目评价		教育主管部门、学生家长、社会各界对研学目标的明确性与评价标准的合理性、研学内容丰富性与活动设计多样性、学生参与度及表现和教师指导的有效性等方面进行评价	各方对研学目标设定与实现、研学内容深度与广度、课程设计的合理性、学生参与度与体验感、社会效应与可持续性等方面，应用科学的方法对研学项目进行客观、公正的评价	各方对目标定位与实现、课程内容与深度、学生积极性与投入度、学生反馈与体验、教师角色与指导、教师专业素养与成长、研学成果与社会影响等方面进行评价

4.2 教学计划与策略列表：传承优秀文化，厚植文化自信

<table>
<tr><td colspan="3">营地名称</td><td>石家庄市青少年社会综合实践学校（简称“河北石家庄营地”）</td><td>命名机构</td><td>教育部</td><td>识别码</td><td>Y145130001</td></tr>
<tr><td colspan="3">从业资质（摘要）</td><td>综合实践教育；研学实践教育；劳动教育</td><td>单位属性</td><td>公益一类</td><td>法定代表人</td><td>吕宗海</td></tr>
<tr><td colspan="3">研学主题</td><td>传承优秀文化，厚植文化自信</td><td colspan="3">主要目的指向</td><td>文化传承与创新教育</td></tr>
<tr><td rowspan="7">营地（枢纽）及周边主要优质研学资源</td><td colspan="2">基地层级</td><td colspan="5">研学站点（基地）名称</td></tr>
<tr><td rowspan="2">教育部命名基地</td><td>已列入教学计划</td><td colspan="5">一、与本主题相关列入教学计划的基地14个
1.西柏坡纪念馆；2.河北西柏坡中央社会部旧址暨国家安全教育馆；3.河北张家口市青少年冰雪运动综合实践基地（简称“张家口冰雪基地”）4.保定市清苑区冉庄地道战纪念馆；5.中国人民抗日军政大学陈列馆；6.晋察冀军区司令部旧址；7.晋察冀边区革命纪念馆；8.马本斋烈士纪念馆；9.河北塔元庄同福农业科技有限责任公司（简称“塔元庄同福研学基地”）；10.石家庄市规划馆；11.八路军一二九师纪念馆；12.迁西县喜峰口旅游开发有限公司；13.唐山地震遗址公园；14.河北省涿州市气象局
二、与本主题关联不大列入教学计划的基地4个
1.全国青少年北戴河活动营地；2.涉县青少年活动中心；3.蔚县青少年校外活动中心；4.中航通飞华北飞机工业有限公司</td></tr>
<tr><td>待列入教学计划</td><td colspan="5">1.中国农业科学院（万庄）国际农业高新技术产业园（简称“万庄高新技术产业园”）；2.启行营地（北京）教育科技有限公司（简称“北京启行教育”）；3.吴桥杂技大世界旅游有限公司</td></tr>
<tr><td colspan="2">其他部委命名基地</td><td colspan="5">故宫博物院</td></tr>
<tr><td colspan="2">地方命名基地</td><td colspan="5">1.龙山名人民俗蜡像研学基地（简称“龙山蜡像馆”）；2.武强年画博物馆；3.张家口市博物馆；4.东方巨龟苑研学实践教育基地（简称“东方巨龟苑基地”）；5.中山国研学基地；6.萱草文化研学实践教育基地（简称“萱草基地”）；7.觅道中草药文化传承园研学实践教育基地（简称“觅道中草药基地”）；8.河北封龙书院非遗文化体验创新基地（简称“非遗文化基地”）；9.三苏土布研学基地；10.中国宫灯博物馆；11.赵州桥研学实践教育基地；12.西柏坡红色胜典研学基地</td></tr>
<tr><td colspan="2">本营地资源</td><td colspan="5">1.科学艺术体验馆；2.国防教育馆；3.教育文化馆</td></tr>
<tr><td colspan="2">其他资源</td><td colspan="5">1.石家庄解放纪念馆；2.青竹官面非物质文化遗产传承基地；3.贾庄古镇；4.张家口冬奥村</td></tr>
</table>

维度或要素	小学高年级段	初中段	高中段
校内教育基础（与校内教育的衔接）	对照《义务教育课程方案和课程标准（2022年版）》，小学高年级段在文化传承与创新方面提出“努力学习社会主义先进文化、革命文化和中华优秀传统文化，理解和践行社会主义核心价值观，逐步领会改革创新的时代精神的培养目标”的培养目标。本研学主题与校内教育衔接内容如下：1.人教版道德与法治四年级下册第四单元“感受家乡文化 关心家乡发展”、五年级上册第四单元“骄人祖先 灿烂文化”、五年级下册第三单元“百年追梦 复兴中华”、六年级下册第三单元“多样文明 多彩生活”；2.人教版语文四年级上册第四单元，四年级上册第八单元第27课“故事二则”，五年级上册第三单元第10课“牛郎织女”，六年级上册第二单元第6课“狼牙山五壮士”、第二单元第7课“开国大典”、第三单元第12课“故宫博物院”；3.冀教版数学四年级上册“线和角”、“垂线和平行线”，四年级下册“观察物体（二）”、“三位数乘两位数”、“多边形的认识”，五年级上册“多边形的面积”，五年级下册“长方体与正方体”，六年级下册“圆柱与圆锥”	对照《义务教育课程方案和课程标准（2022年版）》，初中段在文化传承与创新方面提出“体会中华文化的源远流长与博大精深；理解中华传统文化的核心思想观念、人文精神和传统美德，弘扬民族精神，具有强烈的中华民族自豪感”的培养目标。本研学主题与校内教育衔接内容如下：1.人教版地理七年级上册第四章第三节“人类的居住地——聚落”；2.人教版七年级历史上册第二单元第6课“动荡的春秋时期”；3.人教版八年级语文上册第六单元第23课“《孟子》三章”、第26课“诗词五首”；4.人教版九年级语文下册第三单元第12课“满江红”；5.人教版九年级化学下册第十二单元“化学与生活”	对照《普通高中课程方案和语文等学科课程标准（2017年版2020年修订）》，高中阶段学生通过实地探访革命圣地，认知革命文化、强化对中国共产党的认识和感情，厚植家国情怀。通过传统文化项目实践理解认同、继承弘扬中华优秀传统文化，坚定文化自信，使其能够积极参与中国特色社会主义先进文化的建设与传播。通过搜集、整理、归纳信息、交流分享等培养团队合作、沟通交流、语言表达能力。学会应用科学的研究方法，分析解决实际问题，并撰写研究报告，形成学习成果。本研学主题必修课程与校内教育的衔接内容如下：1.人教版思想政治高中必修4第三单元第7课“继承发展中华优秀传统文化”，第三单元第9课“文化强国与文化自信”；2.人教版历史高中选择性必修3第一单元第1课“中华优秀传统文化的内涵与特点”、第2课“中华文化的世界意义”；3.人教版美术高中必修第二单元第8课“天工开物——中国传统工艺美术”、第9课“美在民间——中国民间美术”；4.人教版美术选择性必修5工艺第15课“花灯工艺”；5.人教版美术选择性必修5“非物质文化遗产”

维度或要素			小学高年级段	初中段	高中段
研学课程	必修课程一	名称	经典诵读	探寻千年古镇的文化符号	武器演变中的科技与文化
		活动目的	通过体悟古代先贤的精神品质，激发学生在学习中肩负起文化传承的责任和使命	通过探寻千年古镇贾庄古镇，了解古镇建筑和古镇商贾文化，增强热爱家乡的情感	通过了解我国古代武器演变史，深刻探究兵器中的科技与文化内涵
		活动形式	教师讲解、知识探究、任务驱动、体验	参观考察、实地调研、设计制作	教师讲授、实地探访、实践体验相结合
	必修课程二	名称	活字印刷	中山国建筑艺术与陶瓦当探究	轻武器射击
		活动目的	通过了解四大发明相关知识，感受活字印刷为促进人类社会发展的价值	通过学习传统的匠艺技能，激发学生保护非遗文化的情感	通过观摩、实操射击，掌握枪械使用原理，感受军事文化及军事力量的重要性
		活动形式	参观、听讲解、问题驱动、实践体验	教师讲授、参观、调研、体验、制作	教师讲授、实地探访、实践体验相结合
	必修课程三	名称	汉代故事演绎	月饼制作	留住红色故乡的印记
		活动目的	通过体验汉代礼仪，理解掌握传统文化及文明礼仪的深刻内涵	了解有关月饼制作的常识，掌握制作月饼的方法，感受传统美食中的中华文化	了解西柏坡红色文化史，选择特色资源进行挖掘，设计带有时代印记的作品
		活动形式	知识探究、任务驱动、角色扮演、深度体验	参观、调研、体验、制作	教师讲授、实地探访、实践体验相结合
	必修课程四	名称	创意花馍	有趣的拓印	新中国从这里走来——西柏坡
		活动目的	通过体验花馍的制作过程，激发保护和传承花馍艺术的积极性和主动性	了解拓片历史和拓片技术，进一步继承弘扬拓片中蕴含中华优秀传统文化	通过实地调研、聆听讲解，回顾新中国走来的历程，传承西柏坡精神
		活动形式	知识探究、亲身实践、创新体验	教师讲授、调研、体验、制作	实地探访、教师讲授相结合

维度或要素			小学高年级段	初中段	高中段
研学课程	必修课程五	名称	探访古中山国	传统酿酒体验	仿制古建筑——赵州桥
		活动目的	通过了解古中山国悠久的历史文化，感受其在语言文字、器物等方面的文化价值	通过体验酿酒过程，感受传统制酒工艺的魅力，提升文化认同感，增强文化自信	深入了解赵州桥的历史和建筑特点，体悟中国工匠精神，感受千年古建的艺术魅力
		活动形式	问题探究、参观、听讲解、游戏体验	教师讲授、调研、体验、制作	实地探访、教师讲授、实践体验相结合
	必修课程六	名称	认识中山篆	中山国酒文化探究与酿酒体验	墨香家庭——书画装裱
		活动目的	通过学习中山篆知识，掌握中山篆字形特点和书写技巧，感受中山文化	通过感受中山国酒文化，培养学生的文化自信以及对中华优秀传统文化的认同感	通过探识、认知、学习书画装裱，掌握装裱的技能并制作完成一幅作品
		活动形式	实地探访、听讲解、实践体验	参观、调研、体验、制作	实地探访、教师讲授、实践体验相结合
	必修课程七	名称	传统土布织造体验	藁城宫面	藁城宫灯
		活动目的	通过体验土布的传统织造工艺的全过程，体悟非遗传统手工艺的魅力	通过掌握宫面的传统手工制作流程，感受非遗文化的博大精深	通过了解宫灯文化，研习宫灯技艺，尝试策划灯展，激发学生爱家乡的情感
		活动形式	实地探访、听讲解、实践体验	参观、调研、体验、制作	实地探访、教师讲授、实践体验相结合
	必修课程八	名称	探究赵州桥	藁城宫灯	木版年画
		活动目的	通过熟悉赵州桥的相关文化，发扬“工匠精神”，坚定文化自信	通过探究宫灯文化，掌握相关技能，激发学生保护非遗文化的情感	通过了解木版年画发展历史，掌握制作木版年画的技巧，感悟传统的民间技艺
		活动形式	教师讲授、实地探访、观察、实践体验	教师讲授、参观、调研、体验、制作	实地探访、教师讲授、实践体验相结合

维度或要素			小学高年级段	初中段	高中段
研学课程	必修课程九	名称	石门风雨路	制作蒲公英茶	篆刻艺术
		活动目的	通过了解解放石家庄战役相关历史知识，厚植爱国、爱党、爱家乡的情怀	通过了解蒲公英的功效及作用，感受中国茶文化的内涵和价值	通过学习篆刻的基本知识和技法，掌握篆刻刀法和印章制作的技艺
		活动形式	实地参观、知识探究、听讲解	自主探究、小组合作、体验制作	实地探访、教师讲授、实践体验相结合
	必修课程十	名称	追寻革命足迹 传承红色精神	民间艺术——剪纸	杨家埠年画
		活动目的	回顾党的光辉历程，厚植爱国爱党情怀，汲取奋斗力量，做新时代好少年	通过掌握剪纸的基本技巧、方法，具有传承并创新制作工艺的意识和责任	通过了解我国四大年画产区，掌握杨家埠年画的特点与制作技艺
		活动形式	教师讲授、实地探访、实践与体验相结合	教师讲授、参观、调研、体验	实地探访、教师讲授、实践体验相结合
	选修课程		1. 汉服制作 2. 植物敲拓染 3. 魅力绳结	1. 中山三器铭文的思想内涵探究 2. 中山篆的历史与艺术价值探究 3. 酿制葡萄酒	1. 开展爱国主义主题演讲比赛 2.DIY 给母亲的礼物 3. 参观潍坊营地场馆

维度或要素		小学高年级段	初中段	高中段
研学线路	代表性线路（时长五日）	第一天：河北石家庄营地—河北石家庄营地教育文化馆—河北石家庄营地；第二天：河北石家庄营地—河北石家庄营地教育文化馆—非遗文化基地—河北石家庄营地；第三天：河北石家庄营地—河北省博物院—中山国基地—河北石家庄营地；第四天：河北石家庄营地—三苏土布研学基地—赵州桥研学实践教育基地—河北石家庄营地；第五天：河北石家庄营地—石家庄解放纪念馆—西柏坡红色胜典研学基地—河北石家庄营地	第一天：河北石家庄营地—贾庄古镇—中山国研学基地—河北石家庄营地；第二天：河北石家庄营地—萱草基地—龙山蜡像馆—河北石家庄营地；第三天：河北石家庄营地—东方巨龟苑基地—中山国研学基地—河北石家庄营地；第四天：河北石家庄营地—中国宫灯博物馆—青竹官面非物质文化遗产传承基地—河北石家庄营地；第五天：河北石家庄营地—东方巨龟苑基地—河北石家庄营地	第一天：河北石家庄营地—河北石家庄营地教育文化馆—河北石家庄营地国防教育馆—河北石家庄营地；第二天：河北石家庄营地—河北西柏坡中央社会部旧址暨国家安全教育馆—西柏坡纪念馆—河北石家庄营地；第三天：河北石家庄营地—赵州桥研学实践教育基地—萱草基地—河北石家庄营地；第四天：河北石家庄营地—中国宫灯博物馆—武强年画博物馆—潍坊营地；第五天：潍坊营地—潍坊营地非遗文化中心—河北石家庄营地
	可选择线路（按天设计，菜单式选择）	1.河北石家庄营地—保定市清苑区冉庄地道战纪念馆—河北石家庄营地；2.河北石家庄营地—八路军一二九师纪念馆—河北石家庄营地；3.河北石家庄营地—中国人民抗日军政大学陈列馆—河北石家庄营地；4.河北石家庄营地—晋察冀军区司令部旧址—晋察冀边区革命纪念馆—河北石家庄营地；5.河北石家庄营地—马本斋烈士纪念馆—河北石家庄营地；6.河北石家庄营地—塔元庄同福研学基地—石家庄市规划馆—河北石家庄营地；7.河北石家庄营地—东方巨龟苑基地—龙山蜡像馆—河北石家庄营地；8.河北石家庄营地—河北西柏坡中央社会部旧址暨国家安全教育馆—西柏坡纪念馆—河北石家庄营地	1.河北石家庄营地—塔元庄同福研学基地—河北石家庄营地；2.河北石家庄营地—非遗文化基地—河北石家庄营地；3.河北石家庄营地—保定市清苑区冉庄地道战纪念馆—河北石家庄营地；4.河北石家庄营地—河北省涿州市气象局—河北石家庄营地；5.河北石家庄营地—中航通飞华北飞机工业有限公司—河北石家庄营地；6.河北石家庄营地—唐山地震遗址公园—全国青少年北戴河活动营地；7.河北石家庄营地—迁西县喜峰口旅游开发有限公司—河北石家庄营地；8.河北石家庄营地—石家庄解放纪念馆—石家庄市规划馆—河北石家庄营地；9.河北石家庄营地—张家口冰雪基地—张家口冬奥村—河北石家庄营地	1.河北石家庄营地—八路军一二九师纪念馆—河北石家庄营地；2.河北石家庄营地—张家口冰雪基地—河北石家庄营地；3.河北石家庄营地—石家庄市规划馆—河北石家庄营地；4.河北石家庄营地—晋察冀军区司令部旧址—河北石家庄营地；5.河北石家庄营地—全国青少年北戴河活动营地—河北石家庄营地；6.河北石家庄营地—涉县青少年活动中心—河北石家庄营地；7.河北石家庄营地—晋察冀军区司令部旧址—晋察冀边区革命纪念馆—河北石家庄营地；8.河北石家庄营地—蔚县青少年校外活动中心—河北石家庄营地
	规划线路（按天设计）	1.河北石家庄营地—吴桥杂技大世界旅游有限公司—河北石家庄营地；2.河北石家庄营地—北京启行教育—河北石家庄营地；3.河北石家庄营地—迁西县喜峰口旅游开发有限公司—河北石家庄营地	1.河北石家庄营地—中国宫灯博物馆—河北石家庄营地；2.河北石家庄营地—河北博物院—河北石家庄营地；3.河北石家庄营地—故宫博物院—河北石家庄营地	1.河北石家庄营地—万庄高新技术产业园—河北石家庄营地；2.河北石家庄营地—唐山地震遗址纪念公园—河北石家庄营地；3.河北石家庄营地中国人民抗日军政大学陈列馆—河北石家庄营地

维度或要素		小学高年级段	初中段	高中段
教学重点难点（以代表性线路教学设计为例，以下同）	教学重点	第一天：通过角色扮演，体验分工合作，感受古代教育思想；第二天：掌握传统手工技艺；第三天：了解传统文化，感受传统文化的博大精深；第四天：设计土布染色方案，掌握土布染色的技能；掌握赵州桥结构，感受赵州桥之美；第五天：了解中国共产党的历史发展历程，了解石家庄本地城市革命发展历程，理解老一辈无产阶段革命家的革命思想和伟大精神，激发爱党、爱家乡的情感	第一天：了解古镇建筑的结构特点、发展历史及存在意义；第二天：掌握传统拓印工艺及月饼制作的方法；第三天：了解传统酿酒的工艺及技法；第四天：了解宫灯、宫面的历史与制作工艺；第五天：了解中国传统饮品的制作与保存技艺；学会剪纸的基本技法	第一天：了解我国古代武器演变史；初步掌握射击原理；第二天：了解西柏坡红色文化史；第三天：了解赵州桥的文化历史和建筑特点；利用所学的装裱技能亲手制作一幅作品，感恩父母；第四天：了解宫灯文化，研习宫灯技艺；了解木版年画发展历史，尝试制作木版年画；第五天：学习篆刻的基本知识和技法；了解我国四大年画产区和特点
	教学难点	第一天：演绎古代教育故事，掌握科举考核内容和形式，领悟古代教育思想；第二天：掌握传统工艺的工具使用和制作技能；第三天：发现中山篆书法艺术之美，掌握书写中山篆的基本技巧及自己的姓氏热缩片制作技巧；第四天：掌握土布纺织工艺，感受传统手工的魅力，掌握赵州桥的工艺特点，理解赵州桥在中国桥梁历史中的地位；第五天：掌握诵读的技巧和方法，并结合石家庄解放纪念馆资源开展诵读比赛；能够用自己的语言表述中共一大、南昌起义、中华苏维埃共和国等事件的历史背景	第一天：通过对非遗文化的了解，能够设计出文创作品，达到传承与宣传中华优秀传统文化的目的；第二天：传统工艺运用到生活中去，提升动手能力的同时树立文化自信；第三天：掌握传统酿酒的工艺及技法；第四天：感受非遗文化的魅力，掌握宫灯的制作技艺；第五天：中国传统技艺与现代艺术相结合，完成文创作品	第一天：借助古文字字形理解武器造型，模仿制作武器模型，感受军事力量的重要性；第二天：选择特色资源进行挖掘，设计带有时代印记的作品；第三天：体悟中国工匠精神，感受千年古桥奇迹和艺术魅力；探识、认知、学习书画装裱，感受中国劳动人民的智慧；第四天：调研宫灯产业发展，尝试策划灯展，做好家乡宫文化推广大使，亲身体悟传统的民间技艺，体验传统文化的精湛技艺和历久弥新的文化传承；第五天：掌握篆刻刀法和印章制作的技艺；掌握杨家埠年画制作技艺

维度或要素	小学高年级段	初中段	高中段
教学策略	针对本阶段学生天真、活泼好动，对新鲜事物感兴趣，善于模仿，表现欲强，对传统文化有不同程度的了解，但是比较浅显，独立解决问题及动手操作的能力需要进一步加强的学情，基于多元智力理论，以学生的文化传承能力和保护意识培养为目标，选取中山国文化、非遗文化等内容，应用讲授、演示、练习等教法和自主学习、探究学习、合作学习等学法，依托项目化研学课程教材、研学手册、教学设备、教学耗材及研学实践教育基地基础设施等教学资源和增强数字化技术的应用，采用情境教学、跨学科教学、合作学习、探究性学习、问题驱动等策略进行总体设计，开展历史文化、传统文化等主题研学实践活动，调动学生的积极性和主动性，增强学生对传统文化的了解，主动弘扬中华优秀传统文化	针对初中学段活泼好动、思维活跃、有较强上进心、可塑性强等学情，基于发现学习、实用主义理论，采用项目化学习的方式，通过探究、体验、实践等方式，以学生对优秀传统文化的价值观引领、传承保护、守正创新等能力为培养目标，选取优秀传统技艺剪纸及拓印、非遗项目宫灯与宫面、本地历史中山国的兴衰等优秀的研学资源，充分借助研学活动的相关物料、工具、研学手册等，采取情境教学、问题导向教学、任务驱动教学、演示教学等方法，从学生生活实际出发，将学生所学知识与真实生活建立连接，注重深度学习、开放生成，运用跨学科的理念解决实际问题，注重学生情感态度和价值观的生成，让学生在体验实践中，了解传统文化，掌握传统技艺，理解工匠精神，并主动担负起继承和发扬传统文化的任务，树立责任意识，坚定文化自信	针对高中段学生自主学习能力较强，逻辑思维能力逐步发展成熟，理解能力强，具备了一定的文化储备和知识积累，但在学科学习中合作探究和活动实践的锻炼机会较少，在合作方面很有强化的必要的学情，基于发现学习、合作学习、建构主义的教学理论，选取古代武器制作、西柏坡红色文化、赵州桥、书画装裱、木版年画篆刻艺术等内容，依托研学基地丰富的教育资源，采取情境教学、问题导向教学、任务驱动教学、演示教学等教法，引导学生通过研究性学习、探究体验式学习、跨学科项目式学习，进行仿制古建筑模型、设计文创产品、体验传统艺术等实践活动，将学生所学知识与真实生活建立连接，注重深度学习、开放生成，运用跨学科的理念解决实际问题，实现知识迁移应用，以提升学生合作能力、综合素质，在传承的基础上，进一步将中华文化发扬光大

维度或要素				小学高年级段	初中段	高中段
实施方案	入营教育	安全	引导	召开安全教育会，播放安全管理视频进行安全教育，强调各方安全管理责任	通过发放安全管理手册、召开安全动员会等形式进行入营安全教育	通过安全管理视频进行入营安全教育，签订研学安全责任协议
			实训	通过互动式教学设备，在安全教育场馆开展实景式、体验式安全专题教育	充分利用安全教育场馆，采用现场教学的方式进行安全演练	播放安全教育视频，在安全教育场馆开展实景式、体验式安全专题教育
		应急	引导	讲解应急知识，演示火灾逃生技巧以及应急处理方法	结合具体案例，学习地震、踩踏等应急处理方法	讲解应急知识，演示溺水、心肺复苏等技巧以及应急处理方法
			实训	进行火灾疏散、逃生演练	模拟逃生现场	开展相关应急救护比赛
		救助	引导	进行火灾逃生现场培训，提高求助及应对能力	观看救助视频，学习相关救助知识	观看学习救助视频，进行溺水、心肺复苏等技能培训
			实训	模拟真实情境，在教师指导下，学习和实践相关技能	小组合作，进行相关技能的训练，以赛促练	模拟真实情境，进行技能测试
		自我管理	引导	加强生活教育，引导学生学会自我管理，提高学生自理能力	开展专题培训，讲解自我管理相关知识，如：内务整理、餐具清洗、组织纪律等	进行专题培训，引导学生掌握科学管理的方法
			实训	结合自我管理评价标准，在教师指导下，开展整理内务等训练，力争达到标准	结合自我管理评价标准，开展相应实践活动，制定宿舍管理文明公约	采用讨论、互动的方式，进行自我管理方法策略的制订
		团队协作	引导	通过团队拓展活动，增强学生互相帮助、团结协作的意识	通过团队拓展活动，让学生学会尊重他人，学会融合他人的观点和意见	培养学生独立思考的能力，并学会融合他人观点，产生集体效应
			实训	采取小组合作的方式，进行团队合作体验	活动，游戏，方案制订，合理分工	采取小组合作的方式，开展团建活动，进行小组竞赛

维度或要素		小学高年级段	初中段	高中段
实施方案	导入教学环节	1.情境导入：观看并聆听名家演绎的经典古诗词诵读，激发学生的诵读兴趣；2.情境导入：播放《非遗“冀”情 魅力无限》河北非遗主题宣传片，激发学生了解非遗的兴趣，引导学生进入主题；3.视频导入：播放《名胜古迹——中山古国》视频资料，引发学生探究家乡文化的乐趣；4.情境导入：播放《赵州桥》歌曲，提问学生歌曲中提到的是什么桥，引出主题，让学生思考赵州桥设计的巧妙之处，带着问题进行研学；5.视频导入：播放动画片《西柏坡》中的内容片段，引起学生的思考，并创设情境，引导学生回到战火纷飞的战争岁月	1.问题驱动：我们周边有哪些千年古镇？现在这些古镇还保留了多少古老的文化符号？我们可以通过哪些途径让更多的人了解这些古镇文化；2.问题导入：传统节日中秋节的仪式感你们准备好了吗；3.任务导入：观看传统酿酒视频，并回答问题；4.任务导入：观看宫面制作视频，并回答问题；5.问题导入：传统饮品正在兴起，想自己制作一杯中式下午茶吗	1.情境导入：学生参观教育文化馆和国防馆，通过观看视频、图片，了解武器发展史，激发学生的学习欲望；2.问题导入：西柏坡有哪些红色文化资源，作品承载了什么红色精神；3.问题导入：欣赏赵州桥华丽的建筑风格，思考经过历史的印记，为何它始终屹立不倒；4.任务导入：请同学们设想自己是一名家乡宫灯宣传大使，需要做哪些工作呢；5.问题导入：通过学生喜闻乐见的年画中的真实历史人物秦琼、尉迟恭引入年画主题，结合学生在生活中贴门神、年画的真实生活情境，激发学生的兴趣与思考
	授课教学环节	第一天：必修课程一“经典诵读”、必修课程二“活字印刷”；第二天：必修课程三“汉代故事演绎”、必修课程四“创意花馍”、选修课程1“汉服制作”；第三天：必修课程五“探访古中山国”、必修课程六“认识中山篆”、选修课程2“植物敲拓染”；第四天：必修课程七“传统土布织造体验”、必修课程八“探究赵州桥”、选修课程3“魅力绳结”；第五天：必修课程九“石门风雨路”、必修课程十“追寻革命足迹 传承红色精神”	第一天：必修课程十“探寻千年古镇的文化符号”、必修课程七“中山国建筑艺术与陶瓦当探究”、选修课程1“中山三器铭文的思想内涵探究”、选修课程2“中山篆的历史与艺术价值探究”；第二天：必修课程二“月饼制作”、必修课程五“有趣的拓印”；第三天：必修课程四“传统酿酒”、必修课程九“中山国酒文化探究与酿酒体验”、选修课程3“酿制葡萄酒”；第四天：必修课程一“藁城宫面”、必修课程八“藁城宫灯”；第五天：必修课程三“制作蒲公英茶”、必修课程六“民间艺术——剪纸”	第一天：入营教育、必修课程一“武器演变中的科技与文化”、必修课程二“轻武器射击”；第二天：必修课程三“留住红色故乡的印记”、必修课程四“新中国从这里走来——西柏坡”、选修课程1“开展爱国主义主题演讲比赛”；第三天：必修课程五“仿制古建筑——赵州桥”、必修课程六“墨香家庭——书画装裱”、选修课程2“DIY给母亲的礼物”；第四天：必修课程七“藁城宫灯”、必修课程八“木版年画”；第五天：必修课程九“篆刻艺术”、必修课程十“杨家埠年画”、选修课程3“参观潍坊营地场馆”

维度或要素		小学高年级段	初中段	高中段
实施方案	进阶教学环节	1.探究体验：了解国学传统文化，体验传统礼仪，传承中国传统文化；2.参观体验：参观非遗文化基地，了解非遗项目，亲自动手体验创作花馍，感受非遗文化的魅力；3.通过参观中山国文物遗珍、体验拓印中山篆，交流研讨中山国文化的传承与创新；4.实践操作：体验传统工艺，经历搓棉花棒、纺棉花、拐棉线、绕线、经布、织布，对比现代工艺，感悟现在的美好生活；5.创意实践：了解中国桥梁建筑特点，结合情境任务，创意设计并绘制一座桥梁，提高对桥梁建设设计及功能价值的理解，增强文化自信	1.探究：对千年古镇和古镇文化的理解；制作古镇古建筑模型；2.实践：根据月饼制作的方法，创新出其他中式甜品；3.探究：了解中西方酿酒工艺的异同；4.制作：将宫灯技艺运用到生活中，如制作简易灯笼；5.实践：能够掌握中式茶饮的制作方法，并设计、制作一份中式茶饮	1.探究：探究古代武器的各种形状和承载的图案、文字，正确使用轻武器；2.分享：西柏坡有哪些红色文化资源，作品承载了什么红色精神，深刻领会中国共产党为新中国的诞生经历的艰苦奋斗；3.实践：观察分析赵州桥建筑结构特点，应用所学力学知识解释桥稳固的原因，利用选材仿制赵州桥，深入认知装裱，创作书画并装裱，感恩父母；4.传承：实践制作宫灯，感叹传统技艺魅力，学习制作木版年画，总结制作各环节的技术要点；5.实践：走进潍坊营地非遗场馆，探究篆刻的基本知识和技法，实践篆刻技艺，掌握杨家埠年画的特点与制作技艺
	巩固教学环节	1.展示：通过回顾视频、讨论演讲、设计制作等活动加深对中国传统文化的认识；2.拓展：制作中国传统文化故事海报、演绎中华文明故事，制作创意花馍模型；3.拓展：利用学到的非遗项目手工技艺，为父母或老师做一件创意礼物，表达感恩之情；4.拓展：考察和了解身边的特色桥梁，通过对比研究，提升建筑科技与审美；5.巩固：用思维导图的形式，展示中国共产党从诞生到建立新中国之间的发展历程；以主题班会的形式，交流本次研学心得	1.巩固：古代文化与现代文化的异同，古代文化对现代文化的影响；2.迁移：将剪纸工艺运用到所制作的甜品包装中；3.拓展：中西方储酒方法的异同；4.创意：制作元宵节灯笼；5.分享：将所学的传统技艺运用到生活中，如：制作一份中式下午茶	1.巩固：通过演讲、作品展示的方式，讲解对武器发展和国防教育的理解；2.拓展：通过参观旧址、观看纪录片等方式更全面地了解传统历史，增强文化自信；3.拓展：对古建筑等文化资源的开发与保护进行思考，提出建议，学会将历史、美术、物理等学科知识运用到古建筑鉴赏中，感悟千年建筑之魅力；4.分享：开展传统文化主题班会，讲述身边的文化故事；5.组织非遗技艺比赛，传承工匠精神

维度或要素			小学高年级段	初中段	高中段
实施方案	总结教学环节	教学创新	课程设计注重跨学科知识的运用，根据小学高年级段学生特点，注重与学生生活的联系，在真实情境中，引导学生知行合一、增强学生知识运用能力	根据初中段学生特点，将研学旅行与爱国教育、传统文化教育、劳动教育相结合，对照相关学科的课标、衔接课本相关知识，将教学内容重新组织，增强学生学习的主动性，增强课程实效	以培养高中段学生的探究精神为主要目的，运用跨学科的理念，引导学生探究考察、实践体验、调查研究等，实现深度学习、开放生成，解决实际问题，迁移应用增强学生科学意识、提高科学素养
		教学总结	通过召开总结班会等方式，交流讨论，全面了解学生的收获和心得感悟，对优秀学生研学成果及作品进行展示，巩固学生研学所得，增强学生的研学实践兴趣，提升学生的综合素质	根据教学思路，结合研学课程实际情况，对学生学习过程进行全面总结，充分发挥学生的主动性，围绕价值体认、责任担当、问题解决、创意物化四个方面进行总结和评价，复盘研学中的优点和不足，提升学生的总结意识，促进学生综合能力的提升	围绕价值体认、责任担当、问题解决、创意物化等方面的目标，让学生对活动中的各个环节进行自我总结并进行小组分享，主要培养学生发现问题、运用科学的方法解决实际问题的能力
		教学反思	收集学生、家长及其他相关人员的反馈，复盘研学组织实施过程中的优点和不足，结合组织教学目标、实施过程和评价结果，进行教学反思，对过程中的不足进一步优化、调整研学环节，不断提高课程质量及效果	根据教学总结得出的反馈，结合教学目标、实施过程和评价结果，进行教学反思，并采用访谈、对话等方式，有针对性地了解课程实施过程和各环节的不足，进一步优化、调整研学环节，不断提高课程质量及效果	依据本阶段学情，以教学总结得出的反馈为基础，深入分析整体研学过程，梳理资源与课程的匹配度，教学环节的设计、实施和效果，学生的主体性、参与度等，整合优化本研学环节，总结经验

维度或要素				小学高年级段	初中段	高中段
实施方案	评价教学环节	教学水平评价	自我评价	教师对研学内容设计、课程实施流畅度、学生参与度、目标达成情况、研学效果等进行评价，总结反思研学过程中存在的问题，明确改进方向	教师对研学教学方法及策略、学生反馈情况、学生作品制作完成情况等进行评价，总结反思研学过程中存在的问题，并进行迭代更新	围绕本主题的目标，针对不同研学线路的安排，对线路课程、实施内容、知识衔接度等进行自我评价，并及时调整相关内容
			学生评价	引导学生对内容安排是否科学合理、鼓励学生表达交流、指导学生动手实践等方面进行评价	学生对教师是否擅长调动学生的主动性、引导启发学生深度思考、正确价值观融入等方面进行评价	学生对内容安排是否科学合理、引导启发学生深度思考、鼓励学生进行深度探究、正确审视研究过程、升华引领情感价值观的等方面进行评价
			同行评价	营地教师、学校带队教师对基地研学指导教师的教学设计、内容安排、教学理念、实施策略、实施效果等方面进行评价	营地教师、学校带队教师对基地研学指导教师的教学设计、内容安排、教学理念、实施策略、实施效果等方面进行评价	营地教师、学校带队教师对基地研学指导教师的教学设计、内容安排、教学理念、实施策略、实施效果等方面进行评价
			培训和考核	定期对营地（基地）教师进行专业理论、线路开发、课程研发设计与组织实施等方面进行专业培训，并采取多种形式进行相应的考核	定期对营地（基地）教师进行专业理论、线路开发、课程研发设计与组织实施等方面进行专业培训，并采取多种形式进行相应的考核	定期对营地（基地）教师进行专业理论、线路开发、课程研发设计与组织实施等方面进行专业培训，并采取多种形式进行相应的考核
			教学成果展示	用图文、影像等资料记录学生的研学表现及成果；用创意作品推介会、主题班会、主题展览等方式展示研学成果；总结撰写研学实践课程案例	用图文、影像等资料记录学生的研学表现及成果；用创意作品推介会、主题班会、主题展览等方式展示研学成果；撰写研学实践课程案例，进行相关内容评比	用图文、影像等资料记录学生的研学表现及成果；用创意作品推介会、主题班会、主题展览等方式展示研学成果；总结撰写研学实践课程案例，并进行推广

维度或要素				小学高年级段	初中段	高中段
实施方案	评价教学环节	学业评价	形成性评价	研学实践中，教师对学生的参与程度、知识探究、交流表达、动手实践、互助合作等具体表现进行记录并及时评价	在活动过程中，教师进行实时记录，适时小结，应用引导、指导、点评激励等方式进行评价，实现学生探究能力、创新及实践能力的提升	针对学生在研学过程中形成的方案设计、过程记录、阶段成果及学生的参与程度、交流表达、动手实践、具体表现等进行翔实记录并评价，以图文影像、文字报告等形式建立学生研学档案袋
			总结性评价	研学实践后，依据预设的活动目标，结合学生形成的考察报告、心得感悟、物化成果等，通过交流展示的形式，对学生达成目标的程度以及研学效果作出评价	研学实践后，依据预设的活动目标，结合学生在活动中的表现以及形成的考察报告、心得感悟、物化成果等成果，撰写总结报告	依据建立的学生研学档案袋以及学生形成的研学报告、物化成果等进行整体性评价，并对学生达成目标的程度以及研学效果作出评价
			教师评价	教师对学生的问题解决、知识生成、能力提升、情感认同、创新创造等方面进行综合评价	教师对学生的知识探究、方案设计、动手实践、问题解决、知识生成、能力提升、情感认同、创新创造等方面进行综合评价，引导学生发现不足、改进提升	教师从价值体认、问题解决、责任担当、创意物化四个维度对学生研学过程进行综合评价
		项目评价		教育行政主管部门、参与学校、学生家长、社会各界对研学项目设计及组织实施进行整体评价	教育行政主管部门、参与学校、学生家长、社会各界采取问卷调查、访谈等方式，对研学项目设计及组织实施进行整体评价，并给出项目实施建议，助力项目目标更好完成	教育行政主管部门、参与学校、学生、家长、社会各界采用线上线下相结合的方式对线路设计、课程设计、课程实施、研学效果等方面进行调研，做出整体评价

4.3 教学计划与策略列表：执文化之笔，绘时代新卷

<table>
<tr><td colspan="3">营地名称</td><td>晋中市中小学生综合实践学校（简称“山西晋中营地”）</td><td>命名机构</td><td>教育部</td><td>识别码</td><td>Y145140001</td></tr>
<tr><td colspan="3">从业资质（摘要）</td><td>综合实践教育（劳动技术教育、国防教育、安全教育、信息技术教育）；研学实践教育；研究性学习；社区服务；职业培训</td><td>单位属性</td><td>公益一类</td><td>法定代表人</td><td>武浩</td></tr>
<tr><td colspan="3">研学主题</td><td>执文化之笔，绘时代新卷</td><td colspan="2">主要目的指向</td><td colspan="2">文化传承与创新教育</td></tr>
<tr><td rowspan="7">营地（枢纽）及周边主要优质研学资源</td><td colspan="2">基地层级</td><td colspan="5">研学站点（基地）名称</td></tr>
<tr><td rowspan="2">教育部命名基地</td><td>已列入教学计划</td><td colspan="5">一、与本主题相关列入教学计划的基地11个
1. 山西晋中营地；2. 平遥古城；3. 中国煤炭博物馆（简称“煤博”）；4. 八路军太行纪念馆；5. 山西祁县乔家大院民俗博物馆（简称“乔家大院”）；6. 山西博物院；7. 八路军文化园；8. 吕梁市晋绥边区革命纪念馆（简称“晋绥边区纪念馆”）；9. 山西晋韵砖雕艺术博物馆（简称“晋韵砖雕”）；10. 平遥唐都推广漆艺博物馆（简称“唐都漆器”）；11. 黎城太行山黄崖洞旅游发展有限公司（简称“黄崖洞”）
二、与本主题关联不大但列入本营地教学计划的基地10个
1. 昔阳大寨；2. 汾阳市贾家腾飞文化传播有限公司（简称“贾家庄”）；3. 平型关大捷纪念馆；4. 云冈石窟；5. 山西省长治市气象局（简称“长治气象局”）；6. 山西皇城相府文化旅游有限公司相府景区（管理处，简称“皇城相府”）；7. 洪洞大槐树寻根祭祖园有限公司（简称“大槐树”）；8. 山西凤凰山生态植物园有限公司（简称“凤凰山”）；9. 淮海工业集团有限公司；10. 临汾市黄河壶口瀑布风景名胜区</td></tr>
<tr><td>待列入教学计划</td><td colspan="5">无</td></tr>
<tr><td colspan="2">其他部委命名基地</td><td colspan="5">山西杏花村汾酒集团有限责任公司（简称“汾酒集团”）</td></tr>
<tr><td colspan="2">地方命名基地</td><td colspan="5">1. 红海玻璃文化艺术园（简称“红海玻璃”）；2. 太谷山西中医药博物馆（简称“中医药博物馆”）；3. 老西醋博园（简称“醋博园”）；4. 王家大院民居艺术馆（简称“王家大院”）；5. 张壁古堡；6. 三多堂博物馆（简称“三多堂”）；7. 灵石县石膏山风景区（简称“石膏山”）；8. 麻田八路军总部纪念馆（简称“八路军总部纪念馆”）；9. 后沟古村</td></tr>
<tr><td colspan="2">本营地资源</td><td colspan="5">1. 晋商财商馆；2. 陶艺馆；3. 葫芦工坊；4. 茶艺馆；5. 华服馆；6. 探秘空间馆；7. 综合馆；8. 生命救护馆；9. 数字音乐馆</td></tr>
<tr><td colspan="2">其他资源</td><td colspan="5">桐峪1941博物馆</td></tr>
</table>

维度或要素	小学高年级段	初中段	高中段
校内教育基础（与校内教育的衔接）	对照课标，小学高年级段在文化传承与创新方面提出要引导学生初步了解中华优秀传统文化的主要代表性成果及其意义，感受中华优秀传统文化的魅力。本研学主题必修课程与校内教育的衔接内容如下：1.人教版四年级道德与法治下册第四单元第10课“我们当地的风俗”、第11课“多姿多彩的民间艺术”；2.人教版六年级道德与法治下册第6课“探访古代文明”、第7课“多元文化 多样魅力”；3.人教版六年级美术上册第12课“保护文物”、第13课“古建筑的保护”；4.人教版六年级美术下册第4课“雕与刻的乐趣”	对照课标，初中段在文化传承与发展方面提出要让学生体会中华文化的源远流长与博大精深；理解中华优秀传统文化的核心思想理念、人文精神和传统美德，弘扬民族精神，具有强烈的中华民族自豪感；学习和理解社会主义先进文化和革命文化，坚定文化自信。本研学主题必修课程与校内教育的衔接内容如下：1.人教版八年级语文下册第六单元综合学习“身边的文化遗产”；2.人教版七年级历史上册第三单元第15课“两汉的科技和文化”；3.人教版七年级历史下册第二单元第12课“宋元时期的都市和文化”；4.人教版七年级历史下册第三单元第16课“明朝的科技、建筑与文学”、第21课“清朝前期的文学艺术”；5.人教版八年级历史上册第八单元第27课“考察近代历史遗迹”；6.人教版八年级地理下册第六章第三节“世界最大的黄土堆积区——黄土高原”；7.人教版地理八年级上册第三章“中国的自然资源”；8.人教版道德与法治九年级下册第一单元第1课“同住地球村”；9.人教版道德与法治九年级下册第二单元第3课“与世界紧相连”	对照课标，高中段在文化传承与创新方面提出指出引导学生树立正确的历史观和文化观，建立起自己的价值体系。要学会辩证地看待传统文化，领会对中华优秀传统文化进行创造性转化、创新性发展的重要意义，感悟世界文化的多样性，理解文化多样性的价值，弘扬民族精神。本研学主题必修课程与校内教育的衔接内容如下：1.人教版政治必修1第4课“只有坚持和发展中国特色社会主义才能实现中华民族伟大复兴”；2.人教版政治必修3第一单元第1课“历史和人民的选择”“中国共产党的先进性”；3.人教版历史必修1第七单元第21课“五四运动与中国共产党的诞生”、第22课“南京国民政府的统治和中国共产党开辟革命新道路”；第八单元第23课“从局部抗战到全面抗战”、第24课“正面战场、敌后战场和抗日战争的胜利”、第25课“人民解放战争”；第九单元第26课“中华人民共和国成立及向社会主义过渡”、第27课“社会主义建设在探索中曲折发展”；4.第十单元第28课“中国特色社会主义道路的开辟和发展”；5.人教版历史必修三第六单元第14课“文化传承的多种载体及其发展”；6.人教版地理必修一第四章“地表形态的塑造”、第五章“自然地理环境的整体性与差异性”

维度或要素			小学高年级段	初中段	高中段
研学课程	必修课程一	名称	纸上跳跃的中华符号	一座古衙署，半部建筑史	红旗高举再长征
		活动目的	通过山西剪纸，了解因各地地域环境、生活习俗等差异产生的剪纸的不同风格	通过实地参观县衙的布局和形制，感受中国传统官方建筑的建筑艺术	通过实景了解中国共产党党史，认识共产党是全民族团结抗战的中流砥柱
		活动形式	教师讲授、学生实践	教师讲解、自主探索	任务卡驱动、实景模拟
	必修课程二	名称	知茶礼，识茶趣	小小火神庙，斗拱嵌瓦当	支前运粮
		活动目的	通过学习茶礼仪，让学生感悟中国茶文化	通过学习古代建筑的主要构件、瓦当斗拱等相关知识，建立对古建筑的认知	通过了解正面战场和敌后战场的抗战，感悟中华民族英勇不屈的精神
		活动形式	自主探索、冲泡实践、互动观察	教师讲授、学生实践体验	实景模拟、教师讲解、小组合作
	必修课程三	名称	探寻鞋文化之美	屋脊上的晋商	延安屏障
		活动目的	通过体验传统制鞋技艺，了解鞋文化的发展历程	通过学习乔家大院的布局以及背后的历史文化，让学生直观感受晋商的大院文化	通过实地探究，让学生了解晋绥地区的枢纽与通道作用
		活动形式	教师讲授、学生体验	导师引领参观，学生自主实践，实地参观考察	教师讲授、实地探究、总结分享
	必修课程四	名称	一件漆器盒，点点工匠心	煤与生活	缕缕红色电
		活动目的	通过亲手体验，了解我国的非物质文化遗产——推光漆器，做小小非遗传承人	通过学习煤炭知识，探究煤的生成与地理环境的关系，并深刻认识山西煤炭行业	通过探究及实验，让学生了解世界无线电、中国无线电的发展史及其在战争中的意义
		活动形式	教师讲授、学生观察与体验	实地展厅学习、深入矿井体验	实践体验、实地探访、查阅资料

维度或要素			小学高年级段	初中段	高中段
研学课程	必修课程五	名称	指捻细针布老虎	探究青铜纹饰	回到1941
		活动目的	通过学习缝制布老虎，探究布老虎的吉祥象征寓意	通过了解青铜纹饰的种类和象征，体会青铜纹饰的艺术美	通过实地参观第一个“三三制”抗日民主政权诞生地，增强对人民民主革命的理解
		活动形式	教师讲解、学生实践体验	实地参观探究、实践体验制作	现场探究、查阅资料、教师讲解、分享交流
	必修课程六	名称	烙画葫芦	一座古村落，农耕风韵浓	巍巍太行小八路
		活动目的	通过对“小葫芦”进行新的创意设计，为传统文化赋予新的生机	通过参观黄土高原原始农耕村落，学习农业社会古村落的相关知识	通过寻找抗战时期的“老兵”，了解英雄事迹，尝试从历史当事者的角度看历史
		活动形式	教师讲解、学生实践体验	教师讲解、实地探索、分享交流	现场探究、查阅资料、教师讲解、分享交流
	必修课程七	名称	火与温度中吹出的美丽	赏三雕艺术	传承红色星火
		活动目的	通过参观红海美轮美奂的玻璃制品，感受国家非物质文化遗产人工吹制表演的魅力	通过实地赏析大院中的雕刻艺术，让学生理解三雕艺术的基本内涵	通过探究陈列展品背后的抗战故事，接受深刻的党史教育
		活动形式	实地参观、自主探索、制作体验	实地参观考察、情境模拟再现	现场探究、查阅资料、教师讲解、小组合作
	必修课程八	名称	古法搓制中药丸	山间一古堡，地下有神通	践悟太行精神
		活动目的	通过带领学生走进神奇的中药世界，增加对中华传统文化的认识	通过行走军事古堡地道，让学生了解“堡”的规制及地道的作用	通过浮雕了解人民军队的成长史，学生深入认知太行精神并内化为自己的精神内核
		活动形式	小组合作、实践体验	实践体验、教师讲解	实地参观、教师讲解、现场探究

维度或要素			小学高年级段	初中段	高中段
研学课程	必修课程九	名称	抟得黄土传晋韵	点燃楹联梦，厚植家国情	飞檐走壁送弹药
		活动目的	通过制作砖雕艺术品，了解山西特色非遗文化	通过学习古建中的楹联文化，学习“客亦三多”的精神	通过实地探访，了解黄崖洞作为我军重要的军事基地的战略地位与意义
		活动形式	实地参观、自主探索、制作体验	实地探访、自主探究、合作交流	实景模拟、教师讲解、小组合作、实地探访
	必修课程十	名称	寻味醋文化	探幽幽古院，现民国风云	黄崖洞保卫战
		活动目的	通过近距离感受山西“醋文化”，了解家乡特产，在实践中建立文化自信	通过学习近现代晋商宅院的建筑形制和风格，建立对晋商大院更全面的认知	通过研究太行军工的发展历程，学习黄崖洞兵工厂在武器研发上的科技创新精神
		活动形式	实地参观、自主探索	实地探索、教师讲授	实战模拟、教师讲解、小组合作、分享交流
	选修课程		1. 平遥纱阁戏人 2. 香遇美好，囊存一隅 3. 小小中医传承人 4. 舌尖上的圆圆满满 5. 石磨摇转，点豆生情	1. 走进文庙，邂逅平遥 2. 初探双喜院，再进在中堂 3. 日昇昌的建筑美学 4. 老城故事里的砖瓦 5. 斗拱故事	1. 石磨军粮，忆苦思甜 2. 古堡反击战 3. 急救自救，野外生存 4. 原声天籁——红歌传唱新时代 5. 革命脊梁，复兴力量

维度或要素		小学高年级段	初中段	高中段
研学线路	代表性线路（时长五日）	第一天：山西晋中营地—山西晋中营地手工艺—山西晋中营地茶艺—山西晋中营地；第二天：山西晋中营地—平遥古城—唐都漆器—山西晋中营地；第三天：山西晋中营地—乔家大院—山西晋中营地；第四天：山西晋中营地—中医药博物馆—晋韵砖雕—山西晋中营地；第五天：山西晋中营地—老西醋博园—红海玻璃—山西晋中营地	第一天：山西晋中营地—平遥古城—山西晋中营地；第二天：山西晋中营地—乔家大院—煤博—山西晋中营地；第三天：山西晋中营地—山西博物院—后沟古村—山西晋中营地；第四天：山西晋中营地—王家大院—张壁古堡—山西晋中营地；第五天：山西晋中营地—三多堂—孔祥熙宅院—山西晋中营地	第一天：山西晋中营地—石膏山—山西晋中营地；第二天：山西晋中营地—晋绥边区纪念馆—山西晋中营地；第三天：山西晋中营地—桐峪1941博物馆—八路军总部纪念馆—山西晋中营地；第四天：山西晋中营地—八路军太行纪念馆—八路军文化园—山西晋中营地；第五天：山西晋中营地—黄崖洞—山西晋中营地
	可选择线路（按天设计，菜单式选择）	1.山西晋中营地—华服馆—晋商财商馆—山西晋中营地；2.山西晋中营地—煤博—山西晋中营地；3.山西晋中营地—汾酒集团—贾家庄—山西晋中营地；4.山西晋中营地—晋中市博物馆—晋中市规划馆—山西晋中营地；5.山西晋中营地—昔阳大寨—山西晋中营地；6.山西晋中营地—太原理工大学—山西中医药大学—山西晋中营地；7.山西晋中营地—太原师范学院—陶艺—山西晋中营地；8.山西晋中营地—张壁古堡—山西晋中营地	1.山西晋中营地—陶艺—晋中市规划馆—山西晋中营地；2.山西晋中营地—创意搭建—益智游戏—山西晋中营地；3.山西晋中营地—渠家大院—乔家大院—山西晋中营地；4.山西晋中营地—常家庄园—明乐庄园—山西晋中营地；5.山西晋中营地—太原理工大学—山西晋中营地；6.山西晋中营地—晋韵砖雕—唐都漆器—山西晋中营地；7.山西晋中营地—中医药博物馆—山西中医药大学—山西晋中营地；8.山西晋中营地—榆次老城—晋中市博物馆—山西晋中营地；9.山西晋中营地—云冈石窟—大同营地	1.山西晋中营地—平遥古城—山西晋中营地；2.山西晋中营地—汾酒集团—贾家庄—山西晋中营地；3.山西晋中营地—中国煤炭博物馆—山西博物院—山西晋中营地；4.山西晋中营地—昔阳大寨—西峪惨案纪念馆—山西晋中营地；5.山西晋中营地—石拐会议纪念馆—山西晋中营地；6.山西晋中营地—十字岭左权将军殉难处—山西晋中营地；7.山西晋中营地—辽县抗日纪念馆—左权莲花岩—山西晋中营地；8.山西晋中营地—左权将军纪念馆—晋冀鲁豫边区临参会会址—山西晋中营地；9.山西晋中营地—张壁古堡—山西晋中营地；10.山西晋中营地—平型关大捷纪念馆—大同营地
	规划线路（按天设计）	1.山西晋中营地—壶口瀑布—运城营地；2.山西晋中营地—长治气象局—山西晋中营地；3.山西晋中营地—山西博物院—后沟古村—山西晋中营地	1.山西晋中营地—皇城相府—山西晋中营地；2.山西晋中营地—大槐树—运城营地；3.山西晋中营地—晋韵砖雕—老西醋博园	1.山西晋中营地—凤凰山—山西晋中营地；2.山西晋中营地—淮海工业—山西晋中营地；3.山西晋中营地—太原理工大学—山西医科大学—山西晋中营地

维度或要素		小学高年级段	初中段	高中段
教学重点难点（以代表性线路教学设计为例，以下同）	**教学重点**	1.学习茶知识、茶礼仪，会进行简单冲泡；2.了解鞋文化的发展历程，体验传统制鞋技艺；3.了解我国的非物质文化遗产——推光漆器，做小小非遗传承人；4.通过布老虎的制作，引导学生理解“继承与创新是传统工艺创作的重要原则”；5.了解制作砖雕艺术品的工艺流程，了解山西特色非遗文化	1.系统掌握晋派建筑的基本形制，掌握晋派建筑构件名称及其相应的用途、功能；2.学习理解三晋古建筑的多彩风格，体悟晋派园林园艺以及原始农耕古村落之美；3.学习理解晋商大院中的三雕艺术，以及村、堡、城等不同等级聚落的差异；4.掌握晋派建筑在不同历史时期的发展与变化，发现不同时期晋派古建的时代特征；5.了解古建中的楹联文化，学习“客亦三多”的精神，深入感悟晋派建筑背后的文化及晋商文化中独特的家国情怀	1.学习中国共产党党史，激发学生敢于面对困难、迎接挑战的勇气；2.理解支前兵站的工作任务及重要性，感受抗战期间完成支前运粮任务的艰巨与不易；3.学习第一个“三三制”抗日民主政权的诞生地——左权县的历史；4.多维度全景式感受抗日战争期间八路军及老一辈无产阶级革命家的光辉形象和革命精神；5.了解抗战时期华北敌后八路军创建最早、规模最大的兵工厂；感受黄崖洞兵工厂在抗日战争中，在艰难困苦的环境下，不畏艰险、艰苦奋斗的抗战精神，领悟传承黄崖洞人民军工精神
	教学难点	1.掌握简单样式的剪纸作品；2.引导学生理解“继承与创新是传统工艺创作的重要原则”；3.掌握鞋子制作步骤，学习鞋子的发展历史；4.明白推光漆器的制作工艺的复杂性，感受非遗作品的价值；5.学会创造性地学做传统工艺及文创产品	1.通过对古建规制和构件的学习，能够在实景中找出，并分别指出其审美作用与建筑作用；2.对晋商大院的布局进行分区，指出不同区域的社会文化作用，从建筑角度对晋商家族进行深层次解读；3.能够对古建筑中的砖雕、木雕、石雕进行独立的赏析，能够对古城、古堡、古村落的各种系统有成熟的了解；4.能够从晋派建筑的发展中总结规律，对不同时代的建筑风格形成自我认知与见解；5.能够进行知识迁移，结合地理环境、气候特征、人文风俗将本地特色建筑与其他建筑对比分析	1.学习摩尔斯电码知识，了解其内容并能够深入思考，提出有价值的问题；2.从“政治、经济、文化”三个角度知悉根据地的发展史，知道特定的史事是与特定的时间和空间相联系的；3.深刻感受“兵马未动，粮草先行”是在战争中后勤保障关乎战局的发展，是战争中不可或缺的重要环节；4.能够从金融角度加深对中国共产党伟大事业的理解，建构历史事件、历史人物、历史现象之间的关联；5.能够从红色史料中提取有效信息，作为历史叙述的可靠证据，并据此提出自己的历史认知

维度或要素	小学高年级段	初中段	高中段
教学策略	小学高年级段学生，认知水平已有一定的基础，但尚未形成完整的知识结构体系。这个阶段的学生能够在生活中发现事物的简单变化规律，并有了一定的生活经验。他们喜欢学习、乐于思考、乐于探索，可以在活动中获得乐趣，但由于知识结构不完整，对于文化传承与创新概念还比较模糊。基于合作教学、多元智力理论，选取学生生活中常接触的非遗文化、饮食文化、中医药文化等内容，以贴近日常生活的文化为载体，增强学生对文化传承的认知与理解。采取讲授法、谈话法、演示法、练习法等教法和自主学习、合作学习等学法，借助相关研学实践教育基地与文化传承教育相关的教学资源和数字化技术，做好物料准备（研学物资、准备有关常规对接资料、安全预案、安全责任书、必备药品），采用游戏化、体验式、跨学科等教学策略进行总体设计，并在实际教学过程中，根据学生与教师反馈意见，进行动态化调整，以保障研学实践活动的质量及文化传承与创新的实施效果	初中段学生随着年龄的增长，进入了一个自主意识萌芽生长的时期。学生渴望独立，拥有很强的独立思维能力和意愿，同时对社会和历史文化的感知等开始成熟，但是认知能力需要进一步提高，反思能力需进一步加强，本阶段应注重正确引导学生自主探究历史文化知识。针对以上学情，基于建构主义、多元智能等理论思想，通过古村落建制、山西三雕艺术、古堡建制、楹联文化等古建媒介向学生展示社会历史文化的多样性，增强其对山西文建文化的认知。应用讲授法、演示法、实验法、练习法等教法和自主学习、探究学习、合作学习等学法，依托项目式研学课程教材、研学手册、教学设备、教学耗材及研学实践教育基地基础设施等教学资源和三维、虚拟现实、增强现实等数字化技术，采用游戏化、情境教学、跨学科教学、合作学习、基于项目的学习、基于探究的学习、基于问题的学习等教学策略进行总体设计，鼓励学生在研学过程中自主探究，在参观与实践的环节中，集中注意力发掘教师所授内容中存在的不足，并进行深层次的自主探究学习。同时，在实际教学过程中，根据学生与教师反馈意见进行动态化调整，以保障研学实践活动的质量及文化传承与创新的实施效果	高中阶段的学生正处于身心发展的关键时期，他们的价值观和世界观正在形成。他们大多缺乏对历史的整体性认知尤其是红色教育，现实生活以及历史体验不足，对现阶段的政党制度方面的理解存在一定的难度。因此，高中阶段的研学实践应该紧密结合学生的学科需求与成长需求，加强对红色知识的实践研究。针对以上学情，基于建构主义、多元智能等理论思想，通过对红色人物、红色故事、红色遗迹、红色精神、红色武器、红色战役等内容的设计，全方位解读红色文化，加深学生的实践认知，增强其对知识的理解与内化。应用讲授法、演示法、实验法、练习法等教法和自主学习、探究学习、合作学习等学法，依托研学课程、研学手册、教学设备、教学耗材及研学实践教育基地基础设施等教学资源和三维、虚拟现实、增强现实等数字化技术，采用游戏化、情境教学、跨学科教学、合作学习、基于项目的学习、基于探究的学习、基于问题的学习等教学策略进行总体线路与内容设计。依托丰厚的红色文化资源，调动高中生参加红色文化实践活动的积极性和热情，通过实地的调查、亲身的感受，主动去了解党的建设和发展历程，感悟中国共产党在文化强国建设中所做出的巨大努力，所取得的历史成就

维度或要素				小学高年级段	初中段	高中段
实施方案	入营教育	安全	引导	向学生发放营地《安全手册》、营地平面图，带学生认识安全标识、安全通道	建立文化自信，抵制西方节日文化的入侵	传承优秀传统文化，树立文化自信，自觉抵制不良文化侵蚀
			实训	教官讲解消防知识，让学生学会不玩火、会报警、懂灭火、巧逃生、察隐患	带领学生实地探究中华优秀的建筑文化及其衍生的中国传统节日、传统美德	对相关文化侵蚀真实案例进行解析，让学生警惕不良文化侵蚀及意识形态渗透
		应急	引导	具备安全意识，掌握自护方法	学习各种应急突发事件发生时的处理流程及方法	掌握处理自然灾害事件的应急流程及方法，学会保护自己
			实训	教师讲解突发事件发生时的自护方法。重点是防踩踏自救、户外防走失自救技能	在校医指导下学习急救方法，重点学习心肺复苏、海姆立克急救法	通过真实案例解析，教会学生在红色遗址应对森林火灾、自然灾害的技能
		救助	引导	出现突发事件时学会报警，并牢记紧急联络人联系方式	学习救助的基本方法，了解可以用于救助的资源及物体，引导学生遇险时自救	引导学生在遇到危险时能自救并帮助同伴脱困
			实训	进行模拟演练，学习119、120、110、122等报警方法	消防人员示范，重点学习博物馆等室内场馆火灾逃生技能，并进行模拟演练	模拟演练大巴车应急逃生，学会自救逃生技能
		自我管理	引导	引导学生规范自身行为，自觉进行自我管理	引导学生围绕研学内容，合理规划时间并设定明确的目标	引导学生进行自我管理、班级管理
			实训	明确提出“禁止”与“允许”事项，进行实景模拟，内化自我管理	绘制时间规划图，制定研学目标	成立学生自管委员会，并让学生进行自主分工及职责制定
		团队协作	引导	引导学生初步具备团队合作的意识	提高团队协作的能力，具备团队荣誉感	能够做到互帮互助，及时为同伴提供必要的帮助
			实训	通过拓展小游戏及故事，加深学生对团队的认识	通过团队拓展课程，让学生理解团队合作的重要性	制定团队目标，建立团队契约，让学生管理自己的同时学会为团队荣誉负责

维度或要素		小学高年级段	初中段	高中段
实施方案	导入教学环节	第一天：故事导入，与学生分享交流，引出本课主题剪纸；情境模拟导入，让学生模拟家中有客人拜访时，父母招待客人用茶的情境，让学生身临其境；第二天：情境导入，参观鞋文化历史博物馆和漆器展，由此展开对非遗物品的探究；第三天：故事导入，讲述有关布老虎的民间传说，激发学生兴趣；第四天：问题导入为主，激发学生自我探究和学习的动力；游戏导入为辅，增加实践活动的趣味性；第五天：创设情境，通过问题导入的方式，引导学生借助网络等现代化手段，自主开展研学实践探究	第一天：故事导入，可以通过《又见平遥》的故事或者乔家大院的往事来进行导入，通过引人入胜的故事情节来吸引学生；第二天：视频导入，通过课程开始前的一些古建筑相关的视频来进行导入，更加形象直观地告诉学生课程内容的重点是什么；第三天：研学任务卡导入，通过发放基地研学任务卡，给学生安排研学任务来进行导入，使得研学课程内容更具有条理性；第四天：情境导入，通过直接带领学生实地参观进行导入，更具视觉冲击力，同时也能更好地调动学生的积极性；第五天：利用问题导入法，基于现实状况，提出研究热点问题	第一天：趣味导入，以小组为单位进行“长征”拼图活动；第二天：利用问题导入法，基于现实状况，提出研究热点问题，同时创设研究情境，沉浸式开展实践探究；第三天：情境导入，讲述1941年在左权县发生的金融小故事；第四天：情境导入，观看情境剧《反扫荡》和影视蒙太奇体验剧《太行游击队》，穿越时空，重回抗战年代；第五天：运用情境导入，学习入党誓词，引导学生坚定理想信念、勇于担当尽责，唤起学生情感上的共鸣
	授课教学环节	第一天：入营教育、必修课程一“纸上跳跃的中华符号”、必修课程二“知茶礼，识茶趣”；第二天：必修课程三“探寻鞋文化之美”、必修课程四“一件漆器盒，点点工匠心”、选修课程1“平遥纱阁戏人”；第三天；必修课程五“指捻细针布老虎”、必修课程六“烙画葫芦”、选修课程2“香遇美好，囊存一隅”；第四天：必修课程七“火与温度中吹出的美丽”、必修课程八“古法搓制中药丸”、选修课程3“小小中医传承人”；第五天：必修课程九“抟得黄土传晋韵”、必修课程十“寻味醋文化”、选修课程4“舌尖上的圆圆满满”、选修课程5“石磨摇转，点豆生情”	第一天：入营教育、必修课程一“一座古衙署，半部建筑史”、必修课程二“小小火神庙，斗拱嵌瓦当”、选修课程1“走进文庙，邂逅平遥”；第二天：必修课程三“屋脊上的晋商”、必修课程四“煤与生活”、选修课程2“初探双喜院，再进在中堂”；第三天；必修课程五“探究青铜纹饰”、必修课程六“一座古村落，农耕风韵浓”、选修课程3“日昇昌的建筑美学”；第四天：必修课程七“赏三雕艺术”、必修课程八“山间一古堡，地下有神通”、选修课程4“老城故事里的砖瓦”；第五天：必修课程九“点燃楹联梦，厚植家国情”、必修课程十“探幽幽古院，现民国风云”、选修课程5“斗拱故事”	第一天：入营教育、必修课程一“红旗高举再长征”、必修课程二“支前运粮”、选修课程1“走石磨军粮，忆苦思甜”；第二天：必修课程三“延安屏障”、必修课程四“缕缕红色电”、选修课程2“古堡反击战”；第三天；必修课程五“回到1941”、必修课程六“巍巍太行小八路”、选修课程3“急救自救，野外生存”；第四天：必修课程七“传承红色星火”、必修课程八“践悟太行精神”、选修课程4“原声天籁——红歌传唱新时代”；第五天：必修课程九“飞檐走壁送弹药”、必修课程十“黄崖洞保卫战”、选修课程5“革命脊梁，复兴力量”

维度或要素		小学高年级段	初中段	高中段
实施方案	进阶教学环节	第一天：了解山西地方戏曲的发展与流变；第二天：通过缝制香囊的活动，提高学生的观察能力和动手能力；第三天：学会标识植物药、动物药、矿物药等中药材；认识捣药工具，在教师带领下学习中药材的加工方法，并进行碾药、捣药的实践体验；第四天：了解月饼的历史故事，在老师引导下掌握月饼的制作方法，并进行实践体验；第五天：让学生通过活动体会劳动之美，并懂得节约粮食，践行优秀中华传统美德	第一天：通过对平遥古城文庙的参观学习，带领学生探索“文庙”这种在中国传统文化中具有独特意义的古建筑，深入挖掘古建筑深层次的文化内核；第二天：通过对乔家大院屋檐屋脊的专项学习，对晋派古建筑的瓦当、雕塑、脊兽等进行专项研究、深层次解读；第三天：票号代表的不只是其繁荣的经济，其独特的建筑艺术也是一个值得探究的方向；第四天：品读老榆次的故事，行走在古城的楼台砖瓦中，感受不一样的古城之美；第五天：学习榫卯结构，并在实地探究中研究榫卯中的力学知识	第一天：搓玉米、推石磨、磨军粮，参与劳作体验教育活动；第二天：进行战术、持枪动作（立姿、跪姿、卧姿）、瞄准方法的实操学习，将现代化技术应用于国防事业；第三天：学唱左权民歌代表作品《左权将军》《桃花红，杏花白》，唤起学生对革命先烈的崇敬之情；第四天：学会急救自救的知识及操作方法，亲自体验心肺复苏与伤口包扎；第五天：以大讲堂形式开展普及性爱国主义教育科普讲座
	巩固教学环节	第一天：互动巩固，学生以小组为单位，分享交流研学过程中的收获与感悟，加深对活动内容的理解，进行融会贯通；第二天：课内外衔接巩固，将课本知识、活动内容与日常生活、社会现象、实践经验等相联系，帮助学生理解与应用知识；第三天：引入优秀传统文化传承与创新的真实故事与案例，通过有趣的方式让学生加深理解；第四天：任务驱动，通过对活动中涉及的传统文化相关知识进行竞赛与讨论，加深对其的理解程度，并在生活中进行传承；第五天：利用情境教学法，在已有知识的基础上，将抽象的非遗文化认知具象化	第一天：使用复述式巩固法，学生以小组为单位，在研学结束后分享研学过程中的收获和感悟；第二天：绘制思维导图，将当天研学活动中涉及的知识让学生以思维导图的形式列举出来，帮助学生理解与应用知识；第三天：在研学活动结束后进行师生有奖问答环节，通过奖励小礼品的形式让学生巩固所学知识；第四天：任务驱动，小组讨论并组织相关知识竞赛，加深学生对其所学知识的理解程度；第五天：设置实践项目，加深校内学科知识和研学课程的有机关联融合	第一天：任务驱动，开展红色诗词活动，拓宽学生的人生视野，提升高中生的审美趣味和鉴赏能力；第二天：互动巩固，学生将研学途中的所见所闻所想所感相互交流，通过文字或图画等形式展示出来，由此加深对红色历史的认知；第三天：复述式巩固，以社会主义先进文化、经典红色文化的鲜活事例为题材，开展理想信念教育；第四天：设置实践项目，加深校内学科知识和研学课程的有机关联融合；第五天：利用情境体验法，结合现实存在的红色环境，进行知识的延伸

维度或要素			小学高年级段	初中段	高中段
实施方案	总结教学环节	教学创新	创新教学形式，针对学段特点，更多采用自主探究法、实践操作法进行教学。教学中选取学生身边的非遗文化、饮食文化、中医药文化等为载体，为学生营造实景环境，让学生在真实情境下进行探究、体验，增强学生对文化传承的认知与理解	创新教学过程，教学时进行分组和分层教学，关注了学生全体和学生个体，将集体活动、分组活动与个人活动相结合，拓展了学生的学习空间。通过古村落建制、山西三雕艺术、古堡建制、楹联文化等古建媒介向学生展示社会历史文化的多样性，灵活应用教学策略、教法和学法，增强学生对山西文建文化的认知	突出学科融合，基于该学段学生对于理论方面的知识理解存在难度，紧密结合学生的课标及学科知识需求进行教学设计，促进书本知识与生活经验的高度融合。通过红色人物、红色故事、红色遗迹、红色精神、红色武器、红色战役等内容，全方位、多角度地解读红色文化，加深学生的实践认知，有助于理论知识的生活化
		教学总结	根据教学目标，基于学生实际情况，进行体验式、探究式活动实施，让学生进行融入性学习，身临其境认知与理解传统文化	根据教学目标，基于学生实际情况，注重学生研学实践前后学生智力与非智力方面的变化，收集反馈意见，对教学环节中的不足进行改进和优化	根据教学目标，基于学生的整体发展阶段和教育需要进行项目设计，整体活动内容的难度进阶和主题侧重较为清晰，引导学生从浅层次认识到深层次思考
		教学反思	通过活动设计，能够有效引导学生的注意力，让学生的关注点时时在任务目标上，按计划落实每一个学习和实践任务	能够从学生实际出发，制定教学目标，根据学生爱玩、好动的特点，将教学内容利用针对性强又具有较大趣味性的形式，如生活常识、温故知新、提问以及游戏等进行呈现，具有较好的实践育人效果。同时还需根据教学反馈和评估结果，对研学线路、研学课程等进行调整和优化	能够把握教育契机，对学生进行正确的引导，让学生把关注点和体验点真正聚焦在研学的内容和主题上，使学生在价值观和人生观上得以浸润

维度或要素				小学高年级段	初中段	高中段
实施方案	评价教学环节	教学水平评价	自我评价	教师基于教学目标、学生成果、教学策略等方面进行反思和评价	通过学生活动过程及结果的反馈，反思线路设计及课程设计的适切性，是否完成了线路及课程预设的目标	教师对教学目标、学生成果、教学策略等方面进行深入反思，注重倾听学生反馈意见，不断提升自己的教学水平和专业素养
			学生评价	学生针对教师的课堂气氛活跃度、教学设计能力、心理健康教育能力等方面进行评价	针对学生的关注点和体验点是聚焦在真正的研学内容和主题上，还是在“有趣”或“好玩”上进行评价	学生对教师和研学内容涉及的环节互动是否充分、研学课程师生对话参与度、学生能否积极参与到课堂教学中、课堂气氛活跃度等方面进行评价
			同行评价	由营地教师和教学管理人员对教师的教学设计、教学实施、教学评价、教学管理、信息技术与教学融合等方面进行评价	关注研学基地导师、营地教师、学校学科教师、其他营地教师等对于线路及课程的多维度评价，用于及时反馈初设目标	邀请教育专家、教师对营地教师的教学设计、教学实施、教学评价、教学管理、学科知识与研学课程融合等方面进行评价
			培训和考核	定期对营地教师进行非遗文化、优秀传统文化教育、本地特色文化、学生管理等方面的教学培训和考核，根据考核结果评价教师的教学水平	对教师进行政治素养、教学水平、教学态度、教学成果等多维度综合考核与评价，并根据考核结果对教师进行分类管理，实行个性化的培训方案，全方位保障教学效果	对营地教师进行红色文化、优秀传统文化、本地特色文化、学生管理、课堂管理、课程设计等方面的教学培训和考核，根据考核结果评价教师的教学水平
			教学成果展示	通过学生档案袋、过程性评价资料、学生活动作品展示等反馈教师的授课效果，反思目标设立的适切性	通过学生的研究成果、体验成果以及教师的论文、观点及方法总结等成果展示综合考评教师教育教学效果	通过学生的研究成果、体验成果以及教师的论文、观点及方法总结等成果展示综合考评教师教育教学效果

维度或要素				小学高年级段	初中段	高中段
实施方案	评价教学环节	学业评价	形成性评价	采取测验法、调查法，了解学生对于非遗文化、传统文化的知识理解情况；通过竞赛、抢答、相关作品展示等灵活多样的方式，了解学生的关键能力发展情况	通过学生自述、团队契约、学生自评、小组互评、导师评价等多元评价方式，形成过程性跟踪评价资料，帮助学生检测学习效果，反思学习过程	通过多元化评价方式，制定与教学目标高度一致的评价标准，帮助学生建立清晰的学习规划，同时做到评价过程具体、细致，帮助学生形成自我发展元认知
			总结性评价	研学实践结束后，以预设的学习目标为准，通过测验、报告、展示等形式，对学生研学过程作出评价	研学实践活动结束后，通过学生的研究报告、汇报交流、团队契约呈现等形式，直观了解学生在研学实践活动中的学习效果，形成科学的总结性评价结果	通过学生、同学、老师、家长等相关人员的多元主体评价，全面收集学生研学过程中学习能力、文明礼仪、研学纪律、研学态度、研学收获等多角度的评价信息，发现并发展学生潜能
			教师评价	通过采取观察法、访谈法、过程性评价等对学生显现出来的关键能力进行综合性评价	教师根据学生在研学实践活动中的过程性跟踪反馈资料以及研学成果展示等内容，对学生进行智力和非智力两个方面的综合性评价	重点根据学生表现出的关键能力、学科知识的应用、学生行为习惯的发展变化等方面进行客观的综合性评价
		项目评价		教育行政主管部门、参与学校、学生、家长及社会各界共同从效益、反馈、风险、资源、能力等方面进行评价，确保项目的实施效果，培养学生未来社会发展需要的必备品格和关键能力	鼓励校内教育工作者、学生家长、社会各界积极参与评价过程，不断改进完善教学目标、教学策略，为培养学生适应终身发展和未来社会发展需要的必备品格和关键能力奠定基础	呼吁学校学科教师、家长、学生以及相关社会群体等多主体对项目涉及的线路、课程、安全等实施效果进行协同评价，确保项目的实施效果，并及时反馈于项目目标

4.4 教学计划与策略列表：传承民族精神脉络，提振时代文化自信

<table>
<tr><td>营地名称</td><td colspan="2">大同市示范性综合实践基地（简称“山西大同营地”）</td><td>命名机构</td><td>教育部</td><td>识别码</td><td>Y145140002</td></tr>
<tr><td>从业资质（摘要）</td><td colspan="2">特殊基础教育；大中专、中小学生综合素质教育</td><td>单位属性</td><td>公益一类</td><td>法定代表人</td><td>于海军</td></tr>
<tr><td>研学主题</td><td colspan="2">传承民族精神脉络，提振时代文化自信</td><td colspan="2">主要目的指向</td><td colspan="2">文化传承与创新教育</td></tr>
<tr><td rowspan="7">营地（枢纽）及周边主要优质研学资源</td><td colspan="2">基地层级</td><td colspan="4">研学站点（基地）名称</td></tr>
<tr><td rowspan="2">教育部命名基地</td><td>已列入教学计划</td><td colspan="4">一、与本主题相关列入教学计划的基地18个
1.云冈石窟研究院；2.平遥古城；3.山西祁县乔家大院民俗博物馆（简称“乔家大院”）；4.平遥唐都推光漆艺博物馆（简称“唐都漆器”）；5.山西晋韵砖雕艺术博物馆；6.山西博物院；7.洪洞大槐树寻根祭祖园有限公司（简称“洪洞大槐树”）；8.山西皇城相府文化旅游有限公司相府景区（简称“皇城相府”）；9.故宫博物院；10.北京黄花城长城旅游开发有限责任公司（简称“黄花城长城”）；11.北京陶瓷艺术馆；12.蔚县青少年校外活动中心；13.洛阳博物馆；14.中国一拖东方红农耕博物馆；15.晋中市中小学生综合实践学校（简称“山西晋中营地”）；16.太原市中小学生综合实践学校（简称“山西太原营地”）；17.济源市示范性综合实践基地（简称“河南济源营地”）；18.北京市自动化工程学校（简称“北京营地”）
二、与本主题关联不大但列入本营地教学计划的基地14个
1.临汾市黄河壶口瀑布风景名胜区（简称“壶口瀑布”）；2.平型关大捷纪念馆；3.八路军太行纪念馆；4.黎城太行山黄崖洞旅游发展有限公司（简称“黄崖洞”）；5.昔阳大寨；6.河北张家口市青少年冰雪运动综合实践基地；7.天津国际青少年交流中心（天津光合文化投资管理有限公司）；8.国家海洋博物馆；9.周恩来邓颖超纪念馆；10.平津战役纪念馆；11.山西凤凰山生态植物园有限公司（简称“山西凤凰山生态植物园”）；12.吕梁市晋绥边区革命纪念馆；13.中国煤炭博物馆；14.汾阳市贾家庄腾飞文化传播有限公司（简称“贾家庄”）；15.中国国家博物馆（简称“国家博物馆”）</td></tr>
<tr><td>待列入教学计划</td><td colspan="4">无</td></tr>
<tr><td colspan="2">其他部委命名基地</td><td colspan="4">晋华宫国家矿山地质公园</td></tr>
<tr><td colspan="2">地方命名基地</td><td colspan="4">1.大同市辽金文化艺术博物馆；2.大同市博物馆；3.中国雕塑馆博物馆；4.吉家窑（大同泥石文化艺术有限责任公司）；5.广盛原中医药有限公司（简称“广盛原中医药”）；6.云海曲艺社；7.魏碑书法研究院；8.广灵县多堂剪纸文化产业园区有限公司；9.新荣区塞上驿栈；10.王家大院民居艺术馆（简称“王家大院”）；11.张壁古堡</td></tr>
<tr><td colspan="2">本营地资源</td><td colspan="4">1.建筑馆；2.剪纸馆；3.布艺馆；4.金工木工馆；5.泥塑馆；6.四史馆；7.民俗体验中心</td></tr>
<tr><td colspan="2">其他资源</td><td colspan="4">1.大同大学；2.大同九龙壁（简称“九龙壁”）；3.梁思成纪念馆；4.应县木塔；5.悬空寺；6.五台山佛光寺；7.李二口长城；8.得胜堡长城；9.雁门关；10.广灵剪纸博物馆；11.大同市北路梆子和耍孩儿剧种保护传习中心；12.灵丘罗罗腔剧团；13.文庙；14.大同民俗博物馆；15.永安禅寺；16.善化寺；17.大同长城博物馆；18.明堂遗址；19.方山永固陵；20.许家窑遗址；21.魁星楼；22.五台山南禅寺；23.雁门关长城；24.浑源圆觉寺；25.水神堂；26.大同古城墙</td></tr>
</table>

维度或要素	小学高年级段	初中段	高中段
校内教育基础（与校内教育的衔接）	对照《义务教育课程方案和课程标准（2022年版）》，小学高年级段在文化传承与创新方面提出引导学生初步了解中华优秀传统文化的主要代表性成果及其意义，感受中华优秀传统文化的魅力的培养目标。本研学主题必修课程与校内教育的衔接内容如下：1.统编版：四年级下册道德与法治第四单元第10课“我们当地的风俗”、第11课“多姿多彩的民间艺术”；2.人教版五年级道德与法治上册第四单元第9课“古代科技 耀我中华”、第10课“传统美德 源远流长”；3.人教版五年级道德与法治下册第三单元第10课“夺取抗日战争和人民解放战争的胜利”、第12课“富起来到强起来”；4.人教版六年级道德与法治下册第三单元第6课“探访古代文明”、第7课“多元文化 多样魅力”；5.湘美版五年级美术上册第2课“家乡的古建筑”、第4课“搭建框架”、第7课“布艺温馨”、第9课“快乐陶吧”、第12课“青花瓷”；6.湘美版六年级美术上册第10课“艰苦岁月”；7.湘美版六年级美术下册第2课“俯仰之间”、第6课“唱大戏”	对照《义务教育课程方案和课程标准（2022年版）》，初中段在文化传承与创新方面提出学生认识中华文化丰厚博大，汲取智慧，弘扬社会主义先进文化、革命文化、中华优秀传统文化，建立文化自信的培养目标。本研学主题必修课程与校内教育衔接如下：1.湘美版七年级美术上册第5课“喜庆吉祥的民间美术”；2.湘美版七年级美术下册第4课“扮靓生活的花卉纹样”；3.湘美版八年级美术下册第1课“文明之光”；4.湘美版九年级美术上册第6课“魅力永恒的建筑”；5.湘美版九年级美术下册第2课“用雕塑记录时光”、第4课“设计美丽服装”；6.人教版七年级道德与法治上册第四单元“生命的思考”；7.人教版九年级道德与法治上册第三单元第5课“守望精神家园”；8.人教版七年级历史上册第1单元史前时期第2课“原始农耕生活”；9.人教版七年级历史下册第二单元“辽宋夏金元时期民族关系发展和社会变化”、第六单元“中华民族的抗日战争”；10.人教版八年级地理上册第二章“中国的自然环境”；11.人教版八年级地理下册第五章“中国的地域差异”	对照《普通高中课程方案和语文等学科课程标准（2017年版2020年修订）》，高中段在文化传承与创新方面提出学生热爱中华文化，继承和弘扬中华优秀传统文化、革命文化、社会主义先进文化，关注和参与当代文化生活，了解和借鉴人类文明优秀成果，具有比较开阔的文化视野和一定的文化底蕴的培养目标。本研学主题必修课程与校内教育的衔接内容如下：1.统编版必修1艺术与生活第一单元第2课“缤纷彩陶”；2.统编版必修2艺术与文化上册第四单元第1课“民族风格”；3.统编版必修2艺术与文化下册第七单元第1课“梨园芳踪”；4.人教版物理必修第一册第三章第4课“力的合成与分解”、第5课“共点力的平衡”；5.统编版高一语文必修上册第二单元第5课“以工匠精神雕琢时代品质”；6.统编版中外历史纲要必修上册第八单元第24课“全民族浴血奋战与抗日战争的胜利”、第九单元第27课“社会主义建设在探索中曲折发展”；7.统编版文化交流与传播选择性必修第一单元第1课“中华优秀传统文化的内涵与特点”、第六单元第14课“文化传承的多种栽体及其发展”、第15课“文化遗产：全人类共同的财富”

维度或要素			小学高年级段	初中段	高中段
研学课程	必修课程一	名称	布艺制作——布老虎	结艺传承非遗人生——大同盘扣	北魏民族服饰制作
		活动目的	通过了解布艺制作的步骤和技巧，激发学生对传统文化的兴趣	通过学习盘扣的制作方法，完成一系列盘扣挂件的制作	了解北魏民族服饰，学习制作北魏民族服饰，激发学生对民族文化的认识和了解
		活动形式	教师讲授、实践体验相结合	教师讲授、实践体验相结合	教师讲授、实践体验相结合
	必修课程二	名称	陶艺——拉坯	陶艺——泥条盘筑	陶艺——陶瓷彩绘
		活动目的	通过了解陶艺的起源和发展，学习传统制陶工艺，认识陶艺相关的中国传统文化	通过学习制陶的原始方法——泥条盘筑法，激发学生对制陶艺术的兴趣	通过了解中国古代陶艺彩绘历史，体验陶瓷彩绘，掌握彩陶和彩绘瓷的区别
		活动形式	教师讲授、现场展示、学生实践体验相结合	教师讲授、现场展示、学生实践体验相结合	教师讲授、现场展示、学生实践体验相结合
	必修课程三	名称	震不倒的木塔——探秘榫卯结构	辽金建筑艺术瑰宝	学中国建筑历史，品梁陈方案
		活动目的	通过学习了解中国传统榫卯工艺，完成一件榫卯结构的搭建作品	通过了解辽金建筑艺术的起源和发展，激发学生对于古代建筑的兴趣	通过学习中国建筑历史，了解著名的“梁陈方案”，激发了解家乡、热爱家乡之情
		活动形式	教师讲授、现场展示、学生实践体验相结合	教师讲授、现场展示、学生实践体验相结合	教师讲授、现场展示、学生实践体验相结合
	必修课程四	名称	小剧场——假如我是冯太后	让青少年爱上中医药——药丸制作	廉吏之乡，传承家风
		活动目的	通过剧场体验，了解北魏历史和民俗文化，激发热爱家乡之情，提升文化自信	通过学习了解中药药丸制作的工艺技术；掌握中药药丸的制作方法	通过了解栗毓美的生平事迹及其清廉为民的精神，激发学生传承并树立优良品格
		活动形式	教师讲授、学生表演体验相结合	教师讲授、现场展示、学生实践体验相结合	教师讲授、现场探访、学生实践体验相结合

维度或要素			小学高年级段	初中段	高中段
研学课程	必修课程五	名称	墨香平城 魏碑故里	历史名家讲坛——这就是北魏	文物修复——壁画修复
		活动目的	通过了解魏碑的发展历程及写作方法，完成一幅魏碑作品的写作	通过了解北魏历史，学习大同民俗文化，激发学生了解家乡、热爱家乡的热情	通过了解云冈石窟壁画文化，体验壁画修复技术，激发学生对文化遗产的保护意识
		活动形式	教师讲授、现场展示、学生实践体验相结合	教师讲授、现场展示、学生实践体验相结合	教师讲授、现场展示、学生实践体验相结合
	必修课程六	名称	非遗传承——大同蛋雕	非遗传承——云冈绢人	非遗传承——煤雕研习
		活动目的	通过了解并实践体验中国传统蛋雕技艺，激发学生对中国传统雕刻文化的好奇心	通过了解并观看云冈绢人技艺，使学生掌握绢人制作技巧，完成一个绢人作品制作	通过学习了解煤雕制作的方法，掌握煤雕技艺，完成煤雕制作
		活动形式	教师讲授、现场展示、学生实践体验相结合	教师讲授、现场展示、学生实践体验相结合	教师讲授、现场展示、学生实践体验相结合
	必修课程七	名称	“曲”径通幽处，云海学“艺”深	非遗传承——灵丘罗罗腔	戏剧活化石——研习雁北耍孩儿
		活动目的	通过体验大同传统曲艺“数来宝”，激发学生美学鉴赏和实践能力	通过了解并实践体验国家级非遗“灵丘罗罗腔”，让学生掌握其艺术特点和唱演	通过了解耍孩儿的唱腔特点和基本常识，学习耍孩儿，培养对传统戏剧的热爱之情
		活动形式	教师讲授、学生表演体验相结合	教师讲授、学生表演体验相结合	教师讲授、现场展示、学生实践体验相结合
	必修课程八	名称	儒学在文庙	读懂龙壁之城	走进悬空寺，寻迹古建筑千年之美
		活动目的	通过“诵读经典”“祭孔仪式”等环节，认识儒家思想，激发尊师爱学的品行美德	通过了解中国古代雕刻艺术，增强激发学生美学鉴赏和实践能力	通过了解悬空寺建造技艺，激发学生对中国传统榫卯结构文化的兴趣和热爱
		活动形式	教师讲授、现场探访、学生实践体验相结合	教师讲授、现场展示、学生实践体验相结合	教师讲授，实地探访，实践体验相结合

维度或要素			小学高年级段	初中段	高中段
研学课程	必修课程九	名称	让青少年爱上中医药——中药香包制作	晋商文化密码	紫禁城下中华文明的传延
		活动目的	通过了解中药文化，体验中药香包制作，激发学生对非遗传承保护的意识	通过了解晋商文化和晋商精神，激发学生感受晋商文化，传承晋商精神	通过参观古代宫殿建筑，感受中华文明的深厚底蕴，激发学生发扬民族创造精神
		活动形式	教师讲授、现场展示、学生实践体验相结合	教师讲授、现场探访、学生实践体验相结合	教师讲授 实地探访 实践体验相结合
	必修课程十	名称	读城	非遗传承——平遥推光漆器	长城文化，民族精神
		活动目的	登临大同古城墙，感受古都大同的悠久历史与丰富内涵，深切体会大同的历史文化	通过了解推光漆器的历史和制作流程，制作推光漆器作品，增强非遗保护的意识	通过攀登明长城，感受历史遗迹的魅力，了解中华文明的精神内涵
		活动形式	教师讲授、现场探访、学生实践体验相结合	教师讲授、现场探访、学生实践体验相结合	教师讲授、现场探访、学生实践体验相结合
	选修课程		1. 大同刀削面制作 2. 广灵柳编	1. 瓷器修复 2. 黑陶烧制技艺	1. 大同铜器制作技艺 2. 北魏贡酒烧制技艺

维度或要素		小学高年级段	初中段	高中段
研学线路	代表性线路（时长五日）	第一天：山西大同营地—民俗体验中心—山西大同营地；第二天：山西大同营地—魏碑书法研究院—大同古城墙—应县木塔—山西大同营地；第三天：山西大同营地—大同市博物馆—中国雕塑馆博物馆—山西大同营地；第四天：山西大同营地—广盛原中医药—云海曲艺社—山西大同营地；第五天：山西大同营地—吉家窑—文庙—山西大同营地	第一天：山西大同营地—民俗体验中心—山西大同营地；第二天：山西大同营地—云冈石窟研究院—华严寺—九龙壁—山西大同营地；第三天：山西大同营地—广盛原中医药—吉家窑—山西大同营地；第四天：山西大同营地—乔家大院—山西太原营地；第五天：山西太原营地—平遥唐都推光漆艺博物馆—山西大同营地	第一天：山西大同营地—故宫博物院—北京营地；第二天：北京营地—黄花城长城—山西大同营地；第三天：山西大同营地—云冈石窟研究院—晋华宫国家矿山地质公园—山西大同营地；第四天：山西大同营地—栗毓美墓—吉家窑—梁思成纪念馆—山西大同营地；第五天：山西大同营地—悬空寺—民俗文化体验中心—山西大同营地
	可选择线路（按天设计，菜单式选择）	1.山西大同营地—泥塑馆—山西大同营地；2.山西大同营地—建筑馆—山西大同营地；3.山西大同营地—大同民俗博物馆—山西大同营地；4.山西大同营地—平型关大捷纪念馆—山西大同营地；5.山西大同营地—善化寺—山西大同营地；6.山西大同营地—大同长城博物馆—山西大同营地；7.山西大同营地—明堂遗址—山西大同营地；8.山西大同营地—大同大学—山西大同营地；9.山西大同营地—方山永固陵—山西大同营地；10.山西大同营地—许家窑遗址—山西大同营地	1.山西大同营地—魁星楼—山西大同营地；2.山西大同营地—五台山南禅寺—山西大同营地；3.山西大同营地—山西博物院—山西太原营地；4.山西太原营地—洪洞大槐树—山西太原营地；5.山西太原营地—昔阳大寨—山西太原营地；6.山西太原营地—山西晋韵砖雕艺术博物馆—山西太原营地；7.山西太原营地—中国煤炭博物馆—山西太原营地；8.山西太原营地—山西凤凰山生态植物园—山西大同营地；9.山西大同营地—雁门关—山西大同营地；10.山西大同营地—五台山佛光寺—山西大同营地	1.山西大同营地—永安禅寺—山西大同营地；2.山西大同营地—浑源圆觉寺—山西大同营地；3.山西大同营地—水神堂—山西大同营地；4.山西大同营地—吕梁市晋绥边区革命纪念馆—山西太原营地；5.山西太原营地—皇城相府—山西太原营地；6.山西太原营地—黄崖洞—山西太原营地；7.山西太原营地—贾家庄—山西大同营地；8.山西大同营地—国家海洋博物馆—山西大同营地；9.山西大同营地—平津战役纪念馆—山西大同营地；10.山西大同营地—周恩来邓颖超纪念馆—山西大同营地
	规划线路（按天设计）	1.山西大同营地—八路军太行纪念馆—八路军文化园—山西晋中营地；2.山西晋中营地—王家大院—山西晋中营地，3.山西晋中营地—张壁古堡—山西大同营地	1.山西大同营地—龙门石窟—河南济源营地；2.河南济源营地—中国一拖东方红农耕博物馆—河南济源营地；3.河南济源营地—洛阳博物馆—山西大同营地	1.山西大同营地—龙门石窟—河南济源营地；2.河南济源营地—中国一拖东方红农耕博物馆—河南济源营地；3.北京营地—国家博物馆—山西大同营地

维度或要素		小学高年级段	初中段	高中段
教学重点难点（以代表性线路教学设计为例，以下同）	教学重点	1. 了解当地传统民俗文化，增强文化体验，感受传统文化的魅力；2. 了解魏碑书法的历史和传承情况，了解应县木塔的建造年代、历史背景和重要意义；3. 了解北魏民族融合历史和中国传统雕刻文化；4. 了解中医药文化，感受大同传统曲艺文化，深入了解儒家文化；5.通过实践体验，亲身感受文化的魅力	1.探究传统手工的文化历史及其发展与传承；2.探寻古建筑的立意，探究传统工艺的精髓和技艺；3.体验中药药丸制作工艺和技术，了解中药文化的起源和发展以及黑陶烧制技艺；4.让学生感受古都大同和山西晋商的悠久历史与丰富内涵；5.掌握推光漆器的基本制作流程，明白非遗文化传承的重要性	1. 了解故宫的历史背景、建筑风格；2. 了解黄花城水长城的历史背景、建造目的和文化意义；3. 了解云冈石窟的建筑历史、文化背景以及与之相关的历史事件和人物；了解煤炭的形成、开采、用途等基础知识；4. 了解大同古建筑保护发展历程和现状；了解治水专家栗毓美的故事；学习吉家窑黑陶文化；5. 了解悬空寺的历史背景和文化意义；了解北魏的民俗文化，包括风俗习惯、传统技艺等；了解中国传统曲艺文化
	教学难点	1.培养学生的观察力和动手能力；2.引导学生思考木塔的建筑力学、建筑稳定性等科学问题，激发他们的研学兴趣；培养学生热爱家乡、热爱党和国家的高尚情怀的意识；3.增强学生美学鉴赏和实践能力；4.培养学生独立意识、培养热爱劳动，热爱生活的行为意识；5.让学生明白传承优秀传统文化的意义与重要性	1.在文化传承的基础上，发挥创造力，提出新想法和观点，坚定文化自信；2.探究古代建筑的风格特点；3.增强学生对中华优秀传统文化的认同，提高健康素养，坚定文化自信；4.体会不同地域文化的历史价值、军事价值、建筑价值及美学价值，提高学生对美育的鉴赏能力；5.提升学生对非遗传承文化的保护意识	1.强调故宫的重要性，引导学生关注和传承中国优秀传统文化；2.引导学生深入了解长城文化的内涵，以及长城文化对中华文化和世界文化的重要意义；3.引导学生对石窟艺术进行研究分析，引导学生对煤炭艺术产品创新，培养艺术鉴赏能力；4.了解栗毓美治河思想对中国水利事业发展的影响；了解“梁陈方案”在历史上的意义；5.了解悬空寺这种文化遗产的保护意义；强调民俗文化的传承和保护，培养学生对传统文化的尊重和热爱

维度或要素	小学高年级段	初中段	高中段
教学策略	针对小学高年级段学生通过生活体验与知识的学习，已经对传统文化有了一定的认识，在一定程度上对文化认同感逐渐增强，会主动参与并思考文化的起源，但动手实践能力稍弱，对事物的观察能力欠缺，缺乏对学习的热情的学情分析，基于行为主义学习理论、建构主义学习理论，依托研学手册、研学课程教材、研学实践教育基地基础设施等教学资源以及非遗传承人、场馆讲解员、研学导师等教师资源，采取讲授法、情境教学、启发教学、演示法教学、问题导向教学以及体验式学习、合作学习、探究学习，开展非遗传统文化、中国古建筑历史、北魏民俗文化等主题研学实践活动，从而达到让学生在研学实践中全面成长；以学生为主体，注重个性化和综合素养的发展，培养学生的责任担当和实践能力；在提高动手能力的同时，培养化知识为力量，应用于实践问题解决的能力，培养独立意识	针对初中段学生正处于青春期，情绪波动较大，对新鲜事物比较好奇，喜欢探索和尝试，但对中国的传统文化已经有了系统的知识体系，独立意识增强，渴望在学习生活中有更多自主权，希望表达自己的观点和想法的学情分析，基于现象学学习理论、情境学习理论，在进行教学设计时应激发学生的知识系统，调动学生自主创新的积极性，拥有传承中国传统文化的意识。依托研学手册、研学课程教材、研学实践教育基地基础设施等教学资源以及非遗传承人、场馆讲解员、研学导师等教师资源，运用启发教学、互动体验、情境教学等教法，以及体验式学习、合作学习、现代化教学手段，开展非遗文化传承、辽金建筑艺术、传统手工文化历史等主题研学实践活动，达到将学科运用到实践，知识联系生活，明白知识的实用性和价值；鼓励学生主动提出问题、探索答案，培养学生的判断性思维和解决问题的能力	针对高中段学生已经具有了自主学习的能力，且可以对自己感兴趣的内容进行深度的探究学习，所以在文化融合、创新及传承方面，更加主动，有更强的民族认同感，但在对于处理文化的传承与创新上没有形成深度系统认知的学情，基于信息加工学习理论、社会学习理论，依托研学手册、研学课程教材、研学实践教育基地基础设施等教学资源以及非遗传承人、场馆讲解员、研学导师等教师资源，采取体验考察、合作探究、案例分析、情境教学、问题导向等教法以及体验式学习、合作学习、探究学习等学法，开展传统文化、非遗文化传承、辽金建筑艺术等主题研学实践活动，达到培养学生个性化发展，以学生持续生长为中心，帮助学生明确学习目标，践行社会主义核心价值观，在传承的基础上实现个人创新

维度或要素				小学高年级段	初中段	高中段
实施方案	入营教育	安全	引导	通过营地安全通道、安全标识学习进行入营安全教育，树立安全意识	培养责任意识，学会急救知识，了解实践活动中的安全防范措施	进一步掌握应急救护知识与技能，强化社会安全意识
			实训	组织学生观看安全教育视频，讲解宿舍和食堂安全注意事项	组织学生参加安全讲座，预防交通安全事故	组织学生观看安全教育视频、安全讲座
		应急	引导	培养学生应对火灾、地震、踩踏等各类灾害的安全意识	培养学生应对各类灾害的应变能力，培养冷静思考和随机应变的能力	进行主题安全教育，加强学习应急自救与互救方法与技能
			实训	在营地的消防馆、地震馆，进行应急安全教育	在营地开展应急安全实操演练	在营地开展应急安全实操演练
		救助	引导	掌握自我保护、求助、避险与逃生的基本技能，初步掌握急救知识	培养安全责任意识，学会急救知识，提高预防和应对突发事故的能力	强调学生的生命责任感意义，强调发现问题和解决问题的能力
			实训	学生在生命安全馆学习生命安全课程	组织学生开展各类急救模拟演练	组织学生开展各类实操演练
		自我管理	引导	引导学生加强自我管理	学会自我管理和互相监督	引导学生加强自我管理，情绪疏导，帮助学生掌握应对压力和困难的方法
			实训	营地组织开展学生军训，加强学生的自我管理能力	制定详细的计划表，合理安排时间，规范学生的管理	通过心理疏导课程，学会自我情绪疏导
		团队协作	引导	通过讲解、角色扮演说明团队协作的重要性	通过模拟场景及实际案例分析，学会处理团队中的各种问题	通过案例分析、小组讨论等方式，学习妥善处理团队中的矛盾与冲突
			实训	设置安全员、组长、舍长等，配合班长，学习小组分工合作的基本技能	拓展课程加强团队协作能力，体会团队合作的重要性	提供相关的培训和指导，帮助他们成为既有领导才能又能协同合作的优秀团队

维度或要素		小学高年级段	初中段	高中段
实施方案	导入教学环节	1.任务导入：发布研学任务，引导学生对家乡的传统文化进行深入了解；2.视频导入：观看蛋雕制作视频，激发学生的探究兴趣；了解大同榫卯文化，分析导入新课内容；3.问题导入：大同的地方特色有哪些？小组讨论，老师引导进入课程；4.情境导入：带领学生参观相关场景，激发学生的好奇心；5.故事导入：教师讲述北魏历史，引导学生主动探索家乡历史与红色文化，激发学生探索欲望	1.情境导入：观看云冈石窟宣传片，激发学生对大同北魏历史的好奇心，调动学生研究家乡历史的热情和积极性；2.故事导入：教师讲述灵丘罗罗腔的发展与传承，让学生了解大同地区非遗历史渊源；3.问题导入：大同的地方特色有哪些？小组讨论，老师引导进入课程；4.情境导入：带领学生参观相关场景，激发学生的好奇心；5.故事导入：教师讲述北魏历史，引导学生主动探索家乡历史与红色文化，激发学生探索欲望	1.情境导入：讲述故宫宫殿文化内涵和故事，调动学生研究历史的积极性和主动性；2.任务导入：发布探究性任务，调动学生积极性与主观能动性；3.悬念导入：如何让文物鲜活起来；4.问题导入：设置问题，抛出问题，让学生带着问题去研学，自主探究古建筑文化；5.视频导入：观看宣传视频，激发学生探究兴趣，了解当地传统文化
	授课教学环节	第一天：必修课程一“布艺制作——布老虎”、选修课程2“广灵柳编”；第二天：必修课程五“墨香平城 魏碑故里”、必修课程十“读城”、必修课程三“震不倒的木塔——探秘榫卯结构”；第三天：必修课程四“小剧场——假如我是冯太后”、必修课程六“非遗传承——大同蛋雕”；第四天：必修课程九“中药香包制作”、必修课程七“‘曲’径通幽处，云海学‘艺’深”；第五天：必修课程二“陶艺——拉坯”、必修课程八“儒学在文庙”、选修课程1“大同刀削面制作”	第一天：必修课程一“大同盘扣”、必修课程七“灵丘罗罗腔”；第二天：必修课程五“历史名家讲坛——这就是北魏”、必修课程六“云冈绢人”、选修课程1“瓷器修复”、必修课程三“辽金建筑艺术瑰宝”、必修课程八“读懂龙壁之城”；第三天：必修课程四“药丸制作”、必修课程二“陶艺——泥条盘筑”、选修课程2“黑陶烧制技艺”；第四天：必修课程九“晋商文化密码”；第五天：必修课程十“平遥推光漆器”	第一天：必修课程九“紫禁城下中华文明的传延”；第二天：必修课程十“长城文化 民族精神”；第三天：必修课程五“文物修复——壁画修复”、必修课程六“煤雕研习”、选修课程1“大同铜器制作技艺”；第四天：必修课程四“廉吏之乡，传承家风”、必修课程二“陶艺——陶瓷彩绘”、必修课程三“学中国建筑历史，品梁陈方案”；第五天：必修课程八“走进悬空寺 寻迹古建筑千年之美”、必修课程一“北魏民族服饰制作”、必修课程七“戏剧活化石——研习雁北耍孩儿”、选修课程2“北魏贡酒烧制技艺”

维度或要素		小学高年级段	初中段	高中段
实施方案	进阶教学环节	1.布老虎的多种形式；2.冰裂花瓶及火烧拉坯法的学习；3.为何榫卯结构与现代减隔震技术有很多相似之处；4.思考为什么唐代木构建筑很少保存于世；5.物化：制作具有创意的非遗蛋雕文创作品；6.同学们以小组为单位通过“寻宝”方式，在欣赏文物过程中了解大同古城的深厚文化；7.探究地方戏曲的多种风格，了解最具代表性的信天游和“二人台”；8.了解中国四大面食，以小组为单位制作大同刀削面；9.探究柳编工艺，掌握不同形式的柳编技巧	1.结艺的起源与发展，结艺的制作与传承；2.历史上的改革融合；3.胡服和汉服的区别；4.泥条盘筑成型器型的上色；5.讨论与现代建筑相比木构建筑有何优缺点；6.为什么我们家乡有如此多的古代木构建筑；7.讨论与现代建筑相比木构建筑有何优缺点；8.制作推光漆器并提出创新构想；9.在熟悉晋商文化历史的基础上，总结晋商兴衰的历史教训	1.服饰的立体裁剪方法与缝制设计方法；2.弧面素坯的陶瓷彩绘；3.“梁陈方案”的历史启示；4.思考：煤从“黑疙瘩”转变为非遗产品煤雕的意义是什么；5.探究：有哪些新能源会代替煤矿作为主要能源，以及理解新能源代替煤矿能源的重要性；6.了解戏曲中服饰、道具、妆容的特点、表演风格及与人物的关系；7.探讨故宫为什么在中国传统文化中具有极高的地位，学会如何通过故宫来了解分析中国封建社会制度和文化的发展
	巩固教学环节	1.设计制作布老虎、蛋雕、陶艺、柳编、木构建筑等活动，加深对非遗文化的认识；2.实践体验、总结分享相结合，形成传统文化与历史知识的框架，加深记忆；3.将大同刀削面与其他几大面食进行对比，了解不同地方不同的面食文化；4.在实践过程中，通过对戏曲的了解和体验，使学生明白戏曲与地方文化的重要关系；5.通过总结分享、讲故事等方式，交换彼此对家乡历史文化、红色革命文化的看法，加深理解程度；6.动手制作一个建筑模型，运用建筑物减隔震技术，并在测试仪器上测试效果	1.动手制作一个木构建筑模型；2.知识问答，利用启发法对教学进行巩固，在问答之间使学生产生思考和联系，强化知识巩固和联系实际能力；3.运用任务驱动法，研学导师提出探索问题来引动学生的学习兴趣，让学生带着真实的任务去巩固，在这整个过程中让学生拥有学习的主动权；4.在研学过程中通过填写研学手册，让学生进行资料整理、信息收集、自主调研，将活动过程具体化、研学活动成果实物化；5.引导学生自主探索学习北魏文化，并小组讨论进行知识分享	1.实践体验，分享收获；2.展示：通过演讲、小组展示等分享方式，大胆创新新型能源的可能性；3.实践体验，学生动手感受文物修复瓦当翻制、壁画修复；4.运用情境教学法渲染研学情境，深入研学情境体验，让学生进行角色扮演，深入体验；5.引导学生主动参与，提高对知识的理解能力，从而增加学生对戏曲的热爱，对家乡的热爱；6.总结“梁陈方案”，熟悉大同城建情况

维度或要素			小学高年级段	初中段	高中段
实施方案	总结教学环节	教学创新	教师让学生作为主体通过角色扮演、动手实践、探访非遗传人等方法，感受非遗文化，培养学生的创新和实践能力，激发学生的民族自豪感和自信心	在实际参观学习中，通过将不同的学科知识融合在一起，培养学生的综合素养和创新思维；引导学生主动思考，培养学生解决问题的能力和团队合作的精神	在研学课程实施中，采用小组合作学习、问题导向学习等方法，激发学生对学习的主动性和创造力。或运用多媒体技术、虚拟现实等手段，让学习更加生动有趣。在研学课程设计上，可以引入一些与现实生活紧密相关的主题或项目，让学生在解决实际问题的过程中学习知识
		教学总结	根据教学思路，结合实际课堂情况及时收集、整理并筛选学生及其他相关人员的反馈意见，了解教学资源、教学环节的优点和不足，通过线上问卷调查的形式收集家长反馈意见，整理研学活动当日教学资料，建立教学档案。做好课后分析与归纳总结，及时调整研学策略，优化活动内容与结构，不断交流改进	通过观察学生在研学过程中的学习成果、参与度和进步情况，了解他们在学习过程中遇到的困难，建立研学档案；总结研学过程中出现的问题，提出具体的改进措施和计划	注重学生研学实践过程，在实践中深入学习，活动过程中学生积极参与，展现出较强的探究精神和团队合作能力。通过研学，学生不仅可以拓宽知识面，还提高了实践能力和解决问题的能力。另外，还要收集学生、家长、社会对于研学活动的评价及反馈意见，及时进行反思改进，有利于更好地进行研学工作
		教学反思	根据教学总结得出的反馈资料，重点围绕课程内容的设置，尤其是如何更好地让学生主动参与，对活动环节进行调整和优化，提炼经验教训，为下一次活动提供参考	收集学生的意见和建议，了解他们自己在研学过程中的需求，将反思结果应用于下一次的研学教学过程中，并且不断地尝试创新和调整，满足学生的实际需求	根据研学手册以及收集家长、社会的反馈意见，反思研学活动目标是否清晰，是否与教学目标一致；观察学生在研学活动中的参与程度，是否每个学生都能积极参与；评估研学活动的组织和管理是否有序，是否存在安全隐患。通过对这些方面的反思，不断改进研学教学，让学生们在实践中更好地学习和成长

维度或要素				小学高年级段	初中段	高中段
实施方案	评价教学环节	教学水平评价	自我评价	教师通过反思教育教学行为、教学方式、学生参与程度和对学科知识的掌握度、是否符合学生认知发展水平等，关注到每个学生的发展	教师通过反思教学方法、专业知识、学生参与程度、与学生的沟通能力以及是否关注到学生的个体差异等，发挥主观能动性	教师通过反思教学方法创新、学生参与程度、学生对于学科知识的掌握度以及是否与学生建立了良好的师生关系
			学生评价	通过打分制方式，学生针对与教师相处互动是否融洽、课堂气氛是否轻松活跃，以及教师授课方法是否有趣、能否吸引到学生等方面，进行多维度评价	通过学生匿名填写教师评价表，围绕教学设计能力、教学态度、引导启发是否到位进行评价，帮助教师及时了解学生的需求和意见，发现并改正问题，提升教学质量	通过研学手册或调查问卷等方式，让学生在对教师在研学过程中能否对学生进行正向引导、能否鼓励学生主动思考并积极表达自己的观点及发挥主观能动性等方面进行评价反馈
			同行评价	由营地教师和教学管理人员对教师的教学进行评价，评价应从多个角度进行，例如：评价教师的教学方法是否生动有趣，能否吸引学生的注意力、激发学生的学习兴趣；评价教师与学生的关系是否融洽，是否有利于学生的学习和成长	对教师在研学过程中的语言表达、教学思路、教学行为等方面进行评价，帮助教师不断调整研学过程中的细节部分；鼓励教师在教学中采取新的教学方法，培养学生的创新能力；同时通过教师间的案例分享，互相学习，彼此勉励	评价教师的教学能力，包括教学方法、技巧、课堂管理能力等；评估教师在教学领域的专业知识水平，能否准确深入地讲解知识点，并及时更新自己的知识体系；邀请专业知名专家进行座谈交流，定期开展营地教师随队观摩、听课、问卷调查等方式进行教师互评
			培训和考核	制定教师量化考核细则，定期对教师的教学课时、教案编写、听评课情况进行检查和考核，通过考核结果来评估教师的教学成果和教学能力	通过线上教育平台和线下教师专业能力培训、教研组研讨会、教学竞赛等方式，对教师教育教学内容和方式进行评估和考核；引进专家教授为教师开展师德师风、专业能力等主题培训，并通过量化考核细则对教师教学能力进行考核	通过线上教育平台和线下培训、教研组研讨会、教学竞赛和“请进来，走出去”的方式对教师进行专业引领培训；对教师教育教学内容和方式进行评估和考核；并通过量化考核细则对教师教学成果和能力进行考核
			教学成果展示	通过研学过程教学，展示教师教学成果，衡量教师教学品质	通过研学过程教学以及参加学校的研讨会和教师公开课，分享自己的研学教学成果和经验	通过研学过程教学与学术研讨会参与，并结合本学期的教学目标，教师可以展示其在教学方面取得的成果，包括研学实践报告、科研论文、学术著作等

维度或要素				小学高年级段	初中段	高中段
实施方案	评价教学环节	学业评价	形成性评价	对学生兴趣度和参与度，采取持续观察、记录、反思的方式进行评价，根据评价结果，结合学段特点，及时调整课程深度和教学方法，提高学生体验感	对学生的参与度、文化价值的理解、创作的作品展示和分享的表达能力，采取持续观察、记录、反思的方式进行评价，根据评价结果，结合学段特点，及时调整课程深度和教学方法，提高学生体验感对学生的知识获取程度、探索深度、团队协作、情感表达等	深入分析学生的自主学习和创新思维、综合应用能力以及自我评估反思，采取持续观察、记录、反思的方式进行评价，根据评价结果，结合学段特点，及时调整教学计划和教学方式，增强对学生探究深度和方式方法的指导
			总结性评价	研学活动结束后，通过提交研究报告、展示或测试等途径，全面评估学生在活动中的学习成果与进步。评估关注学生的知识应用能力、问题解决能力、团队协作能力等方面的表现	以研学课程目的为基准，通过研究报告、展示或测试等，对参与研学实践的学生的知识获取程度、技能掌握程度、价值观等方面进行评价，根据评价结果，判断教学目的实现程度，调整活动形式	在研学活动结束后，通过提交研学报告、展示或测试等形式，了解学生在研学活动中对知识的掌握程度、运用能力和学习效果，对学生短时间内的学习成果和能力发展情况进行评价
			教师评价	教师根据学生在研学活动中的表现和成果，通过学生的参与度、研学手册的完成度等情况，对学生的知识获取程度、实践能力提升等进行多维度评价	教师根据学生在研学活动中的表现和成果，对学生研学过程中的行为管理、团队合作、创新思维、解决问题能力等进行评价，为学生提供个性化建议	教师根据学生在研学活动中的表现和成果，结合学生研学的物化成果和实际问题的解决情况，对学生研学目标的完成程度和研学效果作出评价，并给予正向引导
		项目评价		对学校教师、参与学生和学生家长进行访谈或调查问卷，让他们积极参与评价，及时发现问题并加以改进，充分征询学校教师、学生及家长的看法，鼓励他们积极参与评价	对参与学校、学生、学生家长、社会各界采取访谈或调查问卷的方式，对课程资源、研学线路、教学设计、活动组织、满意度等方面进行评价，及时发现问题并加以改进	对学校教师、参与学生和学生家长进行访谈或调查问卷，让他们积极参与评价，通过教研活动及针对评价结果的反思，及时发现问题并加以改进，不断完善优化研学实践活动项目

4.5 教学计划与策略列表：地上文明看山西，非遗传承永赓续

<table>
<tr><td colspan="3">营地名称</td><td>太原市中小学生综合实践学校（简称“山西太原营地”）</td><td>命名机构</td><td>教育部</td><td>识别码</td><td>Y145142003</td></tr>
<tr><td colspan="3">从业资质（摘要）</td><td>义务教育综合实践、高中通用技术、研究性学习、国防教育</td><td>单位属性</td><td>公益一类</td><td>法定代表人</td><td>毕俊卿</td></tr>
<tr><td colspan="3">研学主题</td><td>地上文明看山西，非遗传承永赓续</td><td colspan="2">主要目的指向</td><td colspan="2">文化传承与创新教育</td></tr>
<tr><td rowspan="7">营地（枢纽）及周边主要优质研学资源</td><td colspan="2">基地层级</td><td colspan="5">研学站点（基地）名称</td></tr>
<tr><td rowspan="2">教育部命名基地</td><td>已列入教学计划</td><td colspan="5">一、与本主题相关列入教学计划的基地5个
1. 山西晋韵砖雕艺术博物馆（简称“砖雕博物馆”）；2. 平遥古城；3. 山西祁县乔家大院民俗博物馆（简称“乔家大院”）；4. 平遥唐都推光漆艺博物馆（简称“唐都漆器”）；5. 山西博物院
二、与本主题关联不大但列入本营地教学计划的基地4个
1. 山西皇城相府文化旅游有限公司相府景区管理处（简称“皇城相府”）；2. 云冈研究院；3. 洪洞大槐树寻根祭祖园有限公司；4. 八路军太行纪念馆</td></tr>
<tr><td>待列入教学计划</td><td colspan="5">山西省长治市气象局</td></tr>
<tr><td colspan="2">其他部委命名基地</td><td colspan="5">无</td></tr>
<tr><td colspan="2">地方命名基地</td><td colspan="5">1. 太原古县城；2. 山西鑫炳记食业股份有限公司（简称“鑫炳记”）；3. 太原市博物馆；4. 渠家大院</td></tr>
<tr><td colspan="2">本营地资源</td><td colspan="5">1. 太原营地龙城文化馆；2. 茶艺室；3. 陶艺室；4. 沙画室；5. 电烙画室</td></tr>
<tr><td colspan="2">其他资源</td><td colspan="5">1. 六味斋；2. 宝源老醋坊；3. 山西巨鑫现代农业示范园区；4. 华夏营造古建工厂</td></tr>
</table>

维度或要素	小学高年级段	初中段	高中段
校内教育基础（与校内教育的衔接）	对照《义务教育课程方案和课程标准（2022）》，小学高年级段在文化传承和创新方面提出“体会中华文化的源远流长与博大精深；理解中华优秀传统文化的核心思想理念、人文精神和传统美德，弘扬民族精神，具有强烈的中华民族自豪感”的培养目标。本研学主题必修课程与校内教育衔接内容如下：1.人教版语文五年级上册：“口语交际：讲民间故事”；2.人教版语文五年级下册：“口语交际：我是小小讲解员”“习作：中国的世界文化遗产”；3.人教版道德与法治四年级下册第10课“我们当地的风俗”、第11课“多姿多彩的民间艺术”、第12课“家乡的喜与忧”；4.人教版道德与法治五年级上册第9课“古代科技，耀我中华”、第10课“传统美德，源远流长”；5.人教版道德与法治五年级下册第3课“弘扬优秀家风”、第8课“推翻帝制，民族觉醒”；6.人教版道德与法治六年级下册第6课“探访古代文明”、第7课“多元文化，多样魅力”；7.人教版音乐六年级下册第25课“诗情乐意”；8.人教版美术五年级上册第4课“古老的城楼”、第7课“面塑”。9.人教版美术六年级上册第16课“我们的小报”；10.人教版美术六年级下册第16课“装饰壁画”	对照《义务教育课程方案和课程标准（2022）》，初中段在文化传承和创新方面提出“了解并认同社会主义先进文化、革命文化、中华优秀传统文化，认识中华文明的历史价值和现实意义，增强民族自尊心、自信心和自豪感，树立中国特色社会主义道路自信、理论自信、制度自信、文化自信。”的培养目标。本研学主题必修课程与校内教育衔接内容如下：1.人教版历史7年级上册第5课“青铜器与甲骨文”、第7课“战国时期的社会变化”第21课“让我们共同感受历史”；2.人教版历史7年级下册第16课“明朝的科技、建筑与文学”；3.人教版历史8年级上册第27课“考察近代历史遗迹”；4.人教版历史8年级下册第8课“经济体制改革”；5.人教版人文地理8年级第3课“地域差异显著”；6.人教版语文八年级上册“口语交际——讲述”“口语交际——复述与转述”“写作——说明事物要抓住特征”；7.人教版美术八年级上册第4课“来自乡土的艺术”、第5课“图案与生活”；8.人教版美术八年级下册第1课“建筑与环境”、第8课“民俗的魅力”；9.人教版美术九年级上册第2课“实用与美观的艺术设计”	对照《普通高中课程方案和语文等学科课程标准（2017年版2020年修订）》，高中学段在文化传承和创新方面提出“坚守中华文化立场，传承中华文化基因，展现中华审美风范”“了解世界历史发展的多样性，理解和尊重世界各国、各民族的文化传统，具有广阔的国际视野，树立正确的文化观”的培养目标。本研学主题必修课程与校内教育衔接内容如下：1.人教版高一历史必修中外历史纲要（上）第5课“三国两晋南北朝的政权更迭与民族交融”、第14课“明至清中叶的经济与文化”；2.普通高中教科书·历史选择性必修3第1课“中华优秀传统文化的内涵与特点”；3.普通高中教科书·历史选择性必修1第1课“中国古代政治制度的形成与发展”；4.普通高中教科书地理必修第二册第二章第三节“地域文化与城乡景观”5.普通高中教科书美术必修美术鉴赏第四单元“建筑艺术——中国古典建筑园林”、第五单元“民间美术——从泥土中诞生的美”；6.普通高中教科书美术选择性必修5工艺第三单元第1课“守护中华优秀文化遗产”、第二课“传统手工艺融入当代生活”；7.普通高中教科书思想政治必修4哲学与文化第7课“继承发展中华优秀传统文化”

维度或要素			小学高年级段	初中段	高中段
研学课程	必修课程一	名称	晋阳文物会说话	走进晋阳历史	晋阳的古与今
		活动目的	通过走进太原博物馆，借助AR教学设备，赏析代表性文物，提升文化历史感知力	从政治、经济、军事、工业制造等方面探究太原建城史和发展史，培养民族认同感	全面对比太原古与今的区别与发展，培养学生的时代感知力，提升文化自信
		活动形式	教师讲授、互动游戏、文物探究	教师讲授、文物探究、实践体验相结合	教师讲授、文物探究、实践体验相结合
	必修课程二	名称	晋阳荣耀——古代乐器	晋阳荣耀——文明的回响	晋阳荣耀——工业与文明
		活动目的	通过鉴赏乐器文物，提升民族音乐鉴赏能力，树立文物探究意识，提升文化自信	通过探究乐器与制度的关联性，感知古代制度与文化的关系	通过探究古乐器的制作材料及工艺，树立文物探究意识，提升文化自信
		活动形式	教师讲授、参观探究、DIY体验	参观探究、DIY体验、撰写报告	参观探究、DIY体验、撰写报告
	必修课程三	名称	走进太原古县城	探秘太原古县城	研习太原古县城
		活动目的	通过走进太原古县城，学生掌握非遗花馍的制作方法，感受传统文化的魅力	通过从太原古县城非遗文化和建筑风格等方面全面鉴赏家乡古城，提升文化自信	通过探究古代历史人物、文化、非遗艺术和社会背景，感知传统文化的价值
		活动形式	教师讲授、实地探访、实践体验相结合	教师讲授、实地探访、实践体验相结合	教师讲授、实地探访、实践体验相结合
	必修课程四	名称	斗拱拼搭	探秘佛光寺	研习古代木构建筑
		活动目的	通过了解中国木构建筑故事，拼搭圣母殿斗拱，体会古建筑之魅力	通过解读佛光寺被誉为“中国第一国宝”的原因，增强学生文化认同感及自信心	通过佛光寺梁架搭建，研习木构建筑特点，增强学生文化认同及自信心
		活动形式	参观探访、文化体验、小组合作探究	参观探访、文化体验、小组合作探究	参观探访、文化体验、小组合作探究

维度或要素			小学高年级段	初中段	高中段
研学课程	必修课程五	名称	走进晋商大院	探秘晋商大院	研习晋商大院
		活动目的	通过走进渠家大院，鉴赏大院楹联，感悟晋商家风家训	通过走进渠家大院，鉴赏大院砖雕作品，感悟晋商家风家训、诚信精神	通过走进渠家大院，研究大院院落布局，感悟晋商风骨，弘扬晋商精神
		活动形式	实地考察、小组讨论、互动体验	实地考察、互动体验、撰写研学报告	实地考察、互动体验、撰写研学报告
	必修课程六	名称	走进砖雕艺术，感受山西民俗	非遗砖雕，传承有我	砖雕与山西民居建筑
		活动目的	通过鉴赏砖雕图案题材，领略中国传统文化所折射的艺术美感和文化底蕴	通过“原料”“烧窑”“雕刻”等分析非遗，认识其价值，培养传承意识	通过研究砖雕与建筑的关系，感受山西民居建筑传递的传统文化，提升民族自信
		活动形式	教师讲授、实地探访、实践体验	教师讲授、实地探访、实践体验	教师讲授、实地探访、实践体验
	必修课程七	名称	走进山西老陈醋	探秘山西老陈醋	品鉴醋文化
		活动目的	通过走进醋厂，进一步了解老陈醋的制作原料和工艺	通过探秘粮食与陈醋的关系，解读山西人饮食习惯和文化	通过探究各地醋的制作工艺和制作流程，品鉴全国各地不同的醋文化
		活动形式	实地考察、小组讨论、互动体验	实地考察、团队协作、撰写研学报告	实地考察、动手实践、撰写研学报告
	必修课程八	名称	我是非遗美食家	走进非遗文化，感悟工匠精神	探寻百年老字号，传承晋商新精神
		活动目的	通过了解国家级非遗六味斋缠花云梦肉的工艺及制作过程，形成对传统文化认同	通过亲手制作蛋卷，体悟非遗工艺的精湛，感悟工匠精神	通过了解百年老字号的发展历程，感悟新晋商的奋斗精神
		活动形式	教师讲授、实地探究、DIY体验	教师讲授、实地探究、DIY体验	教师讲授、实地探究、DIY体验

维度或要素			小学高年级段	初中段	高中段
研学课程	必修课程九	名称	DIY 太谷饼体验	探秘太谷饼	太谷供销社历史探访与现代发展对比研究
		活动目的	通过亲自动手制作太谷饼，认识太谷饼的制作技艺，明确文化内涵	通过走进太谷饼制作车间，全面了解山西人的饮食习惯和文化，提升文化自信	通过了解供销社的历史和特点，加深对国家经济发展的认识和自豪感
		活动形式	实地考察、小组讨论、互动体验	实地考察、团队协作、游戏互动、撰写研学报告	实地考察、动手实践、分组合作、撰写研学报告
	必修课程十	名称	走进山西非遗	探秘山西非遗	山西非遗的保护与传承
		活动目的	通过认识木版画、剪纸、黎侯虎、推光漆器等非遗，培养其文化自信和保护意识	通过制作材料、制作工具、艺术价值等全方面赏析非遗，培养文化自信和保护意识	通过非遗保护的时事热点，激发学生非遗传承意识，培养其责任担当精神
		活动形式	实地考察、小组讨论、互动体验	实地考察、团队协作、撰写研学报告	实地考察、动手实践、撰写研学报告
	选修课程		1. 晋・见中国——远古华夏 2. 诗说古代木构建筑 3. 砖雕中的工匠精神 4. 一眼万年——纹样中的山西	1. 百件山西文物中的华夏文明 2. 中国第一国宝——佛光寺 3. 活字印刷术 4. 一眼万年——纹样中的中国	1. 晋・见中国——赓续华夏血脉 2. 地上文化看山西 3. 晋商精神 4. 诗说锦绣中国

维度或要素		小学高年级段	初中段	高中段
研学线路	代表性线路（时长五日）	第一天：山西太原营地—太原市博物馆—山西太原营地；第二天：山西太原营地—太原古县城—华夏营造古建工厂—山西太原营地；第三天：山西太原营地—渠家大院—砖雕博物馆—山西太原营地；第四天：山西太原营地—宝源醋坊—六味斋—山西太原营地；第五天：山西太原营地—鑫炳记—山西太原营地	第一天：山西太原营地—太原市博物馆—山西太原营地；第二天：山西太原营地—太原古县城—华夏营造古建工厂—山西太原营地；第三天：山西太原营地—渠家大院—砖雕博物馆—山西太原营地；第四天：山西太原营地—宝源醋坊—六味斋—山西太原营地；第五天：山西太原营地—鑫炳记—山西太原营地	第一天：山西太原营地—太原市博物馆—山西太原营地；第二天：山西太原营地—太原古县城—华夏营造古建工厂—山西太原营地；第三天：山西太原营地—渠家大院—砖雕博物馆—山西太原营地；第四天：山西太原营地—宝源醋坊—六味斋—山西太原营地；第五天：山西太原营地—鑫炳记—山西太原营地
	可选择线路（按天设计，菜单式选择）	1. 山西太原营地—平遥古城—山西太原营地；2. 山西太原营地—唐都漆器—山西太原营地；3. 山西太原营地—乔家大院—山西太原营地；4. 山西太原营地—山西博物院—山西太原营地；5. 山西太原营地—山西青铜博物馆—山西太原营地；6. 山西太原营地—砖雕博物馆—山西太原营地；7. 山西太原营地—八路军太行纪念馆—山西太原营地；8. 山西太原营地—晋祠—山西太原营地	1. 山西太原营地—平遥古城—山西太原营地；2. 山西太原营地—唐都漆器—山西太原营地；3. 山西太原营地—乔家大院—山西太原营地；4. 山西太原营地—山西博物院—山西太原营地；5. 山西太原营地—山西青铜博物馆—山西太原营地；6. 山西太原营地—砖雕博物馆—山西太原营地；7. 山西太原营地—八路军太行纪念馆—山西太原营地；8. 山西太原营地—晋祠—山西太原营地	1. 山西太原营地—平遥古城—山西太原营地；2. 山西太原营地—唐都漆器—山西太原营地；3. 山西太原营地—乔家大院—山西太原营地；4. 山西太原营地—山西博物院—山西太原营地；5. 山西太原营地—山西青铜博物馆—山西太原营地；6. 山西太原营地—砖雕博物馆—山西太原营地；7. 山西太原营地—八路军太行纪念馆—山西太原营地；8. 山西太原营地—晋祠—山西太原营地
	规划线路（按天设计）	1. 山西太原营地—皇城相府—山西太原营地；2. 山西太原营地—云冈研究院—山西太原营地；3. 山西太原营地—洪洞大槐树寻根祭祖园—山西太原营地；4. 山西太原营地—北齐壁画博物馆—山西太原营地；5. 山西太原营地—双塔寺—山西太原营地	1. 山西太原营地—皇城相府—山西太原营地；2. 山西太原营地—云冈研究院—山西太原营地；3. 山西太原营地—洪洞大槐树寻根祭祖园—山西太原营地；4. 山西太原营地—北齐壁画博物馆—山西太原营地；5. 山西太原营地—双塔寺—山西太原营地	1. 山西太原营地—皇城相府—山西太原营地；2. 山西太原营地—云冈研究院—山西太原营地；3. 山西太原营地—洪洞大槐树寻根祭祖园—山西太原营地；4. 山西太原营地—北齐壁画博物馆—山西太原营地；5. 山西太原营地—双塔寺—山西太原营地

维度或要素		小学高年级段	初中段	高中段
教学重点难点（以代表性线路教学设计为例，以下同）	教学重点	1.春秋时期晋国的崛起与发展；2.深入了解太原古县城的历史和文化背景，学习搭建圣母殿、佛光寺斗拱，了解斗拱在木构古建中的重要作用；3.走进手工艺非遗，鉴赏非遗中的山西民俗，领略中国传统文化所折射的艺术美感和文化底蕴；4.了解非遗缠花云梦肉、陈醋的传统工艺及制作过程；5.走进老字号，培养学生文化自信	1.以晋阳城为例，了解古代封建制度的特征；2.学习太原古县城的建城史、山西木构建筑的结构特点，重点了解斗拱、南禅寺、佛光寺梁架结构，古建的主要材料——木头，从原木成为精美的建筑构件的全过程；3.了解国家级非遗的审美价值、历史价值、社会价值，萌发保护非遗的强烈责任感和使命感；4.学习非遗饮食与地理、文化的关系；5.鉴赏非遗技艺	1.了解中国从夏商周到明清时期的建筑发展史，重点了解山西各个时期经典的建筑特点及其价值；2.了解山西木构建筑的结构特点，重点了解斗拱、南禅寺、佛光寺梁架结构；3.感受山西民居建筑传递的厚重的传统文化，提升民族自信；4.体验山西本地饮食传统文化；5.学习非遗饮食中百年老字号的发展历程
	教学难点	1.历史知识点掌握；2.总结梳理历史民俗形成的背景；3.鉴赏非遗中的山西民俗，感悟中国传统文化底蕴；4.体悟非物质文化遗产的制作工艺；5.独立完成物化作品	1.依托校内学科知识，结合博物馆资源，掌握古代封建制度的特征；2.正确使用木头到建筑构建过程中的工具、机械；3.体悟非遗社会价值，产生民族认同，掌握传承的基本方法；4.掌握非遗饮食与地理、文化的关系；5.增强学生非遗保护意识	1.掌握山西各个时期经典的建筑特点及其价值；2.小组合作掌握斗拱、南禅寺、佛光寺梁架结构；3.体悟山西传统文化，完成窑后雕物化作品；4.实践酿醋工艺，培养家乡自豪感；5.传承非遗饮食中百年老字号的精神

维度或要素	小学高年级段	初中段	高中段
教学策略	针对小学高年级段学生已经具备了一定的生活经验，对太原文化习俗有一定的实践体验，对与生活密切相关的领域有较强的好奇心的学情，基于多元智力理论、“新三中心”理论，选取太原城历史、太原文化习俗、非遗项目等内容，依托本地优质资源，采取讲授法、谈话法、演示法、练习法等教法和自主学习、合作学习学法，借助研学基地相关的教学资源，做好研学物料准备：研学耗材、常规研学资料、安全预案、安全责任书、医药箱，开展以太原城历史为切入口，较为全面地了解太原文化习俗，深入了解非遗项目，达到学生主动探索和思考，培养其创新能力和合作精神的目的	针对初中段学生正处于青春发育期，心理和生理都发生了显著的变化，开始形成独立思考的能力，对新知识充满好奇和求知欲，学习内容逐渐由基础向深入发展，学科种类也逐渐增多，需要学生具备更高的学习能力和方法，学习方式也逐渐由被动接受转变为主动探究，需要更多地自主学习和合作学习，学习态度、兴趣和动机等因素也对其学习情况产生重要影响的学情，基于发现学习论、多元智力理论、“新三中心”理论，选取学科基础知识，结合历史专题内容，依托本地优质资源，采取讲授法、谈话法、演示法、练习法等教法和自主学习、合作学习学法，借助研学基地相关的教学资源，做好研学物料准备：研学耗材、常规研学资料、安全预案、安全责任书、医药箱，开展山西古建构建活动，培养学生的独立思考和问题解决能力，培养其创造性思维、团队合作意识	高中段学生已经进入青春期后期，心理逐渐成熟，具备较强的自我意识和自我管理能力；在学习过程中更加独立，有明确的学习目标和动机；学习内容更加深入和专业化，学科知识的难度和广度都有所增加，他们需要具备更强的逻辑思维能力和抽象思维能力，以应对复杂的学习任务；学习方式也需要更加多样化和个性化，除了传统的课堂教学，还需要结合自主学习、合作学习、探究学习等多种方式，以适应不同学科和不同学习需求；高中段学生的学习压力也相对较大，面临着高考等重要考试压力。针对以上学情，基于建构主义、发现学习、多元智力理论，选取山西古代木构建筑、山西民居建筑、山西非遗文化内容，依托本地优质资源，采取讲授法、谈话法、实践法、练习法等教法和自主学习、合作学习学法，借助研学基地相关的教学资源，做好研学物料准备：研学耗材、常规研学资料、安全预案、安全责任书、医药箱，开展“古代建筑”项目设计活动，达到学生职业知识的普及、职业技能的传授、职业规划观念的培养。拆解学习、自主学习、探究学习、合作学习，学生在老师的指导下自主探究、合作学习和交流分享

维度或要素				小学高年级段	初中段	高中段
实施方案	入营教育	安全	引导	通过营地课堂阵地，给学生讲解安全注意事项以及课堂安全	通过营地安全标识学习进行入营安全教育，掌握应急救护技能	通过营地内安全宣传栏、安全通道、安全标识学习进行入营安全教育
			实训	为参训学生制定安全手册，利用晚间活动学习安全技能	开展安全应急演练，掌握突发事件处置技能	开展安全应急演练，掌握突发事件处置技能
		应急	引导	发布紧急情况疏散线路图，紧急情况应急处理办法和《应急救护手册》	通过案例介绍、视频学习，掌握应急事件处理方法	通过案例学习应急事件处理办法和技巧，培养面对突发事件随机应变能力
			实训	组织参训学生进行应急逃生演练，提升学生自救与互救能力	开展安全救护技能实践操作，提升学生自救与互救能力	通过公共安全课组织参训学生安全实践演练，强化安全意识
		救助	引导	教育学生认识救助标识、场所及救助用品，培养学生主动寻找救助场所及办法	通过公共安全课教师示范引领，让学生学会基本的应急救助方法	通过公共安全课教师的专业示范、讲解，教会学生心肺复苏的正确操作方法
			实训	观看学习救助相关知识及技能	小组合作学习包扎、搬运	模拟体验、技能考试
		自我管理	引导	在研学教师的带领下，学生自我管理方法的植入，养成自我管理习惯	通过自我情绪管理的培训和指导，帮助学生掌握应对压力和困难的方法	通过自主管理问题的引导，让学生掌握科学的自我管理方法
			实训	开展自我管理培训，相互交流分享自我管理经验，掌握相应的自我管理知识	采用沉浸式体验方式，对学生自我管理进行培训，提升自我管理能力	通过以班为单位进行课间活动，让学生自主管理本班学生并取得好成绩
		团队协作	引导	以小组为单位，选择活动项目，由易到难，学生参与度高，合力完成活动任务	分小组协作，合理分工，制订计划、分配任务、协调进度等	通过创设情境，选择任务或项目，小组内分工有序、协调配合，共同完成挑战
			实训	分组完成趣味毛毛虫等活动项目，学生释放天性，通力合作积极完成挑战	组织同心鼓、同心笔等凝心聚力等活动项目，培养学生的团队协作和责任意识	通过组织呼吸的力量、毕业墙等素质拓展项目，培养学生之间相互信任

维度或要素		小学高年级段	初中段	高中段
实施方案	导入教学环节	1.情境导入：学生拿取AR设备，分角色扮演晋阳古城名人，通过AR设备与实地互动任务的发布，激发学生文物探究的兴趣；2.情境导入：以小组为单位分角色扮演晋阳古城中各行业的人物，领取学习任务，激发学习兴趣；3.问题导入：楹联中体现了哪些家风家训，小组讨论，教师引导；4.问题导入：如果你要给外地朋友推荐山西特产，会推荐什么，小组讨论，教师引导；5.示范导入：教师进行太谷饼的示范操作，激发学生兴趣	1.任务导入：学生以小组为单位拿取AR设备，通过AR设备与实地互动任务的发布，激发学生探究兴趣；2.问题导入：为什么说地上文化看山西，小组讨论、教师引导；3.问题导入：通过对现代民居与明清民居建筑的对比，提出问题：明清时期的山西人家是什么样的，小组讨论，教师引导；4.问题导入：说一说山西人餐桌上的非遗；5.实物导入：鉴赏非遗作品，激发学习兴趣	1.任务导入：从政治制度、经济、文化、城市风貌等多方面分析太原的古今；2.问题导入：张艺谋拍摄电影《满江红》为什么会选在太原古县城取景，引导学生分析问题；3.问题导入：晋商雄商500年的原因是什么，小组讨论，教师引导；4.任务导入：山西饮食文化的特点是什么，小组讨论，任务发布；5.问题导入：如果东方甄选要推介山西手工非遗，你会给出什么建议、为什么，小组讨论，任务发布
	授课教学环节	第一天：必修课程一“晋阳文物会说话”、必修课程二“晋阳荣耀——古代乐器”、选修课程1“晋·见中国——远古华夏”；第二天：必修课程三“走进太原古县城”、必修课程四“斗拱拼搭”、选修课程2“诗说古代木构建筑”；第三天：必修课程五“走进晋商大院”、必修课程六“走进砖雕艺术 感受山西民俗”、选修课程3“砖雕中的工匠精神”；第四天：必修课程七“走进山西老陈醋”、必修课程八“我是非遗美食家”；第五天：必修课程九“DIY太谷饼体验”、必修课程十“走进山西非遗”、选修课程4“一眼万年——纹样中的山西”	第一天：必修课程一“走进晋阳历史”、必修课程二“晋阳荣耀——文明的回响”、选修课程1“百件山西文物中的华夏文明”；第二天：必修课程三“探秘太原古县城”、必修课程四“探秘佛光寺”、选修课程2“中国第一国宝——佛光寺”；第三天：必修课程五“探秘晋商大院”、必修课程六“非遗砖雕，传承有我”、选修课程3“活字印刷术”；第四天：必修课程七“探秘山西老陈醋”、必修课程八“走进非遗文化，感悟工匠精神”；第五天：必修课程九“探秘太谷饼”、必修课程十“探秘山西非遗”、选修课程4“一眼万年——纹样中的中国”	第一天：必修课程一“晋阳的古与今”、必修课程二“晋阳荣耀——工业与文明”、选修课程1“晋·见中国——赓续华夏血脉”；第二天：必修课程三“研习太原古县城”、必修课程四“研习古代木构建筑”、选修课程2“地上文化看山西”；第三天：必修课程五“研习晋商大院”、必修课程六“砖雕与山西民居建筑”、选修课程3“晋商精神”；第四天：必修课程七“品鉴醋文化”、必修课程八“探寻百年老字号，传承晋商新精神”；第五天：必修课程九“太谷供销社历史探访与现代发展对比研究”、必修课程十“山西非遗的保护与传承”、选修课程4“诗说锦绣中国”

维度或要素		小学高年级段	初中段	高中段
实施方案	进阶教学环节	1.太原历史上有哪些著名人物，对太原发展有什么影响；2.太原民俗文化的保护与发展；3.探究渠家家风家训对后人的影响；4.梳理“老西儿”的饮食文化；5.梳理山西非物质文化遗产分布情况	1.太原历史上有哪些著名事件，对太原发展有什么影响；2.讨论太原民俗文化的文创产品设计方案；3.探究晋商大院院落形态与当地文化、地理的关系；4.探究山西饮食文化与地理、历史发展的关系；5.探究山西非遗技艺产生的原因及其历史价值、文化价值等	1.太原为什么能成为山西的省会，从地理、经济、军事、历史等方面分析；2.讨论山西古代木构建筑的保护；3.“南徽北晋”探究国家级非遗晋派砖雕的文化价值、历史价值、建筑价值等；4.探究山西老字号品牌的保护与创新发展；5.探究山西非遗品牌的保护与创新发展
	巩固教学环节	1.发布研学任务，教师引导小组通过实践活动合理分工，总结提升，为物化成果做好准备；2.教师引导学生以小组为单位利用所学绘制《太原民俗小报》，并与其他组分享交流；3.教师引导学生以小组为单位利用所学制作“渠家家风家训”书签，并与其他组分享交流；4.教师引导学生以小组为单位利用所学绘制“‘老西儿’的饮食文化”思维导图，并与其他组分享交流；5.教师引导学生以小组为单位利用所学绘制“山西非物质文化遗产分布图”，并与其他组分享交流	1.发布研学任务，教师引导小组通过实践活动合理分工，总结提升，为物化成果做好准备；2.教师引导学生以小组为单位将太原民俗文化的文创产品设计方案制作成文创产品，并与其他组分享交流；3.教师引导学生以小组为单位利用所学将晋商大院院落形态探究结果绘制成思维导图，并与其他组分享交流；4.教师引导学生以小组为单位利用所学将山西饮食文化探究结果绘制成思维导图，并与其他组分享交流；5.以小组为单位制作“剪纸”“砖雕”等非遗文创产品，并为其撰写设计说明等，与其他组分享5天的研学感受	1.以小组为单位绘制探究问题思维导图、撰写拍摄大纲，形成研学影像报告，并与其他组分享交流；2.以小组为单位利用所学设计、制作山西古代木构建筑的文创产品；3.通过案例，利用所学分析“南徽北晋”南北建筑及砖雕作品的特点和价值，形成研学报告，并与其他组分享交流；4.以小组为单位利用所学撰写山西老字号品牌的发展历史、现状与发展创新报告；5.以小组为单位利用所学设计制作山西非遗品牌文创产品

维度或要素			小学高年级段	初中段	高中段
实施方案	总结教学环节	教学创新	形成了“知识储备”“研学探究”“物化提升”的教学模式，使学生形成“知识输入”到“实践感悟”再到“知识输出”的学习闭环；学习过程中，以AR、学习平板等多媒体为学习媒介；根据学生年龄特点、知能背景、生活常识，设计了动手体验、小组竞赛等教学环节，布置绘制小报等学习任务	根据初中段学生年龄特点、知能背景、生活常识设计了小组合作、自主探究、跨学科学习、小组竞赛等教学环节，制定了撰写设计方案、绘制思维导图、制作文创产品等学习任务；形成了“知识储备”“研学探究”“物化提升”的教学模式，使学生形成“知识输入”到“实践感悟”再到“知识输出”的学习闭环	根据高中段学生的年龄特点和升学需求，设计课程更符合社会实践、职业体验要求研学实践活动，引导学生从历史、地理、军事、工业、社会发展、社会需求等方面深入探究山西历史文化，形成了“知识储备”“研学探究”“物化提升”的教学模式，使学生形成“知识输入”到“实践感悟”再到“知识输出”学习闭环，以小组合作为基础，合理分工、深入探究，形成完整的研学报告
		教学总结	以学生《创意小报》“思维导图”等物化结果为载体，以小组为单位利用平板电脑等多媒体记录教学过程、收集学生在各环节中的反馈意见和评价结果，做好课后分析与归纳总结，根据学生学习情况设计课后拓展任务，撰写教学总结分析报告；完善研学档案，留下过程性资料	以学生“文创设计方案”“思维导图”等物化结果为载体，以小组为单位利用平板电脑等多媒体记录教学过程、收集学生在各环节中的反馈意见和评价结果，做好课后分析与归纳总结，根据学生学习情况设计课后拓展任务，撰写教学总结分析报告；完善研学档案，留下过程性资料	以学生《影像研学报告》“文创设计方案”《文化考察报告》等物化结果为载体，以小组为单位利用平板电脑等多媒体记录教学过程、收集学生在各环节中的反馈意见和评价结果，做好课后分析与归纳总结，根据学生学习情况设计课后拓展任务，撰写教学总结分析报告；完善研学档案，留下过程性资料
		教学反思	根据教学结果和教学过程反馈意见，从“小组合作分工”“活动环节设计”“教学内容深度”“学生学习兴趣”“教学基础延伸”等方面进行反思，撰写教学反思报告，完善下一次研学教学设计	将教学计划和实际实施进行对比，及时对教学环节进行调整和优化，梳理教学环节的设计、实施和效果，提炼经验，为下一次研学活动提供参考	根据教学目标、教学结果和教学过程反馈意见，结合学校、家长对课程的评价，从“社会实践真实度”“活动环节设计”“教学内容深度”“学生学习兴趣”“教学基础延伸”等方面进行反思，撰写教学反思报告，完善下一次研学教学设计

维度或要素				小学高年级段	初中段	高中段
实施方案	评价教学环节	教学水平评价	自我评价	学生根据自己的学习情况和成果，诚实、客观地进行自我评价，包括对自己的知识技能、学习态度、实践经验等方面的评价，并针对自己的不足之处提出改进措施	教师基于教学目标，借助《研学课程评价规则》“研学课程评价工具表”“研学课程反馈表”“研学课程‘教、学、评’一体表”等评价工具对教学结果进行反思、总结	教师基于教学目标、教学设计、教学策略等方面借助“研学课程‘教、学、评’一体表”进行深入反思，做好改进计划，明确下一步实施策略
			学生评价	学生对研学课程和教师的教学进行评价，学生针对教师的课堂气氛活跃度、教学设计能力、心理健康教育能力等方面进行评价	学生对研学课程和教师的教学进行评价，包括对课程设计、教学内容、教学方法、教师态度等方面的评价	学生根据教学目标对研学课程和教师的教学进行评价，包括研学主题与职业规划的契合度、教学目标设定、教学设计等方面
			同行评价	由营地教学管理人员等对教师的教学进行评价，评价突出小学高年级段特点，基于证据、数据，采取交流、问卷等形式开展，取长补短相互借鉴，实现共同进步	同行教师、专家、基地教学教研团队对研学课程和教师的教学进行评价，包括对课程设计、教学内容、教学方法、教师素质等方面的评价	同行教师或专家对研学课程和教师的教学进行评价，包括对课程设计、教学内容、教学方法、教师素质等方面的评价
			培训和考核	定期开展培训，提升活动设计能力，加强课程研发能力，提高教师的教学水平和专业素养；考核分为过程性考核和结果考核，将“自我评价”“学生评价”“同行评价”作为重要考核依据，如有师德问题采用一票否决制	定期开展培训，提升活动设计能力，加强课程研发能力，提高教师的教学水平和专业素养；考核分为过程性考核和结果考核，将“自我评价”“学生评价”“同行评价”作为重要考核依据，如有师德问题采用一票否决制	定期开展培训，加强课程研发能力，提高教师的教学水平和专业素养；考核分为过程性考核和结果考核，将“自我评价”“学生评价”“同行评价”作为重要考核依据，如有师德问题采用一票否决制
			教学成果展示	展示学生的学习成果和教学成果，包括优秀作品展示、学习心得分享、实践经验交流等，有助于增强学生的学习动力和自信心，同时也可以为其他学生和教师提供借鉴和启示	在课堂内、公众号展示学生的学习成果和教学成果，包括优秀作品展示、学习心得分享、实践经验交流等，有助于增强学生的学习动力和自信心，同时也可以为其他学生和教师提供借鉴和启示	以专题布展的形式在课堂内、公众号展示学生的学习成果和教学成果，包括优秀作品展示、学习心得分享、实践经验交流等，有助于增强学生的学习动力，培养职业能力

维度或要素				小学高年级段	初中段	高中段
实施方案	评价教学环节	学业评价	形成性评价	围绕“价值体认——践行核心价值观”“责任担当——社会公德意识”“问题解决——技能提升”等方面进行评价；师评、自评、互评的多元化评价主体；对学生在过程中完成《研学手册》的情况，方案设计图纸、分工情况等内容进行总结反思，为下一阶段的学习做好准备	围绕“价值体认——文化自信、书本知识与实践经验的融合”“责任担当——社会公德意识、团队合作意识”“问题解决——提出问题、推理反思、技能提升”等方面进行评价；师评、自评、互评的多元化评价主体；在教学环节结束后进行复盘会议，自评与互评，对研学过程中完成《研学手册》情况、方案设计图纸、分工情况等内容进行总结反思	围绕“价值体认——职业规划意识、书本知识与实践经验的融合、感悟提升”“责任担当——团队合作意识、团队合作能力”“问题解决——探索发现、提出问题、推理反思、技能提升”等方面进行评价；师评、自评、互评的多元化评价主体；教学环节结束后团队进行复盘会议，进行自评与互评、反思与总结，为下一阶段内容做好准备
			总结性评价	根据过程性评价的记录，分别围绕“创意物化——制作结果”“价值体认——践行核心价值观”“责任担当——社会公德意识”“问题解决——技能提升”等方面进行评价，结果记入学生学习成长档案袋	围绕“创意物化——创意设计、结果发布”“价值体认——文化自信、书本知识与实践经验的融合”“责任担当——社会公德意识、团队合作意识”“问题解决——提出问题、推理反思、技能提升”等方面进行评价记入学生学习成长档案袋	围绕“创意物化——职业规划意识、创意设计、结果发布”“价值体认——书本知识与实践经验的融合、感悟提升”“责任担当——团队合作意识、团队合作能力”“问题解决——探索发现、提出问题、推理反思、技能提升”进行评价，结果记入学生学习成长档案袋
			教师评价	教师根据评价维度对学生的过程性表现和成果进行量化评价、质性评价，并提出建议和意见	教师就“价值体认”“责任担当”“问题解决”“创意物化”等方面对学生的过程性表现和成果进行量化评价、质性评价，提出建议和意见	教师就“创意物化——职业规划意识、创意设计、结果发布”等方面对学生的过程性表现和成果进行量化评价、质性评价，并提出建议和意见
		项目评价		教育主管部门、学生家长、社会各界对研学实践教育活动的主题、教学目标设定、教学设计、研学线路规划、安全保障等方面进行评价	教育主管部门、学生家长、社会各界对研学实践教育活动的主题、教学目标设定、教学设计、项目目标实现度、教学环节衔接度、教学策略有效性等进行综合评价和建议	教育主管部门、学生家长、社会各界对研学实践教育活动主题与职业规划的契合度、教学目标设定、教学设计等有效性评价项目进行综合评价和建议

4.6 教学计划与策略列表：品味草原文化，传承红色基因

<table>
<tr><td colspan="3">营地名称</td><td>包头市中小学综合实践教育中心（简称“内蒙古包头营地”）</td><td>命名机构</td><td>教育部</td><td>识别码</td><td>Y145150002</td></tr>
<tr><td colspan="3">从业资质（摘要）</td><td>承担全市中小学综合实践教育教学工作；承担全市普通高中新课程改革通用技术课程教学工作；承担学生研学实践和劳动教育活动等工作；承担市教育局交办的其他相关工作</td><td>单位属性</td><td>公益二类</td><td>法定代表人</td><td>辛志刚</td></tr>
<tr><td colspan="3">研学主题</td><td>品味草原文化，传承红色基因</td><td colspan="2">主要目的指向</td><td colspan="2">文化传承与创新教育</td></tr>
<tr><td rowspan="7">营地（枢纽）及周边主要优质研学资源</td><td colspan="2">基地层级</td><td colspan="5">研学站点（基地）名称</td></tr>
<tr><td rowspan="2">教育部命名基地</td><td>已列入教学计划</td><td colspan="5">一、与本主题相关列入教学的基地7个
1.内蒙古包头营地；2.王若飞纪念馆；3.中国煤炭博物馆；4.平型关大捷纪念馆；5.云冈研究院；6.内蒙古玉龙沙湖国际生态文化旅游区（简称“玉龙沙湖”）；7.大同市示范性综合实践基地（简称“山西大同营地”）
二、与本主题关联不大但列入本营地教学计划的基地7个
1.达茂旗中小学综合实践教育中心（简称“达茂基地”）；2.呼和浩特市赛罕区青少年素质教育活动基地（简称“赛罕基地”）；3.河南博物院；4.呼伦贝尔民族博物院；5.呼伦贝尔市海拉尔区素质教育实践学校（简称“内蒙古海拉尔营地”）；6.郑州市大河村遗址博物馆；7.济源市示范性综合实践基地（简称“河南济源营地”）</td></tr>
<tr><td>待列入教学计划</td><td colspan="5">1.阿尔山市青少年活动中心；2.世界反法西斯战争海拉尔纪念园；3.黄河博物馆；4.中国文字博物馆；5.郑州市大河村遗址博物馆；6.大同市博物馆；7.明堂遗址公园；8.梁思成纪念馆；9.大同古长城；10.大同土林；11.大同火山群地质公园；12.呼和诺尔旅游景区；13.额尔古纳实践营地；14.额尔古纳湿地；15.满洲里套娃景区；16.阿尔山国家森林公园；17.包钢工业旅游园区（简称“包钢集团”）；18.将军衙署；19.清公主府；20.大盛魁文化创意产业园；21.王昭君墓；22.和林格尔东汉壁画墓；23.清水河窑洞文化；24.红山遗址群；25.赤峰博物馆；26.克什克腾旗世界地质公园；27.偃师二里头遗址；28.洛阳龙门石窟</td></tr>
<tr><td colspan="2">其他部委命名基地</td><td colspan="5">1.内蒙古包头市北方重工工业旅游区（简称“北方兵器城”）；2.包头市南海湿地自然生态区（简称“南海湿地”）；3.成吉思汗陵；4.内蒙古博物院；5.恩格贝沙漠生态旅游区（简称“恩格贝”）；6.大青山抗日游击革命根据地；7.乌兰夫故居；8.内蒙古大学民族博览馆</td></tr>
<tr><td colspan="2">地方命名基地</td><td colspan="5">1.包头市青少年发展中心（简称“青少中心”）；2.包头博物馆；3.诗画草原研学实践基地（简称“诗画草原”）；4.土右旗美岱召研学实践基地（简称“美岱召”）；5.敕勒川博物馆研学实践基地（简称“敕勒川博物馆”）；6.赤峰市松山区示范性综合实践基地（简称“赤峰基地”）；7.东胜区未成年人实践基地（简称“东胜基地”）；8.田禾农业研学实践基地（简称“田禾”）；9.怀朔镇古城遗址；10.阿善遗址；11.希拉穆仁草原；12.明磴山麓金界壕；13.敖伦苏木城遗址；14.鄂尔多斯青铜博物馆；15.郡王府；16.萨拉乌苏文化遗址景区；17.神东煤海工业旅游区；18.王老太太故居；19.盛乐古城；20.包头城市规划展览馆；21.鄂尔多斯九城宫研学营地（简称“九城宫营地”）</td></tr>
<tr><td colspan="2">本营地资源</td><td colspan="5">1.公共安全教育馆；2.思政影视教育馆；3.木艺工坊；4.手作工坊；5.实践教学区</td></tr>
<tr><td colspan="2">其他资源</td><td colspan="5">1.赵长城遗址公园；2.草原英雄小姐妹纪念馆；3.百灵庙抗日武装暴动英雄纪念碑；4.鄂尔多斯伊克汗蒙古游牧部落；5.鄂尔多斯非遗展览馆；6.满都拉口岸；7.包头金街；8.一机集团；9.万水泉农垦兵团文化；10.稀土高新技术产业开发区展厅；11.包头召；12.啤酒博物馆；13.燕家梁遗址；14.大秦直道文化旅游景区；15.秦长城；16.赵大剪非遗博物馆；17.赵大剪农耕博物馆；18.阴山岩画；19.敕勒林海</td></tr>
</table>

维度或要素	小学高年级段	初中段	高中段
校内教育基础（与校内教育的衔接）	对照《义务教育道德与法治课程标准（2022年版）》和《义务教育语文课程标准（2022年版）》，小学高年级段在文化传承与创新方面提出“能够初步了解中国的基本国情、中华优秀传统文化的主要代表性成果”“认识中华文化的丰厚博大，汲取智慧，弘扬社会主义先进文化、革命文化、中华优秀传统文化，建立文化自信”的培养目标。本主题研学课程与校内基础教育衔接如下：1.人教版二年级道德与法治上册第一单元第4课“团团圆圆过中秋”；2.人教版二年级道德与法治下册第四单元第13课“家乡新变化”；3.人教版五年级道德与法治上册第三单元第7课“中华民族一家亲”；4.人教版五年级道德与法治上册第四单元第8课“美丽文字 民族瑰宝”；5.人教版五年级道德与法治上册第四单元第10课“传统美德 源远流长”；6.人教版五年级道德与法治下册第三单元第9课“中国有了共产党”；7.人教版六年级道德与法治下册第三单元第7课“多元文化多样魅力”；8.人教版三年级语文下册第三单元“中华传统节日”	对照《义务教育课程方案（2022年版）》和《义务教育历史课程标准（2022年版）》，初中段在文化传承与创新方面提出“努力学习和弘扬社会主义先进文化、革命文化和中华优秀传统文化”“了解并认同社会主义先进文化、革命文化、中华优秀传统文化，认识中华文明的历史价值和现实意义，增强民族自尊心、自信心和自豪感”的培养目标。本主题研学课程与校内基础教育衔接如下：1.人教版七年级历史上册第三单元第9课“秦统一中国”；2.人教版七年级历史上册第二单元第7课“动荡的春秋时期”；3.人教版七年级历史上册第四单元第19课“北魏政治和北方民族大交融”；4.人教版七年级历史下册第三单元第15课“明朝的对外关系”；5.人教版八年级历史上册第六单元“中华民族的抗日战争”；6.人教版八年级历史下册第四单元第12课“民族大团结”；7.人教版七年级人文地理上册第三单元第4课“草原人家”；8.人教版八年级人文地理下册第五单元第1课“北方地区”；9.人教版八年级语文下册第4课“灯笼、社戏”	对照《普通高中语文课程标准（2017年版2020年修订）》，高中段在文化传承与创新方面提出“体会中华文化的博大精深、源远流长，体会中华文化的核心思想理念和人文精神，增强文化自信，理解、认同、热爱中华文化，继承、弘扬中华优秀传统文化和革命文化”的培养目标。本主题研学课程与校内基础教育衔接如下：1.高中语文必修上册第四单元“家乡文化生活”；2.高中语文必修上册第七单元第16课“赤壁赋”；3.高中语文选择性必修上册第一单元第1课“中国人民站起来了”；4.高中语文选择性必修中册第三单元第11课“过秦论”；5.高中历史必修中外历史纲要上册第一单元第2课“诸侯纷争与变法运动”；6.高中历史必修中外历史纲要上册第一单元第3课“秦统一多民族封建国家的建立”；7.高中历史必修中外历史纲要上册第四单元第14课“明至清中叶的经济与文化”；8.高中历史必修中外历史纲要上册第八单元第22课“从局部抗战到全国抗战”；9.高中历史必修中外历史纲要上册活动课“家国情怀与统一多民族国家的演进”

维度或要素			小学高年级段	初中段	高中段
研学课程	必修课程一	名称	革命精神我学习	我是革命先辈的学习者	传承红色基因，争做时代新人
		活动目的	通过了解王若飞同志从事革命活动的光辉业绩，学习王若飞同志的革命精神	通过学习王若飞同志追求真理、坚定信念、不懈奋斗的革命精神，激发爱国情怀	通过学习王若飞同志的革命故事和历史贡献，传承红色基因
		活动形式	教师讲授、观看视频、参观展馆	参观学习、故事分享、感悟交流	参观学习、故事分享、感悟交流
	必修课程二	名称	穿越时空的古老印记	寻踪阴山岩画	为岩画代言
		活动目的	通过观察岩画，了解古代人类的生活方式和精神世界，领略民族文化魅力	通过从出土的相关文物中探究历史，掌握包头的历史发展脉络，增强文化自信	通过拓印岩画，认识浓郁的老包头文化，培育学生热爱家乡的情怀
		活动形式	参观展厅、讲述岩画故事	教师讲授、实地探访、实践体验	教师讲授、实地探访、实践体验
	必修课程三	名称	脸谱绘制	红色基因我传承	民族团结我宣传
		活动目的	通过绘制脸谱，传承脸谱文化，增强文化自信	通过聆听乌兰夫革命故事，建立历史逻辑，弘扬红色文化，赓续红色血脉	通过学习美岱召民族团结的历史，传承民族优秀传统文化
		活动形式	教师讲授、动手实践	听革命故事、拼红船	听历史、谈感想
	必修课程四	名称	多彩布艺	敕勒川文化我守护	民族文化我宣传
		活动目的	通过亲手制作布艺作品，体验手工制作的乐趣，增强创造力和审美能力	通过参观敕勒川博物馆，感受敕勒川文化的独特魅力，增强文化自信	通过学习家乡的历史、文化和民俗风情，传承优秀的民族文化，激发文化认同感
		活动形式	教师讲授、动手实践	读课本、寻宝物、参观展馆	听历史、看文物、共交流

维度或要素			小学高年级段	初中段	高中段
研学课程	必修课程五	名称	探寻长城下的故事	赵长城拾遗	追忆秦长城
		活动目的	通过学习长城的历史知识，讲好长城的故事，增强学生爱国情怀	通过探究长城的建造特点，认识长城在民族交往交流融合中的作用，弘扬长城文化	通过探究长城的文化价值，了解完整的长城军事体系，弘扬中华优秀传统文化
		活动形式	角色扮演、画分布图	教师讲授、实地探访、实践体验	教师讲授、实地探访、实践体验
	必修课程六	名称	探究民俗魅力	我来建长城	烽火传递
		活动目的	通过参与“打春”“转九曲”“社火”等民俗活动，增强民族认同感	学习有关长城的军事及历史文化知识，加深对长城的认识和尊重，培养创新思维	研究不同时期长城军事信息传递方式，分析当时的军事防御机制，强化国防意识
		活动形式	参观展厅、参与民俗体验	教师讲授、实地探访、实践体验	教师讲授、实地探访、实践体验
	必修课程七	名称	神奇的二十四节气	黄土地扎根的庭院，绿草原行走的毡房	寻访草原英雄小姐妹
		活动目的	通过探究二十四节气对农业生产和生活的影响，感受传统文化的韵味和魅力	通过探究本地区的建筑，认识环境、文化、建筑的关系，领悟人与自然的和谐共生	通过学习小姐妹的故事，理解时代背景下的英雄内涵，传承草原英雄小姐妹的精神
		活动形式	唱二十四节气歌、体验与节气相关的民俗活动	教师讲授、实地探访、实践体验	教师讲授、实地探访、实践体验
	必修课程八	名称	职业体验小能手	做客蒙古人家	我是草原小牧民
		活动目的	通过进行生活技能、职业工作的体验，培养职业兴趣和职业认知，提高实践能力	通过学习蒙古族传统文化内容，体验蒙古族的传统生活方式，促进民族团结	通过体验草原生活，感受草原民俗，领略草原文化，弘扬民族优秀传统文化
		活动形式	体验活动、分享感受	教师讲授、实地探访、实践体验	教师讲授、实地探访、实践体验

维度或要素			小学高年级段	初中段	高中段
研学课程	必修课程九	名称	木拼	草原风光，蒙古传奇	对话草原生物
		活动目的	通过木拼模型制作，认知传统文化，增强民族自豪感	通过参观博物馆，回顾蒙元时期的历史，弘扬马背民族团结奋进、自强不息的精神	通过观察草原的植物、动物，认识草原生物链，传承和弘扬草原文化
		活动形式	教师讲授、学生实操	教师讲授、实地探访、实践体验	知识竞赛、观察记录
	必修课程十	名称	橡皮章	我是非遗传承人	瞻仰革命英雄
		活动目的	通过制作橡皮章，在创造中感受艺术的魅力，提高审美情趣与艺术修养	通过体验传统手工艺，学习非遗文化，培养学生的兴趣爱好	了解百灵庙抗日武装暴动发生的全部过程，纪念英雄人物，继承先辈的革命遗志
		活动形式	教师指导、学生实践	教师讲授、实地探访、实践体验	聆听历史、观看影片
	选修课程		1. 公共安全教育课程 2. 思政影视教育之《变脸》 3. 民俗表演 4. 工艺挂盘	1. 公共安全教育课程 2. 设计节庆海报 3. 思政影视教育之《烈火英雄》 4. 蒙古包制作	1. 公共安全教育课程 2. 国际象棋模型的设计与制作 3. 篝火晚会 4. 思政影视教育之《长调》

维度或要素		小学高年级段	初中段	高中段
研学线路	代表性线路（时长五日）	第一天：内蒙古包头营地—王若飞纪念馆—包头博物馆—公共安全教育馆—内蒙古包头营地；第二天：内蒙古包头营地—实践教学区—思政影视教育馆—内蒙古包头营地；第三天：内蒙古包头营地—赵长城遗址公园—包头金街—内蒙古包头营地；第四天：内蒙古包头营地—田禾—青少中心—内蒙古包头营地；第五天：内蒙古包头营地—木艺工坊—手作工坊—内蒙古包头营地	第一天：内蒙古包头营地—王若飞纪念馆—包头博物馆—公共安全教育馆—内蒙古包头营地；第二天：内蒙古包头营地—美岱召—王老太太故居—敕勒川博物馆—内蒙古包头营地；第三天：内蒙古包头营地—赵长城遗址公园—秦长城—思政影视教育馆—内蒙古包头营地；第四天：内蒙古包头营地—鄂尔多斯伊克汗蒙古游牧部落—九城宫营地；第五天：九城宫营地—成吉思汗陵—鄂尔多斯非遗展览馆—内蒙古包头营地	第一天：内蒙古包头营地—王若飞纪念馆—包头博物馆—公共安全教育馆—内蒙古包头营地；第二天：内蒙古包头营地—美岱召—王老太太故居—敕勒川博物馆—内蒙古包头营地；第三天：内蒙古包头营地—赵长城遗址公园—秦长城—思政影视教育馆—内蒙古包头营地；第四天：内蒙古包头营地—草原英雄小姐妹纪念馆—达茂基地；第五天：达茂基地—诗画草原—百灵庙抗日武装暴动英雄纪念碑—内蒙古包头营地
	可选择线路（按天设计，菜单式选择）	1. 内蒙古包头营地—北方兵器城—一机集团—内蒙古包头营地；2. 内蒙古包头营地—万水泉农垦兵团文化—稀土高新技术产业开发区展厅—内蒙古包头营地；3. 内蒙古包头营地—包头召—南海湿地—内蒙古包头营地；4. 内蒙古包头营地—啤酒博物馆—燕家梁遗址—内蒙古包头营地；5. 内蒙古包头营地—怀朔镇古城遗址—阿善遗址—内蒙古包头营地；6. 内蒙古包头营地—希拉穆仁草原—明磴山麓金界壕—达茂基地；7. 达茂基地—敖伦苏木城遗址—满都拉口岸—达茂基地；8. 达茂基地—大青山抗日游击革命根据地—乌兰夫故居—内蒙古包头营地	1. 内蒙古包头营地—赵大剪非遗博物馆—赵大剪农耕博物馆—内蒙古包头营地；2. 内蒙古包头营地—秦长城—阴山岩画—内蒙古包头营地；3. 内蒙古包头营地—内蒙古博物院—敕勒林海—赛罕基地；4. 赛罕基地—盛乐古城—山西大同营地；5. 山西大同营地—大同市博物馆—明堂遗址公园—云冈研究院—山西大同营地；6. 山西大同营地—梁思成纪念馆—中国煤炭博物馆—山西大同营地；7. 山西大同营地—平型关大捷纪念馆—大同古长城—山西大同营地；8. 山西大同营地—大同土林—大同火山群地质公园—内蒙古包头营地	1. 内蒙古包头营地—包头城市规划展览馆—包钢集团—内蒙古包头营地；2. 内蒙古包头营地—将军衙署—内蒙古大学民族博览馆—赛罕基地；3. 赛罕基地—清公主府—大盛魁文化创意产业园—王昭君墓—赛罕基地；4. 赛罕基地—和林格尔东汉壁画墓—赛罕基地；5. 赛罕基地—清水河窑洞文化—赤峰基地；6. 赤峰基地—玉龙沙湖—赤峰基地；7. 赤峰基地—红山遗址群—赤峰博物馆—赤峰基地；8. 赤峰基地—克什克腾旗世界地质公园—内蒙古包头营地
	规划线路（按天设计）	1. 内蒙古包头营地—恩格贝—内蒙古包头营地；2. 内蒙古包头营地—成吉思汗陵—大秦直道文化旅游景区—东胜基地；3. 东胜基地—鄂尔多斯青铜博物馆—郡王府—东胜基地；4. 东胜基地—萨拉乌苏文化遗址景区—神东煤海工业旅游区—内蒙古包头营地	1. 内蒙古包头营地—呼伦贝尔民族博物院—内蒙古海拉尔营地；2. 内蒙古海拉尔营地—世界反法西斯战争海拉尔纪念园—呼和诺尔旅游景区—额尔古纳实践营地；3. 额尔古纳实践营地—额尔古纳湿地—满洲里套娃景区—阿尔山市青少年活动中心；4. 阿尔山市青少年活动中心—阿尔山国家森林公园—内蒙古包头营地	1. 内蒙古包头营地—河南博物院—河南济源营地；2. 河南济源营地—郑州市大河村遗址博物馆—黄河博物馆—河南济源营地；3. 河南济源营地—偃师二里头遗址—洛阳龙门石窟—河南济源营地；4. 河南济源营地—中国文字博物馆—内蒙古包头营地

维度或要素		小学高年级段	初中段	高中段
教学重点难点（以代表性线路教学设计为例，以下同）	教学重点	1. 学习包头地区的革命历史、革命英雄事迹、岩画背后的历史文化故事 2. 了解并掌握脸谱的对称规律，能够准确地绘制出对称的脸谱 3. 了解包头境内长城的分布 4. 体验皮影表演、活字印刷，扮演法官、主持人等不同职业角色 5. 学习橡皮章制作中刀具的准确运用和操作手法	1. 认识革命英雄人物，学习岩画文化，厘清包头历史发展脉络 2. 了解八路军在大青山抗日革命根据地浴血奋战、艰苦创业的光辉历程，进一步认识敕勒川地区的文化 3. 探究不同时期长城建造的方式及其历史作用 4. 做客蒙古人家，认识不同的民俗文化和生活方式 5. 学习蒙元时期的历史文化知识	1. 认识革命英雄人物在革命事业中的重要地位和作用 2. 树立铸牢中华民族共同体意识，了解民族交往、交流、交融是新时代民族团结进步的重要内容 3. 了解我国长城发展历史及各时期修筑情况和分布情况 4. 了解草原民族的服饰、饮食文化，参与草原上的娱乐活动 5. 辨别草原植物、动物
	教学难点	1. 结合时代背景，理解包头地区革命历史的重要作用，弘扬民族革命精神 2. 体会不同地域间不同民俗文化及其特色 3. 学习长城的重要作用 4. 理解不同职业的分工，尊重劳动 5. 学习木拼作品各部件之间的连接方法，举一反三，实践应用	1. 掌握抗日战争两条主线 2. 通过学习美岱召民族团结的历史，理解民族团结的重要性，坚定文化自信，培育爱国情怀 3. 理解长城文化的内涵 4. 体会不同环境造就的不同生活方式，感受多样的文化 5. 体会草原民族生活方式影响下的文化特点，弘扬草原民族团结奋进、自强不息的精神	1. 探究岩画的类别、分布，了解不同时期岩画的形成手法 2. 理解民族的差异性和共同性是促进我国统一多民族国家发展的动力 3. 传承和弘扬长城文化 4. 结合时代背景，浅谈英雄精神 5. 理解草原的自然生态孕育独特的草原文化，探究如何弘扬草原文化

维度或要素	小学高年级段	初中段	高中段
教学策略	针对小学高年级段学生已经具备了相对较高的认知能力和自我意识，开始关注历史事件的深度解析、传统文化的内涵和民族精神的实质等内容，对于文化传承的学习和认知也有了一定的积累，能够更好地理解和掌握文化传承的相关内容的学情分析，基于多元智力理论，选取红色文化、岩画文化、长城文化、非遗文化等内容，依托包头博物馆、古长城遗迹、民俗文化馆、非遗文化体验馆、王若飞纪念馆等场馆资源和包头营地实践教学区先进的数字化教学技术，采取实景参观、情境模拟、实践体验、动手实验、分享展示、角色扮演、合作探究等多种教学方式进行教学。开展岩画故事讲述、长城分布图绘制、职业体验、脸谱绘制、布艺制作、雕刻橡皮章、民俗体验、科学实验等活动，达到树立文物保护意识、传播长城文化、弘扬长城精神、传承优秀文化、增强民族认同感和凝聚力的目的	针对初中段学生已经积累了较为丰富的文化知识，包括对历史事件、民族习俗、传统文化等方面有了一定的了解，他们愿意主动学习并善于利用多种学习方式，了解和传承传统文化的学情分析，基于实用主义、发现学习理论思想，选取红色文化、岩画文化、长城文化、草原文化、非遗文化等内容，依托包头博物馆、古长城遗迹、民俗文化馆、非遗文化体验馆、王若飞纪念馆、草原游牧部落等研学资源，采取情境式教学、实践教学、角色扮演等教法和自主学习、实践体验、合作学习法探究学习法等学法，开展体验非遗活动，参与趣味课程，学习民族文化，完成探究历史任务，跟随牧民生活等活动，达到弘扬红色文化、民族文化、长城文化，提升文化认同，培育民族自豪感，促进各民族团结进步，铸牢中华民族共同体意识的目的	针对高中段学生已经具备了丰富的文化知识储备，对文化传承的兴趣爱好逐渐增强，开始关注和参与各种文化活动；注重实践和体验，愿意通过参与社会实践、志愿服务等方式，深入了解和体验传统文化，并且能够认识到传统文化对于民族认同感和文化自信的重要性，从而主动学习和传承传统文化的学情分析，基于建构主义、学生发展理论，选取红色文化，岩画文化、长城文化、草原文化、革命遗址、非遗文化等内容，依托包头博物馆、古长城遗迹、民俗文化馆、非遗文化体验馆、王若飞纪念馆、诗画草原、小姐妹纪念馆等研学资源，采取讲授法、项目式教学法、谈话法、实践教学法、归纳法、合作学习法等教法和自主学习、实践体验、迁移学习法、探究合作法等学法，开展参观展馆、完成拓印岩画、烽火传递、男儿三艺、搭建蒙古包、赞美草原等活动，达到尊重历史，敬畏英雄，树立良好的历史观与价值观，坚定理想，传承民族团结基因，发扬民族优秀文化的目的

维度或要素				小学高年级段	初中段	高中段
实施方案	入营教育	安全	引导	自觉遵守社会生活中公共场所的安全规范	了解和积极预防在校园活动中可能发生的公共安全事故	自觉抵制影响和危害社会公共安全的活动，提高社会责任感和国家意识
			实训	以游戏和模拟为主，学会躲避安全事故引发危险的基本方法	以活动和体验为主，进行消防、地震的安全疏散演练	以体验和辨析为主，开展安全事件分析等安全课程，树立正确的安全道德观念
		应急	引导	通过视频、体验等方法，学习基础应急自救技能	学会冷静应对突发事件，提高在突发事件中自我保护和求助及逃生的基本技能	基本掌握和简单运用突发事件应急的相关技能
			实训	学习预防处理溺水、烫烧伤、咬伤、异物进气管等意外伤害的基本常识和方法	学习“公共场所安全”“火灾预防与逃生”板块内容，进行应急疏散演练	学习各种复杂环境中应急处置知识，进行应急逃生演练
		救助	引导	形成在遇到危及自身安全时及时向教师、家长、警察求助的意识	提高自我保护和求助及逃生的基本技能	基本掌握在自然灾害中自救的各种技能，学习紧急救护他人的基本技能
			实训	观看视频，增强自救互救意识	利用心肺复苏救护场地进行实践，掌握救助知识基本内容	掌握救助技能，在模拟场景下，做出最佳救助选择
		自我管理	引导	做好时间管理与自我生活管理，增强自我保护意识	增强自律意识，逐步养成自觉遵守秩序，逐步学会调节和控制情绪	做好时间管理、事务规划、情绪控制、总体协调等管理
			实训	通过故事性学习、内务评比等实践体验活动，形成学生自我管理意识	通过情境化体验，形成初中生自我管理意识	按照自己规划完成任务，分析规划的合理性，加强自我管理能力
		团队协作	引导	参与小组活动项目，培养团队意识	让学生团结协作，共同完成任务	让学生学会合理分工、团结协作，共同完成任务
			实训	以游戏形式组织学生开展团队活动	组织学生体验团队建设课程，强化团队协作能力	组织学生体验破冰等团队建设课程，强化团队协作，树立团队责任意识

维度或要素		小学高年级段	初中段	高中段
实施方案	导入教学环节	1.视频导入：观看王若飞生平事迹的纪录片，了解历史人物 2.情境导入：戴上面具角色扮演 3.任务导入：发布任务单，寻找线索 4.问题导入：教师提问，学生观察图片，激发兴趣 5.视频导入：观看木拼作品的制作过程	1.歌曲导入：通过《爱我中华》等民族团结歌曲，引出我们家乡的少数民族，回顾抗日战争的相关背景 2.朗诵导入：《敕勒歌》，分析“敕勒”的含义 3.故事导入：探讨“胡服骑射”的历史故事，引出赵长城的修建，进入长城课程 4.情境导入：做客蒙古人家 5.任务导入：填写任务单，引导学生分时段讲述历史事实	1.故事导入：讲述大青山抗日革命根据地的背景故事 2.故事导入：听配乐录音，总书记讲过的民族团结进步故事——“昭君出塞” 3.视频导入：播放纪录片《长城》，从长城保护现状引起学生对长城的关注 4.歌曲导入：通过播放《草原赞歌》，再现当时的生活场景，了解时代背景 5.体验式导入：体验男儿三艺、筷子舞等活动，激发学习兴趣
	授课教学环节	第一天：必修课程一“革命精神我学习”，必修课程二“穿越时空的古老印记”，选修课程1“公共安全教育课程”；第二天：必修课程三“脸谱绘制”，必修课程四“多彩布艺”，选修课程2“思政影视教育之《变脸》”；第三天：必修课程五“探寻长城下的故事”，必修课程六“探究民俗魅力”，选修课程3“民俗表演”；第四天：必修课程七“神奇的二十四节气”，必修课程八“职业体验小能手”，选修课程4“工艺挂盘”；第五天：必修课程九“木拼”；必修课程十“橡皮章”	第一天：必修课程一“我是革命先辈的学习者”，必修课程二“寻踪阴山岩画”，选修课程1“公共安全教育课程”；第二天：必修课程三“红色基因我传承”，必修课程四“敕勒川文化我守护”，选修课程2“设计节庆海报”；第三天：必修课程五“赵长城拾遗”，必修课程六“我来建长城”，选修课程3“思政影视教育之《烈火英雄》”；第四天：必修课程七“黄土地扎根的庭院，绿草原行走的毡房”，必修课程八“做客蒙古人家”，选修课程4“蒙古包制作”；第五天：必修课程九“草原风光，蒙古传奇”；必修课程十“我是非遗传承人”	第一天：必修课程一“传承红色基因，争做时代新人”，必修课程二“为岩画代言”，选修课程1“公共安全教育课程”；第二天：必修课程三“民族团结我宣传”，必修课程四“民族文化我宣传”，选修课程2“国际象棋模型的设计与制作”；第三天：必修课程五“追忆秦长城”，必修课程六“烽火传递”，选修课程3“篝火晚会”；第四天：必修课程七“寻访草原英雄小姐妹”，必修课程八“我是草原小牧民”，选修课程4“思政影视教育之《长调》”；第五天：必修课程九“对话草原生物”；必修课程十“瞻仰革命英雄”

维度或要素		小学高年级段	初中段	高中段
实施方案	进阶教学环节	1.参观泰安客栈旧址，学习王若飞同志的革命事迹 2.掌握多种线条的画法和特点，能够抓住脸谱特征，用流畅的线条表现 3.观察不同时期的长城在包头的分布情况，画出包头长城分布图，做包头长城的代言人 4.参观民俗展厅，了解二十四节气，了解内蒙古地区不同的民俗文化 5.指导学生使用工具，制作橡皮章	1.临摹一幅古代岩画作品，在研学任务单上标注出岩画的年代、出土位置、内容等 2.重温民族团结历史故事，学生分析研究“民族交往”“民族交流”“民族交融”三者的内在联系 3.实践体验：分组下发器材工具，修造长1米、宽30厘米、高30厘米的一段土夯小墙 4.搭建蒙古包、制作银手链、捣酸奶、熬奶茶、学跳筷子舞，融入蒙古人家 5.角色扮演讲历史	1.搜集资料：内蒙古地区抗日武装斗争的故事 2.交流心得：分享敕勒川地区民族团结故事，撰写心得体会 3.实景演绎：选“演员”排演短剧，演绎长城故事 4.着蒙古族服饰、观看赛马表演、品蒙古族美食 5.组装勒勒车、参与博克比赛、学习射箭技能
	巩固教学环节	1.了解包头地区的历史文化，传承红色基因，提升文化认同，培育民族自豪之情 2.针对学生的不同学习情况和需求，进行个性化指导，帮助解决制作中遇到的问题，探索个性化脸谱、布艺风格 3.各小组以《我为长城代言》为题，开展小组讨论、汇报分享，制作包头长城宣传海报 4.民俗文化是中国传统文化的重要组成部分，尝试用不同的形式传承、创新民俗文化 5.回顾实验，展示作品并分享创作过程，提升动手、审美、创新能力	1.全体师生宣读守护岩画誓言，成为“岩画守护人” 2.有机关联“铸牢中华民族共同体意识”与学科课程 3.各小组以《我来建长城》为题，展开讨论、分享，并制作建长城项目书 4.组织知识竞赛，完成任务书答题，巩固知识，强化运用 5.认知蒙古族发展历史，形成正确的历史观，铸牢中华民族共同体意识	1.学习岩画题材内容及表现形式，自主设计一个艺术与实用相结合的岩画作品 2.利用演讲比赛、辩论赛，开展关于民族团结的交流讨论活动 3.搜集有关长城的资料，探究长城文化价值，锻炼发散性思维 4.小组探讨，讲述你心中的英雄故事，分析如何学习和传承英雄精神 5.结合当代科技发展情况，思考如何传承、创新传统的草原文化

维度或要素			小学高年级段	初中段	高中段
实施方案	总结教学环节	教学创新	创新教学设计与教学方法：教师在研学活动中依据小学高年级段学情特点，结合学生的兴趣爱好，突破场地限制，在真实情境中运用问答法、实践操作法、启发法等，激发学生好奇心与求知欲，对学生进行文化与传承的培养与启发	创新课程设计：针对初中段学情特点，研学教师在活动中运用新的教学方法与教学技术，创新课程设计，将文化与传承意识体现在课程实施的细节中，让学生在实践参观、操作中，明晰文化与传承的内涵	创新学习形式：依据高中段学情特点，研学教师创造情境，进行项目式学习，充分利用实景教学的优势，在合作学习和实践操作中，传承红色血脉，厚植爱国情怀，帮助高中学生树立良好的历史观与价值观
		教学总结	1.通过班会形式，以小组分享方式，让学生回顾在王若飞纪念馆、包头博物馆等场所进行的活动，通过实践操作学习到的内容进行巩固与总结，物化实践作品 2.教师总结：通过学生的反馈，结合教学目标，分析学生的收获，建立学生实践档案，形成教学成果。总结主题活动对传承中华民族的优良传统产生的效果	1.学生分享：让学生对五天主题活动中实地参观到的红色教育基地，探究的文物古迹、感受到的民族风俗等内容，以讲述红色故事、心得体会等多种形式开展分享会 2.教师总结：教师及时分析教学目标的达成情况，收集各方反馈意见，总结主题活动对初中生文化与传承意识的影响程度，形成教学成果	1.学生总结：学生将已有知识与实地参观、动手实践等学习内容结合，通过撰写研学总结与汇报、排演短剧等多种形式形成收获总结 2.教师总结：基于教学目的，教师及时分析研学活动中教学目标的达成情况，整理研学活动的教学资料，总结与学科知识衔接情况，建立教学档案，形成教学成果
		教学反思	教师梳理课程设计，通过学生以及家长、教师的反馈意见，复盘整体活动过程，从课程实施环节、研学点衔接情况、安全保障等多方面进行反思，及时纠正不足之处，为下一次研学活动提供参考	复盘研学活动全过程，与同行教师、学生探讨活动安排的合理性，同时总结教学目标达成情况、与校内课程衔接情况进行反思，查漏补缺，及时改进	与教师、服务人员共同组织反馈会议，从教学目标达成、教学方法、重难点突破、学生自主管理、研学任务完成等方面反思，共同查缺补漏，及时改进

维度或要素				小学高年级段	初中段	高中段
实施方案	评价教学环节	教学水平评价	自我评价	通过自评量表对教学过程进行回顾，反思在针对小学生高年级的课程设计和互动环节中，是否充分调动学生积极性，对教学环节进行修改与补充，促进教学相长	通过定期记录教学过程、阶段性教学总结、学生反馈意见等自我评定教学过程是否符合学生学情，是否达到提升学生文化素养和创新能力的要求，对教案进行补充和完善	围绕教学目标是否达成、教学方法是否有效、学生参与度是否达到要求等方面修改教案，更新教学环节，坚定高中生文化与传承的教学目的
			学生评价	应用问卷调查方式评价教师在师德、师风等方面能否做到热爱学生、严谨教学、与时俱进，是否鼓励全体学生充分参与学习，形成和谐的师生关系	通过学生填写研学成长册的方式考察研学教师教学内容是否适合学生的知识水平、理解能力和学习兴趣等，引导学生创新与实践	通过征求学生意见、师生对话等调查方式考察研学教师是否善于与学生共同创造研学学习环境，为学生提供讨论、质疑、探究、合作、交流的机会，提高学生应用知识解决问题的能力
			同行评价	通过随队教师实际跟班的方式对营地其他研学教师教学水平进行研讨互评，从课程实施过程、实现教学目标等方面，采取交流方式进行评价	通过教学案例分析和研讨，营地研学教师进行互评，建立研学教师教学个案研究制度，帮助教师发现问题、解决问题，促进专业成长	通过调查问卷或互评量表等调查方式进行，从学生反馈、教研水平、课程开发能力、教学水平等方面，采取问卷、交流、互评等方式进行评价
			培训和考核	随行带队领导，对教师的管理行为、教学过程进行抽查式考核，每学年对研学教师进行业务与能力的考核；定期对研学教师进行专业培训，与小学教师积极互动，更加准确地了解小学生学习特点	制定考核制度，抽查考核与年终考核相结合，对研学教师进行业务与能力进行评定；定期对研学教师进行专业培训，邀请专家对教师进行专业培训，加强“请进来”的培训效果	采用日常考核+年终考核的方式，对研学教师的业务水平、管理能力进行考核评价。定期对研学教师进行专业培训，外派教师参加全国性专业培训，加强“走出去”的培训效果
			教学成果展示	通过研学作品，例如民俗作品、红色故事讲解等形式展示研学成果，评价教学水平	通过学生的创新作品，例如临摹岩画作品、制作非遗手工、兴建长城项目书等，来评价教师的教学水平	通过学生撰写的总结、汇报、研究成果等，来评价教师的教学水平

维度或要素				小学高年级段	初中段	高中段
实施方案	评价教学环节	学业评价	形成性评价	在活动过程中，对学生提问环节、小组讨论环节等表现进行观察、记录，分别以小组、个人为单位进行评价	对学生活动参与度、文明行为、互动等环节进行观察、记录和反馈，分别以小组、个人为单位进行评价	对学生研学手册填写、研学总结、研学分享等环节等进行观察、记录和反馈，分别以小组、个人为单位进行评价
			总结性评价	在研学活动结束后，通过学生作品展示、故事描述等多种方式，给予学生正面评价，提出合理化建议，促进学生综合素养的提高	在研学活动结束后，通过学生分享会、作品展示等内容，结合个人、小组评价，给予学生正确的评价，促进学生身心发展	在研学活动结束后，通过学生的考察报告、作品展示等形式，全面了解学生在研学活动中的学习成果和进步，并给出正向评价与建议
			教师评价	教师根据学生在研学活动中团队意识、小组分工情况、任务完成度等的表现和成果，对学生的研学活动进行评价	教师根据研学活动中学生的参与度、小组分工情况、任务完成度等，对学生的研学活动进行评价	教师根据学生在研学活动中表现出的创新意识、文化与传承意识、撰写心得体会等，对学生的研学活动进行评价
		项目评价		积极邀请校内教育工作者、学生家长、社会各界参与评价过程，通过教研活动及针对评价结果的反思，及时发现问题并加以改进	积极邀请校内教育工作者、学生家长、社会各界采取问卷调查等方式，参与评价过程，通过教研活动及针对评价结果的反思，及时发现问题并加以改进	积极邀请校内教育工作者、学生家长、社会各界参与评价过程，通过教研活动及针对评价结果的反思，及时发现问题并加以改进完善，形成教学成果

4.7 教学计划与策略列表：守文化本真，赴传承之路

<table>
<tr><td colspan="3">营地名称</td><td>盘锦市示范性综合实践基地（简称“辽宁盘锦营地”）</td><td>命名机构</td><td>教育部</td><td>识别码</td><td>Y145210001</td></tr>
<tr><td colspan="3">从业资质（摘要）</td><td>综合实践教育、国防教育、拓展训练、研学实践教育</td><td>单位属性</td><td>公益一类</td><td>法定代表人</td><td>朱立军</td></tr>
<tr><td colspan="3">研学主题</td><td>守文化本真，赴传承之路</td><td colspan="2">主要目的指向</td><td colspan="2">文化传承与创新教育</td></tr>
<tr><td rowspan="7">营地（枢纽）及周边主要优质研学资源</td><td colspan="2">基地层级</td><td colspan="5">研学站点（基地）名称</td></tr>
<tr><td rowspan="2">教育部命名基地</td><td>已列入教学计划</td><td colspan="5">一、与本主题相关列入教学的基地9个
1.辽宁省博物馆；2.红海滩国家风景廊道景区“两山”生态研学基地（盘锦红海滩旅游发展有限公司，简称“红海滩基地”）；3.鞍钢集团博物馆（简称“鞍钢博物馆”）；4.朝阳市鸟化石国家地质公园（简称“朝阳鸟化石公园”）；5.沈飞航空博览园（简称“沈飞博览园”）；6.鞍山市地震局；7.鞍山市职教城管理委员会（简称“鞍山职教城”）；8.中国铁路沈阳局集团有限公司沈阳铁路陈列馆（简称“沈阳铁路馆”）；9.沈阳铁路局大安北蒸汽机车陈列馆（简称“沈阳机车馆”）
二、与本主题关联不大但列入本营地教学计划的基地15个
1.阜新市中小学生示范性综合实践学校（基地）；2.大连海事大学；3.抚顺市雷锋纪念馆；4.抗美援朝纪念馆；5.辽沈战役纪念馆；6.大连金普新区素质教育活动中心；7.国家医学媒介生物监测检测重点实验室（辽宁）；8.国家海洋环境监测中心；9.锦州东方华地城中小学生研学实践教育基地；10.辽阳市宏伟区中小学生社会实践基地；11.朝阳庙子沟滑雪有限公司；12.格物（大连）文化发展有限公司；13.营口市鲅鱼圈区望儿山风景名胜区；14.沈阳“九·一八”历史博物馆；15.铁岭市学生综合实践中心</td></tr>
<tr><td>待列入教学计划</td><td colspan="5">无</td></tr>
<tr><td colspan="2">其他部委命名基地</td><td colspan="5">辽宁省凤城市大梨树干部教育培训基地（简称“大梨树基地”）</td></tr>
<tr><td colspan="2">地方命名基地</td><td colspan="5">1.盘锦市辽河口排船博物馆（简称“盘锦排船博物馆”）；2.辽河碑林</td></tr>
<tr><td colspan="2">本营地资源</td><td colspan="5">1.农业实验室；2.民间工艺工作室；3.扎染艺术馆；4.非遗造纸工作室；5.苇画艺术馆；6.非遗草编工作室</td></tr>
<tr><td colspan="2">其他资源</td><td colspan="5">1.盘锦市辽河楹联书法博物馆（简称“盘锦楹联博物馆”）；2.盘锦市辽河民俗博物馆（简称“盘锦民俗博物馆”）；3.盘锦市荣兴民俗博物馆（简称“盘锦荣兴博物馆”）；4.盘锦市甲午中日战争田庄台遗址群（简称“盘锦甲午战争遗址”）</td></tr>
</table>

维度或要素	小学高年级段	初中段	高中段
校内教育基础（与校内教育的衔接）	对照课标，小学高年级段在文化传承与创新教育方面提出学生努力学习社会主义先进文化、革命文化和中华优秀传统文化，理解和践行社会主义核心价值观，逐步领会改革创新的时代精神的培养目标。该主题课程在设计上与校内教育课程衔接的有关内容为：1.人教版四年级道德与法治下册第四单元第11课“多姿多彩的民间艺术”；2.人教版五年级道德与法治上册第四单元第9课“古代科技 耀我中华”；3.部编版五年级上册道德与法治8“美丽文字 民族瑰宝”第2课时；4.部编版(五四制)六年级语文上册“综合性学习：遨游汉字王国”；5.人教版道德与法治四年级下册第11课“多姿多彩的民间艺术”；6.人教版六年级美术下册第4课“雕与刻的乐趣”；7.劳动教育小学5~6年级任务群6：工业生产劳动；8.劳动教育小学5~6年级任务群7：新技术体验与应用；9.鄂教2001版六年级科学下册生物的演变“化石”；10.鄂教2001版六年级科学下册生物的演变“探索动物的发展史”	对照课标，初中段在文化传承与创新方面提出学生认识中华文化丰厚博大，汲取智慧，弘扬社会主义先进文化、革命文化、中华优秀传统文化，建立文化自信的培养目标。该主题课程在设计上与校内教育课程衔接的有关内容为：1.人教版八年级地理上册第二章中国的自然环境“地形和地势”；2.人教版七年级地理上册第一章地球和地图“地球的运动”；3.人教版九年级美术上册第五单元“中国民间美术”；4.人教版九年级美术上册第四单元古城镇美术文化考察“民俗文化展”；5.辽教版劳动教育九年级上册主题二“学做一道家常菜”；6.辽教版劳动教育八年级下册主题四“家乡特产我代言”；7.部编版八年级历史下册第六单元科技文化与社会生活第18课“科技文化成就”；8.人教版八年级物理上册第一章“机械运动”；9.部编版七年级历史上册第15课“两汉的科技和文化”；10.人教版九年级美术上册第二单元情趣浓郁能工巧匠第4课“蜡染与扎染”	对照课标，高中段在文化传承与创新方面提出学生热爱中华文化，继承和弘扬中华优秀传统文化、革命文化、社会主义先进文化，关注和参与当代文化生活，了解和借鉴人类文明优秀成果，具有比较开阔的文化视野和一定的文化底蕴的培养目标。该主题课程在设计上与校内教育课程衔接的有关内容为：1.人教版高中历史必修二“新中国的工业化历程”；2.人教版高中美术中国美术鉴赏第1课“学些美术鉴赏知识”；3.人教版高中思想政治必修三第二单元第4课“文化的继承性与文化发展”；4.人美版《美术鉴赏》第15课“民族文化的瑰宝——辉煌的中国古代工艺美术”；5.人教版高中政治必修一中国特色社会主义“实现中华民族伟大复兴的中国梦”；6.人教版高中思想政治必修三第三单元第6课“我们的中华文化”；7.人教版历史必修三第四单元近代以来世界的科学发展历程第12课“破解生命起源之谜”；8.岳麓书社版历史选修六第五单元中华文明的瑰宝第14课“秦始皇陵兵马俑”；9.人教版生物选修2生物科学与社会“现代生物技术在育种上的应用”；10.人教版高中地理必修三问题研究“我的家乡怎样发展”

维度或要素			小学高年级段	初中段	高中段
研学课程	必修课程一	名称	二界沟古鱼雁文化	地球构造	寻访鞍钢发展历程
		活动目的	通过与非遗传承人的交流、学习中探究二界沟古鱼雁文化形成原因	通过图像和模型展示地球的不同层次，认识板块构造的基础概念	通过探究中国工业的发展历史，感悟自强不息、艰苦奋斗的伟大精神
		活动形式	教师讲授、实地参观、实践体验相结合	教师讲授、实践体验	教师讲授、实地探访、实践体验相结合
	必修课程二	名称	体验古法造船	地壳板块拼图	铁丝工艺品巧制作
		活动目的	通过亲身体验古法造船技艺，感悟大国工匠精神	通过实际操作了解地球板块的移动	通过小组劳动分工，使用相应劳动工具完成铁丝工艺品，提升动手、创新能力
		活动形式	教师讲授、实地参观、实践体验相结合	教师讲授、实地探访、实践体验相结合	实地探访、实践体验
	必修课程三	名称	汉字寻根	参观盘锦民俗博物馆	参观辽宁省博物馆
		活动目的	通过小组合作，寻找不同时代的汉字，感受传统文化的魅力	通过研学，了解辽河流域的人生百态、民俗文化	通过实地探访，感受古代劳动人民的智慧与高超技艺，探索传统文化中的匠心精神
		活动形式	教师讲授、实地参观、实践体验相结合	教师讲授、实地探访、实践体验相结合	教师讲授、实地探访、实践体验相结合
	必修课程四	名称	书法体验	书写楹联书法	探究辽博镇馆之宝
		活动目的	通过握笔、用笔、运笔，从横竖撇捺学起，在起峰收笔间感受书法的魅力	通过专业书法老师的指导，书写楹联书法作品，感受传统文化的魅力	通过在诗词课堂中学历史，赏别具一格的辽代陶瓷，跟着国宝学历史
		活动形式	教师讲授、实地参观、实践体验相结合	教师讲授、实地探访、实践体验相结合	教师讲授、实地探访、实践体验相结合

维度或要素			小学高年级段	初中段	高中段
研学课程	必修课程五	名称	民间工艺——剪纸	盘锦非遗——王把粘食制作技艺	学习大梨树“干”字精神
		活动目的	通过了解剪纸的历史和文化内涵，掌握剪纸的基本技巧和方法	通过在非遗传承人指导下，体验、制作、品尝特色粘食，学习非遗技艺	通过接受红色精神洗礼，感受大梨树人苦干、实干、巧干的“干”字精神
		活动形式	教师讲授、实践体验	教师讲授、实地探访	教师讲授、实地探访、实践体验相结合
	必修课程六	名称	走进非遗——苇画	盘锦非遗——刘家果子铺制作技艺	参观毛丰美纪念馆
		活动目的	通过组内分工共同完成立体苇画作品，并使用烙印工具为苇画作品上色	通过制作、品尝特色老式糕点，学习盘锦地域饮食文化，传承非遗精神	通过学习毛丰美同志先进事迹，真实感受其奋斗的历程和光辉的一生
		活动形式	教师讲授、实践体验	教师讲授、实践体验	教师讲授、实地探访、实践体验相结合
	必修课程七	名称	筑梦航空	参观沈阳铁路陈列馆	探究动物从哪来
		活动目的	通过参观沈飞航空博览园，深入了解中国航空事业的艰辛历程	通过探寻着火车的发展史，感受国家铁路运输的日益飞速发展	通过古生物学知识拓展，构建科学的古生物知识体系，激发对自然科学的学习兴趣
		活动形式	教师讲授、实地参观、实践体验相结合	教师讲授、研讨式、实验研究、实践体验相结合	实践体验、竞赛式、小组合作探究相结合
	必修课程八	名称	航模制作	探索蒸汽机车发展之路	文物修复轻体验
		活动目的	通过制作航空飞机模型，掌握飞机飞行原理	通过聆听名人轶事，在富有工业感的环境中，探索蒸汽机车发展之路	通过动手实践修复文物，从破损的文物中用双手触碰真实的历史
		活动形式	教师讲授、实地参观、实践体验相结合	教师讲授、实践体验	小组合作探究、实践体验相结合

维度或要素			小学高年级段	初中段	高中段
研学课程	必修课程九	名称	化石的形成	走进非遗——造纸	探究现代立体化农业种植模式
		活动目的	通过故事讲解和图像展示，了解化石是如何形成的以及保存方法、条件	通过体验“抄纸法”和“浇纸法”两种造纸方法，感受古法造纸的魅力	通过探究生态景观，了解无土栽培、一株多果等现代立体化农业种植模式和技术
		活动形式	教师讲授、实地参观	教师讲授、自由研究式、实践体验相结合	教师讲授、实地探访
	必修课程十	名称	古生物化石大分类	走进非遗——扎染	探究农垦文化
		活动目的	通过使用分类卡片和模型，学习对不同的古生物化石进行分类	通过学习植物染料的提取和运用技术，学会蓝晒、扎染等技艺	通过探究国营农场的发展历程，了解中国农业国有企业的制度特点和运行特征
		活动形式	教师讲授、实地参观	教师讲授、实践体验	教师讲授、自主探究
	选修课程		1. 体验朝鲜族民俗文化 2. 非遗手绘——盘锦河蟹壳京剧脸谱 3. 探索智能蔬菜工厂 4. 古生物学考察	1. 探究稻作文化 2. 古渔雁文化——渔家号子 3. 发现汉字之美 4. 体验无土栽培营养液配置 5. 盘锦非遗——正兴合元宵制作技艺	1. 探究二界沟古鱼雁文化 2. 盘锦非遗——凤桥老窖传统烧酒酿酒技艺 3. 拓印制作 4. 体验无土栽培营养液器皿制作 5. 柿甜苇美辽河畔

维度或要素		小学高年级段	初中段	高中段
研学线路	代表性线路（时长五日）	第一天：辽宁盘锦营地—红海滩基地—盘锦排船博物馆—辽宁盘锦营地；第二天：辽宁盘锦营地—辽河碑林—辽宁盘锦营地；第三天：辽宁盘锦营地—民间工艺工作室—苇画艺术馆—辽宁盘锦营地；第四天：辽宁盘锦营地—沈飞博览园—辽宁盘锦营地；第五天：辽宁盘锦营地—朝阳鸟化石公园—辽宁盘锦营地	第一天：辽宁盘锦营地—鞍山市地震局—鞍山职教城—辽宁盘锦营地；第二天：辽宁盘锦营地—盘锦民俗博物馆—盘锦楹联博物馆—辽宁盘锦营地；第三天：辽宁盘锦营地—盘锦甲午战争遗址—辽宁盘锦营地；第四天：辽宁盘锦营地—沈阳铁路馆—沈阳机车馆—辽宁盘锦营地；第五天：辽宁盘锦营地—非遗造纸工作室—扎染艺术馆—辽宁盘锦营地	第一天：辽宁盘锦营地—鞍钢博物馆—鞍山职教城—辽宁盘锦营地；第二天：辽宁盘锦营地—辽宁省博物馆—辽宁盘锦营地；第三天：辽宁盘锦营地—朝阳鸟化石公园—辽宁盘锦营地；第四天：辽宁盘锦营地—大梨树基地—辽宁盘锦营地；第五天：辽宁盘锦营地—农业实验室—盘锦荣兴博物馆—辽宁盘锦营地
	可选择线路（按天设计，菜单式选择）	1.辽宁盘锦营地—非遗草编工作室—辽宁盘锦营地；2.辽宁盘锦营地—非遗造纸工作室—扎染艺术馆—辽宁盘锦营地；3.辽宁盘锦营地—沈阳铁路馆—辽宁盘锦营地；4.辽宁盘锦营地—盘锦甲午战争遗址—辽宁盘锦营地；5.辽宁盘锦营地—盘锦民俗博物馆—盘锦楹联博物馆—辽宁盘锦营地；6.辽宁盘锦营地—鞍山市地震局—鞍山职教城—辽宁盘锦营地；7.辽宁盘锦营地—鞍钢博物馆—辽宁盘锦营地；8.辽宁盘锦营地—沈阳机车馆—辽宁盘锦营地	1.辽宁盘锦营地—农业实验室—辽宁盘锦营地；2.辽宁盘锦营地—盘锦市荣兴民俗博物馆—辽宁盘锦营地；3.辽宁盘锦营地—朝阳鸟化石公园—辽宁盘锦营地；4.辽宁盘锦营地—鞍钢博物馆—辽宁盘锦营地；5.辽宁盘锦营地—辽河碑林—辽宁盘锦营地；6.辽宁盘锦营地—辽宁省博物馆—辽宁盘锦营地；7.辽宁盘锦营地—大梨树基地—辽宁盘锦营地；8.辽宁盘锦营地—沈飞博览园—辽宁盘锦营地	1.辽宁盘锦营地—辽河碑林—辽宁盘锦营地；2.辽宁盘锦营地—非遗造纸工作室—扎染艺术馆—辽宁盘锦营地；3.辽宁盘锦营地—民间工艺工作室—苇画艺术馆—辽宁盘锦营地；4.辽宁盘锦营地—盘锦民俗博物馆—辽宁盘锦营地；5.辽宁盘锦营地—盘锦楹联博物馆—辽宁盘锦营地；6.辽宁盘锦营地—红海滩基地—盘锦排船博物馆—辽宁盘锦营地；7.辽宁盘锦营地—朝阳鸟化石公园—辽宁盘锦营地；8.辽宁盘锦营地—沈飞博览园—辽宁盘锦营地
	规划线路（按天设计）	1.辽宁盘锦营地—营口望儿山—辽宁盘锦营地；2.辽宁盘锦营地—大连海事大学—辽宁盘锦营地；3.辽宁盘锦营地—朝阳庙子沟—辽宁盘锦营地；4.辽宁盘锦营地 锦州东方华地城 辽宁盘锦营地	1.辽宁盘锦营地—格物基地—大连营地；2.辽宁盘锦营地—辽沈战役纪念馆—辽宁盘锦营地；3.辽宁盘锦营地—大连海关—辽宁盘锦营地；4.辽宁盘锦营地 海洋监测中心 辽宁盘锦营地	1.辽宁盘锦营地—抗美援朝纪念馆—辽宁盘锦营地；2.辽宁盘锦营地—抚顺市雷锋纪念馆—辽宁盘锦营地；3.辽宁盘锦营地—阜新基地—辽宁盘锦营地；4.辽宁盘锦营地 沈阳“九·一八”历史博物馆—辽宁盘锦营地

维度或要素		小学高年级段	初中段	高中段
教学重点难点（以代表性线路教学设计为例，以下同）	教学重点	1.学习排船制作工艺；2.了解汉字的起源和发展，探索文字背后的中华优秀传统文化元素；3.制作传统工艺作品，体悟其中蕴含的非遗文化；4.了解中国航空航天的发展历史和重要意义；5.学习化石分类方法	1.通过图像和模型可以独立展示地球的不同层次，解释板块构造的基础概念；2.在传统文化、民俗文化的鉴赏中，领略多样的色彩搭配技巧、审美情趣，潜移默化地提高审美能力；3.通过发现问题、探究问题，寻找有效解决方法、总结反思的步骤；4.了解中国工业的发展历史和重要意义；5.掌握造纸、苇画非遗技术	1.了解第一次工业革命的历史；2.通过有效参观博物馆和地标性文化建筑的方法，培养学生乐学善学、勤于反思、自我完善的意识；3.了解我国歼击机的发展历史；4.学习现代立体农业种植模式；5.了解文物保护与损毁修复的常用方法和基本措施
	教学难点	1.探究掌握家乡的历史变迁、发展脉络、基本走向；2.在深入地了解、学习、体验、感受文化财富后，更充分地浸润于传统文化的魅力，成为文化的传承者；3.在深刻认识非遗的过程中，了解传统文化的绚丽多姿，感受中华传统文化的厚重，领悟民族精神的力量；4.学习航空航天精神，掌握航模制作方法；5.学习并探究化石成因，掌握不同化石的地质时间和保存条件	1.理解地球板块构造和地震的基本原理；2.加强自身对非遗等传统文化的理解与认同，唤醒保护、传承非遗等传统文化的责任感与使命感；3.通过非遗制作感受古老中国深厚的文化底蕴，增强民族自信心和华夏儿女身份的认同感，引导学生树立正确的世界观、人生观、价值观；4.体验驾驶蒸汽机；5.汲取中华优秀传统文化的精髓，并能在创新发展现代文明中发挥作用	1.了解钢铁完整生产过程，探究鞍钢精神；2.培养保护文物的使命感和责任感；3.探究立体化农业的未来发展前景；4.培养文化自信、厚植爱国情怀，激励学生为未来发展奋发图强；5.探究传统文物展示的文化、历史、社会价值

维度或要素	小学高年级段	初中段	高中段
教学策略	针对小学高年级段学生已具有一定的认知水平和学习能力，对历史、艺术和非遗文化等领域有一定的了解，但是动手实践能力不足，对传统文化的系统认知不足的学情分析，基于多元智力理论，以学生的文化传承能力和保护意识培养为目标，选取古渔雁文化、历史文化、化石文物、航空精神、非遗工匠精神等课程内容，运用讲授、演示、练习等教学方法和自主学习、小组合作等学法，依托项目化研学课程教材、研学手册、教学设备、教学耗材及研学实践教育基地基础设施等教学资源，在教学环节中设置游戏、情境教学、跨学科融合、实训操练等活动；同时将巩固提升、多元化评价等纳入总体设计，不断激发学生学习积极性和参与性，能够运用所学知识，分析和明辨日常生活中的是非善恶，平等待人，乐于合作，相互帮助，具有合作意识和集体主义精神，做到遵守公共秩序，遵纪守法，担当责任，养成亲社会的行为和品格，提升道德和人格修养，达到学生能正确认识并积极参与传承优秀文化的目标	针对初中段学生身心处于青春期，具有情绪不稳定，易受外界影响、认知偏于自我等特点，同时具有可塑性大、主动尝试、追求独立等积极因素的学情分析，基于实用主义、建构主义、发现学习理论思想为指引，引导学生对优秀传统文化的正确认知、传承保护、守正创新等方面的能力培养为目标，选取民俗文化、工业历史发展、非遗文化等内容，运用讲授、演示、实验、练习等教学方法，采用自主学习、探究学习、合作学习等学习方法，依托项目化研学课程教材、研学手册、教学设备、教学耗材及研学实践教育基地基础设施等资源，借助三维动画、虚拟现实、增强现实等数字化技术作为教学媒介进行教学辅助。采用情境教学、跨学科教学、项目驱动学习、问题探究学习等多种方式进行总体设计，以历史文明、传统文化、非遗传承等为主要课程内容进行开发设计，传承人类文明、提高人文素养，鉴古知今、认识历史规律，培养家国情怀、拓宽国际视野，使学生树立正确的历史观、民族观、国家观、文化观，增强责任意识和社会担当，成为德智体美劳全面发展的社会主义建设者和接班人	针对高中段学生心智较成熟，兴趣爱好广泛，创新意识较强，能够在教师的指导下通过自主学习、合作探究等方式开展学习，但是对如何处理好传统和现代、守正和创新的关系没有形成系统认知的学情分析，基于多元智力、实用主义、建构主义、发现学习理论思想，以学生对优秀传统文化的传承创新意识和能力、弘扬传统文化精神的价值观和责任感培养为目标，选取鞍钢精神、辽博文化、农垦文化、大梨树“干”字精神、非遗文化等内容，运用讲授、讨论、演示、练习、实验、实训等教法和自主学习、探究学习、合作学习等学法，依托三维、虚拟现实、增强现实等数字化技术，使用混合教学、游戏、情境教学、跨学科教学、合作学习、基于探究的学习、基于问题的学习等方式，以历史文明、传统文化、非遗传承、生态保护等主题实践活动为主，根据不同学校学生安排不同的教学内容、教学进度，组合不同的课程，使学生在探究学习和实践活动过程中得到有效目标达成

维度或要素				小学高年级段	初中段	高中段
实施方案	入营教育	安全	引导	学生了解逃生安全知识，了解营地安全避难场所，增强自我保护意识	学生学习风险预防、应急处理知识，掌握分散撤离方式	学生掌握研学基地周边以及活动过程中的安全事项
			实训	开展用水、用电、出行等相关安全知识讲座，为学生安全护航	学生学习安全手册内容，掌握常见风险的预防措施和应急处理方法	学生以团队为单位制定研学安全手册，倡导文明研学、安全研学
		应急	引导	掌握应急事件处理方法和技巧	培养学生对于突发事件的冷静思考和随机应变的能力	培养学生在应急事件中自救的同时可以进行他救
			实训	通过营地消防、地震、环保等生命教育类课程，培养学生应急能力	在营地的安全教育中心，进行地震、火灾等突发事件应急安全演习	邀请专业人士为学生进行案例讲解，学生实操，掌握应急方法和技巧
		救助	引导	通过学习预防和救助措施，引导学生在遇到危险中减少伤害，保持冷静和安全	提升学生遇到问题主动求助、主动寻找和利用资源获取信息的能力	通过模拟演练，引导学生在遇到危险时能保持冷静，确保安全
			实训	教师指导，学生学习烫伤处理、伤口简单处理与止血方法等救助知识	模拟实施，通过团队合作等方式，学生掌握应对骨折、挫伤等伤害的救助方法	实操学习心肺复苏等应急救急技能以及AED等急救工具的使用
		自我管理	引导	学生自我要求、形成时间观念，树立纪律意识	学生掌握自我情绪调节、活动积极性调动的方法	学生做好时间管理、学习管理、人际关系管理
			实训	通过内务整理课程实操，使学生自觉做到遵时守纪	通过情境剧演绎活动，学生掌握自我情绪调节、调动自身活动积极性的方法	学生根据研学活动目标，通过目标和关键成果法对自己进行跟踪评估
		团队协作	引导	提升团队协作能力，激发团队荣誉感	发挥团队精神，互补互助	学生自主规划活动内容、时间安排、资源调配等
			实训	学生创建团队，起队名、画队旗、选队歌，培养学生集体认同感	通过定向寻宝拓展、翻越高墙队伍竞赛等活动，团队配合，发挥集体作用	分小组协作，鼓励学生在小组内分工合作、制订计划、分配任务、协调进度等

维度或要素		小学高年级段	初中段	高中段
实施方案	导入教学环节	第一天：问题导入：在研学活动前，对盘锦古渔雁文化、非遗文化等资料进行搜集，选择感兴趣的方向进行交流分享；第二天：视频导入：通过观看碑林书法视频，加深学生对汉字文化的理解，激发对书法艺术的兴趣，传承古老技艺，获得正向积极的引导；第三天：问题导入：用问答式导入，激发学生的探索欲望；第四天：任务导入：发布研学任务单，激发学生对航空航天发展历程、精神的兴趣；第五天：任务导入：设置海洋保护任务，让学生们感受有目的、有收获、有品质的考古探索活动方式	第一天：挑战导入：设计生动好玩的挑战活动，激发学生研学热情，让学生在探秘任务中，不断了解研学知识点；第二天：视频导入：播放博物馆宣传视频，让学生了解研学任务；第三天：情境导入：让学生担任“小小非遗传承人”，学生充满代入感、沉浸感，能够主动参与学习实验；第四天：视频导入：通过观看播放沈阳铁路馆及沈阳机车馆宣传视频，调动学生的研学积极性和探究兴趣；第五天：问题导入法：在研学活动前，给每位学生一个非遗作品让其探索及讨论，让学生感叹非遗工艺、匠人精神巧夺天工，引起学生探索兴趣	第一天：视频导入：播放鞍钢宣传片及研学活动视频调动学生积极性；第二天：任务导入：预留研学问题，学生通过查阅相关资料获取信息，调动学生探究兴趣；第三天：问题导入：提问学生“干”字精神的形成原因，通过问题导入让学生研学思维主线更加清晰；第四天：问题导入：问答形式与学生校内知识点联动，引起学生的研究兴趣；第五天：任务导入：发布研学任务，讲明学习目标
	授课教学环节	第一天：入营教育、必修课程一“二界沟古鱼雁文化”、必修课程二“体验古法造船”；第二天：必修课程三“汉字寻根”、必修课程四“书法体验”、选修课程1“体验朝鲜族民俗文化”；第三天：必修课程五“民间工艺——剪纸”、必修课程六“走进非遗——苇画”、选修课程2“非遗手绘——盘锦河蟹壳京剧脸谱”；第四天：必修课程七“筑梦航空”、必修课程八“航模制作”、选修课程3“探索智能蔬菜工厂”；第五天：必修课程九“化石的形成”、必修课程十“古生物化石大分类”、选修课程4“古生物学考察”	第一天：入营教育、必修课程一“地球构造”、必修课程二“地壳板块拼图”、选修课程1“探究稻作文化”；第二天：必修课程三“参观盘锦民俗博物馆”、必修课程四“书写楹联书法”、选修课程2“古渔雁文化——渔家号子”；第三天：必修课程五“盘锦非遗——王把粘食制作技艺”、必修课程六“盘锦非遗——刘家果子铺制作技艺”、选修课程3“发现汉字之美”；第四天：必修课程七“参观沈阳铁路陈列馆”、必修课程八“探索蒸汽机车发展之路”、选修课程4“体验无土栽培营养液配置”；第五天：必修课程九“走进非遗——造纸”、必修课程十“走进非遗——扎染”、选修课程5“盘锦非遗——正兴合元宵制作技艺”	第一天：入营教育、必修课程一“寻访鞍钢发展历程”、必修课程二“铁丝工艺品巧制作”、选修课程1“探究二界沟古鱼雁文化”；第二天：必修课程三“参观辽宁省博物馆”、必修课程四“探究辽博镇馆之宝”、选修课程2“盘锦非遗——凤桥老窖传统烧酒酿酒技艺”；第三天：必修课程五“学习大梨树‘干’字精神”、必修课程六“参观毛丰美纪念馆”、选修课程3“拓印制作”；第四天：必修课程七“探究动物从哪来”、必修课程八“文物修复轻体验”、选修课程4“体验无土栽培营养液器皿制作”；第五天：必修课程九“探究现代立体化农业种植模式”、必修课程十“探究农垦文化”、选修课程5“柿甜苇美辽河畔”

维度或要素		小学高年级段	初中段	高中段
实施方案	进阶教学环节	1.通过以朝鲜族文体活动为载体，开展朝鲜族民族舞表演和荡秋千、跷板、投掷等文体活动；2.邀请盘锦非遗传承人为学生们现场展示手绘蟹壳技艺，在教师带领下同学们亲自实践、设计创作优美作品；3.在智能无尘蔬菜培育工厂探索和学习前沿科技知识，动手操作智能平台，为自己种下一粒科技的种子；4.了解化石的形成和保存方式，并进行实地挖掘和收集化石样本；古生物分类：学习古生物的分类方法，并研究不同时期的古生物群落	1.开展插秧农事体验活动，采用机械插秧和传统人工插秧两种方式，让学生感受现代科技力量与传统手工劳作形成的鲜明对比，通过同学分组互动劳作，体会粮食的来之不易；2.“古渔雁”文化是辽宁海洋文化的典型代表，学习古老技艺——渔家号子；3.通过“刷浆水、上纸、锤碑、上墨、起纸晾干”几个步骤，学习制作拓印的全过程；4.根据教师所给的化学原料以及参考数据，通过简单的数学计算，进行营养液配比勾兑，配出合格的无土栽培营养液；5.在非遗传承人指导下，体验、制作、品尝特色正兴合元宵	1.学生通过教师讲解、示范和亲身体验古法造船技艺，感悟大国工匠精神；2.同学们在非遗传承人指导下，体验、制作特色凤桥老窖；3.以小组为单位，探究拓印技巧及难点，合作完成一件拓印作品；4.同学们领取废弃泡沫塑料、一次性水杯、签字笔、小刀、剪刀等物料，在研学老师指导下完成无土栽培器皿设计与制作；5.综合运用所学知识、技能，宣传策划家乡特产
	巩固教学环节	第一天：通过古渔雁文化知识问答赛，帮助学生对当天所学研学内容进行巩固；第二天：通过发布探究主题和实践任务，总结提升；第三天：通过实践体验、总结分享相结合，形成传统文化与历史知识框架，感悟非遗精神；第四天：通过开展“写给未来的自己”一封信活动，帮助学生对当天所学研学内容进行巩固；第五天：通过讲故事、做手抄报等多种活动加深对化石生物知识的认识	第一天：学生分享研学过程中的收获和感悟，同时研学教师利用复述式巩固法，对研学内容进行效果巩固，不断树立文化自信；第二天：利用合作学习法、新旧知识对比法，以小组为单位，归纳研学实践过程中的收获，进行家国情怀的教育，引导学生树立爱国之情、报国之志；第三天：运用任务驱动法，研学教师提出以探索问题来引动和维持学习者的学习兴趣和动机；第四天：通过游戏法开展研学知识大比拼，通过研学教师提问，分多组进行答案抢答，进行研学知识的巩固；第五天：小组分享交流，合作共享，以此进行知识巩固	第一天：通过开展工业革命知识问答赛，帮助学生对当天所学研学内容进行巩固；第二天：通过填写研学手册，使学生掌握资料整理、信息收集、自主调研等探究课题的基本流程和方法；第三天：通过引导实践与分享交流相结合，总结分享自己的收获，发表对大梨树“干”字精神的感悟；第四天：通过案例分析，对比、探究，提升对中华文化的审美能力，感悟当今的美好生活；第五天：引导总结交流，及时解答学生的疑难问题；通过实践体验，加深知识印象

维度或要素			小学高年级段	初中段	高中段
实施方案	总结教学环节	教学创新	在研学课程实施中，注重课程动态性调整，根据学生学习情况，创新课程内容、及时调整结构；在总结方法上不断创新，带领学生回顾整个活动过程，梳理知识点，总结活动感悟，鼓励学生积极思考、勇于表达意见；在研学活动中主动尝试新的教学方法和策略，学生可以深刻理解中华优秀传统文化的内涵，将文化元素内化为自己的情感、认知和行为	在研学活动开展中，通过实地考察和设计制作，将传统文化知识融入生活，形成对传统文化的情感认同，将多学科知识应用于实践，培养综合所学知识和技能解决实际问题的能力；形成团队合作解决问题的意识，增强保护和传承历史文化、非遗文化的责任感和使命感；提升文化自觉性和文化责任感，激发对文化传承的主动参与和贡献	利用丰富的教育教学方法，通过多元的实践方式，对课程开展的场景、活动形式及内容进行创新，开展问题导向式学习方式，提升学生发现问题、分析问题、解决问题的能力，以思维导图、头脑风暴等手段为载体，训练学生的思辨思维、创意思维、批判性思维
		教学总结	回顾教学线路整体、教学设计环节、课程目标梯度实现、选修课的难度选择、教学策略的运用、教学重难点的突出与体现、入营教育的合理性、导入教学环节和授课教学环节的科学性进行整体总结，不断完善，优化活动内容与结构，不断交流改进	复盘研学活动实施过程，整理研学资料，收集反馈意见，建立研学档案，提炼经验教训，围绕价值体认、责任担当、问题解决、创意物化教学目标，就学生的学习过程进行全面总结，及时收集学生、学校教师和其他相关人员的反馈意见，了解教学环节的优点和不足，整理研学活动的教学资料	通过调查问卷等方式，及时收集学生、家长和相关活动人员的反馈意见，掌握教学环节的优点和不足，教学课程和环节与学生年龄和学习能力的适配度等整理归纳研学活动的教学资料，建立教学档案
		教学反思	根据研学课程主题和学生年龄特点，就教学目标设定、教学内容设置、教学过程实施、教学策略优化等方面进行反思：活动准备是否充足；聚焦学生核心素养提升，是否达到预期提升目标；是否充分发挥学生主体作用；是否运用多元化教育教学组织形式；是否合理发挥评价的教育功能等方面进行反思。根据反思结果，对活动环节进行调整和优化	活动情境创设是否有新意；教学重难点是否在课程活动中得以解决；活动过程中是否做到分层设计，照顾到不同层次学生；是否合理运用项目式学习方式，充分发挥学生个人及学生团体的主动性、能动性等方面进行反思。根据反思结果，对活动环节进行调整和优化，为下一次活动提供参考	积极发挥学生反馈意见作用，对研学前、研学中、研学后的设计进行调查，找出存在的问题，并结合学生自身学习需求，对教学方法提出改进措施。就活动开展、课程开设的难度、维度、深度是否符合高中段学生的深层发展需要等方面进行反思，根据反思结果，对活动环节进行调整和优化，为下一次活动提供参考

维度或要素				小学高年级段	初中段	高中段
实施方案	评价教学环节	教学水平评价	自我评价	教师填写自我评价单，对自身的师德师风的表现、教学形式的展现、教学目标的完成度等方面进行自我反思和评价，充分发挥主观能动性，促进教师成长	教师在活动结束后，对当次活动课程进行即时评价，从课堂管理、教学方法的选择、教学工具的应用、研学资源的开发和应用程度等几大方面对自身和课程与活动的预设目标差异进行评价，不断提升自身教育教学水平	教师在教学活动结束后，对整体活动开展、整体课程实施进行自我评价，旨在提升学生科学素养的同时，精进自身教育教学涵养，做到教学相长，不断创新教育教学模式，提升对新教学技术的应用
			学生评价	按照“A、B、C、D”从高至低四个等级，学生从教学态度、课程难度设计合理度、课堂有趣度等方面对教师进行多维度评价，将学生直观感受回馈于教师，帮助教师专业成长	通过满意度调查表，学生针对教师和学生之间的互动是否充分、研学课程师生对话参与度、学生能否积极参与到教学中、气氛活跃度等方面进行评价，评价结果反馈于教师，帮助教师专业成长	通过问卷星等电子问卷，让学生对教师是否发挥学生的主观能动性、是否引导自身进行思考、鼓励交流表达、研学整体效果等进行综合性评价，评价结果进行反馈，提升教师教育教学水平
			同行评价	营地教师通过听课、随队观摩等方式，从课前准备，活动课程开展流程、开展方式、开展方法，活动课程总结与进阶等方面对活动实施教师进行评价，旨在更好提升教师业务水平	营地教师通过听课、问卷等形式对活动实施教师从研学课程和线路选择、教学策略、教学重难点把握等方面进行多维评价，促进教师间互相交流学习，借鉴提升	营地教师通过听课、教学文件的审阅等多种形式对活动实施教师从教学实施方案、教学效果、教学的延伸性，对学生可持续发展的引导性等方面进行评价，提升教师团队整体素养
			培训和考核	通过线上教育平台、教研小组研讨等培训方式，建立以教育教学目标为培训基础的教师专业发展培训制度，着眼教师发展需要，形成特色培训，并定期对教师学习成果进行水平测试考核	通过外出调研、专家引领等方式，对专业教师的师德师风、专业能力、团队建设等方面开展专项培训，定期对营地教师通过集体汇报等方式进行考核	通过线上线下双循环、校内校外双驱动对教师进行专业引领，安排每位面对高中段学生的教师不少于每季度15小时的培训学时，通过季度成果展示进行考核
			教学成果展示	运用图文、影像资料记录学生的表现，用学生过程性资料展示研学实践成果，通过学生作品展示，制作展示板或海报等形式进行教学成果展示	通过研学过程教学展示教师的教学成果，学生的专业技能竞赛，指导学生作品创新、开设互动工坊等方式进行教学成果展示	以图文影像资料记录学生的表现，用学生过程性资料展示研学实践成果。用创意作品推介会、主题活动、主题展览等方式进行教学成果展示

维度或要素				小学高年级段	初中段	高中段
实施方案	评价教学环节	学业评价	形成性评价	通过对学生提问环节、小组讨论环节、研学手册填写环节进行观察、记录和总结反馈，面向学生的阶段性成长、阶段知识获取程度和阶段目标完成情况进行评价，支撑教师开展后续教育教学工作	通过观察、记录和反馈学生研学过程中的学习情况，以及他们在活动中以小组、个人为单位的活动表现，教师对学生的参与度、知识探究、交流表达、动手实践、互助合作等具体表现进行记录和评价，为后续活动开展改进提供帮助	基于对学生学习全过程的持续观察、记录、反思，通过对学生日常活动的表现、所取得的成绩以及所反映出的情感、态度、策略等方面的发展做出综合评价，评价结果指导教师后续工作开展
			总结性评价	以完成教学目标为基准，通过学生的研学手册、汇报演出、作品展示等形式，全面了解学生在不同课程活动中的整体掌握程度，以及在研学活动中的品格、品行、习惯的培养	在研学活动结束后，通过学生的研究报告、个人学习成果展示、小组合作成果展示等形式，以文化传承与创新为主要指向，全面了解学生在研学活动中学科素养和综合能力的积累	教师对学生的问题解决、知识生成、能力提升、情感认同、创造创新、实践能力，思维探究能力、实操应用能力等方面进行综合评估，鼓励学生丰富自身精神世界，争做传统文化的传承者与创新者
			教师评价	由教师根据学生在研学活动中的个人和集体表现，从基本知识掌握、技能掌握、认知能力、思维发展等方面进行多维度评价，鼓励学生做到全面发展	由教师根据学生在研学活动中的表现和成果，根据学生的参与度、作业质量、能力提升程度等方面，尊重学生个体差异，以发展性眼光对学生进行学业评价	根据预设的活动目标，结合学生研学日记、物化成果，通过交流展示，对学生达到目标的程度以及研学效果作出评价，增强学生的社会参与意识和社会责任感
		项目评价		学校带队教师、学生对研学项目的课程、线路选择的合理性和课程难度设计的阶梯性等方面进行综合性评价，营地及教师对评价的结果进行反思，及时发现问题并加以改进	学校带队教师和家长代表对研学项目的设计实施、方案设计、教学策略、教学环节、对学生科学素养的养成情况等方面进行综合性评价，对评价结果及时反思，发现问题并加以改进	教育行政主管部门、参与学校、学生、家长、社会各界对研学项目的活动目标实现程度、整体实施的有效性、规范性、整体性等进行综合性评价，对评价结果进行反思，及时发现问题并加以优化

4.8 教学计划与策略列表：走近东北民俗文化，体验传承与创新融合

<table>
<tr><td colspan="3">营地名称</td><td>伊春市中小学生综合实践学校（简称“黑龙江伊春营地”）</td><td>命名机构</td><td>教育部</td><td>识别码</td><td>Y145230001</td></tr>
<tr><td colspan="3">从业资质（摘要）</td><td>综合实践教育、国防教育、拓展训练、研学实践教育</td><td>单位属性</td><td>公益一类</td><td>法定代表人</td><td>苗萃</td></tr>
<tr><td colspan="3">研学主题</td><td>走近东北民俗文化，体验传承与创新融合</td><td colspan="2">主要目的指向</td><td colspan="2">文化传承与创新教育</td></tr>
<tr><td rowspan="7">营地（枢纽）及周边主要优质研学资源</td><td colspan="2">基地层级</td><td colspan="5">研学站点（基地）名称</td></tr>
<tr><td rowspan="2">教育部命名基地</td><td>已列入教学计划</td><td colspan="5">一、与本主题相关列入教学计划的基地8个
1.黑龙江伊春营地；2.黑龙江省中国青年旅行社有限公司亚布力滑雪旅游度假区分公司（简称“亚布力滑雪场”）；3.哈尔滨极地公园（哈尔滨圣亚极地公园有限公司）；4.金上京历史博物馆；5.北大荒开发建设纪念馆；6.大庆铁人王进喜纪念馆；7.大庆市博物馆；8.党史及口岸文化教育基地
二、与本主题关联不大但列入本营地教学计划的基地6个
1.黑河市瑷珲历史陈列馆；2.佳木斯日军侵华罪证陈列馆；3.哈军工纪念馆；4.五大连池风景名胜区；5.哈尔滨铁路博物馆；6.东北烈士纪念馆</td></tr>
<tr><td>待列入教学计划</td><td colspan="5">1.黑龙江凉水国家级自然保护区；2.哈尔滨工业大学博物馆哈工大航天馆</td></tr>
<tr><td colspan="2">其他部委命名基地</td><td colspan="5">无</td></tr>
<tr><td colspan="2">地方命名基地</td><td colspan="5">1.伊春森林博物馆；2.伊春永达工艺品有限公司（简称“永达研学基地”）；3.伊春自在香里山水田园综合体有限公司（简称“自在香里研学基地”）；4.黑龙江九峰山养心谷游览景区管理有限公司（简称“九峰山研学基地”）</td></tr>
<tr><td colspan="2">本营地资源</td><td colspan="5">伊春营地科技馆</td></tr>
<tr><td colspan="2">其他资源</td><td colspan="5">伊春营地拓展园</td></tr>
</table>

维度或要素	小学高年级段	初中段	高中段
校内教育基础（与校内教育的衔接）	对照课标，小学高年级段在文化传承与创新方面提出了解和尊重多元文化、传承和弘扬中华传统文化，培养创新精神和实践能力的培养目标。本研学主题必修课程与校内教育衔接内容如下：1.人教版五年级道德与法治上册第三单元第7课“中华民族一家亲”；2.人教版五年级道德与法治上册第四单元第8课“美丽的文字民族的瑰宝”；3.人教版四年级道德与法治下册第四单元“感受家乡文化 关心家乡发展”；4.人教版五年级道德与法治上册第四单元“骄人祖先 灿烂文化”；5.人教版五年级语文下册第三单元“汉字真有趣 我爱你汉字”；6.桂美版三年级美术下册第一节“多彩的民间美术”	对照课标，初中段在文化传承与创新方面提出了解中华文化的历史和传统，理解中华文化的核心价值和精神内涵，培养文化创新意识，能够在了解掌握传统文化的基础上进行创新的培养目标。本研学主题必修课程与校内教育衔接内容如下：1.人教版七年级历史下册第三单元第15课“两汉的科技和文化”；2.人教版七年级美术第二单元“绚丽的中华民族美术文化宝藏”；3.人教版九年级美术上册第五单元“中国民间美术”；4.人教版八年级人文地理下册第四单元“中国各族人民的家园”、第三课“地域差异显著”、第五单元“一方水土养一方人”第一课“北方地区”	对照课标，高中段在文化传承与创新方面提出深入理解中华文化的精髓和传承价值，积极参与文化创新实践，运用所学知识和技能为文化传承与发展作出贡献的培养目标。本研学主题必修课程与校内教育衔接内容如下：1.人教版高中思想政治必修三第二单元第4课“文化的继承性与文化发展”；2.人教版高中思想政治必修三第二单元第5课“文化创新”；3.人教版高中美术选择性必修三第一单元第2课“凿石刻木——石雕木雕”；4.湘教版音乐鉴赏第二单元“腔调情韵 多彩民歌”、第三节“独特的民族风”；5.人教版高中美术必修美术鉴赏第五单元“淳朴之情 民间美术”；6.普通高中美术选择性必修5工艺第一单元“认识传统手工艺”、第二单元“传承传统手工艺”

维度或要素			小学高年级段	初中段	高中段
研学课程	必修课程一	名称	鄂伦春民俗——吹狍哨	鄂伦春民俗——制作树皮画	鄂伦春民俗——制皮工艺
		活动目的	了解鄂伦春族特有的习俗和文化，学习吹狍哨，感受少数民族的习俗文化	体验制作树皮画，培养民族自豪感和爱国情怀，引导重视少数民族文化遗产的传承	了解鄂伦春制皮技术，赏析狍皮服饰的图案花纹，感受民间艺术文化
		活动形式	教师讲授、实地探访、实践体验相结合	教师讲授、实地探访、实践体验相结合	教师讲授、实地探访、实践体验相结合
	必修课程二	名称	朝鲜民俗——歌舞风俗	朝鲜民俗——饮食风俗	朝鲜民俗——歌舞风俗
		活动目的	了解朝鲜族舞蹈的主要特点，学习朝鲜族基本舞蹈，感受少数民族文化的艺术魅力	学习制作朝鲜族特色美食，培养学生的爱国情怀，提高民族自豪感	探讨朝鲜族文化与汉族文化的异同，分析民族大融合对祖国发展的重大意义
		活动形式	教师讲授、实地探访、实践体验相结合	教师讲授、实地探访、实践体验相结合	教师讲授、实地探访、实践体验相结合
	必修课程三	名称	腊八习俗——腊八蒜	腊八习俗——腊八粥	腊八习俗——花馍制作
		活动目的	了解腊八蒜的制作过程，提高学生对中国传统民俗文化的认识和热爱	学做腊八粥，培养勤俭持家的传统美德、提高对中国传统民俗文化的认识和热爱	通过制作花馍，探讨南北方花馍文化异同，体会传统民俗和传统文化
		活动形式	教师讲授、实地探访、实践体验相结合	教师讲授、实地探访、实践体验相结合	教师讲授、实地探访、实践体验相结合
	必修课程四	名称	东北秧歌——秧歌	东北秧歌——踩寸跷	东北秧歌——秧歌竞技
		活动目的	了解东北秧歌舞蹈的多样化形式，掌握扇子、手绢等道具的使用，感受秧歌艺文化	学习踩寸跷的技巧，让学生在视觉审美和心理审美进行双重体验	尝试秧歌表演与配乐乐器的不同搭配效果，探讨民乐文化的奥义
		活动形式	教师讲授、实地探访、实践体验相结合	教师讲授、实地探访、实践体验相结合	教师讲授、实地探访、实践体验相结合

维度或要素			小学高年级段	初中段	高中段
研学课程	必修课程五	名称	木版年画——套色版画印制	木版年画——版画制作	木版年画——非遗文化研讨
		活动目的	了解黑白木刻版画与套色木刻版画的区别与联系，感受民族传统工艺	了解木版年画的基本制作步骤，能够设计并刻印完成一幅黑白版画	独立完成套色版画的设计与制作；分析我国木版年画不同体系的发展与传承关系
		活动形式	教师讲授、实践体验相结合	教师讲授、实践体验相结合	教师讲授、实践体验相结合
	必修课程六	名称	楹联文化——临写“福”字	楹联文化——临写春联	楹联文化——创作春联
		活动目的	通过书写春节“福”字，感受中华传统节日，了解中华文化的书法魅力	通过书写经典春联，感受中华文化的书法魅力	探讨春联中蕴含的民族文化底蕴，创作并书写春联，提高学生的民族自豪感
		活动形式	教师讲授、实践体验相结合	教师讲授、实践体验相结合	教师讲授、实践体验相结合
	必修课程七	名称	窗花剪纸——生肖百态	窗花剪纸——新年剪纸	剪纸艺术——非遗传承与创新
		活动目的	了解剪纸造型的基本规律和特征，以传统生肖形象为依托，感受剪纸文化的魅力	了解窗花纹样的寓意，设计刻制一件寓意吉祥的新年剪纸作品	剪纸艺术是我国非遗项目之一，探讨将非遗艺术发扬光大应如何传承与创新
		活动形式	教师讲授、实践体验相结合	教师讲授、实践体验相结合	教师讲授、实践体验相结合
	必修课程八	名称	梦幻雪屋——搭建雪屋	雕冰琢雪——雪雕制作	雕冰琢雪——冰雕制作
		活动目的	了解因纽特人雪屋搭建原理及步骤，感受人类在极端环境中为了生存所做出的努力	欣赏并制作冰雪雕塑作品，了解冰雪与环境的关系，体会冰雪文化独特的艺术魅力	从文化视角审视冰雪资源，探究冰雪文化推动黑土地各方面的发展
		活动形式	教师讲授、实践体验相结合	教师讲授、实践体验相结合	教师讲授、实践体验相结合

维度或要素			小学高年级段	初中段	高中段
研学课程	必修课程九	名称	冰雪文化——冰雪方舟	冰雪文化——冰雪方舟	冰雪文化——冬泳观赏
		活动目的	认识爬犁，掌握其驾驶方法，了解爬犁在北方文明发展中的地位和作用	设计制作一架实用便捷的爬犁，并完成运输任务挑战；感受劳动人民的智慧和团队合作	通过冬泳活动，感受祖国壮美河山，培养学生战风雪斗严寒的坚强品质
		活动形式	教师讲授、实践体验相结合	教师讲授、实践体验相结合	教师讲授、实践体验相结合
	必修课程十	名称	雪地足球	雪地CS	冰球运动
		活动目的	了解足球竞技规则，展开雪地足球赛，感受冰雪运动魅力	通过雪地CS，培养团队意识、大局意识和合作精神，进一步达成熔炼团队的目标	通过冰球比赛，增强团队意识，感受冰雪文化的魅力
		活动形式	教师讲授、实践体验相结合	教师讲授、实践体验相结合	教师讲授、实践体验相结合
	选修课程		1. 滑雪体验 2. 抽冰尜 3. 希望之路	1. 掌握滑雪技能 2. 冰尜设计 3. 中餐礼仪	1. 提高滑雪技巧 2. 冰尜原理探讨 3. 传承故事会

维度或要素		小学高年级段	初中段	高中段
研学线路	代表性线路（时长五日）	第一天：黑龙江伊春营地—伊春森林博物馆—黑龙江伊春营地；第二天：黑龙江伊春营地—自在香里研学基地—黑龙江伊春营地；第三天：黑龙江伊春营地—永达研学基地—黑龙江伊春营地；第四天：黑龙江伊春营地—九峰山研学基地—黑龙江伊春营地；第五天：黑龙江伊春营地—亚布力滑雪—哈尔冰极地公园—黑龙江伊春营地	第一天：黑龙江伊春营地—伊春森林博物馆—黑龙江伊春营地；第二天：黑龙江伊春营地—自在香里研学基地—黑龙江伊春营地；第三天：黑龙江伊春营地—永达研学基地—黑龙江伊春营地；第四天：黑龙江伊春营地—九峰山研学基地—黑龙江伊春营地；第五天：黑龙江伊春营地—亚布力滑雪—哈尔冰极地公园—黑龙江伊春营地	第一天：黑龙江伊春营地—伊春森林博物馆—黑龙江伊春营地；第二天：黑龙江伊春营地—自在香里研学基地—黑龙江伊春营地；第三天：黑龙江伊春营地—永达研学基地—黑龙江伊春营地；第四天：黑龙江伊春营地—九峰山研学基地—黑龙江伊春营地；第五天：黑龙江伊春营地—亚布力滑雪—哈尔冰极地公园—黑龙江伊春营地
	可选择线路（按天设计，菜单式选择）	1.黑龙江伊春营地—金上京历史博物馆—黑龙江伊春营地；2.黑龙江伊春营地—北大荒开发建设纪念馆—黑龙江伊春营地；3.黑龙江伊春营地—大庆铁人王进喜纪念馆—黑龙江伊春营地；4.黑龙江伊春营地—大庆市博物馆—黑龙江伊春营地；5.黑龙江伊春营地—党史及口岸文化教育基地—黑龙江伊春营地；6.黑龙江伊春营地—黑河市瑷珲历史陈列馆—黑龙江伊春营地；7.黑龙江伊春营地—佳木斯日军侵华罪证陈列馆—黑龙江伊春营地；8.黑龙江伊春营地—哈军工纪念馆—黑龙江伊春营地	1.黑龙江伊春营地—金上京历史博物馆—黑龙江伊春营地；2.黑龙江伊春营地—北大荒开发建设纪念馆—黑龙江伊春营地；3.黑龙江伊春营地—大庆铁人王进喜纪念馆—黑龙江伊春营地；4.黑龙江伊春营地—大庆市博物馆—黑龙江伊春营地；5.黑龙江伊春营地—党史及口岸文化教育基地—黑龙江伊春营地；6.黑龙江伊春营地—黑河市瑷珲历史陈列馆—黑龙江伊春营地；7.黑龙江伊春营地—佳木斯日军侵华罪证陈列馆—黑龙江伊春营地；8.黑龙江伊春营地—哈军工纪念馆—黑龙江伊春营地	1.黑龙江伊春营地—金上京历史博物馆；2.黑龙江伊春营地—北大荒开发建设纪念馆—黑龙江伊春营地；3.黑龙江伊春营地—大庆铁人王进喜纪念馆—黑龙江伊春营地；4.黑龙江伊春营地—大庆市博物馆—黑龙江伊春营地；5.黑龙江伊春营地—党史及口岸文化教育基地—黑龙江伊春营地；6.黑龙江伊春营地—黑河市瑷珲历史陈列馆—黑龙江伊春营地；7.黑龙江伊春营地—佳木斯日军侵华罪证陈列馆—黑龙江伊春营地；8.黑龙江伊春营地—哈军工纪念馆—黑龙江伊春营地
	规划线路（按天设计）	1.黑龙江伊春营地—五大连池风景名胜区—黑龙江伊春营地；2.黑龙江伊春营地—哈尔滨铁路博物馆—黑龙江伊春营地，3.黑龙江伊春营地 东北烈士纪念馆—黑龙江伊春营地	1.黑龙江伊春营地—五大连池风景名胜区—黑龙江伊春营地；2.黑龙江伊春营地—哈尔滨铁路博物馆—黑龙江伊春营地；3.黑龙江伊春营地—东北烈士纪念馆—黑龙江伊春营地	1.黑龙江伊春营地—五大连池风景名胜区—黑龙江伊春营地；2.黑龙江伊春营地—哈尔滨铁路博物馆—黑龙江伊春营地；3.黑龙江伊春营地—东北烈士纪念馆—黑龙江伊春营地

维度或要素		小学高年级段	初中段	高中段
教学重点难点（以代表性线路教学设计为例，以下同）	教学重点	1.学习朝鲜族基本舞蹈，了解鄂伦春狩猎文化，体悟北方少数民族的民俗文化；2.掌握扇子、手绢等道具的使用，感受东北秧歌的艺术特色与文化内涵；3.写对联、剪窗花、印版画，感受中国传统年文化及非遗文化的魅力；4.通过雪屋搭建、方舟运输，感受人类在极端的环境下，为了生存所做出的努力，以及在这个过程中凝结的智慧；5.开展雪地足球运动，体现冰雪竞技文化的发展与创新	1.学习北方少数民族民俗特征，感受民族文化的差异；2.引导学生重视少数民族文化遗产的保护和传承；3.提高学生对中国传统民俗文化的认识和热爱，激发学生热爱生活和美化生活的情怀；4.了解东北年文化的相关内容，从非遗文化研究性学习中提炼非遗文化的优缺点，进行创新和发掘；5.感受冰雪文化，磨炼意志品质	1.探讨少数民族文化与汉族文化的异同，分析民族大融合对祖国发展的重大意义；2.体会传统民俗和传统文化。探讨南北方花馍文化异同；3.了解现代版画的创新与世界文化的交融，从非遗文化研究性学习中提炼优缺点，进行创新和发掘，为传统文化注入新的生机；4.从文化视角审视冰雪资源，在不断探索挖掘其历史渊源的基础上，创造独具特色的冰雪文化艺术；5.通过冰球运动，培养学生团队意识、大局意识和合作精神，进一步达成熔炼团队的目标
	教学难点	1.将民族文化、民俗文化、冰雪文化的精髓融入学习和生活中；2.感受自然与人文在中国传统中的完美结合；3.对于少数民族文化与汉文化的差异性理解；4.学习历法，认识农历与公历；5.感受中国传统文化的题材内容、艺术特色，能够制作主题鲜明、精巧美观的作品	1.感受民族文化的差异，引导学生重视少数民族文化遗产的保护和传承；2.以冰雪文化磨炼自己顽强的意志；3.感悟民族文化、民俗文化、冰雪文化的精髓，并将其融入学习和生活中；4.通过对非遗文化的研究性学习，实现传承和创新；5.融会理解东北文化体系，感悟民族大融合与文化传承的意义	1.分析民族大融合对祖国发展的重大意义；2.从非遗文化研究性学习中提炼优缺点；3.对非遗文化进行创新和发掘，为传统文化注入新的生机；4.探究冰雪文化推动黑土地的艺术、人文、商业等方面的发展；5.探究东北文化中的民族、民俗、冰雪文化等方面的传承与发展，对中国乃至世界文化发展的意义

维度或要素	小学高年级段	初中段	高中段
教学策略	针对小学高年级段学生的逻辑思维能力开始由具体形象思维向抽象逻辑思维过渡，学习动机增强，不再单纯地追求物质上的奖励，他们更看重师长、同伴对他们的肯定性的评价，更享受学习过程的学情分析，基于建构主义教学理论，让学生主动建构文化传承和创新知识体系，选取东北少数民族风俗文化、东北风俗文化、东北年俗文化等内容，运用讲授法、演示法等教法和自主探究、项目式学习法、合作学习等学法，依托校本研学课程教材、研学手册、研学任务单、多媒体教学设备及研学实践教育基地场所设施等教学资源，加强体验化、情境模拟、合作学习等策略进行总体设计，开展东北民俗、传统文化、冰雪体验等主题研学实践活动，使学生主动参与，在参与中建构自身知识体系，培养学生文化传承与创新的意识	针对初中段学生的抽象思维能力逐渐增强，开始能够进行逻辑推理和批判性思维，对知识的获取不再满足于表面的了解，而是开始追求深入的理解和掌握的学情分析，基于实用主义、建构主义教学理论，引领学生对优秀传统文化的价值观培养，选取东北少数民族风俗文化、东北风俗文化、东北年俗文化等内容，运用讲授法、演示法等教法和自主探究、项目式学习法、合作学习等学法，依托校本研学课程教材、研学手册、研学任务单、多媒体教学设备及研学实践教育基地场所设施等教学资源，加强体验化、情境模拟、合作学习等策略进行总体设计，开展东北民俗、传统文化、冰雪体验等主题研学实践活动，使学生主动参与，在参与中建构自身知识体系，培养学生文化传承与创新的能力	针对高中段学生的抽象思维能力和逻辑思维能力进一步增强，能够处理更为复杂和抽象的概念和理论，开始更加深入地思考问题，对知识的理解和掌握也更加深入和全面的学情分析，基于实用主义、建构主义教学理论，引领学生对优秀传统文化的价值观培养，选取东北少数民族风俗文化、东北风俗文化、东北年俗文化等内容，运用讲授法、演示法等教法和自主探究、项目式学习法、合作学习等学法，依托校本研学课程教材、研学手册、研学任务单、多媒体教学设备及研学实践教育基地场所设施等教学资源，加强体验化、情境模拟、合作学习等策略进行总体设计，开展东北民俗、传统文化、冰雪体验等主题研学实践活动，使学生主动参与，在参与中建构自身知识体系，培养学生文化传承与创新的能力与参与意识

维度或要素				小学高年级段	初中段	高中段
实施方案	入营教育	安全	引导	入营，研学导师第一时间强调安全注意事项，并播放安全教育视频	入营，举行开营仪式，进行安全教育，签订安全任务书	入营，安全主题教育活动，宣讲就餐、住宿、研学等环节注意事项及管理规定
			实训	对餐厅就餐、住宿安全、上课安全重点方面进行要求	观看研学基地安全宣传片，基地做安全提示，组织开展安全疏散演练活动	学习安全手册，进行疏散安全演练，培养应对突发事件的处理方法
		应急	引导	通过观看视频掌握应急事件处理方法和技巧，学会冷静思考和处理问题能力	列举应急管理方法，教授学生应急管理知识，提升应急处突能力	学习急救常识，通过视频学习“白金十分钟”，掌握应急事件处理方法和技巧
			实训	通过查看基地、营地疏散图，组织学生进行逃生演练等	通过消防安全教育，会报警，懂得火灾、地震应急处理方法，进行疏散演练	学习外伤包扎、心脏复苏、灭火器使用等安全应急处置方法
		救助	引导	通过案例，培养学生遇到困难时学会利用身边物件和资源，及时脱离危险	观看视频了解几种救助形式，学习救助的方法，引导学生自救互救	学习“白金十分钟”，模拟真实环境进行救助，提高应对措施和应变能力
			实训	牢记救助电话号码和常规自救互救方法，需要救助第一时间拨打	模拟受伤、中暑、包扎等情况的应急处理办法	学习“白金十分钟”，进行心肺复苏、包扎等应急技能培训
		自我管理	引导	教导学生学习叠被、叠衣服等方法，开启自我管理模式	引导学生形成自我管理意识，听从组织安排，掌握自我管理方法	通过团建课程，建设团队，帮助学生缓解恐惧感，培养主动适应环境的能力
			实训	进行“抢渡金沙江”活动，通过体验、合作、分享、感悟环节，进行自我管理	进行“信任背摔”活动，通过体验、合作、分享、感悟环节，进行自我管理	进行“毕业墙”活动，通过体验、合作、分享、感悟环节，进行自我管理
		团队协作	引导	选出寝室长、安全员、旗手、卫生员，组建团队	自主设计小组任务单，鼓励学生自主规划活动内容、安排时间、配置资源等	通过团建活动，培养沟通、倾听能力，有效处理团队冲突和分歧
			实训	在住宿、分餐、研学实践活动中适时进行团队协作能力评价，提出改进建议	在案例培训中，分享和表达团队协作观点，提高团队协作能力	小组合作，开展拓展活动，增强协作能力和团队意识

维度或要素		小学高年级段	初中段	高中段
实施方案	导入教学环节	1.故事导入：讲授年兽的由来，导入北方“年文化” 2.问题导入：对学生感兴趣的知识点进行提问，如北方在过年时，有什么传统民俗活动等 3.视频导入：生动直观地让学生了解少数民族歌舞，激发学生学习兴趣 4.情境导入：结合研学地点民族特色，进行场景模拟，身临其境感受民族文化 5.游戏导入：以团队形式设置具有民族元素的游戏，在欢快的氛围中增进对民族文化的理解	1.情境导入：通过北方过年，引入新课内容 2.情境导入：以腊八节为背景，展开北方新年序曲，推进年文化活动的开展 3.视频导入：深入了解木刻版画，楹联文化 4.任务导入：发放研学任务单，在问题交流中增加对北方少数民族文化的了解 5.任务导入：以研学任务单指导学生查找研学基地相关资料，系统整理北方少数民族文化传承内容清单	1.任务导入：布置行前任务单，让学生带着任务进入学习，寻找答案 2.情境导入：古代北方艰苦的生活环境下，少数民族人民的生活状态 3.视频导入法：让学生感受木版年画艺术之美，引发艺术创作乐趣和灵感 4.任务驱动法：让学生自愿分组，共同完成剪纸与冰雕制作 5.现场参观导入法：让学生感受冬泳的独特魅力，激发学生挑战严寒，加入冰雪活动中的热情
	授课教学环节	第一天：必修课程一“鄂伦春民俗——吹狍哨”、必修课程二“朝鲜民俗——歌舞风俗”；第二天：必修课程三“腊八习俗——腊八蒜”、必修课程四“东北秧歌——秧歌”、选修课程3“希望之路”；第三天：必修课程五“木版年画——套色版画印制”、必修课程六“楹联文化——临写福字”；第四天：必修课程七“窗花剪纸——生肖百态”、必修课程八“梦幻雪屋——搭建雪屋”、选修课程1“滑雪体验”；第五天：必修课程九“冰雪文化——冰雪方舟”、必修课程十“雪地足球”、选修课程2“抽冰尜”	第一天：必修课程一“鄂伦春民俗——制作树皮画”、必修课程二“朝鲜民俗——饮食风俗”、选修课程3“中餐礼仪”；第二天：必修课程三“腊八习俗——腊八粥”、必修课程四“东北秧歌——踩寸跷”；第三天：必修课程五“木版年画——版画制作”、必修课程六“楹联文化——临写春联”；第四天：必修课程七“窗花剪纸——新年剪纸”、必修课程八“雕冰琢雪——雪雕制作”、选修课程2“冰尜设计”；第五天：必修课程九“冰雪文化——冰雪方舟”、必修课程十“雪地CS”、选修课程1“滑雪体验”	第一天：必修课程一“鄂伦春民俗——制皮工艺”、必修课程二“朝鲜民俗——歌舞风俗”；第二天：必修课程三“腊八习俗——花馍制作”、必修课程四“东北秧歌——秧歌竞技”、选修课程3“传承故事会”；第三天：必修课程五“木版年画——非遗文化研讨”、必修课程六“楹联文化——创作春联”；第四天：必修课程七“剪纸艺术——非遗传承与创新”、必修课程八“雕冰琢雪——冰雕制作”、选修课程2“探究冰尜原理”；第五天：必修课程九“冰雪文化——冬泳观赏”、必修课程十“冰球运动”、选修课程1“滑雪体验”

维度或要素		小学高年级段	初中段	高中段
实施方案	进阶教学环节	1. 体验：鄂伦春文化、制作腊八蒜、朝鲜族舞蹈 2. 表演：东北秧歌 3. 感悟：通过赏析、套色、拓印等方式走进非遗文化奥义 4. 分享：制作窗花领传统文化的博大精深，年文化的丰富多彩，增强民族自豪感 5. 表达：东北民族文化、民俗文化、冰雪文化的丰富多彩	1. 体验：制作鄂伦春族树皮画 2. 实践：做腊八粥、踩寸跷 3. 分析：我国东北地区民族文化的多样性特征和民俗文化的传承 4. 传承：从非遗文化研究性学习中提炼非遗文化的优缺点，进行创新和发掘 5. 总结：我国东北是保留丰富民族、民俗文化的地区，冰天雪地更是形成了独特的文化形式	1. 思考：北方民族多样性形成原因 2. 探讨：少数民族文化与汉族文化的异同，分析民族大融合对祖国发展的重大意义 3. 体验：团队合作，设计制作套色版画，完成春联制作，从非遗文化研究性学习中提炼优缺点 4. 传承：非遗文化发掘和创新，为传统文化注入新的生机 5. 总结：东北文化中的民族、民俗、冰雪文化等方面的传承与发展，对中国乃至世界文化发展的意义
	巩固教学环节	1. 组织学生对学习过的知识进行复述、总结，加深记忆，巩固理解；2. 认真填写研学任务单，对所感所想形成书面信息；3. 研学导师带领学生一起对研学实践成果进行总结和回顾；4. 分享研学过程中的收获和感悟，通过作品展示进行知识巩固；5. 教师总结评价学生研学过程中的表现，培养团队意识、感恩意识	1. 研学过程中，组织学生对学习过的知识和技能进行复述、总结、实操和延伸 2. 认真填写研学任务单，进行信息收集、知识梳理；3. 通过日记形式记录当天所学所得，分享研学过程中的收获和感悟；4. 通过游戏互动、引导学生每天进行回顾课堂，分享交流；5. 教师及时总结和评价，反馈学生研学表现，引导学生形成感恩意识，树立文化自信，增强爱国情怀	1. 研学过程中组织学生对学习的知识和技能进行复述、总结、实操和延伸，加深对非遗技艺的了解；2. 组织学生在学习中探索创新之路，为传统文化注入新的生机；3. 组织学生对现实问题形成自己的见解并进行分享和讨论，引导学生学会应用科学辩证的思维方式解决问题；4. 引导学生对知识进行精加工，深入思考，形成书面报告；5. 引导学生积极将知识应用于实践和生活，课后积极参与社会实践并及时反馈实践成果

维度或要素			小学高年级段	初中段	高中段
实施方案	总结教学环节	教学创新	研学过程中，重点突出培养学生知识的梳理和运用能力，引导学生形成知行合一，解决实际问题的意识，注重培养学生科学思维能力、动手动脑能力、思维创新能力	研学课程设计符合现代教育理念和社会发展的需求。通过培养学生理解和应用所学知识，形成知行合一解决问题的能力，从而形成辩证的科学思维能力、动手动脑能力、社会实践能力和创新能力	研学导师在研学课程开发过程与时俱进，把主题教育与研学课程有机融合，创新开发课程，在研学活动中勇于尝试前沿的教学方法，培养学生的创新精神，提高学生核心素养
		教学总结	通过调查问卷及时收集学生、家长和参训校老师的反馈意见，研究探讨教学环节的优点和不足，整理研学活动的参训学生资料，建立学生档案和教学档案	结合具体的学习内容和情境，融入思政元素，引导学生深入思考和探讨相关问题，从而帮助他们形成正确的世界观、人生观和价值观；认真书写研学手册，形成档案	引导学生，全面回顾研学课程内容，分析学习成效，通过自评互评等方式总结学习中的收获和学习方法上需要改进的地方，编写总结报告，引导学生形成自己独特的见解或解决问题的方法，加强自身社会责任感
		教学反思	根据教学反思和评价结果，对每一个教学环节进行调整和细化，梳理教学环节的设计、实施和效果，提炼经验教训，为下一次研学活动提供参考	根据学生年龄特点、心理需求、上课状态、知识和技能的掌握情况进行反思和总结，从而对教学内容、资源、过程与方法进行优化和完善	根据学生需求、社会需求，学生课堂反馈、教学效果、学生解决问题的能力进行反思和总结，从而对课程内容、教学方法、教学资源进行优化和完善，提炼经验教训，不断改进和创新，为下一步研学更好地开展奠定基础

维度或要素				小学高年级段	初中段	高中段
实施方案	评价教学环节	教学水平评价	自我评价	研学导师对自身的师德师风表现、教学形式展现、教学目标的完成情况进行自我反思和评价	研学导师基于教学目标、教学设计、活动组织等流程完成情况进行自我反思，发现活动中出现哪些问题及时总结，明确改进方向	研学导师基于教学设计、教学策略、教学方法、活动组织等流程完成情况进行自我反思，找到改进措施，明确下一步实施方向
			学生评价	研学导师为学生搭建平台，通过分享、交流、填写任务单，进行知识掌握评价、学习动力评价、学习能力评价等	学生对研学课程中教师课堂教学情况、师生互动效果、课堂气氛活跃度、教学设计能力方面进行评价	学生针对研学课程质量、研学导师和学生之间的互动是否充分、学生能否积极参与到课堂教学中、课堂气氛活跃度等方面进行评价
			同行评价	研学导师、参训校教师、基地教师等进行研学交流，并填写的调查问卷表，反馈后进行提升	参训校管理人员、教师，实践学校管理人员、教师，基地工作人员之间通过听课、随队观摩等方式进行互评，采取交流、问卷等进行反馈	邀请专家针对教学设计、教学实施、教学评价、教学管理、安全教育等教学各环节进行交流，并进行评价指导
			培训和考核	每年度学校制订培训计划，定期对营地教师进行政治与业务培训，培训后有相应的考核，通过考核结果来评价教师的教学水平	参加外出培训和校本培训讲座，对研学导师进行考核，年终教学部门进行评分，提升研学导师的教育教学水平和综合素质	每年度由市教育局、实践学校安排定期对营地研学导教师进行政治和业务培训，对研学导师任务量的完成情况和完成效果进行考核评价
			教学成果展示	通过研学过程教学展示研学导师的教学成果，通过学生的研学表现、学生的创新作品等，来评价教师的教学水平	通过组织研学导师进行精品课、观摩课、经验交流、教师教育教学成果等丰富的教研活动展示教学效果	研学任务单、研学分享、手工作品、海报或视频展示，通过主题活动、创意作品推介会等方式进行展示

维度或要素				小学高年级段	初中段	高中段
实施方案	评价教学环节	学业评价	形成性评价	在研学活动中，通过学生对任务单的完成过程，观察、记录和反馈学生研学过程中的学习情况，以及他们在活动中的表现给予正面评价	通过观察、记录和反馈学生研学过程中的学习情况，以及他们在活动中的表现，在过程中给予鼓励性、多元化评价，以提升学生学习效果	在研学活动中，关注学生内心世界，帮助学生明确发展方向，激发学生潜在优势，对学生生涯规划进行指导，促进学生个性发展与健康成长
			总结性评价	在研学活动结束后，通过学生的评价单、研学展示等形式，全面了解学生在研学活动中的学习成果和进步	研学活动结束后，通过学生自评、组内互评和导师点评多元评价，形成评价表，并发放至学生手中，以便了解学生本次研学的收获与不足	研学活动结束后，收取学生的任务单、研究报告、成果展示等，对学生在研学活动中的知识和技能的掌握情况、情感认知、创造创新、实践能力、思维探究能力等进行客观总结
			教师评价	根据小学高年级段学生特点，研学导师主要在学用结合、时间观念、专注学习、纪律意识、生活管理、文明礼仪、道德品质等方面进行综合评价	根据初中段学生特点，由研学导师根据学生在研学活动中的表现和成果，根据学生的参与度、任务单完成度以及质量等，对学生的研学活动进行综合评价	根据高中段学生特点，研学导师主要根据学生在研学活动中的表现和成果，组织学生进行个人评价、小组评价，最后教师对学生探究问题能力及解决问题能力进行综合评价
		项目评价		小学阶段主要是通过调查问卷等方式，充分调动参训校教育工作者、学生、学生家长积极参与评价过程，通过教研活动及针对评价结果的反思，及时发现问题并加以改进	初中阶段通过分析问卷调查、观察记录、成果展示、研学作业的完成情况、研学体会分享、研学成果展示、研学成绩认定等形式进行评价，提高研学实践的效果	通过调查问卷、访谈、课题报告等方式，充分调动社会各界积极参与对研学的课程实施、安全管理、方案设计以及学生的成长等方面进行评价，以便及时发现问题并加以改进完善

4.9 教学计划与策略列表：寻访初心之地，追忆革命历史

<table>
<tr><td colspan="3">营地名称</td><td>上海市青少年校外活动营地——东方绿舟（简称“上海东方绿舟营地”）</td><td>命名机构</td><td>教育部</td><td>识别码</td><td>Y145310001</td></tr>
<tr><td colspan="3">从业资质（摘要）</td><td>探索适合青少年个性特长发展的活动内容和方法</td><td>单位属性</td><td>公益二类</td><td>法定代表人</td><td>杨昕</td></tr>
<tr><td colspan="3">研学主题</td><td>寻访初心之地，追忆革命历史</td><td colspan="2">主要目的指向</td><td colspan="2">文化传承与创新教育</td></tr>
<tr><td rowspan="7">营地（枢纽）及周边主要优质研学资源</td><td colspan="2">基地层级</td><td colspan="5">研学站点（基地）名称</td></tr>
<tr><td rowspan="2">教育部命名基地</td><td>已列入教学计划</td><td colspan="5">一、与本主题相关列入教学计划的基地9个
1. 上海交通大学钱学森图书馆（简称“交大钱学森图书馆”）；2. 上海中国航海博物馆；3. 中国共产党第一次全国代表大会会址纪念馆（简称“一大会址纪念馆”）；4. 上海电影博物馆；5. 上海鲁迅纪念馆；6. 国歌展示馆；7. 天津国际青少年交流中心（简称“光合谷营地”）；8. 上海四行仓库抗战纪念馆；9. 上海铁路博物馆
二、与本主题关联不大但列入本营地教学计划的基地4个
1. 上海科技馆；2. 龙华烈士纪念馆；3. 上海无线电科普教育基地；4. 上海淞沪抗战纪念馆</td></tr>
<tr><td>待列入教学计划</td><td colspan="5">1. 天津博物馆；2. 江南造船展示馆；3. 中共四大纪念馆；4. 上海博物馆</td></tr>
<tr><td colspan="2">其他部委命名基地</td><td colspan="5">1. 陈云故居；2. 上海崧泽遗址博物馆；3. 上海市历史博物馆</td></tr>
<tr><td colspan="2">地方命名基地</td><td colspan="5">1. 五大道；2. 萨马兰奇纪念馆；3. 陈官屯运河文化博物馆</td></tr>
<tr><td colspan="2">本营地资源</td><td colspan="5">1. 国防教育园；2. 上海市公共安全教育实训基地；3. 拓展园；4. 龙舟码头；5. 勇敢者道路；6. 趣桥世界；7. 野外生存区</td></tr>
<tr><td colspan="2">其他资源</td><td colspan="5">1. 朱家角古镇；2. 东方明珠广播电视塔；3. 相声馆；4. 杨柳青古镇；5. 瓷房子；6. 古文化街；7. 静园；8. 海河</td></tr>
</table>

维度或要素	小学高年级段	初中段	高中段
校内教育基础（与校内教育的衔接）	对照课标，小学高年级段在文化传承与创新方面要融学科、跨学科，在任务情境问题中落实学科素养。结合语文、美术、音乐、科学等多个领域，设计了一系列的任务情境问题，让学生在解决问题的过程中，更深入地了解中国的历史渊源和文化底蕴。此外，我们还组织学生研访博物馆、历史遗址等相关场馆，开展研学实践活动。这些活动让学生身临其境地感受传统文化的魅力，增强了他们对祖国的文化自信和认同感。通过这样的教学方式，我们旨在培养学生的爱国情怀和民族自豪感，为他们的全面发展打下坚实的基础。本研学主题与校内教育必修课程的衔接如下：1.六年级语文：旨在帮助学生认识中华文化的博大精深，吸收民族文化智慧。通过“江南古镇探秘”课程引导学生关心当代文化生活，尊重文化多样性，吸取人类优秀文化的营养，提高审美情趣和创造力；2.五年级道德与法治：旨在培养学生遵纪守法、尊重他人、自我保护。通过“绿舟启航”“安全伴我行”等课程帮助学生树立正确的世界观、人生观、价值观，包括尊重他人、珍惜友谊等优秀品质	对照课标，初中段在文化传承与创新方面肩负着不可或缺的重要使命。在这一关键时期，我们致力于引导学生深化文化积淀，通过精心设计的课程体系，使学生能够全面而深入地领悟中华优秀传统文化的核心价值和深刻内涵，从而增强对其的认同感和自豪感。这不仅包括中华文化的历史、哲学、艺术等方面，还涉及传统节日、民俗习惯、道德规范等多元文化元素。通过系统的课程学习和丰富的实践活动，帮助学生深入了解中华优秀传统文化的内涵与精髓，激发他们的创新热情和实践能力，为文化传承与创新贡献青春力量。本研学主题与校内教育必修课程的衔接如下：1.初中语文：旨在吸收古今中外优秀文化成果，提升思想文化修养，建立文化自信。通过“致敬文学巨匠”课程了解和借鉴人类文明优秀成果，拓展文化视野、提升文化底蕴；2.初中历史：旨在了解中华民族统一的历史进程，弘扬革命精神。通过“党的诞生”“潜艇深海行”等课程引导学生运用创新性思维，从历史事件中汲取智慧，进行辩证思考，坚定建设有中国特色的社会主义的信念	对照课标，高中段在文化传承与创新方面的教育至关重要。这一阶段，我们鼓励学生通过研学活动，主动思考、积极实践，将课堂所学与现实生活紧密结合。在研学过程中，学生不仅能够加深对传统文化的理解，更能将其精髓融入到日常生活中，实现知识的内化与升华。同时，通过一系列的研学活动，坚定文化自信，自觉弘扬社会主义核心价值观，树立积极向上的人生理想，为全面发展和终身发展奠定基础。本研学主题与校内教育必修课程的衔接如下：1.高中语文：旨在提升学生综合素质，着力发展核心素养，使学生具有理想信念和社会责任感，通过“农耕文化体验”课程引导学生积极参与实践活动，深入探索农耕文化的内涵和价值，感受其独特的魅力；2.高中思想政治：注重培养学生的思想素质和品德修养，提高学生的政治素养和社会责任感；通过“重温党史”“重走长征路”“忆苦思甜”等课程帮助学生树立正确的政治信仰和正确的历史观，深入了解党的光辉历程和伟大成就，感受革命先烈的英勇事迹和崇高精神，提升社会责任感和社会参与意识，培养学生的民主法治观念和法治精神，从而提高学生的政治素养和综合素质

维度或要素			小学高年级段	初中段	高中段
研学课程	必修课程一	名称	绿舟启航	扬帆绿舟	弘扬国粹
		活动目的	小组合作体验拓展活动，认识群体的作用，增强身心协调能力	小组合作体验拓展活动，提高解决问题的能力；提升合作意识，增强身心协调能力	探索中国传统戏曲里种类繁多的盔头；感悟光与影的艺术
		活动形式	教师讲解、小组合作、自主实践体验	教师讲解、小组合作、自主实践体验	小组合作、实践体验、交流分享
	必修课程二	名称	江南古镇探秘	探秘江南文化	忆苦思甜
		活动目的	探寻朱家角的建筑特色与民风民俗，锻炼学生的团队协作能力，发扬集体精神	体悟古镇的水乡文化，探究人、自然、文化之间的相互关系	接受革命教育，强化国防意识，提高学生自主、自立、自强的思想意识
		活动形式	实地探访、小组合作、自主体验	实地探访、自主体验、合作探究	自主体验、合作探究
	必修课程三	名称	寻访初心之地	党的诞生	重走长征路
		活动目的	探访党的会议召开旧址，了解共产党成立的艰辛历史和共产党人为此做出的努力	了解中国共产党创始人“南陈北李”的历史；增强爱党爱国爱人民的深厚情怀	深入了解红军长征的历史，弘扬长征革命精神
		活动形式	实地探访、讲解员讲解、自主学习	讲解员讲解、实地走访、自主学习	教师讲解、自主体验、合作探究
	必修课程四	名称	走进四行仓库	上海故事	农耕文化体验
		活动目的	了解抗日战争的艰苦历程，传扬革命精神	探访上海城市历史发展陈列馆，登临东方明珠，了解上海历史，培养国家认同感	探索农耕文明，感悟传统文化魅力
		活动形式	实地探访、讲解员讲解、合作体验	实地探访、讲解员讲解、合作体验	教师讲解、自主体验、小组探究

维度或要素			小学高年级段	初中段	高中段
研学课程	必修课程五	名称	走进国歌展示馆	致敬文学巨匠	品津味麻花
		活动目的	了解国歌的发展历程，弘扬民族情怀	了解鲁迅先生的人生轨迹，感受鲁迅文学对后世留下的深远影响	引导学生了解老字号的辉煌历史和如今的发展方向，弘扬百年老字号的工匠精神
		活动形式	实地探访、讲解员讲解、小组合作	实地探访、讲解员讲解、小组合作	实地探访、分享交流
	必修课程六	名称	大国重器登航母	兵器王国面面观	听津味相声
		活动目的	踏上园区1∶1的仿真航母甲板，在老师的讲解下，初步了解军用机型的种类和作用	了解中国兵器发展史，理解轻型、重型兵器的概念及分类，激发爱国主义精神	从相声文化中感受中华文化的源远流长，切身体会地道天津的“倍儿哏儿”
		活动形式	实地探访、教师讲解、实践体验	实地探访、教师讲解、小组合作	实地探访、合作体验、分享交流
	必修课程七	名称	走进潜艇	潜艇深海行	军歌嘹亮
		活动目的	参观280潜艇，探索潜艇内部，激发学生对国防的热爱，提高团队的协作意识	参观280潜艇，探索潜艇内部，了解潜艇在海军作战中的重要作用	了解军歌团结士气、凝聚人心的魅力，感悟军人的峥嵘岁月
		活动形式	实地探访、教师讲解、小组合作	实地探访、教师讲解、小组合作	自主体验、分享交流
	必修课程八	名称	光影魅力	航海的千年记忆	对话萨马兰奇
		活动目的	参观摄影棚及艺术影厅，了解电影人、电影知识和电影背后的故事，感受电影文化	了解中国航海的起源和发展过程，感受中国人民的智慧和勇气	参观萨马兰奇纪念馆主展区，了解奥林匹克精神的重要意义
		活动形式	实地探访、讲解员讲解、自主实践体验	实地探访、讲解员讲解、小组合作	自主体验、合作探究

维度或要素			小学高年级段	初中段	高中段
研学课程	必修课程九	名称	走进铁路的魅力世界	对话钱学森	解密旗语
		活动目的	了解中国铁路的发展历程，感受中国铁路的发展和成就	学习钱学森同志爱国、创新、奉献的精神，初步了解中国航天事业的发展历程	学习旗语的基本动作，并能正确使用它们进行交流和传达信息
		活动形式	实地探访、教师讲解	实地研访、小组合作、讲解员讲解	教师讲解、自主体验、合作探究
	必修课程十	名称	安全伴我行	牢记安全在心中，践行安全稳步走	探访杨柳青古镇
		活动目的	通过实训演练，帮助学生掌握必备的逃生躲避技能，提高关爱生命的意识	通过模拟情境下的实训演练，帮助学生熟练掌握避险逃生技能，提升防范的意识	了解传统文化，如过节习俗、年画的历史及制作工艺，感受传统年画的“版味”
		活动形式	情境演练、教师讲解、自主体验	情境演练、教师讲解、自主体验	实地探访、讲解员讲解、合作探究
	选修课程		1.传统美食制作 2.龙舟竞渡 3.勇者闯关 4.争渡险桥 5.缅怀龙华英烈	1.帐篷搭建 2.蜂巢挑战 3.竹屋搭建 4.探访上海博物馆 5.走进淞沪会战	1.古法纸画 2.研习木版画技艺 3.风筝制作 4.糖画体验 5.研习塑编工艺

维度或要素		小学高年级段	初中段	高中段
研学线路	代表性线路（时长五日）	第一天：上海东方绿舟营地—拓展园—朱家角古镇—上海东方绿舟营地；第二天：上海东方绿舟营地——大会址纪念馆—四行仓库抗战纪念馆—国歌展示馆—上海东方绿舟营地；第三天：上海东方绿舟营地—国防教育园—上海东方绿舟营地；第四天：上海东方绿舟营地—上海电影博物馆—上海铁路博物馆—上海东方绿舟营地；第五天：上海东方绿舟营地—上海市公共安全教育实训基地—上海东方绿舟营地	第一天：上海东方绿舟营地—拓展园—朱家角古镇—上海东方绿舟营地；第二天：上海东方绿舟营地——大会址纪念馆—东方明珠广播电视塔—上海鲁迅纪念馆—上海东方绿舟营地；第三天：上海东方绿舟营地—国防教育园—上海东方绿舟营地；第四天：上海东方绿舟营地—上海中国航海博物馆—交大钱学森图书馆—上海东方绿舟营地；第五天：上海东方绿舟营地—上海市公共安全教育实训基地—上海东方绿舟营地	第一天：上海东方绿舟营地—光合谷营地—国粹教学区—光合谷营地；第二天：光合谷营地—国防教育基地—农业科普与劳动教育基地—光合谷营地；第三天：光合谷营地—相声馆—五大道—光合谷营地；第四天：光合谷营地—国防教育基地—萨马兰奇纪念馆—光合谷营地；第五天：光合谷营地—国防教育基地—杨柳青古镇—上海东方绿舟营地
	可选择线路（按天设计，菜单式选择）	1.上海东方绿舟营地—科技馆—上海东方绿舟营地；2.上海东方绿舟营地—上海市龙华烈士纪念馆—上海东方绿舟营地；3.上海东方绿舟营地—朱家角古镇—上海东方绿舟营地；4.上海东方绿舟营地—上海四行仓库抗战纪念馆—上海东方绿舟营地；5.上海东方绿舟营地—上海电影博物馆—上海东方绿舟营地；6.上海东方绿舟营地—上海铁路博物馆—上海东方绿舟营地；7.上海东方绿舟营地—上海市公共安全教育实训基地—上海东方绿舟营地；8.上海东方绿舟营地—国歌展示馆—上海东方绿舟营地	1.上海东方绿舟营地—朱家角古镇—上海东方绿舟营地；2.上海东方绿舟营地—上海无线电科普教育基地—上海东方绿舟营地；3.上海东方绿舟营地—东方明珠广播电视塔—上海东方绿舟营地；4.上海东方绿舟营地—国防教育园—上海东方绿舟营地；5.上海东方绿舟营地—上海中国航海博物馆—上海东方绿舟营地；6.上海东方绿舟营地—交大钱学森图书馆—上海东方绿舟营地；7.上海东方绿舟营地—上海市公共安全教育实训基地—上海东方绿舟营地；8.上海东方绿舟营地—上海淞沪抗战纪念馆—上海东方绿舟营地	1.光合谷营地—国防教育基地—光合谷营地；2.光合谷营地—农业科普与劳动教育基地—光合谷营地；3.光合谷营地—相声馆—光合谷营地；4.光合谷营地—五大道—光合谷营地；5.光合谷营地—光合谷熊猫馆—光合谷营地；6.光合谷营地—萨马兰奇纪念馆—光合谷营地；7.光合谷营地—杨柳青古镇—光合谷营地；8.光合谷营地—陈官屯运河文化博物馆—光合谷营地
	规划线路（按天设计）	1.上海东方绿舟营地—上海市龙华烈士陵园—上海东方绿舟营地；2.上海东方绿舟营地—江南造船展示馆—上海东方绿舟营地；3.上海东方绿舟营地—上海松泽遗址博物馆—上海东方绿舟营地；4.上海东方绿舟营地—陈云故居—上海东方绿舟营地	1.上海东方绿舟营地—上海市历史博物馆—上海东方绿舟营地；2.上海东方绿舟营地—上海博物馆—上海东方绿舟营地；3.上海东方绿舟营地—上海鲁迅纪念馆—中共四大纪念馆—上海东方绿舟营地；4.上海东方绿舟营地—陈云故居—上海崧泽遗址博物馆—上海东方绿舟营地	1.光合谷营地—瓷房子—光合谷营地；2.光合谷营地—古文化街—光合谷营地；3.光合谷营地—静园—光合谷营地；4.光合谷营地—海河观光游—光合谷营地；5.光合谷营地—天津博物馆—光合谷营地

维度或要素		小学高年级段	初中段	高中段
教学重点难点（以代表性线路教学设计为例，以下同）	教学重点	1.探寻朱家角的建筑特色与民风民俗；2.了解中共一大召开的历史背景和重要意义；3.通过亲历现场，了解一些常见的现代武器，如飞机、坦克、潜艇等，逐步形成国防安全意识；4.了解国歌的发展历程，弘扬民族情怀；5.了解电影人、电影知识和电影背后的故事，感受电影文化；6.了解中国铁路的发展历程，感受中国铁路的发展和成就；7.通过实训演练，掌握必备的逃生躲避技能，提高关爱生命的意识	1.感悟古镇的水乡文化，探究人、自然、文化之间的相互关系；2.了解鲁迅先生的人生轨迹，感受鲁迅文学对后世留下的深远影响；3.了解中国兵器发展史，理解轻型、重型兵器的概念及分类；4.初步了解中国航天事业的发展历程；5.熟练掌握避险逃生技能，提升防范的意识；6.增加对于中国共产党、中华人民共和国建成和发展历史的生动细节的了解和艰辛过程的体悟，激发民族认同感和自豪感；7.了解中国航海的起源和发展过程，感受中国人民的智慧和勇气	1.探索中国传统戏曲里种类繁多的盔头，感悟光与影的艺术；2.接受革命教育，强化国防意识，提高学生自主、自立、自强的思想意识；3.深入了解红军长征的历史，弘扬长征革命精神；4.学习旗语的基本动作，并能正确使用它们进行交流和传达信息；5.了解传统文化，过节习俗、年画的历史及制作工艺；6.参观萨马兰奇纪念馆主展区，了解奥林匹克精神的重要意义
	教学难点	1.初步了解桥梁文化的历史和建筑特色；2.理解中共一大召开的历史意义，包括地理位置、时期背景和党的成立对中国历史的影响；3.初步了解现代武器的基本特点和用途，形成对祖国国防力量的正确认识；4.感悟国歌所代表的国家尊严和民族自豪感；5.理解中国电影在传承历史文化中的重要作用；6.了解铁路技术的变革对于中国历史进程和文化的影响；7.应对突发情况，做出正确的判断	1.体悟古镇文化的深刻内涵，增强文化自信；2.结合课本，更直观地感受鲁迅先生的思想和作品，提升文化素养；3.增强对于科技进步、国家安全和民族复兴的意识和使命感；4.增强对于航空航天知识的了解与认识，了解科研和科学探究的方法；5.应对突发情况，能迅速、准确、有效地应对；6.深刻认识到党的领导和社会主义制度的重要性，增强民族自豪感和爱国情感；7.深入理解航海的发展历程，提升科学素养，传承和弘扬航海文化	1.深入了解中华传统文化，提升艺术审美能力和鉴赏水平；2.深入了解历史，传承和弘扬革命精神；3.深化对革命历史的理解，特别是红军长征的艰辛历程和伟大意义，增强历史文化意识；4.掌握旗语技巧，快速准确识别旗语信号；5.深入理解杨柳青特色画的内涵和特点，感受非遗文化的独特魅力和价值；6.体会相互了解、友谊、团结和公平竞争的奥林匹克精神，激发参与体育运动的热情与动力

维度或要素	小学高年级段	初中段	高中段
教学策略	小学高年级段学生具备了一定的认知水平和学习能力，对历史、艺术等领域有了初步的了解。然而，他们在动手实践能力方面还存在不足，对于传统文化的系统认知也尚显薄弱。针对以上学情分析，基于认知学习理论，以助力文化传承、提升爱国情怀为目标，在教学方法上，主要采用讲授、演示、练习等多种方式相结合，确保学生能够深入理解并掌握知识。同时，依托教学设备、研学手册、研学用品及研学实践教育基地的基础设施等丰富的教学资源，引导学生在良好的学习条件下，运用自主学习、探究学习、合作学习等学法，让他们在研学过程中不断发掘自身的潜能，提升综合素质。总之，在研学实践活动中，综合运用情境教学、合作学习、基于探究的学习以及基于问题的学习等多种教学策略，针对传统文化和历史文化等主题进行精心设计，旨在调动学生的积极性，引导他们主动学习，并培养他们的文化传承与创新能力	以实用主义为基石，结合建构主义与发现学习理论的思想精髓，致力于培养初中段学生对优秀传统文化的价值观引领、传承保护及守正创新的能力。为实现这一目标，精心选取了江南文化、航海文化、科技文化等丰富内容，旨在通过多元化的教学手段与学习方式，使学生能够深入了解并热爱这些传统文化的瑰宝。在教学方法上，主要采用讲授、演示、情境、练习、任务驱动、自主探究等多种方式，以满足不同学生的学习需求。同时，依托研学手册、教学设备及研学用品等资源和虚拟化数字化技术，引导学生在沉浸式学习环境下，通过自主学习、探究学习及合作学习等方式，积极探索传统文化的内涵与价值。在教学资源方面，结合立德树人的教育理念，引导学生树立正确的价值观和人生观。此外，还利用文化、国防等研学资源，让学生在实践中学习，注重培养他们的创新意识和个性化发展，实现“五育并举”的教育目标	高中段是学生自我认知能力和学习能力迅速发展的时期，学生们开始形成强烈的自主意识、合作意识和创新意识。基于多元智力理论、实用主义和发现学习理论的指导思想，致力于培养学生的传承创新意识和能力，弘扬传统文化精神。针对以上学情分析，基于地域文化、非遗文化等丰富内容，旨在通过深入学习和实践，引导学生深度理解和热爱传统文化。运用讲授、讨论、演示、练习、任务驱动等多种方式，以满足不同学生的学习需求。学生通过自主学习、探究学习和合作学习等方式，积极参与到学习过程中，发掘和发挥自己的潜力。在研学实践活动中，学生围绕历史文明、传统文化、非遗传承等主题开展丰富多彩的实践活动；掌握观察、比较、归纳等科学方法，加强对客观事物全面的、辩证的认识；同时，通过科学探究与创新学习，培养学生的社会责任感、实践能力和创新意识，让他们在未来的学习和工作中更好地适应社会的发展和变化

维度或要素				小学高年级段	初中段	高中段
实施方案	入营教育	安全	引导	安排学生观看研学实践安全教育线上课程，明确衣食住行等方面的注意事项	安排学生观看研学实践安全教育线上课程，学会遇到紧急情况时要保持冷静	安排学生观看研学实践安全教育线上课程，明确入营安全
			实训	互相提问衣食住行注意事项，开展研学安全小剧场表演	小组研讨列举研学安全要求，模拟情境，合理判断，做出正确的决策	研读研学安全手册，开展入营安全教育课程
		应急	引导	观看突发事件视频，讲解遇到突发事件应如何处理，鼓励学生提出观点	通过真实案例分析，引导学生提出观点和解决方案	介绍应急课程的概念，强调应急情况下的正确应对方法，达到减少伤亡的目的
			实训	模拟火灾、地震等突发事件，让学生进行演练	通过带入案例场景，让学生演练逃生并掌握逃生方法	设计应急情境，帮助学生掌握简便实际的避灾技巧，提升随机应变的能力
		救助	引导	观看救助急救视频，理解和掌握如何在短时间内有效开展救助	观看教师示范，掌握止血、包扎等急救技能，学会如何开展自救互救	观看救助案例，引导学生在意外事故发生时合理运用现场资源，开展有效救助
			实训	学习并掌握止血、包扎等急救技能的具体操作方法	通过模拟演练，让学生练习救助技能，如模拟受伤、心脏病发作等情况	模拟救助现场，让学生开展紧急情况下的自救互救
		自我管理	引导	观看视频，引领学生宣誓，做到健康生活、规律作息、卫生文明	教授学生合理管理时间，如使用日程表、待办事项列表、时间块等	明确学生研学期间应做好自我管理，做到健康生活、规律作息、卫生文明
			实训	学生在公平、公正的原则下，对生活管理方面开展自评和互评	学生追踪自己的行为和进度，使用日记等方式记录自己的学习和生活情况	采用学生自管会评分方式，对研学过程中内务、作息、纪律等方面进行评价
		团队协作	引导	教授学生有效的沟通技巧，如倾听、表达、非言语沟通等	引导学生在集体食宿、集体出行的研学过程中做到有效沟通、团结协作	引导学生学会“非暴力沟通”，引导学生合理正确表达个人感受
			实训	学生以团队协作为主题开展主题演讲	通过团队活动，让学生合理正确表达个人感受，合力解决难题	开展拓展小游戏，制定清晰的团队规则，包括沟通方式、决策过程、角色分配等

维度或要素		小学高年级段	初中段	高中段
实施方案	导入教学环节	1.问题导入：朱家角古镇的建筑特色是怎么样的？2.故事导入：讲述四行仓库的历史故事，了解“八百壮士”的英勇事迹；3.任务导入：发布探究性任务，调动学生积极性与主观能动性；4.情境导入：通过图画、动画，创设学习情境，唤起学生情感上的共鸣；5.视频导入：学生观看相关视频，提高关爱生命的意识	1.任务导入：发布探究性任务，调动学生积极性与主观能动性；2.故事导入：讲述鲁迅先生的事迹，联系课本知识，学生们说说自己了解的文学巨匠；3.任务导入：发布研学任务单，引导学生了解潜艇在海军作战中的重要作用；4.问题导入：钱学森图书馆为什么称为“图书馆”而不是“纪念馆”？5.生活情境导入：创设一个与学生生活相关的情境，明确安全实训的重要性	1.直接导入：介绍京剧脸谱，引起学生的好奇心，激发学生对活动的求知欲及探究欲；2.任务导入：发布探究性任务，调动学生积极性与主观能动性；3.情境导入：带领学生进入相关场景，感受相声文化；4.故事导入：讲述萨马兰奇的故事，调动学生的积极探究性，激发学生学习兴趣；5.任务导入：发放研学活动手册，发布探究型任务
	授课教学环节	第一天：入营教育，必修课程一“绿舟启航”、必修课程二“江南古镇探秘”、选修课程2“龙舟竞渡”；第二天：必修课程三“寻访初心之地”、必修课程四“走进四行仓库”、必修课程五“走进国歌展示馆”；第三天：必修课程六“大国重器登航母”、必修课程七“走进潜艇”、选修课程3“勇者闯关”；第四天：必修课程八“光影魅力”、必修课程九“走进铁路的魅力世界”；第五天：必修课程十“安全伴我行”	第一天：入营教育，必修课程一“扬帆绿舟”、必修课程二“探秘江南文化”、选修课程1“帐篷搭建”；第二天：必修课程三“党的诞生”、必修课程四“上海故事”、必修课程五“致敬文学巨匠”；第三天：必修课程六“兵器王国面面观”、必修课程七“潜艇深海行”；第四天：必修课程八“航海的千年记忆”、必修课程九“对话钱学森”；第五天：必修课程十“牢记安全在心中，践行安全稳步走”、选修课程2“蜂巢挑战”	第一天：入营教育，必修课程一“弘扬国粹”、选修课程2“研习木版画技艺”；第二天：必修课程二“忆苦思甜”、必修课程三“重走长征路”、必修课程四“农耕文化体验”；第三天：必修课程五“品津味麻花”、必修课程六“听津味相声”、必修课程七“军歌嘹亮”、选修课程5“研习塑编工艺”；第四天：必修课程八“对话萨马兰奇”、必修课程九“解密旗语”第五天：必修课程十“探访杨柳青古镇”

维度或要素		小学高年级段	初中段	高中段
实施方案	进阶教学环节	1.在“江南古镇探秘”课程的基础上观察古镇的自然环境，如水文、植被等，同时，了解古镇与自然环境的关系，如古镇的选址、布局等；2.在“光影魅力”课程的基础上深入了解电影的发展历程，学习电影的制作过程；3.在“走进四行仓库”课程的基础上了解四行仓库战斗相关的历史人物，了解这些人物的事迹和精神，进一步感受抗战时期中国人民的勇气和坚韧不拔的精神；4.在“走进国歌展示馆”课程的基础上，结合音乐、历史、美术等相关学科，跨学科融合教学，让学生从不同角度理解国歌的魅力	1.在“探秘江南文化”课程的基础上深入了解古镇的历史背景，探索古镇丰富的文化遗产，体验非遗文化；2.在“致敬文学巨匠”课程的基础上，探索科学与人文的交叉融合；3.在“航海的千年记忆”课程的基础上研究航海博物馆的展品和文献资料，以及参加相关的讲座和研讨会来获取更多信息，研究航海文化对人类社会的影响；4.在“对话钱学森”课程的基础上学习钱学森图书馆初中学段的馆校合作课程，体验思政一体化博物馆的“第二课堂”	1.在“重走长征路”课程基础上，参与志愿服务、扶贫济困等实践活动，深入体会团结协作、无私奉献等长征精神；2.在“听津味相声”课程的基础上成立相声表演小组，逐步掌握相声的表演技巧和艺术内涵；3.在“对话萨马兰奇”课程的基础上引导学生学会用哲辨思想和系统思维来理解和解决问题；4.在“解密旗语”课程的基础上尝试创建自己的编码系统，使用特定的旗帜组合来表示特定的信息或命令
	巩固教学环节	1.利用多媒体教学工具，如PPT、视频、图片等，以多种形式展示电影的制作，帮助学生更好地理解电影魅力；2.让学生带着任务探秘江南古镇，加深学生对于古镇的悠远历史的印象；3.鼓励学生进行讨论和互动，让他们分享对四行仓库保卫战的看法和感受；4.开展主题教育活动，如“国歌在我心中”等。通过主题活动，让学生更加深入地了解国歌的历史和文化内涵	1.设置问卷，测试学生对于江南文化的了解程度，加深印象；2.通过组织小组讨论、角色扮演、提问等互动活动，加深对党的诞生过程和意义的理解；3.利用现代科技手段，如虚拟现实、增强现实等，让学生更直观地感受鲁迅的生活环境和创作背景；4.组织航海实践体验活动，让学生亲身参与航海操作、船舶驾驶等实践环节，巩固学员对航海技能和知识的应用能力	1.将学生分为若干小组，每个小组代表一个红军队伍，模拟长征的路线和过程；2.将所学知识应用到实际生活中，借鉴农耕文化的理念，注重生态平衡，推广有机农业、绿色农业等可持续的农业生产方式；3.选取一些经典的相声作品进行分析，让学生深入了解相声的表演技巧和艺术魅力，更好地理解相声的表演方式和精髓；4.在学生了解年画制作工艺的基础上，尝试制作年画，深入了解年画的艺术特色

维度或要素			小学高年级段	初中段	高中段
实施方案	总结教学环节	教学创新	利用课件、视频等多媒体资源，丰富教学内容，使学生在解决实际问题的过程中发挥创造性。通过角色扮演、辩论、模拟游戏等形式激发学生的学习兴趣和主动性，让学生在模拟的真实情境中发挥想象力和创造力，提高教学效果	通过提问、分组讨论等方式激发学生的思考，引导学生主动探索问题，寻找解决方案。鼓励学生将不同学科的知识和方法结合起来解决实际问题，将传统文化和国情教育、艺术等领域的内容融合，促进学生的创新思维	强调学生的主体地位，注重培养学生的问题解决能力、创造性思维和实践能力。关注个体的成长和发展需求，使学生能够充分发挥他们的优势，让学生主动地参与问题的发现和解决过程，培养学生的探索精神和科学研究能力
		教学总结	记录在研学实践中通过情境创设、课堂互动、课后答疑等方式，及时了解学生的学习情况，调整教学策略。采用问卷调查获得学生和学校反馈，撰写教学总结分析微报告	采用拍摄、摄影等方式记录学生在研学中的状态和感受，建立研学档案，追踪学生在研学过程中的自主、合作、情感态度、价值观所发生的改变，优化教学策略，提高教学效果	利用研学评价调查表，及时收集学生反馈，了解学生研学手册的填写情况，并通过及时复盘的方式，了解研学环节的优点和不足，建立研学档案，使教学目标更加贴近学生的实际需求和发展方向
		教学反思	在研学过程中，教师应观察学生的学习积极性、学习态度、方法、团队合作意识以及解决问题的能力，调整教学方法，帮助学生掌握既定课程内容	思考研学对于学生学习效果的影响，包括知识掌握、能力培养、情感态度等方面，并对教学效果进行客观评价，观察学生能否较好地掌握所学内容，并能够运用所学知识进行实际操作	根据调查反馈情况，对各个教学环节及时进行调整和优化，关注引导探究性学习和合作学习的实施情况，观察学生自主、合作、体验、创新意识，总结经验，为后续研学活动提供参考

维度或要素				小学高年级段	初中段	高中段
实施方案	评价教学环节	教学水平评价	自我评价	观察学生在课程中的参与度和积极性，判断教学方法和教学风格是否适合学生学段和特点，创造积极、互动的学习环境	观察学生对于课程内容、难易程度的接受性，判断教学方法与学生学段的适配性，及时调整教学手段，关注学生的反馈和表现	判断学生对于所学知识的掌握程度、实际运用能力，改进教学内容的系统性和连贯性，将最新的研究成果和前沿知识引入课堂
			学生评价	学生对研学过程的总体体验、研学课程是否具有吸引力、是否有收获和思考；教师对课程的掌控能力，组织能力；能否给与学生足够的关心和支持	评价教学内容是否丰富并且涵盖了需要掌握的知识点和技能；教师教学手段是否具有多样性，适应自身身心特点	学习内容是否充实、具有深度和广度，满足学习兴趣和需求；教学方法是否有效帮助自己掌握课程和知识；是否有足够的机会进行课堂讨论、提问和分享观点
			同行评价	评价教学资源的质量，是否足够丰富和易于理解；观察教师使用的教学方法是否多样、有效，并能否激发学生的学习兴趣和积极性	关注学生在课堂上的参与程度、互动方式和反馈，以及教师如何回应和引导学生；评估教学内容的质量以及是否与学生的实际需求相匹配	评价教师是否明确并有效地传达了教学目标，以及这些目标是否与学生的需求和课程要求相符合；评估教学内容是否与学生知识背景相匹配
			培训和考核	制定教师培训计划与目标，对教师开展教学设计、带队组织、应急救助、灵活应变等方面开展培训	建立教师交流平台，鼓励教师分享研学实践中的经验和问题，学习他人经验，提升自身水平，对教师教学组织能力进行考核	教师定期参加研学实践课程资源的开发、教学实施的培训，并在政治素养、教学水平、教学态度、教学成果等多维度定期对教师进行综合考核与评价
			教学成果展示	定期组织教师研学实践成果展示交流。在展示会上，以展板、演讲、表演、视频等多种形式，展示学生的研学经历和收获	记录、总结学生的研学实践过程，撰写研学实践案例；用研究微报告、分享会等方式展示研学实践成果	利用研究微报告、教研论文等方式等聚焦于研学实践中发现的问题与反思，展示教学创新点和亮点

维度或要素				小学高年级段	初中段	高中段
实施方案	评价教学环节	学业评价	形成性评价	自我评估学习主动性、积极性；通过互评发现自己的优点和缺点，学习他人长处；观察学生的学习态度、学习方法，提供针对性的反馈和指导	自我评估学习成果，调整学习策略；通过比较，先发自己的缺点并改正；观察学生在研学实践中的参与度、合作态度、问题解决能力、创新思维等方面反映学生的学习效果和学习进步情况	对自己的学习过程和成果有清晰的认知，提高学习效果；通过比较和反思，调整学习方向；利用研学手册对学生开展阶段性诊断与评价。关注学生在研学过程中认知能力、文化积累、合作沟通等方面的变化提升
			总结性评价	参照研学目标，通过测验、小组汇报展示等形式对学生在研学活动中的参与度、学习习惯和学习态度进行观察，测试学生对特定知识的掌握情况	建立研学档案，通过小组汇报、研学微报告等方式评价学生实际操作能力，记录情感、态度、行为习惯培养、价值观的变化以及对所学知识的综合运用能力	构建问题，要求学生将他们在研学实践中所学所获综合解决实际问题，评价学生的学习成果和综合运用知识的能力以及情感态度价值观的提升
			教师评价	根据学生在研学活动中的的参与度、积极性、小组讨论的贡献度等方面，评价学生学习态度和学习习惯，帮助学生提升自主学习能力	观察学生在研学活动过程中对知识的接受能力、理解能力、解决问题的能力、创新能力，对学生学习能力进行评价；通过学生学习主动性，评价学生学习态度	观察学生的学习动力、学习主动性等态度因素评价学生学习态度；通过团队活动观察学生是否能有效地与他人合作、是否能清晰地表达自己的观点等，评价学生在团队中的协作能力和沟通能力
		项目评价		教育主管部门、学生家长、学校、社会各界对研学目标设定、研学过程设计、实施效果等方面评估教师采用的教学方法是否恰当，是否能够激发学生的学习兴趣，促进学生的主动学习和积极参与	教育主管部门、学生家长、学校、社会各界对研学目标设定、研学过程设计、实施、研学线路规划、课程组织实施效果等方面评估教学内容是否符合教学目标，是否具有科学性和前沿性，是否适应学生的学习需求和能力水平	教育主管部门、学生家长、学校、社会各界对研学目标设定可测量性、研学过程设计实施、协同管理等方面评估学生的学习效果，包括知识的掌握程度、情感态度的变化等，以及评价教师的教学效果、教学管理的规范性和有效性

4.10 教学计划与策略列表：“浙”里联“赣”，研传统文化

<table>
<tr><td colspan="3">营地名称</td><td>温州市学生实践学校（简称“浙江温州营地”）</td><td>命名机构</td><td>教育部</td><td>识别码</td><td>Y145333003</td></tr>
<tr><td colspan="3">从业资质（摘要）</td><td>综合实践教育；研学实践；劳动教育；国防教育</td><td>单位属性</td><td>公益一类</td><td>法定代表人</td><td>叶超程</td></tr>
<tr><td colspan="3">研学主题</td><td>“浙”里联“赣”，研传统文化</td><td colspan="2">主要目的指向</td><td colspan="2">文化传承与创新教育</td></tr>
<tr><td rowspan="7">营地（枢纽）及周边主要优质研学资源</td><td colspan="2">基地层级</td><td colspan="5">研学站点（基地）名称</td></tr>
<tr><td rowspan="2">教育部命名基地</td><td>已列入教学计划</td><td colspan="5">一、与本主题相关列入教学计划的基地14个
1.浙江温州营地；2.温州矾矿“矾文化”基地（简称“矾矿基地”）；3.绍兴市鲁迅故里景区；4.宁波市（杭州湾）青少年学生实践基地（简称“杭州湾基地”）；5.江西上饶市中小学素质教育实践学校（简称“上饶基地”）；6.浙江诸暨米果果小镇（简称“米果果小镇”）；7.杭州运河博物馆；8.杭州长乐青少年实践教育基地；9.宁波市保国寺古建筑博物馆；10.宁波博物馆；11.杭州湾国家湿地公园（简称“杭州湾湿地公园”）；12.曹娥江水利工程展览馆（简称“曹娥江水利馆”）；13.衢州孔氏南宗家庙周恩来纪念馆；14.衢州市中小学素质教育实践学校（简称“浙江衢州基地”）
二、与本主题关联不大但列入本营地教学计划的基地3个
1.闽浙皖赣革命根据地旧址景区（简称“闽浙皖赣根据地旧址”）；2.中共浙江省委一大旧址纪念馆（简称“省委一大旧址”）；3.方志敏纪念馆</td></tr>
<tr><td>待列入教学计划</td><td colspan="5">1.中国水利博物馆；2.余姚市河姆渡遗址博物馆；3.长兴县新四军苏浙军区纪念馆</td></tr>
<tr><td colspan="2">其他部委命名基地</td><td colspan="5">1.宁波天一阁；2.江西上饶集中营旧址；3.江西三清山景区；4.温州平阳苏步青纪念馆；5.温州瑞安国旗馆；6.千年诗岛——温州江心屿；7.抗倭古镇——温州永昌堡；8.温州乐清国家地质公园——北雁荡山；9.温州永嘉千年古村——丽水街</td></tr>
<tr><td colspan="2">地方命名基地</td><td colspan="5">1.浙江红村研学营地（简称“红村营地”）；2.浙江红创军旅文化园研学营地（简称“红创军旅营地”）；3.江西婺源县熹园；4.温州苍南金乡明朝卫城博物馆；5.绍兴安昌古镇；6.朱程将军纪念馆；7.玉苍山文化园；8.上饶市博物馆；9.温州瑞安博物馆；10.平阳苏步青数学奥妙馆；11.中共浙江省委党校平阳分校（简称“省委平阳党校”）；12.红军挺进师革命纪念公园（馆）（简称“红军挺进师公园”）；13.周恩来纪念馆；14.蔡元培故居</td></tr>
<tr><td colspan="2">本营地资源</td><td colspan="5">1.温州工艺文化馆；2.瓯菜博物馆；3.百年红色邮品馆；4.温籍院士楹联文化馆；5.温州非遗文化体验馆；6.温州乡土农事馆；7.温州数学家展示馆；8.温州院士文化大道；9.温州状元与名士大道；10.中国著名高校温籍校长文化大道；11.法治与清廉文化馆</td></tr>
<tr><td colspan="2">其他资源</td><td colspan="5">1.温州市工艺美术研究院；2.温州市博物馆；3.温州城市规划展览馆；4.朱自清纪念馆；5.温州“永嘉学派”纪念馆</td></tr>
</table>

维度或要素	小学高年级段	初中段	高中段
校内教育基础（与校内教育的衔接）	对照课标，小学高年级段在文化传承与创新方面提出努力学习社会主义先进文化、革命文化和中华优秀传统文化，理解和践行社会主义核心价值观，逐步领会改革创新的时代精神的培养目标。本研学主题必修课程与校内教育衔接内容如下：1.人教版四年级道德与法治下册第四单元第11课“多姿多彩的民间艺术”；2.人教版六年级道德与法治下册第三单元第6课第2节“闻名世界的文化遗产”	对照课标，初中段在文化传承与创新方面提出认识中华文化丰厚博大，汲取智慧，弘扬社会主义先进文化、革命文化、中华优秀传统文化，建立文化自信的培养目标。本研学主题必修课程与校内教育衔接内容如下：1.人教版八年级地理上册第三单元第3课“水资源”、八年级地理下册第七单元第1课“自然特征与农业”；2.人教版八年级生物上册第一单元第4课“鱼”、第6课“鸟”；3.人教版九年级语文上册第四单元第15课“故乡”、七年级下册第三单元第10课“阿长与山海经”；4.人教版八年级生物上册第六单元第二章“认识生物的多样性”、第三章“保护生物的多样性”；5.浙美版九年级美术下册第6单元第9课“江南园林”	对照课标，高中段在文化传承与创新方面提出热爱中华文化，继承和弘扬中华优秀传统文化、革命文化、社会主义先进文化，关注和参与当代文化生活，了解和借鉴人类文明优秀成果，具有比较开阔的文化视野和一定的文化底蕴的培养目标。本研学主题必修课程与校内教育衔接内容如下：1.统编版高中历史必修中外历史纲要（上）第八单元第24课“人民解放战争”；2.人教版高中地理必修第四单元第1课“常见地貌类型”、地理选择性必修1自然地理基础第二单元第2课“构造地貌的形成”；3.人教版美术必修1艺术与生活第二单元第3课“设计用品”、高中美术必修第二单元第9课“美在民间—中国民间美术”；4.人教版高中思想政治必修三第二单元第4课“文化的继承性与文化发展”、第5课“文化创新”、第三单元第6课“我们的中华文化”

维度或要素			小学高年级段	初中段	高中段
研学课程	必修课程一	名称	矾矿提炼	跟着语文课本游绍兴	上饶集中营旧址研学
		活动目的	了解矾矿提炼的原理；初步掌握矾矿提炼与相关溶剂的制取方法	接触语文课本中鲁迅故居、百草园、三味书屋的真实情境，加深对课本知识的体会	深度学习“皖南事变”真相，了解伟大的新四军军史，感受叶挺将军的革命情操
		活动形式	教师讲授、任务驱动、实践体验相结合	在绍兴鲁迅故居景区开展系列活动	教师讲授、实地探访、实践体验相结合
	必修课程二	名称	矾塑制作	天一阁研学	婺源县熹园研学
		活动目的	了解矾塑的诞生与发展历史；掌握矾塑的制作工艺	了解天一阁的诞生与发展历史；缅怀先辈为中华文化流传做出的不懈努力	了解徽墨的历史与制作工艺，领会当地璀璨的非遗文化
		活动形式	教师讲授、任务驱动、实践体验相结合	教师讲授、实地探访、实践体验相结合	教师讲授、实地探访、实践体验相结合
	必修课程三	名称	矾山矿洞参观	宁波博物馆参观	安徽歙砚制作
		活动目的	了解矾矿开采的全套流程；深刻领会矾矿工人们为国家工业发展做出的贡献与牺牲	了解宁绍平原的历史与人文；加强对中华文明文化多样性的理解	了解歙砚的制作原理；掌握歙砚的制作方法
		活动形式	教师讲授、实地探访、实践体验相结合	自主学习、任务驱动、实地探访、实践体验相结合	教师讲授、实地探访、实践体验相结合
	必修课程四	名称	国防军事文化教育讲座	农耕劳动	闽浙皖赣革命根据地旧址研学
		活动目的	了解浙南红色革命的历史与发展，领会浙南先辈们艰苦卓绝的奋斗历程	了解宁绍平原的农耕文化；掌握基本的农耕劳动方法，体悟粮食种植的艰辛与不易	了解闽浙皖赣革命根据地的历史，领会革命先烈们爱党爱国、不怕牺牲的情怀
		活动形式	教师讲授、实地探访、实践体验相结合	教师讲授、任务驱动、实践体验相结合	教师讲授、任务驱动、实践体验相结合

维度或要素			小学高年级段	初中段	高中段
研学课程	必修课程五	名称	朱程将军陈列馆研学	候鸟博物馆研学	方志敏纪念馆研学
		活动目的	了解朱程将军，领会朱程将军抗击侵略者的决心与意志，培养爱党爱国的情怀	了解候鸟的迁徙路线与习性，认识到湿地的保护对于候鸟迁徙的重要作用	诵读名篇，体验方志敏烈士的伟大理想和清廉气节，学习其杰出的军政管理才干
		活动形式	教师讲授、实地探访、实践体验相结合	教师讲授、实地探访、实践体验相结合	教师讲授、任务驱动、实践体验相结合
	必修课程六	名称	制作红军鞋	长廊曼回研学	三清山徒步行
		活动目的	了解红军鞋的制作工艺，制作红军鞋，缅怀红军战士艰苦卓绝的奋斗历程	了解湿地鱼类的种类与习性；掌握鱼类保护相关的知识	体验红军长途行军的艰难与困苦，培养学生敢于吃苦，服从指挥的品格
		活动形式	教师讲授、实地探访、实践体验相结合	教师讲授、实地探访、实践体验相结合	教师讲授、实地探访、实践体验相结合
	必修课程七	名称	五百年金乡卫研学	曹娥江徒步行	三清山地质博物馆研学
		活动目的	了解金乡卫的由来与辉煌历史，激励学生爱乡爱国的情怀	了解曹娥江沿岸的自然人文；解读“娥江流韵”刻石背后的文化典故与内涵	了解三清山的地质构成与演变历史
		活动形式	教师讲授、实地探访、实践体验相结合	自主学习、实地探访、实践体验相结合	教师讲授、实地探访、实践体验相结合
	必修课程八	名称	搭建庇护所	曹娥江水利工程展览馆研学	昆曲——弋阳腔课程体验
		活动目的	了解并掌握庇护所的搭建方式；提升学生自我防护的素养	了解曹娥江大闸水利工程，领会曹娥江大闸建设对于宁绍平原的重要作用	了解昆曲——弋阳腔的演变与特点；掌握昆曲——弋阳腔的发声技巧
		活动形式	教师讲授、实地探访、实践体验相结合	教师讲授、实地探访、实践体验相结合	教师讲授、任务驱动、实践体验相结合

维度或要素			小学高年级段	初中段	高中段
研学课程	必修课程九	名称	学做红军饭	安昌古镇研学	磨盘山革命老区研学
		活动目的	了解红军饭的做饭流程，学做红军饭，缅怀红军战士艰苦朴素、不惧牺牲等精神	了解古镇桥梁的种类与特点；了解古镇建筑风格	探究磨盘山革命老区，凝聚红色教育资源，凸显山区人文精神，培养民族自豪感
		活动形式	教师讲授、实地探访、实践体验相结合	自主学习、实地探访、任务驱动	具身体验、观察思考、体验分享
	必修课程十	名称	玉苍山地质研学	米果果小镇	镜头里的婺源
		活动目的	了解玉苍山的地质构成，在实地调研中增强对地理要素的认知	识别农作物，了解农业文化历史，传承耕读遗风，培养知农、爱农、助农责任意识	考察婺源，领略美院独特建筑，培养审美能力，感受浓浓艺术文化氛围
		活动形式	教师讲授、实地探访、实践体验相结合	具身体验、观察思考、体验分享	体察自然、记录自然、成果分享
	选修课程		1. 长征——穿越陷阱区 2. 户外营地餐桌制作	1. 绍兴酱油传统酿造技艺体验 2. 农耕文化知识讲座	1. 皖南事变探索课程 2. “方志敏的故事”演讲赛

维度或要素		小学高年级段	初中段	高中段
研学线路	代表性线路（时长五日）	第一天：浙江温州营地—“世界矾都”矿奇石馆—福德湾—矾矿营地；第二天：矾矿营地—玉苍山文化公园—红村营地；第三天：红村营地—金乡卫—红村营地；第四天：红村营地—省委平阳党校—省委一大旧址—红军挺进师公园—红村营地；第五天：红村营地—朱程将军陈列馆—浙江温州营地	第一天：浙江温州营地—天一阁—宁波博物馆—杭州湾基地—浙江温州营地；第二天：浙江温州营地—杭州湾湿地公园—红创军旅营地；第三天：红创军旅营地—曹娥江大闸陈列馆—浙江温州营地；第四天：浙江温州营地—安昌古镇—米果果小镇—红创军旅营地；第五天：红创军旅营地—鲁迅故居—三味书屋—周恩来故居—浙江温州营地	第一天：浙江温州营地—上饶集中营旧址—浙江温州营地；第二天：浙江温州营地—闽浙皖赣革命根据地旧址—磨盘山—浙江温州营地；第三天：浙江温州营地—方志敏纪念馆—浙江温州营地；第四天：浙江温州营地—三清山—浙江温州营地；第五天：浙江温州营地—婺源县熹园景区—浙江温州营地
	可选择线路（按天设计，菜单式选择）	1. 浙江温州营地—人工湖公园—矾矿营地；2. 矾矿营地—矾山老街—红村营地；3. 矾矿营地—苍南县矾山镇地质博物馆—红村营地；4. 红村营地—苍南县碗窑景区—红村营地；5. 红村营地—云台山—红村营地；6. 红村营地—燕窝洞—红村营地；7. 红村营地—石聚堂风景区—红村营地；8. 红村营地—鲸头名胜风景区—红村营地	1. 浙江温州营地—宁波市奉化区滕头学生社会实践基地—杭州湾基地；2. 杭州湾基地—河姆渡遗址—杭州湾基地；3. 杭州湾基地—宁波市保国寺古建筑博物馆—杭州湾基地；4. 杭州湾基地—宁波植物园—杭州湾基地；5. 杭州湾基地—鸣鹤古镇—杭州湾基地；6 杭州湾基地—王阳明故居—杭州湾基地；7. 红创军旅—蔡元培纪念馆—浙江温州营地；8. 红创军旅—孑民图书馆—浙江温州营地	1. 浙江温州营地—上饶市博物馆—浙江温州营地；2. 浙江温州营地—文星古塔—浙江温州营地；3. 浙江温州营地—龟峰—浙江温州营地；4. 浙江温州营地—灵山—浙江温州营地；5. 浙江温州营地—云碧峰国家森林公园—浙江温州营地；6. 浙江温州营地—鹅湖书院—浙江温州营地；7. 浙江温州营地—瓢泉辛弃疾故居—温州基地；8. 浙江温州营地—衢州基地—衢州孔氏南宗家庙—浙江温州营地
	规划线路（按天设计）	1. 浙江温州营地—水帘洞—矾矿营地 2. 矾矿营地—霞关老街—红村营地 3. 红村营地—明朝“卫所”—红村营地	1. 红创军旅营地—沈园—红创军旅营地 2. 红创军旅营地—兰亭—红创军旅营地 3. 红创军旅营地—鲁镇—红创军旅营地	1. 浙江温州营地—婺源篁岭—浙江温州营地 2. 浙江温州营地—望仙谷—浙江温州营地 3. 浙江温州营地—鄱阳湖国家湿地公园—浙江温州营地

维度或要素		小学高年级段	初中段	高中段
教学重点难点（以代表性线路教学设计为例，以下同）	教学重点	1.初步了解浙南“矾”文化，掌握一定的矾提炼技能，培养学生的团队协作能力与科学素养 2.探究浙南“矾”文化背后的人文地理要素，掌握山脉地形对矾矿产生的影响 3.在充分了解浙南“矾”文化的基础上，进一步领略浙南的红色历史，培养学生的团队协作能力与军事素养 4.掌握浙南的“矾”文化与红色历史，感悟浙南英雄们保卫祖国大好河山的英雄气概和胸怀	1.追寻伟人的脚步，初步了解宁绍平原的人文历史与耕读文化 2.掌握耕种技能，培养勤劳肯干、精益求精的品质 3.进一步了解治水文化与典故，理解劳动是智慧之源、劳动创造美好生活的道理 4.了解地域特色建筑风格；培养学生的团队协作能力与军事素养	1.探寻江西红色革命遗址，了解先烈革命往事，激发学生对革命事业的崇敬之情 2.探寻江西革命往事；了解方志敏等革命先烈的事迹，树立向先烈看齐，勇于担当的品质 3.在充分了解江西红色历史文化的基础上，提升学生的军事素养；培养学生的团队协作能力 4.了解江西古今往事，追忆近代革命先烈的舍生忘死的气魄，领略江西文化大儒的治国理念，引导学生坚定学成报国的远大目标
	教学难点	1.掌握初步的矾提炼技能，并提升团队协作能力与科学素养 2.掌握浙南“矾”文化的背后的人文地理要素，正确知晓山脉地形对矾矿产生的影响 3.对浙南的红色历史产生兴趣；提升团队协作能力与军事素养 4.掌握浙南的“矾”文化与红色历史，感悟浙南英雄们保卫祖国大好河山的高尚情操	1.对宁波博物馆、天一阁文物背后的文化内涵有充分的了解，对宁绍平原的人文历史与耕读文化有比较深入的认识 2.在研学考察中了解宁绍平原人文地理，掌握耕种技能，培养勤劳肯干、精益求精的品质 3.解读曹娥江大闸景观背后的治水文化与典故，理解劳动是智慧之源、劳动创造美好生活的道理 4.对地域特色建筑风格有个人的理解；培养学生的团队协作能力与军事素养	1.探寻江西红色革命遗址，了解先烈革命往事，激发学生对革命事业的崇敬之情 2.了解方志敏等革命先烈的事迹，树立向先烈看齐，勇于担当的品质 3.提升学生的军事素养，培养学生的团队协作能力 4.了解江西古今往事，追忆近代革命先烈的舍生忘死的气魄，领略江西文化大儒的治国理念，引导学生坚定学成报国的远大理想

维度或要素	小学高年级段	初中段	高中段
教学策略	针对小学高年级段学生具有一定的认知水平和学习能力，对历史、艺术和非遗文化等领域有一定的了解，但是动手实践能力不足，对传统文化、浙南红色文化的系统认知不足的学情分析，基于多元智力理论等指导思想，以学生的文化传承能力和家国情怀为目标，选取矾文化、浙南红色文化、非遗文化等内容，运用讲授、演示、练习等教法和自主学习、探究学习、合作学习等学法，依托项目化研学课程教材、研学手册、教学设备、教学耗材及研学实践教育基地基础设施等教学资源进行总体设计，开展参观、体验、制作等多种形式的活动，并在实际教学过程中根据学生反馈意见进行动态调整，确保小学高年级段的学生能够深度参与并在研学实践中学有所得，理解“矾”文化与红色文化遗址背后的文化内涵，培育自身初步的革命精神和家国情怀	针对初中段学生活泼好动、青春叛逆、逻辑逐步缜密等较为普遍的年龄特征及其知识储备基础，以缄默学习理论、多元智力理论为指导思想，基于兴趣理念、主体理念、发展理念、问题理念等现代教学理念，选取红色教育、文化传承、劳动教育、历史教育、节水教育等为主的研学站点，依托研学基地、研学手册、研学教师等研学资源，以养成学生实践动手能力、独立生活习惯、探究社会问题意识，初步形成对社会负责的态度和社会公德意识，采取讲授法、演示法、讨论法、练习法、实践法等教法和自主学习、合作学习、探究学习等学法，借助丰富的实践体验教学资源和数字化技术，使用体验式、情境式、合作学习等学习策略来进行总体设计，开展实践体验、交流分享等活动，并在实际教学过程中根据学生反馈进行动态调整，确保不同基础的初中段学生都能够在研学中学有所悟，对宁绍平原的地理人文有深入的了解	针对高中段学生知识技能储备较为丰富、对传统文化、红色文化具备了基本认知、身处世界观人生观价值观成型的关键阶段等年龄特征，以建构主义理论、发现学习理论、多元智力理论为指导思想，基于主体理念、互动理念、发展理念、问题理念、反思理念、多元理念等现代教学理念，选取红色教育、国防教育、传统文化教育等为主的研学站点，依托研学基地、研学手册、研学教师等研学资源，以养成学生关心社会发展、关注社会问题、关切社会生活、践行社会公德为培养目标，采取讲授法、演示法、讨论法、实践法等教法和自主学习、合作学习、探究学习等学法，借助丰富的实践体验教学资源和数字化技术，使用体验式、情境式、合作学习、跨学科等学习策略来进行总体设计，开展实践体验、交流反思、实验验证等活动，并在实际教学过程中根据学生反馈意见进行动态调整，确保研学实践活动能对高中段学生世界观、人生观、价值观的形成发挥积极的促进作用，引导其加强对不同区域文化的理解，树立“读万卷书行万里路”的意识，培养实践精神和远大理想

维度或要素				小学高年级段	初中段	高中段
实施方案	入营教育	安全	引导	通过营地安全通道、安全标识学习，通过参观感知等方法进行安全教育	通过营地安全通道、安全标识学习，通过实践体验等方法进行安全教育	通过营地安全通道、标识学习，通过调查法、资料收集等方法开展安全教育
			实训	为学生提供一份详细的安全手册，列出可能的风险、预防措施和应急处理方法	为学生提供一份详细的安全手册，列出可能的风险、预防措施和应急处理方法	为学生提供一份详细的安全手册，列出可能的风险、预防措施和应急处理方法
		应急	引导	通过视频学习，掌握应急事件处理方法和技巧	通过视频学习，掌握应急事件处理方法和技巧	通过视频学习，掌握应急事件处理方法和技巧
			实训	观看典型视频，学生感知体验、观察记录分享个人体会	观看典型视频，学生搜集资料、文献，分享个人体会	观看典型视频，学生比较研究、鉴赏评价分享个人体会
		救助	引导	通过案例情境，主动寻找和利用各种资源，培养信息获取和资源整合能力	通过案例情境，培养学生遇到需要求助时，主动寻找和利用各种资源	通过案例情境，培养学生遇到需要求助时，主动寻找和利用各种资源
			实训	角色扮演、团队合作等活动，帮助学生熟悉求助教育的方法和技巧	开展模拟情境、角色扮演等活动，帮助学生掌握求助的方法和技巧	实际操作，模拟拨打求助电话
		自我管理	引导	在教师的带领下，通过情绪管理的培训，帮助学生掌握应对压力和困难的方法	在教师的带领下，通过情绪管理的指导，帮助学生掌握应对压力和困难的方法	在教师的带领下，通过情绪管理培训和指导，帮助掌握应对压力和困难的方法
			实训	角色扮演、案例分析、团队合作等活动，帮助学生熟悉自我管理的方法和技巧	实施角色扮演、案例分析、团队合作等活动，帮助掌握自我管理的方法和技巧	实施角色扮演、团队合作等活动，帮助学生熟悉和掌握自我管理的方法和技巧
		团队协作	引导	分小组协作，鼓励学生在小组内分工合作，制订计划、分配任务、协调进度等	分小组协作，每个小组负责一个具体的任务，制订计划、分配任务、协调进度	分小组协作，每个小组负责一个具体的任务或项目，鼓励学生小组内分工合作
			实训	学生自主设计小组活动，组织和协调活动内容、时间安排、资源调配等	学生自主设计小组活动，组织和协调活动内容、时间安排、资源调配等	学生自主设计小组活动，组织和协调活动内容、时间安排、资源调配等

维度或要素		小学高年级段	初中段	高中段
实施方案	导入教学环节	1.情境导入：带领学生进入矾矿相关场景；2.任务导入：发布研学任务单，引导学生探究地形地貌对矾矿的影响；3.体验式导入：体验红军革命生活的相关实践活动	1.情境导入：带领学生进入相关场景；2.视频导入：观看相关内容科普视频，引导学生主动思考和讨论；3.任务导入：发布探究性任务，引导学生思考宁绍平原文化要素特点	1.情境导入：带领学生进入江西革命遗址相关场景；2.视频导入：观看方志敏的事迹相关内容，调动学生积极性与主观能动性；3.任务导入：发布《研学任务单》，探究三清山地质特点
	授课教学环节	第一天：必修课程一“矾矿提炼”、必修课程二“矾塑制作”、必修课程三“矾山矿洞参观”；第二天：必修课程十“玉苍山地质研学”、选修课“户外营地餐桌制作”；第三天：必修课程四“国防军事文化教育讲座”、必修课程六“制作红军鞋”；第四天：必修课程八“搭建庇护所”、必修课程九“制作红军饭”；第五天：必修课程五“朱程将军陈列馆研学”、必修课程七“五百年金乡卫研学”	第一天：必修课程二“天一阁研学”、必修课程三“宁波博物馆参观”；第二天：必修课程四“农耕劳动”、必修课程五“候鸟博物馆研学”、必修课程六“长廊曼回研学”；第三天：必修课程一“跟着语文课本游绍兴”、选修课“绍兴酱油传统酿造技艺体验”；第四天：必修课程七“曹娥江徒步行”、必修课程八“曹娥江水利工程展览馆研学”；第五天：必修课程九“安昌古镇研学”、必修课程十“米果果小镇”	第一天：必修课程一“上饶集中营旧址研学”；第二天：必修课程四“闽浙皖赣革命根据地旧址研学”、必修课程九“磨盘山革命老区研学”、必修课程八“昆曲——弋阳腔课程体验”；第三天：必修课程五“方志敏纪念馆研学”、选修课“皖南事变探索课程”；第四天：必修课程六“三清山徒步行”、课程七“三清山地质博物馆研学”；第五天：必修课程二“婺源县熹园研学”、必修课十“镜头里的婺源”、必修课程三“安徽歙砚制作”
实施方案	进阶教学环节	1.实地探究：矾矿是如何析出的、玉苍山的地质状况；红军通过哪些技艺进行后勤保障、明朝海防卫所军事制度和“戚家军”；2.小组讨论：生活中矾的用途、矾塑的制作步骤	1.实地探究：宁绍平原的风土民俗类型、候鸟的飞行线路、曹娥江大闸对宁绍平原各方面的影响、安昌古镇桥梁样式种类；2.分享交流：“娥江流韵”背后的文化典故、宁绍平原古建筑风格	1.实地探究：“皖南事变”真相、省苏维埃设立的背景与历史、三清山地质特点；2.小组讨论：三清山研学心得体会、自然地理与人文历史的关联性
	巩固教学环节	1.总结性参观，现场教学、自主学习与任务驱动相结合；2.任务驱动、小组探究讨论，与专家对话，加深对中国海防历史文化的理解程度	1.引入真实案例与故事讲解，现场教学、自主学习与任务驱动相结合；2.发布任务与小组交流分享相结合，选取代表进行知识分享、技能展示等，将瓯越文化与宁绍农耕文化相比较，谈各自体会和感受	1.发布任务与小组交流分享相结合，选取代表进行知识分享，谈谈对于江西自然地理与人文历史的关联性的体会和感受；2.引入真实案例与故事讲解，现场教学、自主学习与任务驱动相结合

维度或要素			小学高年级段	初中段	高中段
实施方案	总结教学环节	教学创新	教师在研学活动中主动尝试新的教学方法和策略，培养学生的文化传承精神和实践能力。研学旅行活动要体现“学生主体，教师主导”的理念，温州市学生实践学校的最大教学创新点就是借用学校自主开发的研学UMU实践App全方向安全有效组织研学实践活动。教师指导研学主要包括两个方面：一是在参观体验时，要针对小学生的身心特点安排具有特色趣味性的项目。二是在探究学习时，要以兴趣培养为目的，培养学生的学习习惯，培养获得感并给予全程指导	教师在研学活动中主动尝试新的教学方法和策略，培养学生的文化传承精神和实践能力。研学旅行活动要体现“学生主体，教师主导”的理念，温州市学生实践学校的最大教学创新点就是借用学校自主开发的研学UMU实践App全方向安全有效组织研学实践活动。教师指导研学主要包括两个方面：一是在参观体验时，要精心设计集体讲解，合理安排个别咨询，不照本宣科，要生动有趣。二是在探究学习时，指明学习方向，激发探究兴趣，整合研究问题，给予方法指导，进行全程指导	教师在研学活动中主动尝试新的教学方法和策略，培养学生的文化传承精神和实践能力研学旅行活动要体现“学生主体，教师主导”的理念，温州市学生实践实践学校的最大教学创新点就是借用学校自主开发的研学UMU实践App全方向安全有效组织研学实践活动。教师指导研学主要包括两个方面：一是在参观体验时，让高中带着问题去学习，在问题导向下思考不同历史背后的真相与先烈的精神。二是在探究学习时，指明学习方向，并鼓励学生成立学习小组，利用各种途径探讨问题、研究问题，教师辅助指导
		教学总结	及时收集学生、家长和其他相关人员的反馈，了解教学环节的优点和不足，整理研学活动的教学资料，建立教学档案。突出温州基地严谨的研学评价方式：一是评价主体多元，二是评价内容全面，三是体现学生主体，四是突出激励功能，五是差异性原则	及时收集学生、家长和其他相关人员的反馈，了解教学环节的优点和不足，整理研学活动的教学资料，建立教学档案。突出温州基地严谨的研学评价方式：一是评价主体多元，二是评价内容全面，三是体现学生主体，四是突出激励功能，五是差异性原则	及时收集学生、家长和其他相关人员的反馈，了解教学环节的优点和不足，整理研学活动的教学资料，建立教学档案。突出温州基地严谨的研学评价方式：一是评价主体多元，二是评价内容全面，三是体现学生主体，四是突出激励功能，五是差异性原则
		教学反思	根据教学反馈意见和评估结果，对教学环节进行调整和优化，梳理教学环节的设计、实施和效果，提炼经验教训，为下一次研学活动提供参考。温州基地小学阶段侧重考察博物致知、自我管理、沟通共处等目标是否达成	根据教学反馈意见和评估结果，对教学环节进行调整和优化，梳理教学环节的设计、实施和效果，提炼经验教训，为下一次研学活动提供参考。温州基地初中阶段侧重具身认知、实践解决、个性创意等目标是否达成	根据教学反馈意见和评估结果，对教学环节进行调整和优化，梳理教学环节的设计、实施和效果，提炼经验教训，为下一次研学活动提供参考。温州基地高中阶段侧重考察服务社会、思维物化、创新发展等目标是否达成

维度或要素				小学高年级段	初中段	高中段
实施方案	评价教学环节	教学水平评价	自我评价	教师对自己的教学进行反思和评价。以研学任务为评价导向，引领学生从真实情境中发现问题、提出问题、确立真实的学习任务，给予合理的自我评价	教师对自己的教学进行反思和评价。以研学任务为评价导向，引领学生从真实情境中发现问题、提出问题、确立真实的学习任务；强化规划设计意识，引导学生对项目过程进行整体构思，综合运用所学知识、技术，通过多元化的行动方案分析问题、解决问题	教师对自己的教学进行反思和评价。以研学任务为评价导向，引领学生从真实情境中发现问题、提出问题、确立真实的学习任务；强化规划设计意识，引导学生对项目过程进行整体构思，综合运用所学知识、技术，通过多元化的行动方案分析问题、解决问题；给学生提供多维的思维方向，使学生保持持续的思考和探究的能力
			学生评价	学生针对教师和学生之间的互动是否充分、研学课程师生对话参与度、学生能否积极参与到课堂教学中、课堂气氛活跃度方面进行评价，着重指导老师是否将小学学科知识有效运用到研学旅行活动中，寓教于乐，提升综合学习能力	学生针对教师和学生之间的互动是否充分、研学课程师生对话参与度、学生能否积极参与到课堂教学中、课堂气氛活跃度方面进行评价，将研学旅行活动中学习到的知识与技能、过程和方法运用到初中学科教学中，进一步拓展和加深；整合校内课程与校外课程，实现双向融合	学生针对教师和学生之间的互动是否充分、研学课程师生对话参与度、学生能否积极参与到课堂教学中、课堂气氛活跃度方面进行评价，着重指导老师是否将高中校内学科知识有效运用到研学旅行活动中，提升综合学习能力；将研学旅行活动中学习到的知识与技能、过程和方法运用到学科教学中，进一步拓展和加深；整合校内课程与校外课程，实现双向融合，对学生未来的职业规划产生深远的影响
			同行评价	由营地教师和教学管理人员对教师的教学进行评价。将信息技术的手段有效运用到研学旅行活动中，使学生尝试参与小组的活动探究和信息创建，发展学生初步利用信息技术的能力	由营地教师和教学管理人员对教师的教学进行评价。将信息技术的手段有效运用到研学旅行活动中，使学生积极参与小组的活动探究和信息创建；鼓励学生有效地了解、梳理信息，尝试表达自己的观点；发展学生利用信息技术的能力，培养学生的辨别和反思能力	由营地教师和教学管理人员对教师的教学进行评价。将信息技术的手段有效运用到研学旅行活动中，使学生主动参与小组的活动探究和信息创建；鼓励学生有效地利用信息，表达自己的观点，乐意与他人分享不同的见解或资讯；发展学生利用信息技术的能力，培养学生的辨别和反思能力，形成健康向上的信息伦理

维度或要素				小学高年级段	初中段	高中段
实施方案	评价教学环节	教学水平评价	培训和考核	定期对营地教师进行教学培训和考核，通过考核结果来评价教师的教学水平。1.研学准备阶段，教师可以引导学生发现、提出并明确研究主题，并辅助学生制订学习方案及任务；2.研学实施阶段，通过询问、督促、指导等方法引导学生积极开展小组合作学习和个人自主实践，学生通过多种活动方式完成真实情境的任务体验；3.研学总结阶段，这一阶段培训和考核指研学后展示活动，包括搭建展示平台，引导交流分享研学成果，对研学过程的系统性反思。教师引导学生初步梳理、提炼和设计自己的研学成果，鼓励以手抄报、报告等各种不同的方式充分展示研学成果，汇报自己的收获及反思	定期对营地教师进行教学培训和考核，通过考核结果来评价教师的教学水平。1.研学准备阶段，这一阶段培训和考核的内容指研学前启动活动，包括选题和方案制订。教师可以引导学生发现、提出并明确研究主题；确立活动目标，组建学习小组，初步制定学习方案及任务；2.研学实施阶段，这一阶段培训和考核的内容指研学中实施活动，包括活动实施与过程指导。通过询问、督促、指导等方法引导学生积极开展小组合作学习和个人自主实践，学生通过多种活动方式完成真实情境的任务体验。教师尝试引导学生获取资料，主动开展考察、体验、劳作、探究、交流、讨论等多样化研学活动；3.研学总结阶段，这一阶段培训和考核指研学后展示活动，包括搭建展示平台，引导交流分享研学成果，对研学过程的系统性反思。教师引导学生及时梳理、提炼和设计自己的研学成果，鼓励以演说、PPT展示等各种不同的方式充分展示研学成果，汇报自己的收获及反思	定期对营地教师进行教学培训和考核，通过考核结果来评价教师的教学水平。1.研学准备阶段，这一阶段培训和考核的内容指研学前启动活动，包括选题和方案制订，教师可以引导学生发现、提出并明确研究主题，确立活动目标，组建学习小组，制订较完善的学习方案及任务；查阅并收集与主题相关的资料；2.研学实施阶段，这一阶段培训和考核的内容指研学中实施活动，包括活动实施与过程指导，通过询问、督促、指导等方法引导学生积极开展小组合作学习和个人自主实践，学生通过多种活动方式完成真实情境的任务体验，教师引导学生获取资料，主动开展考察、体验、劳作、探究、交流、讨论等多样化研学活动培；3.研学总结阶段，这一阶段培训和考核指研学后展示活动，包括搭建展示平台，引导交流分享研学成果，对研学过程的系统性反思；教师引导学生及时梳理、提炼和设计自己的研学成果，鼓励以演说、论坛、报告等各种不同的方式充分展示研学成果，汇报自己的收获及反思
			教学成果展示	研学旅行含有丰富的过程性内容、研究性方法与实践性表现，学生学习具有自主、开放和动态的特点。研学旅行实施方案应有针对性，应考虑到学生的个体发展性，让学生依照个性化的方案进行学习。通过研学过程教学展示教师的教学成果，通过学生的学业成绩、学生的创新作品等，来评价教师的教学水平	研学旅行含有丰富的过程性内容、研究性方法与实践性表现，学生学习具有自主、开放和动态的特点。研学旅行实施方案应有针对性，应考虑到学生的个体发展性，让学生依照个性化的方案进行学习。通过研学过程教学展示教师的教学成果，通过学生的学业成绩、学生的创新作品等，来评价教师的教学水平	研学旅行含有丰富的过程性内容、研究性方法与实践性表现，学生学习具有自主、开放和动态的特点。研学旅行实施方案应有针对性，应考虑到学生的个体发展性，让学生依照个性化的方案进行学习。通过研学过程教学展示教师的教学成果，通过学生的学业成绩、学生的创新作品等，来评价教师的教学水平

维度或要素				小学高年级段	初中段	高中段
实施方案	评价教学环节	学业评价	形成性评价	通过观察、记录和反馈小学高年级段学生研学过程中的学习情况，以及他们在活动中的表现给予评价。温州基地提倡研学旅行以小组合作的组织形式，一般由教师安排3~4名学生组成学习小组。小组成员之间建立合作的学习关系，以个人自主学习和思考为前提，做到人人参与，取长补短；以共同的研学旅行主题为基础，相互合作、探讨、分享；以探究为目的，有效开展相对简单易上手的实践活动，在教师帮助下完成研学任务	通过观察、记录和反馈初中段学生研学过程中的学习情况，以及他们在活动中的表现给予评价。温州基地提倡研学旅行以小组合作的组织形式，一般要求学生找到组员形成4~6人的项目组。小组成员之间建立合作的学习关系，以个人自主学习和思考为前提，做到人人参与，取长补短；以共同的研学旅行主题为基础，相互合作、探讨、分享；以探究为目的，积极开展实践活动，基本完成研学任务	通过观察、记录和反馈高中段学生研学过程中的学习情况，以及他们在活动中的表现给予评价。温州基地提倡研学旅行以小组合作的组织形式，一般由高中生自主选择若干名同学组成项目组。小组成员之间建立合作的学习关系，以个人自主学习和思考为前提，做到人人参与，取长补短；以共同的研学旅行主题为基础，相互合作、探讨、分享；以探究为目的，有效开展实践活动，高质量地完成研学任务
			总结性评价	在研学活动结束后通过学生的任务单、活动反思或课堂表现等形式，全面了解学生在研学活动中的学习成果和进步。注重让学生参观和考察文化内涵丰富的人文景观、文化建设等场所，在参观和考察中了解文化，培养学生的文化意识，着力拓宽学生的视野	在研学活动结束后通过学生的PPT报告、展示或测试等形式，全面了解学生在研学活动中的学习成果和进步。注重让学生参观和考察文化内涵丰富的人文景观、文化建设等场所，在参观和考察中了解文化，培养学生的文化意识，着力拓宽学生的视野；提升文化理解力、包容力以及交际能力	在研学活动结束后通过学生的研究报告、汇报表演或测试等形式，全面了解学生在研学活动中的学习成果和进步。注重让学生参观和考察文化内涵丰富的人文景观、文化建设等场所，在参观和考察中了解文化，培养学生的文化意识，着力拓宽学生的视野；提升文化理解力、包容力以及交际能力；增强文化自信，文化认同，传承优秀文化

维度或要素				小学高年级段	初中段	高中段
实施方案	评价教学环节	学业评价	教师评价	由教师根据学生在研学活动中的表现和成果，根据学生的参与度、作业质量、测试成绩等，对学生的学业进行评价：1.研学作品展示：小学高年级段学生在老师的引导下提供研学材料，以相对直观简单的展示方式直观呈现其研学作品，或以小组为单位对本组的研学旅行成果为主题开展作品展览，其他同学、指导教师、家长与汇报者进行交流讨论，对该学生的研学课程表现进行评价，交流心得；2.记录与激励：制定活动观察和记录评价表，观察学生在研学旅行中的表现与记录，了解他们参与研学旅行活动的看法以及感受，并记录到研学旅行活动手册中，及时鼓励表现优秀的组员，树立榜样激励；3.小组合作：主要考查小学高年级段学生在研学课程实施中的集体合作，考查能否通过简单交往与集体讨论完成研学任务的状况	由教师根据学生在研学活动中的表现和成果，根据学生的参与度、作业质量、测试成绩等，对学生的学业进行评价：1.研学作品展示：初中段学生在老师的引导下提供研学材料，以直观的展示方式直观呈现其研学作品，或以小组为单位对本组的研学旅行成果进行PPT汇报，阐述并自评参与研学活动的经历、收获和体会，其他同学、指导教师、家长与汇报者进行交流讨论，对该学生的研学课程表现进行评价，指出优缺点，学生研学行后的日记、心得等，也是作品的一部分；2.记录与激励：制定活动观察和记录评价表，观察学生在研学旅行中的表现与记录，了解他们参与研学旅行活动的看法以及感受，对课程的理解与认识，并记录到研学旅行活动手册中，及时做好每日优秀小组、优秀个人的表彰工作，并在晨会上宣读；3.小组合作：主要考查初中段学生在研学课程实施中的团队合作素养，既考查研学课程中对集体小组合作的设计情况，也考查学生集体合作的情况	由教师根据学生在研学活动中的表现和成果，根据学生的参与度、作业质量、测试成绩等，对学生的学业进行评价：1.研学作品展示：高中段学生在老师的引导下提供研学材料，以合适的展示方式直观呈现其研学作品，或以小组为单位对本组的研学旅行成果进行展示汇报，阐述并自评参与研学活动的经历、收获和体会，其他同学、指导教师、家长与汇报者进行交流讨论，对该学生的研学课程表现进行评价，指出优缺点，学生研学行后的日记、心得等也是作品的一部分；2.观察与记录：制定活动观察和记录评价表，观察学生在研学旅行中的表现与记录，了解他们参与研学旅行活动的看法以及感受，对课程的理解与认识，做出相应评价，并记录到研学旅行活动手册中；3.小组合作：主要考查高中段学生在研学课程实施中的集体合作，通过交往与集体讨论完成研学任务的状况，既考查研学课程中对集体小组合作的设计情况，也考查学生集体合作的情况

维度或要素			小学高年级段	初中段	高中段
实施方案	评价教学环节	项目评价	鼓励校内教育工作者、学生家长、社会各界积极参与评价过程，通过教研活动及针对评价结果的反思，及时发现问题并加以改进。首先，制定评价标准与细则。根据研学旅行活动的内容和实施情况制定相应小学高年级段的学习评价标准，包括评价指标和评价细则。其次，评价覆盖学生研学全程，通过研学活动记录、研学日记等多种形式，收集详尽的资料，为评价提供全面、可靠的信息依据，实时呈现学生研学中的学习状态和收获。能在教师的引导下，结合学校、家庭生活中的现象，发现并提出自己感兴趣的问题；能将问题转化为研究小课题，体验课题研究的过程与方法，提出自己的想法，形成对问题的初步解释。再次，对评价结果的表述要多元化，可采用语言描述、等第表示、档案记录等，还可尝试采用学分评定和特长认定相结合的方式。最后，可以通过我校自主开发的研学UMM实践App建立数据平台，将研学旅行数据、成果和信息上传到信息中心，为学校开展研学旅行评价提供第一手资料	鼓励校内教育工作者、学生家长、社会各界积极参与评价过程，通过教研活动及针对评价结果的反思，及时发现问题并加以改进。首先，制定评价标准与细则。根据研学旅行活动的内容和实施情况制定相应初中段的学习评价标准，包括评价指标和评价细则。其次，评价覆盖学生研学全程，通过研学活动记录、研学日记等多种形式，收集详尽的资料，为评价提供全面、可靠的信息依据，实时呈现学生研学中的学习状态和收获。评价侧重学生能关注自然、社会、生活中的现象，深入思考并提出有价值的问题，将问题转化为有价值的研究课题，学会运用科学方法开展研究；能主动运用所学知识理解与解决问题，并做出基于证据的解释，形成基本符合规范的研究报告或其他形式的研究成果。再次，对评价结果的表述要多元化，可采用语言描述、等第表示、档案记录等，还可尝试采用学分评定和特长认定相结合的方式。最后，可以通过我校自主开发的研学UMM实践App建立数据平台，将研学旅行数据、成果和信息上传到信息中心，为学校开展研学旅行评价提供第一手资料	鼓励校内教育工作者、学生家长、社会各界积极参与评价过程，通过教研活动及针对评价结果的反思，及时发现问题并加以改进。首先，制定评价标准与细则。根据研学旅行活动的内容和实施情况制定相应的高中段学习评价标准，包括评价指标和评价细则。其次，评价覆盖学生研学全程，通过研学活动记录、研学日记等多种形式，收集详尽的资料，为评价提供全面、可靠的信息依据，实时呈现学生研学中的学习状态和收获。侧重学生能及时对研究过程及研究结果进行审视、反思并优化调整，建构基于证据的、具有说服力的解释，形成比较规范的研究报告或其他形式的研究成果。再次，对评价结果的表述要多元化，可采用语言描述、等第表示、档案记录等，还可尝试采用学分评定和特长认定相结合的方式。最后，可以通过我校自主开发的研学UMM实践App建立数据平台，将研学旅行数据、成果和信息上传到信息中心，为学校开展研学旅行评价提供第一手资料

4.11 教学计划与策略列表：追寻海丝之路，探秘古港雄风

<table>
<tr><td colspan="3">营地名称</td><td>晋江中小学生示范性综合实践基地（简称“福建晋江营地”）</td><td>命名机构</td><td>教育部</td><td>识别码</td><td>Y145350001</td></tr>
<tr><td colspan="3">从业资质（摘要）</td><td>综合实践教育；研学实践教育；劳动教育</td><td>单位属性</td><td>公益一类</td><td>法定代表人</td><td>董佳毅</td></tr>
<tr><td colspan="3">研学主题</td><td>追寻海丝之路，探秘古港雄风</td><td colspan="2">主要目的指向</td><td colspan="2">文化传承与创新教育</td></tr>
<tr><td rowspan="7">营地（枢纽）及周边主要优质研学资源</td><td colspan="2">基地层级</td><td colspan="5">研学站点（基地）名称</td></tr>
<tr><td rowspan="2">教育部命名基地</td><td>已列入教学计划</td><td colspan="5">一、与本主题相关列入教学计划的基地6个
1.福建土楼(南靖)青少年社会实践活动中心（简称“南靖土楼”）；2.福建闽越王城博物馆（简称“闽越王城”）；3.泉州市晋江市五店市传统文化旅游区（简称“五店市”）；4.泉州市洛江区中小学生综合实践基地（简称“洛江基地”）；5.厦门市中小学生综合实践基地（简称“厦门基地”）；6.福建泉州顺美集团有限责任公司(简称“顺美陶瓷”）
二、与本主题关联不大但列入本营地教学计划的基地12个
1.福州市中国船政文化景区（简称“福州船政”）；2.福州市三坊七巷·严复翰墨馆（简称“严复翰墨馆”）；3.福建福州国家森林公园（简称“福州森林公园”）；4.福州市林则徐纪念馆（简称“林则徐纪念馆”）；5.厦门科技馆；6.漳州东南花都（简称“东南花都”）；7.三明市泰宁世界地质公园研学实践基地（简称“泰宁地质公园”）；8.南平市建阳区卧龙湾生态旅游开发有限公司（简称“卧龙湾”）；9.龙岩市古田旅游集团有限公司（简称“古田会址”）；10.福鼎市中小学劳动实践基地（简称“福鼎基地”）；11.福建农业职业技术学院相思岭中小学研学实践教育基地（简称“相思岭”）；12.鹭凯研学实践基地（简称“鹭凯基地”）</td></tr>
<tr><td>待列入教学计划</td><td colspan="5">1.三明市建宁县客坊乡水尾村中小学实践教育基地；2.宁德市屏南县熙岭乡龙潭村中小学实践教育基地</td></tr>
<tr><td colspan="2">其他部委命名基地</td><td colspan="5">无</td></tr>
<tr><td colspan="2">地方命名基地</td><td colspan="5">1.世茂海上丝绸之路博物馆（简称“海丝博物馆”）；2.摩尼教历史遗迹——草庵寺（简称“草庵”）；3.泉州海交馆（简称“海交馆”）；4.清源山老君岩（简称“老君岩”）；5.泉州湾古船陈列馆（简称“古船陈列馆”）；6.洛阳桥；7.泉州华侨历史博物馆（简称“华侨博物馆”）；8.闽台缘博物馆（简称“闽台缘”）；9.九日山祈风石刻（简称“九日山”）；10.崇武古城；11.惠安女民俗风情园（简称“惠女风情园”）；12.开元寺；13.晋江经验馆</td></tr>
<tr><td colspan="2">本营地资源</td><td colspan="5">1.地震体验馆；2.水密隔舱——福船；3.闽南白铁工艺；4.潘山木雕</td></tr>
<tr><td colspan="2">其他资源</td><td colspan="5">1.集美鳌园；2.泉州西街</td></tr>
</table>

维度或要素	小学高年级段	初中段	高中段
校内教育基础（与校内教育的衔接）	对照“义务教育必修课程方案和必修课程标准（2022年版）”，小学高年级段在文化传承与创新方面提出“努力学习和弘扬社会主义先进文化、革命文化和中华优秀传统文化，理解和践行社会主义核心价值观，逐步领会改革创新的时代精神”的培养目标。该主题必修课程在设计上与校内教育必修课程衔接的有关内容如下：1.人教版道德与法治四年级下册第四单元第11课“多姿多彩的民间艺术”；2.人教版道德与法治五年级上册第四单元第9课“古代科技，耀我中华”；3.人教版道德与法治六年级下册第三单元第6课第2节“闻名世界的文化遗产”、第7课“多元文化，多样魅力”；4.人教版美术六年级下册第4课“雕与刻的乐趣”；5.人教版美术六年级上册第12课“保护文物”；6.苏教版科学四年级下册第五单元“生物与环境”；7.北师大版语文五年级上册第四单元第12课“唱脸谱”；8.人教版美术五年级上册第10课“彩墨脸谱”	对照“义务教育必修课程方案和必修课程标准（2022年版）”，初中段在文化传承与创新方面提出“认识中华文化丰厚博大，汲取智慧，弘扬社会主义先进文化、革命文化、中华优秀传统文化，建立文化自信”的培养目标。该主题必修课程在设计上与校内教育必修课程衔接的有关内容如下：1.人教版历史七年级上册第四单元第16课“三国鼎立”；2.人教版历史七年级下册第一单元第2课“从贞观之治到开元盛世”；3.人教版历史八年级上册第四单元第1课“三国鼎立与西晋的统一”、第2课“唐的盛衰”；4.人教版生物七年级上册第三单元第六章“爱护植被，绿化祖国”；5.人教版生物八年级上册第六单元第二章“认识生物的多样性”、第三章“保护生物的多样性”；6.人教版生物八年级下册第七单元第三章“生命起源和生物进化”；7.人教版美术九年级上册第二单元第1课“剪纸”、第五单元“中国民间美术”；8.人教版语文九年级下册第四单元第14课“变脸”	对照“普通高中必修课程方案和语文等学科必修课程标准（2017年版2020年修订）”，高中段在文化传承与创新方面提出“弘扬中华优秀传统文化，继承革命文化，发展社会主义先进文化，培育和践行社会主义核心价值观，增强文化自信”“尊重和理解文化的多样性，具有开放意识和国际视野”的培养目标。该主题必修课程在设计上与校内教育必修课程衔接的有关内容如下：1.人教版高中语文必修3第二单元第4课“蜀道难”；2.人教版高中语文必修5名著导读“三国演义”；3.人教版高中生物必修3第五章第1节“生态系统的结构”、第六章“生态环境的保护”；4.人教版高中美术选择性必修5第13课“刻膜艺术”；5.人教版高中美术选择性必修3第一单元第2课“凿石刻木——石雕木雕”；6.人教版高中美术必修第二单元第9课“美在民间——中国民间美术”；7.人教版高中思想政治选修6专题五“对环境的伦理关怀”；8.人教版高中思想政治必修3第二单元第4课“文化的继承性与文化发展”、第5课“文化创新”、第三单元第6课“我们的中华文化”

维度或要素			小学高年级段	初中段	高中段
研学课程	必修课程一	名称	探寻海丝印记	畅游海丝，传承文化	共赴海丝盛会
		活动目的	了解海上丝绸之路概况，理解开拓海上丝绸之路的意义	通过近距离探访古人造船的智慧结晶，学习水密隔舱非遗技术	认识海丝之路的重要作用，动手拼装水密隔舱福船，培养团队精神
		活动形式	教师讲授、实地探访、实践体验相结合	教师讲授、实地探访、实践体验相结合	教师讲授、团队合作、实践体验相结合
	必修课程二	名称	感悟海丝精神	涨潮声中万国商	涨潮声中万国商
		活动目的	了解海上丝绸之路的盛况，感悟古代中国的开放和包容精神	知道“涨潮声中万国商”的原因，理解其背后的经济支撑	增强热爱祖国的情感，形成对中华优秀文化的认同，树立文化自信
		活动形式	教师讲授、实地探访、实践体验相结合	教师讲授、实地探访、实践体验相结合	教师讲授、实地探访、合作交流相结合
	必修课程三	名称	古代建筑音符	探寻东方第一大港	访崇武古城
		活动目的	了解闽南古建筑的规制和特点，掌握分析方法，理解红砖古厝的环保价值	了解泉州港为东方第一大港，多元艺术产生的意义	参观抗倭历史旧地，培植民族自信心
		活动形式	教师讲授、实地探访、小组合作交流相结合	教师讲授、实地探访、实践体验相结合	教师讲授、实地探访、实践体验相结合
	必修课程四	名称	我是小小陶艺匠	船舱的秘密	DIY 陶瓷工艺
		活动目的	了解陶瓷在海上丝绸之路的重要性，掌握陶瓷制作基本工艺	知道当时造船的技术引领，探究“船不进水”的奥秘，懂得古人智慧的应用	通过动手体验，感悟中国白瓷文化的魅力
		活动形式	教师讲授、实地探访、实践体验相结合	教师讲授、实地探访、实践体验相结合	教师讲授、实地探访、制作体验相结合

维度或要素			小学高年级段	初中段	高中段
研学课程	必修课程五	名称	晋江名人故事	制作泉州明信片	走进洛阳桥
		活动目的	了解晋江名人史实，感受悠久的历史文化，激发爱国爱乡之情	了解相关文化底蕴，做好泉州形象代言人	近距离欣赏洛阳桥，学习当时历史背景下采用的先进工程技术，了解古人智慧
		活动形式	教师讲授、实地探访、实践体验相结合	教师讲授、实地探访、实践体验相结合	教师讲授、实地探访、实践体验相结合
	必修课程六	名称	晋江的由来	非遗的点位	走进开元寺
		活动目的	了解晋江发展的历史沿革，感受爱拼敢赢的晋江精神	了解具体点位的支撑，学习海丝文化的发展	探寻古代中国传统文化与佛教文化完美融合的表现形式，进行隼卯探究
		活动形式	教师讲授、实地探访、实践体验相结合	教师讲授、实地探访、实践体验相结合	教师讲授、实地探访、实践体验相结合
	必修课程七	名称	古船的奥秘	世遗的点位	非遗糖画
		活动目的	了解古代船只的种类和特点，掌握水密隔舱技术的基本工艺流程	了解具体点位的支撑，构建海丝文化的发展，知道各个点位名称	在了解传统文化的基础上，学习制作特色手工糖画
		活动形式	教师讲授、实地探访、实践体验相结合	教师讲授、实地探访、实践体验相结合	教师讲授、实地探访、实践体验相结合
	必修课程八	名称	状元文化	多元化的宗教	草庵文化
		活动目的	了解晋江历代状元概况，学习古代学子刻苦学习和精益求精的精神	了解古代泉州的文化底蕴、兼收并蓄的多元包容性特点	通过观察分析及描绘，探究历史背景，比较不同起源和文化背景的宗教思想
		活动形式	教师讲授、实地探访、实践体验相结合	教师讲授、实地探访、实践体验相结合	教师讲授、实地探访、实践体验相结合

维度或要素			小学高年级段	初中段	高中段
研学课程	必修课程九	名称	晋江经验知多少	泉州清真寺的由来	走进惠安女民俗风情园
		活动目的	了解晋江经济发展历程，感受勇立潮头、爱拼敢赢的拼搏精神	了解海丝文化的历史发展及其带来的一系列影响	参观博物馆，了解当地独特的民俗文化，学会运用惠安女精神努力学习
		活动形式	教师讲授、实地探访、实践体验相结合	教师讲授、实地探访、实践体验相结合	教师讲授、实地探访、实践体验相结合
	必修课程十	名称	红砖古厝的故事	闽南文化传承	登六胜塔
		活动目的	了解闽南古建筑的规制和特点，感悟精益求精的工匠精神	通过探寻博物馆等地，知道闽南文化和海丝文化的相关性及发展的紧密程度	通过参观，感悟六胜塔在古代航海引航历史中所起的作用，学习其建造技术
		活动形式	教师讲授、实地探访、实践体验相结合	教师讲授、实地探访、实践体验相结合	教师讲授、实地探访、实践体验相结合
	选修课程		1.海丝名片 2.五店市名片分享 3.海丝人物 4.五店市的故事 5.晋江品牌故事	1.海丝文化涉及的宗教文化 2.非遗文化涉及的宗教文化 3.海丝与陆丝的点位 4.博物馆的种类	1.海丝文化涉及的点位 2.本土宗教与海丝文化及非遗文化的关系 3.海丝与陆丝的区别 4.博物馆的种类 5.华侨的历史 6.华侨的主要代表人物

维度或要素		小学高年级段	初中段	高中段
研学线路	代表性线路（时长五日）	第一天：福建晋江营地—晋江经验馆—五店市—福建晋江营地；第二天：福建晋江营地—顺美陶瓷—月记窑—福建晋江营地；第三天：福建晋江营地—海丝博物馆—草庵—福建晋江营地；第四天：福建晋江营地—海交馆—老君岩—福建晋江营地；第五天：福建晋江营地—古船陈列馆—九日山—福建晋江营地	第一天：福建晋江营地—五店市—洛阳桥—福建晋江营地；第二天：福建晋江营地—顺美陶瓷—月记窑—福建晋江营地；第三天：福建晋江营地—海丝博物馆—草庵—福建晋江营地；第四天：福建晋江营地—南靖土楼—福建晋江营地；第五天：福建晋江营地—闽越王城—福建晋江营地	第一天：福建晋江营地—五店市—洛阳桥—福建晋江营地；第二天：福建晋江营地—顺美陶瓷—福建晋江营地；第三天：福建晋江营地—海丝博物馆—六胜塔—福建晋江营地；第四天：福建晋江营地—南靖土楼—福建晋江营地；第五天：福建晋江营地—厦门基地—福建晋江营地
	可选择线路（按天设计，菜单式选择）	1.福建晋江营地—晋江经验馆—福建晋江营地；2.福建晋江营地—华侨博物馆—福建晋江营地；3.福建晋江营地—崇武古城—福建晋江营地；4.福建晋江营地—洛阳桥—福建晋江营地；5.福建晋江营地—铁观音文化园—福建晋江营地；6.福建晋江营地—永春香都—福建晋江营地；7.福建晋江营地—黄金海岸—福建晋江营地；8.福建晋江营地—金交椅古窑址—福建晋江营地	1.福建晋江营地—晋江经验馆—福建晋江营地；2.福建晋江营地—华侨博物馆—福建晋江营地；3.福建晋江营地—崇武古城—福建晋江营地；4.福建晋江营地—洛阳桥—福建晋江营地；5.福建晋江营地—铁观音文化园—福建晋江营地；6.福建晋江营地—永春香都—福建晋江营地；7.福建晋江营地—黄金海岸—福建晋江营地；8.福建晋江营地—金交椅古窑址—福建晋江营地	1.福建晋江营地—晋江经验馆—福建晋江营地；2.福建晋江营地—华侨博物馆—福建晋江营地；3.福建晋江营地—崇武古城—福建晋江营地；4.福建晋江营地—洛阳桥—福建晋江营地；5.福建晋江营地—铁观音文化园—福建晋江营地；6.福建晋江营地—永春香都—福建晋江营地；7.福建晋江营地—黄金海岸—福建晋江营地；8.福建晋江营地—金交椅古窑址—福建晋江营地
	规划线路（按天设计）	1.福建晋江营地—集美鳌园—福建晋江营地；2.福建晋江营地—三坊七巷—福建晋江营地；3.福建晋江营地—泉州西街—福建晋江营地	1.福建晋江营地—集美鳌园—福建晋江营地；2.福建晋江营地—三坊七巷—福建晋江营地；3.福建晋江营地—泉州西街—福建晋江营地	1.福建晋江营地—集美鳌园—福建晋江营地；2.福建晋江营地—三坊七巷—福建晋江营地；3.福建晋江营地—泉州西街—福建晋江营地

维度或要素		小学高年级段	初中段	高中段
教学重点难点（以代表性线路教学设计为例，以下同）	教学重点	1.了解晋江爱拼敢赢精神的文化特点，掌握闽南建筑的特点 2.了解陶瓷在对外贸易中的重要性 3.通过对比多种文化在泉州的融合，理解中国兼容并蓄的文化魅力 4.掌握海上丝绸之路的内涵和历史发展 5.初步感受海洋文化的魅力，对海洋文化和海洋经济有初步感知	1.理解文化交流和创新对世界经济发展、科学进步、文化繁荣的重要性，知道“一带一路”的历史渊源 2.体验陶瓷手拉坯工艺，初步掌握陶瓷制作工艺 3.通过对比多种文化在泉州的融合，理解中国兼容并蓄的文化魅力，了解晋江爱拼敢赢精神的文化特点，掌握闽南建筑的特点 4.了解海上丝绸之路的主要线路和重要城市 5.初步感受海洋文化的魅力，对海洋文化和海洋经济有初步感知	1.理解海外贸易的发展对科学进步、文化繁荣的重要性，掌握“一带一路”的历史沿革 2.了解中国白瓷文化，了解当地悠久历史和独特民俗文化，建立文化自信 3.感悟六胜塔和洛阳桥的历史价值和时代价值 4.理解海丝文化的深刻影响及创新发展 5.了解闽台文化同源同根，理解中华民族强大的生命力和统一的大势所趋
	教学难点	1.寻找五店市的世遗文化，理解民间戏剧的传承意义和价值 2.学习陶瓷制作的主要工艺流程 3.找出5个不同国家在泉州的文化遗存 4.掌握不同类型船舶的用途和特点 5.理解中国陶瓷文化的发展以及海上丝绸之路的意义	1.理解海丝文化的深刻影响及创新发展 2.理解新形势下海丝文化、“一带一路”的发展意义 3.通过研学活动掌握陶瓷文化和历史，感受传统文化的魅力 4.学习前人的工匠精神，树立文化自信 5.理解中国陶瓷的发展以及海上丝绸之路的意义	1.掌握闽南建筑的规制，熟知闽南主要节日习俗 2.掌握白瓷制作工艺特点，设计白瓷国礼的推介书 3.通过研学活动掌握陶瓷文化和历史，感受传统文化的魅力，学习前人的工匠精神，树立文化自信 4.掌握泉州海外贸易兴盛与衰落的史实，分析其背后的根源 5.理解中国陶瓷的发展以及海上丝绸之路的意义

维度或要素	小学高年级段	初中段	高中段
教学策略	针对小学高年级段学生已经具备了一定的动手能力和分析能力，对历史、艺术和非遗文化等领域有一定的了解，但是动手实践能力不足的情况，基于合作教学、多元智力理论，选取劳动启蒙、审美启蒙、科学启蒙等内容，以学生具备基本的生活自理能力、掌握基本技能，具备初步的决策意识，认识到自己的成长与国家发展的密切关系为目标，采取讲授法、谈话法、演示法、练习法等教法和自主学习、合作学习学法，选取闽南传统文化、海丝文化、华侨文化等类型的研学内容，依托博物馆、文化古迹、现代工厂等研学资源，做好物料准备（研学物资、准备有关常规对接资料、安全预案、安全责任书、必备药品），使用游戏化、体验式、跨学科等策略来进行总体设计，并在实际教学过程中根据学生反馈意见进行动态调整	针对初中段学生已具备一定的文化艺术基础，精力旺盛，好奇心强，探索动力足等较为普遍的年龄特征及其知识储备基础，以发现学习理论、多元智力理论为指导思想，基于兴趣理念、主体理念、互动理念、发展理念、问题理念等现代教学理念，选取闽南传统文化、海丝文化、华侨文化等类型的研学内容，依托博物馆、文化古迹、现代工厂等研学资源，采取讲授法、演示法、讨论法、练习法、实践法等教法和自主学习、合作学习、探究学习等学法，使用体验式、情境式、合作学习、跨学科、项目式、相互教学等学习策略来进行总体设计，开展实践体验、交流分享等活动，并在实际教学过程中根据学生反馈意见进行动态调整，确保不同基础的初中段学生都能够在研学中学有所悟	针对高中段学生已形成较为系统的基础文化知识和较好的审美能力，创新能力强，团队协作意识高等较为普遍的年龄特征及其知识储备基础，以发现学习理论、多元智力理论为指导思想，基于兴趣理念、主体理念、互动理念、发展理念、问题理念等现代教学理念，选取闽南传统文化、海丝文化、华侨文化等类型的研学内容，依托博物馆、文化古迹、现代工厂等研学资源，采取讲授法、演示法、讨论法、练习法、实践法等教法和自主学习、合作学习、探究学习等学法，使用体验式、情境式、合作学习、跨学科、项目式、相互教学等学习策略来进行总体设计，开展实践体验、交流分享等活动，并在实际教学过程中根据学生反馈意见进行动态调整，确保不同基础的高中段学生都能够在研学中学有所悟

维度或要素				小学高年级段	初中段	高中段
实施方案	入营教育	安全	引导	通过营地安全通道、安全标识学习进行入营安全教育	通过营地安全通道、安全标识学习进行入营安全教育，寻找安全隐患	通过营地安全通道、安全标识学习进行入营安全教育，知道遇到危险如何逃生
			实训	学习安全手册，强化安全意识	学习安全手册，强化安全意识，思考解决安全隐患的办法	学习安全手册，引起对安全的重视，分组制订疏散方案、路线
		应急	引导	通过观看视频，了解应急事件处理的方法、技巧	通过视频学习，掌握应急事件处理的方法和技巧	通过视频学习，掌握应急事件处理的方法和技巧，分组制订应急方案
			实训	观看典型视频，了解逃生技巧，组织应急疏散演练	观看典型视频，学习应急技能，组织应急疏散演练	观看典型视频，掌握应急技能，分组制订疏散方案，开展应急疏散演练
		救助	引导	通过案例情境，帮助学生快速掌握需要救助时的流程，特别是记住救助电话	通过案例情境，培养学生遇到需要求助时，主动寻找和利用各种资源的能力	通过案例情境，掌握遇到危险自救、互救的能力
			实训	模拟实施角色扮演等活动，帮助学生熟悉救助流程	模拟实施包括角色扮演、团队合作等活动，学生熟悉救助流程	模拟实施包括角色扮演、团队合作、案例分析等活动，掌握救助方法
		自我管理	引导	通过情绪管理的培训和指导，帮助学生了解应对压力和困难的方法	通过情绪管理的培训和指导，学生掌握应对压力和困难的方法	通过情绪管理的培训和指导，学生懂得缓解压力和解决困难
			实训	开展角色扮演、心理游戏等活动，了解自我管理的内容和方法	开展角色扮演、团队拓展等活动，学习从多层面进行情绪管理	开展案例分析、心理团建等活动，提升时间、情绪等自我管理能力
		团队协作	引导	从集体生活的细节，引导学生认识团队协作的重要性	从集体生活的细节，引导学生明白一个人可以走很远，一群人可以走更远的道理	从集体生活的细节，引导学生打造高效团队
			实训	通过丰富多彩的游戏项目培养学生的合作互助意识和集体意识	通过丰富多彩的拓展训练项目培养学生的合作互助意识	通过丰富多彩的团队拓展训练项目培养学生的合作互助意识

维度或要素		小学高年级段	初中段	高中段
实施方案	导入教学环节	1. 任务导入，在研学活动前，设计好玩的挑战活动，激发学生研学热情，让学生在探秘任务中不断了解研学知识点 2. 问题导入，激发学生的求知欲 3. 故事导入，吸引学生的注意力	1. 任务导入，布置行前作业，指导学生查找研学的相关资料，罗列资料内容清单 2. 情境创设，为学生营造一个真实的、生动的学习环境，让学生在情境中感受、体验、探究 3. 通过讲述与研学主题相关的故事、展示相关图片、播放相关视频等方式进行导入，引导学生进入研学主题	1. 视频导入，指导学生了解洛阳桥的前世今生 2. 观看海丝文化短片，让学生有亲身经历的感觉 3. 谈话导入，激发学生交流兴趣，活跃课堂气氛
	授课教学环节	第一天：必修课程一“探寻海丝印记”、必修课程二“感悟海丝精神”、选修课程2“五店市名片分享”、选修课程4“五店市的故事” 第二天：必修课程三“古代建筑音符”、选修课程1“海丝名片”、必修课程四“我是小小陶艺匠” 第三天：必修课程五“晋江名人故事”、必修课程六“晋江的由来”、选修课程3“海丝人物” 第四天：必修课程七“古船的奥秘”、必修课程八“状元文化” 第五天：必修课程九“晋江经验知多少”、必修课程十“红砖古厝的故事”、选修课程5“晋江品牌故事	第一天：必修课程一“畅游海丝，传承文化”、必修课程二“涨潮声中万国商” 第二天：必修课程三“探寻东方第一大港”、必修课程四“船舱的秘密”、选修课程4“博物馆的种类” 第三天：必修课程五“制作泉州明信片”、必修课程六“非遗的点位”、选修课程1“海丝文化涉及的宗教文化”、选修课程3“海丝与陆丝的点位” 第四天：必修课程七“世遗的点位”、必修课程八“多元化的宗教”、选修课程2“非遗文化涉及的宗教文化” 第五天：必修课程九“泉州清真寺的由来”、必修课程十“闽南文化传承”	第一天：必修课程一“共赴海丝盛会”、必修课程二“涨潮声中万国商” 第二天：必修课程三“访崇武古城”、必修课程四“DIY陶瓷工艺”、选修课程4“博物馆的种类” 第三天：必修课程五“走进洛阳桥”、必修课程六“走进开元寺”、选修课程1“海丝文化涉及的点位”、选修课程3“海丝与陆丝的区别” 第四天：必修课程七“非遗 糖画”、必修课程八“草庵文化”、选修课程2“本土宗教与海丝文化及非遗文化的关系” 第五天：必修课程九“走进惠安女民俗风情园”、必修课程十“登六胜塔”、选修课程5“华侨的历史”、选修课程6“华侨的主要代表人物”

维度或要素		小学高年级段	初中段	高中段
实施方案	进阶教学环节	1. 任务拓展：学习碑拓技术，体验碑拓制作 2. 交流分享：“晋江品牌知多少”知识竞赛 3. 问题解答：参观五店市后，你了解到它的哪些悠久历史和文化魅力 4. 话题访谈：谈谈古往今来交通方式的变化情况 5. 拓展延伸：了解祈风仪式及其历史，临摹祈风石刻	1. 集体讨论：开元寺是单纯的宗教寺庙吗 2. 问题简答：清源山上摩崖石刻的发展和特点是什么 3. 组内交流：古蜀国文明发展演进的阶段 4. 任务完成：陶瓷/福船制作二选一 5. 制作体验：进行糖画制作等体验活动，了解传统工艺	1. 分组讨论：洛阳桥的建造技术有什么样的特点 2. 问题简答：水密隔舱技术 3. 分组讨论：融于生活的陶瓷之美体现在哪 4. 任务拓展：进行木偶和糖画制作等体验活动 5. 集体讨论：参观海丝文化后，你从哪里看到了古代劳动人民的哪些智慧和勤劳精神
	巩固教学环节	1. 总结提升，布置拓展任务 2. 实践体验、总结分享相结合，形成传统文化与历史知识框架，加深记忆 3. 发布任务，采用任务驱动和小组交流分享相结合方式实地探访海丝文化遗址，探究传统文化和历史故事发展脉络 4. 总结分享、实践体验相结合，交换彼此对所学历史知识、文化的看法，加深理解程度 5. 通过讲故事、做手抄报等多种活动加深对晋江文化的认识	1. 引导实践与分享交流相结合，总结分享自己的收获，发表对海丝文化的感想 2. 通过讲故事、情境剧等多种活动加深对传统的理解 3. 引入历史典故；总结故事发展脉络图；发布任务引导学生总结分析，促进知识迁移 4. 通过案例分析，对比、探究，提升对中华文化的审美能力，感悟当今的美好生活 5. 引导总结交流，及时解答学生的疑难问题；通过实践体验，加深知识印象	1. 引导自我总结，绘制海丝文化知识框架图，建构海丝文化知识体系 2. 教师带领学生一起总结和回顾所学知识，及时解答学生遇到的问题 3. 小组探究、实践体验、实地探访、总结分享相结合，加深对传统文化的理解 4. 实地探访与沉浸式情境体验相结合，加深对传统文化的理解和认同感，思考更具价值和意义的文化创新课题 5. 设计海丝文化主题知识竞赛

维度或要素			小学高年级段	初中段	高中段
实施方案	总结教学环节	教学创新	结合小学高年级学生的年龄特点，导入方式多样化、体验活动形式多样、难易有度，激发学生的学习兴趣	鼓励学生多角度思考问题，引导学生发现并解决问题，提高创造力和责任担当意识	通过小组合作探究的方式，引导学生主动学习、深入思考，撰写研学报告，培养探究意识和自主学习能力
		教学总结	评价与交流，引导学生加深对责任与担当的理解。及时收集学生、家长和其他相关人员的反馈意见，了解教学环节的优点和不足，整理研学活动的教学资料，建立学习档案	总结研学过程和相关重要内容，引导学生加深对责任与担当的理解。及时收集学生、家长和其他相关人员的反馈意见，了解教学环节的优点和不足，整理研学活动的教学资料，建立教学档案	引导学生总结研学过程的重要内容，撰写研学报告。通过小组讨论加深对责任与担当的理解。及时收集学生、家长和其他相关人员的反馈意见，了解教学环节的优点和不足，整理研学活动的教学资料，建立教学档案
		教学反思	根据教学反馈意见和评估结果，梳理教学环节的设计、实施和效果，对教学环节进行调整和优化	根据教学反馈意见和评估结果，对教学环节进行调整和优化，调整“研”与“学”的适合比例，梳理教学环节的设计、实施和效果，提炼经验教训，为下一次研学活动提供参考	根据教学反馈意见和评估结果，对教学环节进行调整和优化，进一步梳理与学校必修课程的衔接深度，进一步优化责任与担当教育在必修课程中的呈现，提炼经验教训，梳理教学环节的设计、实施和效果，提炼经验教训，为下一次研学活动提供参考

维度或要素				小学高年级段	初中段	高中段
实施方案	评价教学环节	教学水平评价	自我评价	教师复盘整个研学过程，对自己的教学进行反思和评价	根据学生参与必修课程的阶段性成果及教学目标是否达成，对教学进行反思和评价	根据学生对研究性学习的完成情况，教师对自己的教学进行反思和评价
			学生评价	学生针对教师和学生之间的互动是否充分、研学必修课程师生对话参与度、学生能否积极参与到研学教学中、课堂气氛活跃度方面进行评价	学生针对教师的引导与启发是否到位、学生主动参与度、学生能否充分展示表达自己、发挥团队合作方面进行评价	学生针对教师所提供的研学资源与课题是否充分匹配，教师参与课题研究的深度、广度以及学科知识的整合能力方面进行评价
			同行评价	由营地教师和教学管理人员通过审阅研学教学设计方案等对教师的教学进行评价	由营地教师和教学管理人员通过审阅研学教学设计方案、随队观摩等形式对教师的教学进行评价	邀请相关专业教师全程跟进必修课程实施过程，对研学教师进行细致地评价与指导
			培训和考核	定期对营地教师进行教学培训和考核，通过考核结果来评价教师的教学水平	定期组织教师专业能力提升培训，通过培训机构或专业机构考核评价活动质量	定制化地对教师进行专业培训，并定期组织团队对教师素养进行考核；对学生、家长、社会公众满意度进行调查测评
			教学成果展示	通过研学过程教学展示教师的教学成果，通过学生的研学作品等，来评价教师的教学水平	通过参与学术研讨会、教学案例分享会等形式进行报告，教师分享自己在教学实践中的经验和心得，并从其他教师和专家的反馈中得到启发和改进	通过成立课题研究组，撰写论文的方式展示自己的教育教学成果，以此持续跟进学生的研究性，同时将研究成果和观点及时进行整理

维度或要素				小学高年级段	初中段	高中段
实施方案	评价教学环节	学业评价	形成性评价	通过观察、记录和反馈学生研学过程中的学习情况，以及他们在活动中的表现给予评价	通过动手操作、作品展示交流等形式，对学生学习过程以及他们在活动中的表现给予评价	通过科学设计探究性作业和实践性操作，观察、记录学生研学过程中的完成情况给予评价
			总结性评价	在研学活动结束后通过学生的研究报告、展示或测试等形式，全面了解学生在研学活动中的学习成果和进步情况	对学生参与研究性学习全过程的情况、收集整理信息能力、交流合作能力、动手实践能力及创新能力进行评价，从而动态地评价学生的研学能力	对学生参与研究性学习全过程的情况、资料积累情况、研究结果及成果展示方式进行评价，从而动态地评价学生的综合能力
			教师评价	由教师根据学生在研学活动中的表现和成果，根据学生参与的积极性、研学手册完成的质量等，对学生的学业进行评价	由教师根据学生在研学活动中的表现和成果，根据学生参与的积极性、研学手册完成的质量、小组合作的参与性等，对学生的学业进行评价	由教师根据学生在研学活动中的表现和成果，根据学生参与的积极性、研学手册、合作探究的参与性、研学报告完成的质量等，对学生的学业进行评价
		项目评价		通过教育行政部门、校内教育工作者、学生家长、社会各界以问卷调查、座谈、调研等多种形式参与评价，围绕对小学高段课标实现度、教学环节衔接度、教学策略有效性等方面进行评价，及时发现问题并加以改进	通过教育行政部门、校内教育工作者、学生家长、社会各界以问卷调查、座谈、调研等多种形式参与评价，对教学目标设定、教学设计、必修课程资源、教学策略、活动组织、协同管理、研学线路规划、学生成长等方面进行评价	通过教育行政部门、校内教育工作者、学生家长、社会各界以问卷调查、座谈、调研等多种形式参与评价，围绕对高中课标实现度、教学环节衔接度、教学策略有效性等方面进行评价，通过教研活动及针对评价结果的反思，评价项目实施的风险和效益，进一步优化项目

4.12 教学计划与策略列表：赓续传统文脉，坚定文化自信

<table>
<tr><td colspan="3">营地名称</td><td>龙岩市示范性综合实践基地（简称“福建龙岩营地”）</td><td>命名机构</td><td>教育部</td><td>识别码</td><td>Y145350002</td></tr>
<tr><td colspan="3">从业资质（摘要）</td><td>组织开展综合实践活动、研学实践教育活动、劳动教育</td><td>单位属性</td><td>公益一类</td><td>法定代表人</td><td>王开文</td></tr>
<tr><td colspan="3">研学主题</td><td>赓续传统文脉，坚定文化自信</td><td colspan="2">主要目的指向</td><td colspan="2">文化传承与创新教育</td></tr>
<tr><td rowspan="4">营地（枢纽）及周边主要优质研学资源</td><td colspan="2">基地层级</td><td colspan="5">研学站点（基地）名称</td></tr>
<tr><td rowspan="2">教育部命名基地</td><td>已列入教学计划</td><td colspan="5">一、与本主题相关列入教学计划的13个
1.龙岩市古田旅游集团有限公司（古田会议旧址群景区，简称“古田旧址群”）；2.福建闽越王城博物馆（简称“闽越王城”）；3.南平市建阳区卧龙湾生态旅游开发有限公司（简称“卧龙湾”）；4.福州市中国船政文化景区（简称“船政文化”）；5.福州市三坊七巷·严复翰墨馆（简称“三坊七巷”）；6.泉州市晋江市五店市传统文化旅游区（简称“五店市”）；7.泉州市洛江区中小学生综合实践基地（简称“洛江基地”）；8.福建泉州顺美集团有限责任公司(顺美陶瓷文化世界，简称“顺美陶瓷”)；9.厦门市中小学生综合实践基地（厦门市教育事务受理中心，简称“厦门基地”）；10.福建福州国家森林公园（简称“福州森林公园”）；11.福州市林则徐纪念馆（简称“林则徐纪念馆”）；12.厦门科技馆；13.漳州东南花都
二、与本主题关联不大但列入本营地教学计划的基地10个
1.厦门大学附属科技中学（简称“科技中学”）；2.福建土楼（南靖）青少年社会实践活动中心（简称“南靖土楼”）；3.国家海洋局厦门海洋环境监测中心站（简称“海洋监测站”）；4.国家海洋局海岛研究中心（简称“海岛研究中心”）；5.三明市建宁县客坊乡水尾村中小学实践教育基地（建宁县客坊乡水尾村村民委员会，简称“水尾村基地”）；6.三明市建宁县溪源乡上坪村中小学实践教育基地（建宁县溪源乡上坪村委会，简称“上坪村基地”）；7.三明市泰宁世界地质公园研学实践基地（简称“泰宁基地”）；8.福鼎市中小学劳动实践基地（简称“福鼎基地”）；9.福建农业职业技术学院相思岭中小学研学实践教育基地（福建慕农农业科技有限公司，简称“相思岭基地”）；10.鹭凯研学实践基地（福建鹭凯生态农庄股份有限公司，简称“鹭凯基地”）</td></tr>
<tr><td>待列入教学计划</td><td colspan="5">1.宁德市屏南县甘棠乡漈下村中小学实践教育基地（屏南县甘棠乡漈下村民委员会，简称“漈下村基地”）；
2.宁德市屏南县熙岭乡龙潭村中小学实践教育基地（屏南县熙岭乡龙潭村民委员会，简称“龙潭村基地”）</td></tr>
<tr><td colspan="2">其他部委命名基地</td><td colspan="5">无</td></tr>
</table>

营地名称		龙岩市示范性综合实践基地（简称“福建龙岩营地”）	命名机构	教育部	识别码	Y145350002
从业资质（摘要）		组织开展综合实践活动、研学实践教育活动、劳动教育	单位属性	公益一类	法定代表人	王开文
研学主题		赓续传统文脉，坚定文化自信	主要目的指向		文化传承与创新教育	
营地（枢纽）及周边主要优质研学资源	基地层级	研学站点（基地）名称				
	地方命名基地	1.永定客家家训馆（永定客家土楼，简称“永定土楼”）；2.上杭县畲家贵妃农庄（简称“贵妃农庄”）；3.福建省土楼客家自然博物馆（简称“自然博物馆”）；4.龙岩市博物馆；5.客家族谱博物馆；6.福建土楼沟文化旅游开发有限公司（简称“土楼沟”）；7.福建省古韵汀州文旅集团有限公司（简称“古韵汀州”）；8.连城县培田古村落（简称“培田古村落”）；9.武平博物馆；10.连城县博物馆；11.龙岩市永定区红色旅游资源开发有限公司（中央红色交通线，简称“红色交通线”）；12.龙岩市铸魂古田青少年研学培训基地（简称“铸魂古田”）；13.长汀县宣成同福旅游开发有限公司（简称“杨成武将军故居”）；14.连城县新泉整训纪念馆（简称“新泉纪念馆”）；15.漳平市台湾农民创业园区管理委员会（简称“台创园”）；16.中央苏区（闽西）历史博物馆（简称“闽西历史博物馆”）；17.永定区金砂红色旧址群（简称“金砂旧址群”）；18.毛泽东才溪乡调查纪念馆（简称“才溪乡调查”）；19.武平县刘亚楼将军故居（简称“刘亚楼将军故居”）；20.福建省苏维埃政府旧址（简称“省苏旧址”）；21.观寿公祠；22.东肖邓子恢；23.后田暴动纪念馆；24.长汀松毛岭国防教育基地（长汀南山镇，简称“松毛岭基地”）；25.连城县松毛岭战地遗址保护开发服务中心（简称“松毛岭战地遗址”）；26.项与年生平事迹展览馆（简称“项与年展览馆”）；27.漳平象湖红色革命旧址群（简称“象湖旧址群”）；28.长汀县“红旗跃过汀江”研学基地（简称“红旗跃过汀江”）；29.永定区红色小延安研学实践基地（简称“红色小延安”）；30.连城县四堡雕版印刷基地（简称“四堡雕版印刷”）；31.永定区富川一甲土楼农家乐（简称“富川一甲”）；32.福建梁野久谣农业科技有限公司（简称“久谣农业”）；33.武平县捷文村林改示范基地（简称“捷文村”）；34.漳平市嘉佳教育科技有限公司（简称“嘉佳科技”）				
	本营地资源	1.红色文化展厅；2.客家文化展厅；3.非遗文化传习中心；4.客家美食坊；5.传统编织室；6.陶艺室				
	其他资源	无				

维度或要素	小学高年级段	初中段	高中段
校内教育基础（与校内教育的衔接）	小学高年级段依据《义务教育课程方案和课程标准（2022年版）》的要求，开展了关于社会主义先进文化、革命文化和中华优秀传统文化的教育，包括民间艺术、古代科技、文化遗产、多元文化、美术雕刻与保护、生物与环境以及戏曲文化等多元内容。本主题研学活动与校内课程形成了紧密的衔接，涉及内容如下：1.人教版小学语文五年级上册第四单元第13课“少年中国说”、第14课“圆明园的毁灭”、第15课“小岛”；2.人教版小学语文五年级下册第四单元第10课“青山处处埋忠骨”、第11课“军神”、第12课“清贫”；3.人教版小学语文六年级上册第二单元第5课“七律·长征”、第6课“狼牙山五壮士”、第7课“开国大典”、第8课“灯光”；4.人教版小学语文六年级下册第四单元第11课“十六年前的回忆”、第12课“为人民服务”；5.人教版小学语文六年级下册第一单元第1课“北京的春节”、第2课“腊八粥”、第3课“古诗三首”、第4课“藏戏”	研学课程作为校外教育的延伸与拓展，与校内教育课程在文化传承与创新方面有着密切的衔接关系。针对初中学段的研学内容，结合《义务教育课程方案和课程标准（2022年版）》对初中段在文化传承与创新方面的培养目标，对校内教育基础与研学课程的衔接进行了深入思考和设计。结合新课标教材中的内容涉及以下内容：1.人教版八年级历史上册第一单元“中国开始沦为半殖民地半封建社会”；2.人教版八年级历史下册第二单元“五四运动与中国共产党成立”；3.人教版八年级历史上册第五单元“从国共合作到国共对立”、第16课“毛泽东开辟井冈山道路”；4.人教版七年级地理上册第二章“陆地和海洋”；5.人教版七年级美术上册“设计应用”；6.人教版九年级音乐下册“戏剧与曲艺”	本次研学活动以实地考察、实践体验为主，紧密衔接校内教育，与高中语文、历史、生物、物理、化学、美术、思想政治等多学科内容相呼应，旨在深化学生对文化的继承与发展、传承与创新、生态环境保护等知识的理解，实现全面发展。本主题活动结合新课标中《生物学》教材中关于生态系统和生物多样性的内容，《物理学》和《化学》教材中关于力学、能源利用等知识点，《历史学》教材中关于近代史、革命史的内容，《地理学》教材中的相关内容相呼应。整个研学活动，学生们能够深刻体会到革命精神和社会责任感，与《思想政治》教材中关于民族精神、社会主义核心价值观的内容相结合，实现了科学教育与思想政治教育的融合。1.人教版普通高中语文选择性必修上册第一单元学习任务群“中国革命传统作品研习”；2.人教版普通高中语文必修上册第四单元“家乡文化生活”；3.人教版中外历史纲要（上）第七单元第22课“南京国民政府的统治和中国共产党开辟革命新道路”；4.人教版选择性必修2经济与社会生活第四单元第10课“古代的村落、集镇和城市”

维度或要素			小学高年级段	初中段	高中段
研学课程	必修课程一	名称	瞻仰主席像	古田会议永放光芒	古田1929
		活动目的	通过瞻仰主席雕像，朗诵主席诗词，让学生感受革命传统、民族精神以及领袖风采	走进古田会议纪念馆，探究古田会议，继承和发扬古田会议精神	探究古田会议对思想建党、政治建军的作用，弘扬古田会议精神，牢记时代使命
		活动形式	参观游览、实践体验	参观游览、讲解指导、小组合作、感悟体会	实地考察、情境模拟、分享交流、动手创作
	必修课程二	名称	农民知己邓子恢	毛泽东在才溪	客从何处来
		活动目的	探访邓子恢故居，了解邓子恢生平和贡献，激发对革命先烈的敬仰和爱国情感	了解才溪，认识乡村历史变迁与发展，培养问题分析能力，增强社会责任感	解析客家世系图表、祖图、契约文书等，感受客家族谱文化，增强文化自信
		活动形式	实地参观、讲解互动、体验活动、分享总结	报告学习、实地考察、小组调研、汇报分享	实地参观、小组调研、分析报告、汇报分享
	必修课程三	名称	人民“长工”张鼎丞	红军长征第一村：重走长征路	探究长征精神
		活动目的	造访张鼎丞故居，了解张鼎丞的生平与贡献，培养学生的爱国情怀和历史文化意识	通过聆听革命故事，了解红军长征的历史背景与意义，培养爱国情怀与历史责任感	探究红军长征的历史细节与中复村的特殊地位，分析长征精神的价值与意义
		活动形式	参观学习、互动讲解、分享交流	讲述故事、实地考察、互动体验、分享交流	分组研讨、实地调研、情境模拟、分析报告
	必修课程四	名称	追忆瞿秋白先生	新泉整训运动	绝密使命：伯公凹七烈士
		活动目的	通过讲解，了解瞿秋白生平事迹与革命精神，培养学生的爱国情怀与历史文化意识	通过探究新泉整训运动，感受红军整训期间的革命精神，培养团队协作精神	通过实地探访，深入了解永定交通线伯公凹历史背景、战略地位等，培养爱国情怀
		活动形式	参观学习、互动讲解、分享交流	互动讲解、考察探究、情境模拟、分享交流	实地考察、互动讲解、角色演绎、研讨交流

维度或要素			小学高年级段	初中段	高中段
研学课程	必修课程五	名称	探寻闽西红色基因库：闽西历史博物馆	红色旗语操	探秘三坊七巷
		活动目的	通过互动讲解，了解闽西革命历史文化，培养历史意识和文化素养	通过学习旗语操，掌握基本的旗语技能，激发学生的爱国情怀	走进三坊七巷，探究建筑的历史背景、建筑风格和特色，实地寻访名人故里
		活动形式	参观学习、互动讲解、分享交流	互动讲解、集中学习、实践体验	互动讲解、实地考察、小组合作、研讨交流
	必修课程六	名称	探寻中央红色交通线	探究闽西土地革命	探访客家首府
		活动目的	通过实地探访，初步了解中央红色交通线——永定金砂的历史背景，激发爱国热情	通过实地考察，深入了解中共闽西第一次代表大会召开的历史背景和意义	通过实地探究，深入了解汀州古城的历史沿革、文化内涵，感受传统文化的魅力
		活动形式	参观学习、分组合作、实践体验	参观学习、讲解互动、小组合作、实践体验	实地考察、探究访问、实践体验
	必修课程七	名称	做客永定土楼	探究客家文化	探秘世遗土楼
		活动目的	通过参观，了解客家迁徙史及土楼的建筑历史，感受客家土楼文化，增强文化自信	通过运用科学探究的方法和步骤，了解永定土楼客家文化，增强民族文化自豪感	通过了解客家土楼建筑结构、家风家训，弘扬艰苦奋斗、克勤克俭的客家精神
		活动形式	参观学习、探究访问、实践体验	参观学习、探究访问、实践活动、小组合作	实地考察、实践体验、交流互动、动手创作
	必修课程八	名称	探秘岩城非遗里的闽人智慧	探究客家提线木偶	听音赏戏，古城拾遗
		活动目的	通过参观学习，探寻客家祖地历史文化和非遗文化	了解提线木偶，体验表演提线木偶，弘扬客家传统文化和保护非物质文化遗产	走进五店市传统街区，听南曲，赏高甲戏、木偶戏，感受闽南非遗文化魅力
		活动形式	参观学习、感知体验、分享交流	讲解指导、实物感知、实践体验	互动讲解、实地探访、实践体验

维度或要素			小学高年级段	初中段	高中段
研学课程	必修课程九	名称	族谱里的秘密	热血浇灌的红色血脉	揭秘闽越文化
		活动目的	通过参观上杭客家族谱馆，寻根溯源，解开客家血缘密码，传承弘扬客家文化	考察中央红色交通线，感受交通员为信仰作出的巨大牺牲，传承忠诚与担当红色基因	通过调查研究，深化对闽越历史文化脉络的理解，培养历史责任感和文化传承意识
		活动形式	参观学习、感知体验、分享交流	实地考察、小组调研、汇报分享	参观学习、实地考察、调查研究、实践体验
	必修课程十	名称	龙岩采茶灯传习	决战松毛岭	走近闽西汉剧
		活动目的	通过讲解，了解采茶灯文化和制作工艺，欣赏表演采茶灯歌舞	祭奠烈士纪念碑、聆听松毛岭战役故事，感受先烈的英勇奋斗精神，培养爱国情怀	通过欣赏闽西汉剧，提高广大学生的文化素养和艺术鉴赏能力
		活动形式	观察学习、互动讲解、歌舞表演	实地探访、模拟演练、实践体验，交流分享	观察学习、角色表演、实践体验
	选修课程		1.红色小歌仙张锦辉 2.访将军故里，立报国之志——杨成武将军故里 3.觅主席脚踪 4.传唱客家山歌 5.姑田游大龙	1.探访树槐堂 2.营救张锦辉 3.抚市走古事	1.探究闽南文化 2.探究福州马尾船政文化 3.体验非遗文化

维度或要素		小学高年级段	初中段	高中段
研学线路	代表性线路（时长五日）	第一天：福建龙岩营地—古田旧址群—福建龙岩营地 第二天：福建龙岩营地—永定土楼—红色交通线—金砂旧址群—福建龙岩营地 第三天：福建龙岩营地—客家族谱博物馆—贵妃农庄—福建龙岩营地 第四天：福建龙岩营地—省苏旧址—杨成武将军故里—福建龙岩营地 第五天：福建龙岩营地—东肖邓子恢—闽西历史博物馆—福建龙岩营地	第一天：福建龙岩营地—古田旧址群—福建龙岩营地 第二天：福建龙岩营地—永定土楼—红色交通线—福建龙岩营地 第三天：福建龙岩营地—古田旧址群—才溪乡调查—福建龙岩营地 第四天：福建龙岩营地—松毛岭战地遗址—观寿公祠—福建龙岩营地 第五天：福建龙岩营地—新泉纪念馆—福建龙岩营地	第一天：福建龙岩营地—古田旧址群—福建龙岩营地 第二天：福建龙岩营地—永定土楼—金砂旧址群—福建龙岩营地 第三天：福建龙岩营地—古韵汀州—观寿公祠—福建龙岩营地 第四天：福建龙岩营地—船政文化—三坊七巷—泉州营地 第五天：泉州营地—五店市—洛江基地—福建龙岩营地
	可选择线路（按天设计，菜单式选择）	1.福建龙岩营地—龙岩市博物馆—闽西历史博物馆—福建龙岩营地；2.福建龙岩营地—古田旧址群—福建龙岩营地；3.福建龙岩营地—自然博物馆—土楼沟—福建龙岩营地；4.福建龙岩营地—金砂旧址群—红色小延安—福建龙岩营地；5.福建龙岩营地—武平博物馆—刘亚楼将军故居—福建龙岩营地；6.福建龙岩营地—培田古村落—连城县博物馆—福建龙岩营地；7.福建龙岩营地—龙岩市博物馆—武平博物馆—福建龙岩营地；8.福建龙岩营地—古田旧址群—东肖邓子恢—福建龙岩营地	1.福建龙岩营地—培田古村落—四堡雕版印刷—福建龙岩营地；2.福建龙岩营地—贵妃农庄—铸魂古田—福建龙岩营地；3.福建龙岩营地—东肖邓子恢—后田暴动纪念馆—福建龙岩营地；4.福建龙岩营地—松毛岭战地遗址—项与年展览馆—福建龙岩营地；5.福建龙岩营地—省苏旧址—福建龙岩营地；6.福建龙岩营地—台创园—象湖旧址群—福建龙岩营地；7.福建龙岩营地—观寿公祠—古韵汀州—福建龙岩营地；8.福建龙岩营地—松毛岭战地遗址—观寿公祠—福建龙岩营地	1.福建龙岩营地—闽越王城—卧龙湾—福建龙岩营地；2.福建龙岩营地—水尾村基地—上坪村基地—福建龙岩营地；3.福建龙岩营地—永定土楼—富川一甲—福建龙岩营地；4.福建龙岩营地—厦门基地—厦门科技馆—福建龙岩营地；5.福建龙岩营地—顺美陶瓷—五店市—福建龙岩营地；6.福建龙岩营地—船政文化—林则徐纪念馆—福建龙岩营地；7.福建龙岩营地—厦门基地—漳州东南花都—福建龙岩营地；8.福建龙岩营地—三坊七巷—福州森林公园—福建龙岩营地
	规划线路（按天设计）	1.福建龙岩营地—南靖土楼—福建龙岩营地；2.福建龙岩营地—刘亚楼将军故居—武平捷文村—福建龙岩营地；3.福建龙岩营地—象湖旧址群—嘉佳科技—福建龙岩营地	1.福建龙岩营地—海洋监测站—海岛研究中心—厦门基地；2.厦门基地—科技中学—鹭凯基地—福建龙岩营地；3.福建龙岩营地—红旗跃过汀江—福建龙岩营地	1.福建龙岩营地—漈下村基地—福建龙岩营地；2.福建龙岩营地—龙潭村基地—福建龙岩营地；3.福建龙岩营地—上坪村基地—泰宁基地—福建龙岩营地

维度或要素		小学高年级段	初中段	高中段
教学重点难点（以代表性线路教学设计为例，以下同）	教学重点	1.通过瞻仰主席雕像、朗诵诗词等活动，让学生亲身感受领袖风采，加深对革命传统的认识和理解；2.探访张鼎丞等革命先烈的故居，让学生了解其生平事迹，激发其对革命精神的敬仰和传承；3.通过参观上杭客家族谱馆，寻根溯源，解开客家血缘密码，牢记祖训，传承弘扬客家文化；4.通过参观学习省苏旧址、探访杨成武将军故居等活动，引导学生初步掌握研学性学习的步骤和方法，提升自主学习能力；5.结合闽西历史博物馆、邓子恢事迹等资源，深入挖掘地方红色文化，增强学生对家乡文化的认同感和自豪感	1.通过参观古田会议旧址、古田会议纪念馆等地，引导学生深入探究历史事件背后的社会、政治和文化背景，理解这些事件在中国革命历史上的重要地位和意义；2.通过探访伯公凹，了解中央红色交通线的历史背景、战略地位和作用，加深学生对中国革命历史的理解和认识；3.在才溪乡调查报告中，重点培养学生的调研能力，教会他们如何收集、整理和分析资料，提高问题解决能力；4.通过聆听动人的革命故事，体验教学喝壮行酒（茶），点火把，重走长征路，培养学生的爱国情怀与历史责任感、集体意识和合作精神；5.通过考察学习，探究新泉整训的历史背景与重要意义，感受红军整训期间的革命精神与纪律严明，模拟现场整训，培养学生的历史意识与团队协作精神	1.通过走进古田会议旧址，深入探究其对思想建党、政治建军的重要作用，引导学生深刻理解和传承古田会议精神，牢记时代使命；2.在探秘世遗土楼活动中，注重客家文化的传承与创新，通过实践活动和创作设计，让学生深入体验客家文化，增强其文化自信和创新能力；3.在观寿公祠，通过实地探访和情境模拟，让学生深入体验长征的艰辛与伟大，培养学生的爱国情怀和长征精神；4.在三坊七巷，通过考察和研讨，让学生全面了解其文化意义，坚定文化自信，激发爱国情怀；5.走进泉州五店市传统街区，通过听南曲、赏高甲戏、木偶戏，品尝特色小吃，感受闽南非遗文化魅力
	教学难点	1.如何引导学生理解革命领袖的精神内涵及其对当代的启示，是教学的一大难点； 2.如何让学生与革命先烈的生平事迹产生情感共鸣，真正激发其敬仰与爱国情感，是教学的难点之一； 3.如何挖掘闽西革命历史事件的深层意义，让学生从中获得深刻的历史启示，是教学需突破的难点； 4.如何将抽象的建筑知识转化为具体的视觉和触觉体验，帮助学生形成直观的认识，是一个教学难点； 5.如何引导学生实质性地体验并传承客家文化的精髓，增强其文化自信，是教学中的一大挑战	1.如何通过丰富多样的教学活动，引导学生深入探究古田会议的历史背景、意义，并将古田会议精神传承并发扬光大，是教学中的一大难点； 2.帮助学生学习如何解读楹联的寓意和修辞手法，理解祖训家规对客家人行为规范的影响，这需要教师具备丰厚的文学和历史知识，能够引导学生欣赏和领悟这些文化元素； 3.通过学习才溪乡调查报告，了解乡村历史变迁与发展现状，如何提升学生的调研能力和问题分析能力； 4.学生可能由于时代背景的差异，难以完全理解和感受当时革命者的心境和决心，如何让学生真正体验到长征的艰辛与伟大，感悟到长征精神的力量，是教学中需要重点突破的难点； 5.如何通过模拟现场整训，培养学生的历史意识与团队协作精神，是教学中的另一个难点	1.如何引导他们深入理解古田会议对思想建党、政治建军的核心作用，并将其转化为实际行动，是教学的难点； 2.如何将《伯公凹七烈士》等红色故事和永定土楼客家文化生动地讲述给学生，让他们能够深刻感受到烈士们的英勇牺牲和客家先民智慧，是一个教学难点； 3.如何设计有效的体验活动，让学生能够身临其境地感受长征精神，并从中获得启示和感悟，是一个具有挑战性的教学难点； 4.如何让学生通过体验船政文化和古建筑文化价值，坚定文化自信，并将其与社会主义核心价值观相结合，落实到日常生活中，是教学需突破的难点； 5.如何引导高中生在了解和保护文化遗产的同时，进行创新性的传承和发展，如南曲、高甲戏、木偶戏的传承与创新等，是教学中需要重点关注的难点

维度或要素	小学高年级段	初中段	高中段
教学策略	要让静态的、分散的、年代遥远的文化资源产生教育的作用，针对小学高年级学段学生的认知特点和发展需求，基于多元智能、发现学习理论，在行前做足知识铺垫，组织学生观看相关影视，了解文化背景和内涵；借助声光电等媒体，设置悬念或把历史、文化沟通联系学生的现实生活，激发学生探究的兴趣。行程中充分尊重并调动学生的感官体验与情感参与，选取丰富多样的中国历史文化与革命传统教育内容，依托红色革命纪念地、毛泽东诗词、客家土楼文化等实体和人文教育资源，采取直观展示、实地瞻仰、多媒体手段打造沉浸式空间、场景复原实景传播等教法，翔实、深刻、多方位地重现历史和文化，以及角色扮演情境式模拟体验、唱读相关文化的诗词、歌曲、讲故事、互动问答等多元化学法，通过开展瞻仰仪式、聆听故事、朗诵诗词、亲手体验发电报等实践活动，帮助学生在亲身经历和深度参与中增强对革命传统精神的理解与认同，激发其对中华优秀传统文化的热爱与认同，萌生传承意识，有效培养学生良好的家庭观念，厚植爱国情怀和责任担当意识，从而实现实践育人的目标	在行前做好学情分析，了解学生在相关文化方面的现有知识经验和心理认知特点，针对初中阶段学生的学情特点，基于多元智能、实用主义理论，选取了古田会议等重要历史事件和本地丰富的客家文化作为教学内容，依托古田会议纪念馆、才溪乡调查纪念馆、客家土楼等具有深厚历史底蕴和文化价值的教育资源。采用观察文物、阅读史料、观看影像资料等学法，探究历史事件背后的深层次社会结构、政治变迁和文化基础，理解这些事件在中国革命进程中的关键作用和深远影响。采用现场讲解、情境再现等教法，重现历史情境，让学生深切体验革命先辈的艰辛历程和高尚品质，从而激发其深厚的爱国情怀。采用动手实践和创新设计的学法，开展土楼建筑艺术的活动，鼓励学生应用科学技术原理，对传统与现代进行融合创新，以期培养他们的科学素养和勇于探索的创新精神。通过丰富的实践活动，既让学生深入理解中国革命历史和传统文化，又着力提升他们的各项核心素养和实践创新能力，从而全面实现立德树人、素质教育的根本目的	针对高中生自主性强、深度学习需求和高级认知能力发展的特征，基于实践性教育、创新性教育、多元化教育理论，选取古田会议、长征起点、金砂旧址群、三坊七巷以及世遗土楼等具有代表性和教育价值的内容，依托福建省丰富的红色教育资源和世界文化遗产，如古田会议旧址、观寿公祠、金砂旧址群以及客家土楼等资源。采取深度解析和比较研究的教法，开展走进古田会议旧址、深入探究历史事件的实践活动，引导学生挖掘历史事件背后的逻辑关系，分析不同领袖人物的思想理论与实践策略，培养他们严谨的历史素养和独立的批判性思维，使之能客观评价历史、理解当今，预见未来。采用专题研讨会、实地考察等学法，开展三坊七巷考察研讨活动，鼓励学生积极参与，全面了解其文化意义，坚定文化自信，激发爱国情怀。采用讲授、演示、实验、练习等教法和自主学习、探究学习、合作学习等学法，开展围绕客家建筑、民俗、艺术的实践活动，发掘传统文化的现代价值，探索其在现代社会背景下的创新发展路径，从而培养学生的文化创新意识和实践转化能力

维度或要素				小学高年级段	初中段	高中段
实施方案	入营教育	安全	引导	利用《学生安全手册》组织学习，预防安全风险，提升学生自我管理能力	利用《学生安全手册》确保学生保持高度的警觉性和自我保护能力	播放案例警示视频，结合安全警示标识，增强学生的风险识别能力和自我防范意识
			实训	开展设施设备操作训练活动，提升学生的安全意识和实操能力	进行安全知识应答的互动环课，以强化学生对安全知识的理解和应用能力	开展安全标识辨识活动，并结合具体案例进行深入讨论
		应急	引导	利用应急疏散线路图，引导学生学习并掌握紧急疏散的方法和步骤	结合详尽的应急预案和安全方案，教授学生掌握常用的应急处理方法	详细讲解应急处置的恰当方法和逃生时的关键注意事项
			实训	开展紧急疏散演练活动，确保在紧急情况下能够迅速有序地疏散	组织学生进行止血包扎、心肺复苏、骨折固定等基本救护技能的实操训练	组织地震、消防等紧急情况下的逃生演练活动，帮助学生掌握正确的逃生方法
		救助	引导	播放救助案例视频和展示PPT演示稿，教授学生正确的救助方式	教师示范教学，讲解常用的应急救护方法，提高学生的应急处理能力	模拟真实场景进行演练，提升学生应对与应变能力
			实训	在紧急情况下，拨打119、120等急救电话，并配合老师进行前期救助工作	学会止血、包扎、固定、搬运等急救技能是应对地震火灾等突发事件的必备能力	通过模拟体验与技能测试，熟练掌握心肺复苏救助方法与技巧
		自我管理	引导	通过自我管理方法培训，结合视频，深化学生对情绪与生活的管理认知	通过分享自我管理成功案例，进一步提升学生的自我管理能力	通过引导学生自主管理问题，帮助他们掌握科学的管理技巧
			实训	参与集体活动与团队心理游戏等心理建设项目，掌握自我管理方法	参与拓展训练、性格解析和集体生活等项目，学会情绪管理，提升了自我调控能力	通过问题讨论、互动交流，制定自我管理监测办法，以持续强化自律与自我提升
		团队协作	引导	以小组任务为导向，借助集体生活，培养合作精神和团队凝聚力	通过体验各类拓展项目，加强团队的凝聚力和执行力	采用小组合作和任务驱动的方式，培养学生的团队协作精神
			实训	通过小组合作与活动体验，形成团队意识，培养深厚的合作互助意识	通过活动、游戏及信任度训练等拓展项目，培养合作互助精神	借助毕业墙、信任背摔等拓展训练项目，共同塑造一个互助高效、团结协作的团队

维度或要素		小学高年级段	初中段	高中段
实施方案	导入教学环节	一、情境导入：真实历史场景感受红色文化，通过纪录片片段，感受闽西革命历史的波澜壮阔，激发学生对红色文化的敬意与好奇；二、问题导入：探讨闽西特色文化，讨论闽西特色文化，分享所知所感，加深对闽西文化的理解；三、任务导入：发布研学任务，激发探究兴趣明确研学任务与目的，激发学生参与活动的兴趣与热情；四、情境再现：角色扮演中体验闽西文化，亲身感受文化的魅力与内涵；五、故事导入：生动讲述闽西革命故事，引导学生思考如何传承与发扬红色文化	一、故事导入：讲述古田会议故事，引导学生认识其历史地位，激发探究兴趣；二、问题导入：设置问题，发布自主探究任务，引导学生探访客家文化地，了解客家文化的独特之处；三、任务发布：发布实地走访与资料收集任务，让学生深入了解毛泽东在才溪的革命活动的历史意义；四、任务发布：发布情境模拟任务，通过聆听动人的革命故事，体验教学喝壮行酒（茶）、点火把，深入理解长征起点的历史意义；五、任务发布：发布学习与研究任务，要求学生参观新泉整训纪念馆，并理解其在革命中的文化价值	一、故事导入：分享古田会议的历史背景与意义，激发学生探究红色历史的兴趣；二、任务导入：发布探究祭奠烈士和永定土楼建筑结构任务清单，引导学生自主思考如何向先烈致敬，传承红色精神和客家文化；三、任务导入：发布探究松毛岭战役与红军长征精神的任务，鼓励学生主动参与，深刻领悟革命精神；四、问题导入：设置问题，引导学生带着问题探访三坊七巷、船政文化等地，自主找寻答案；五、任务导入：发布小组任务，引导学生合作探究闽南文化与传统文化的交融，深化对地域文化的理解
	授课教学环节	第一天：必修课程一“瞻仰主席像”、必修课程二“农民知己邓子恢”、选修课程1“红色小歌仙张锦辉” 第二天：必修课程三“人民‘长工’张鼎丞”、必修课程四“追忆瞿秋白先生”、选修课程2“访将军故里，立报国之志——杨成武将军故里” 第三天：必修课程五“探寻闽西红色基因库：闽西历史博物馆”、必修课程六“探寻中央红色交通线”、选修课程3“觅主席脚踪”；第四天：必修课程七“做客永定土楼”、必修课程八“探秘岩城非遗里的闽人智慧”选修课程4“传唱客家山歌” 第五天：必修课程九“族谱里的秘密”、必修课程十“龙岩采茶灯传习”、选修课程5“姑田游大龙	第一天：必修课程一“古田会议永放光芒”、选修课程1“探访树槐堂” 第二天：必修课程五“红色旗语操”、必修课程七“探究客家文化”、必修课程八“探究客家提线木偶”、必修课程九“热血浇灌的红色血脉” 第三天：必修课程二“毛泽东在才溪”、必修课程六“探究闽西土地革命”、选修课程3“抚市走古事” 第四天：必修课程三“红军长征第一村：重走长征路”、必修课程十“决战松毛岭”、选修课程2“营救张锦辉” 第五天：必修课程四“新泉整训运动”	第一天：必修课程一“古田1929” 第二天：必修课程二“客从何处来”、必修课程七“探秘世遗土楼”、必修课程四“绝密使命：伯公凹七烈士” 第三天：必修课程三“探究长征精神”、必修课程六“探访客家首府”、选修课程1“探究闽南文化” 第四天：必修课程五“探秘三坊七巷”、选修课程2“探究福州马尾船政文化” 第五天：必修课程八“听音赏戏，古城拾遗”、必修课程九“揭秘闽越文化”、必修课程十“走近闽西汉剧”、选修课程3“体验非遗文化”

维度或要素		小学高年级段	初中段	高中段
实施方案	进阶教学环节	1.组织学生进行角色扮演，通过亲身体验来深入理解领袖决策背后的智慧与勇气 2.鼓励学生搜集资料，编写先烈事迹的小故事，并在班级内分享，以此激发学生对革命精神的敬仰和传承 3.学生自主选择一个红色文化主题，通过制作海报、手抄报等形式，展示他们对地方红色文化的理解和创意 4.学生自行选择感兴趣的革命遗址或红色景点进行深入研究，撰写调查报告 5.组织学生学习客家文化，了解客家人在革命历史中的贡献和地位	1.组织学生分组研究古田会议和才溪乡调查的历史背景、决策过程及影响，并进行角色扮演重现历史场境 2.邀请革命后代或专家进行现场讲座，分享革命先烈的英勇事迹，深化对古田会议精神的理解 3.开展“我是小小调研员”活动，进行实地访谈，并撰写完整的调查报告 4.设计团队挑战赛，完成一系列与红色文化、历史探究相关的任务，培养学生的团队协作和沟通能力 5.举办文化创新大赛，鼓励学生将客家文化元素与现代设计相结合，创作作品	1.开展“古田会议精神传承”主题演讲比赛或辩论赛，让学生结合自己的理解和感悟，表达对古田会议精神的认识和传承决心 2.鼓励学生以客家文化为主题，进行创意设计，如设计土楼模型、客家服饰、手工艺品等，展示对客家文化的理解与创新 3.指导学生编排以长征为主题的情境剧，通过角色扮演和情境再现，让学生更加深入地体验长征的艰辛与伟大 4.开展与三坊七巷文化相关的创新项目，如设计文化创意产品、将传统文化与现代创新相结合 5.邀请非遗传承人开展讲座，引导学生成为非遗的传承者和创新者
	巩固教学环节	1.发布探究任务，总结提升：明确探究主题，布置实践任务，引导学生总结提升 2.实践体验与分享，形成知识框架：结合实践体验，分享所见所闻，形成传统文化与历史知识框架 3.实地探访，探究发展脉络：发布任务，引导学生实地探访文化遗址，探究传统文化和历史故事发展脉络 4.分享交流，加深理解：分享探访成果，交流彼此对所学历史知识和文化的看法，加深理解 5.多样活动深化认识：通过讲故事、做手抄报等活动，加深对研学内容的认识和记忆，此环节旨在巩固学生对研学内容的理解，提升实践能力和文化素养	1.实践互动与分享研讨：组织学生在实地参访，记录观察所得并参与小组分享，探讨如何传承与创新发展传统客家文化 2.情境融入与文化认知深化：开展情境再现活动，让学生身临其境地体验历史时刻，布置相关任务，制作故事发展时间轴，促进学生对文化遗产保护和传承的深入思考 3.历史典故解读与知识运用：引入具体历史事件作为教学案例，要求学生研究分析，并通过绘制关系图谱等方式呈现故事发展过程 4.分享交流，深化理解：全班分享探访成果，深入讨论并交换看法，教师点评助学生深化理解 5.多样活动深化认知：举办演讲比赛、知识竞赛等活动，让学生在互动中深化对研学内容的认知与记忆	1.设计以古田会议精神为指导的实践项目，如社区服务、公益活动等，让学生在实践中运用并加深对古田会议精神的理解和应用 2.引导学生制作客家美食，通过亲手制作和品尝，让学生更加深入地了解客家文化的独特魅力 3.全班分享走红军路、喝壮行茶等体验活动的心得，深入讨论交流，教师点评帮助学生深入理解 4.组织学生进行反思和总结，思考探索三坊七巷古建筑文化及名人故里的深厚底蕴，对现代生活和学习的启示，以及如何将这种文化精神品质应用到日常生活学习中 5.设立创新设计挑战，鼓励学生以文化遗产为灵感，进行创意设计或产品开发，实现文化遗产的创新性传承和发展

维度或要素			小学高年级段	初中段	高中段
实施方案	总结教学环节	教学创新	基于学情实际，采用任务化、情境化等导入，激发学生兴趣。设计多元智力活动，形式多样且难度各异，确保课程动态调整。根据学生年龄与表现，发挥学生主体性，培养创新意识和解决问题能力。研学课程旨在让学生在实践中发现问题、思考并解决问题，提升创新能力	在研学课程中，注重创新学习方法，发挥学生主观能动性，强化实践意识。基于学情丰富活动形式，鼓励学生多角度思考，提升创造力与责任感。同时，运用发现学习理论，通过场景转换和实践体验，引导学生自主发现并解决问题，培养创新精神与创新能力，树立大胆探索的胆识，养成勇于创新的习惯	基于学情实际，采用小组合作探究方式，分解研学实践任务，撰写研究报告，培养探究意识。同时，依据建构主义理论，引导学生主动学习、深入思考，实现以学习者为中心的学习。在研学课程中，注重创新问题解决方法和评价方式，让学生参与方案制订、活动开展和总结评价，展现独立思考与计划能力。通过团队协作和独立思考，发现有价值问题，培养解决问题能力，鼓励大胆探索，激发创新思维
		教学总结	结合学生、随队教师及家长的反馈，我们进行全面教学评价。同时，完善研学档案，记录过程性资料。通过个案分析、分组讨论、教师点评等方式，总结学生的学习态度、方法、合作交流及安全管理等方面，重点评估学习习惯、文明意识、知识储备等核心素养。充分利用研学手册填写，培养学生良好的研学品质，提升整体核心素养	在研学课程实施过程中，围绕价值体认、责任担当、问题解决、创意物化等教学目标，引导学生自主总结学习过程，教师辅助完善。学生总结研学实践内容与技能，深化对责任与担当的理解；收集多方反馈，完成全面客观评价；完善研学档案，强化管理与评价。此过程充分发挥学生主观能动性，分析总结自主管理、团队合作、考察探究等方面，根植核心素养，提升综合素质	引导学生自我总结研学实践内容与技能，通过小组研讨、分享交流等方式，强化责任与担当意识。在研学教师的指导下，学生撰写研究报告、完善手册，完成教学评价。同时，完善研学档案，记录课程积分管理过程，体现学生社会责任感、实践能力与创新意识。这样，学生在学习中发现问题、解决问题，初步形成研究课题的思维模式，体现社会责任与担当
		教学反思	研学过程中，“研”与“游”应平衡，确保学术探究与体验实践相得益彰。安全保障至关重要，需全面排查隐患，确保万无一失。同时，应融合责任与担当意识于研学实践，优化教学策略，注重学生核心素养提升，及时发现问题并改进，实现教学目标的最大化达成	采用多元方法进行教学反思，重点对话学生，挖掘研学课程育人实效与资源融合，优化环课设置与课奏把控。发挥学生反思作用，横向对比与纵向深化，及时更新内容与方法，优化课程，适应学生认知与兴趣，提升研学教育效果	引导学生将研学课程与兴趣、生涯规划结合，强化责任担当意识。深化与学校课程衔接，总结经验，为下次研学提供参考。根据反馈优化研学方案，挖掘资源，完善教学策略。重视学生反馈，改进教学方法，提升核心素养与综合能力

维度或要素				小学高年级段	初中段	高中段
实施方案	评价教学环节	教学水平评价	自我评价	导入环节能激发学生兴趣，实施过程符合小学高年级段特点，总结时重视学生参与度，坚持个性化发展。利用录像法记录教学过程，对比分析后填写自评量表，形成反思并改进教学实践，提升教学效果	坚持全面发展，教师形成阶段总结，优化教学方法与策略。评价研学课程设计，探讨优化措施；教师讲解通俗易懂、激趣引思；探究任务需难易适中、操作便捷，以提升学生研学效果	评价内容设计、目标落实、实施流畅度及学生参与度、考核实践、探究成果等达到预期目标。坚持个性化和实践性，针对课程差异采用个案分析，形成自我评价报告，运用结果改进教学，紧扣文化传承与创新目标，提升教学效果
			学生评价	通过访谈收集学生建议，综合评价教师教学质量。学生对研学资源兴趣及课程任务完成情况进行自评、他评与小组评价，全面反映研学效果	制定满意度测评表，允许学生匿名填写。建立评价反馈机制，确保教师能及时了解学生意见，发现问题并改进教学方式，进而提升整体教学质量	通过问卷调查与座谈结合，学生全面评价教师教学态度、技巧、表达、组织及沟通能力等。抽样座谈深入探讨研学内容与活动改进建议
			同行评价	教师和管理人员通过审阅教学文件、问卷调查等，全面评价教师的教学设计、实施策略与效果，同时关注研学组织的课奏把控及教学机智和解决问题能力	通过随队观摩、听课及文件审阅，全面评价教师的教学设计、实施策略与效果，同时关注研学教师的总结反思及生成性问题的解决机智	通过随队观摩、听课、文件审阅和问卷调查，评价教师的教学设计与实施效果，特别关注其设计的探究问题、结果呈现及研学资源挖掘
			培训和考核	建立培训与考核制度，定期为营地教师开展研学实践课程资源开发与实施的培训，并考核其效果	定期对研学教师进行线路、课程开发与实施的培训考核，强化安全培训，组织专业能力提升培训，通过专业机构评价活动质量，并调查测评满意度	制订培训计划，项目化培训教师并考核素养，定期培训研学线路与课程开发。以学生、家长和社会满意度为重要考核标准，提升研学教育质量
			教学成果展示	通过图文、音像等资料详细记录；成果以研究报告、成果答辩和作品展等形式精彩展现	以作品展示、思辨交流、实验演示和成果汇编等方式，全方位呈现教学的魅力和价值	通过研究报告、作品展、撰写案例等多种形式展示，定期举办教师教学成果展示活动，展现教师的教学风采和成果

维度或要素				小学高年级段	初中段	高中段
实施方案	评价教学环节	学业评价	形成性评价	教师持续观察学生在研学活动中的参与程度和兴趣表现，并进行记录与反思。根据评价结果，结合学段特点，及时调整课程深度和教学方法，确保课程内容的适宜性和针对性	教师对学生围绕知识获取程度、探索深度、团队协作、情感表达等多个维度进行评价。动态调整教学计划和教学方式，确保教学内容和难度与学生的认知水平相匹配，提高教学效果	教师重点关注学生探究方法的掌握、参与程度、探索深度和交流表达等表现，对学生的进行及时评价，并及时调整教学策略，激发学生的学习热情
			总结性评价	以研学课程的核心目标为导向，通过考核、展示等方式，全面评估学生在研学实践活动中的参与度、情感体验以及认知提升等方面。基于评价结果，灵活调整教学活动形式	以研学课程的核心目标为导向，通过考核、测验、展示等方式，全面评估学生在研学实践活动中的知识获取程度、探索深度、团队协作、情感表达，基于评价结果，灵活调整教学活动形式	以研学课程的核心目标为导向，通过考核、测验、展示、汇报等方式，全面评估学生探究方法的掌握、参与程度、探索深度和交流表达，基于评价结果，灵活调整教学活动形式
			教师评价	采取日常记录、交流讨论等形式，教师有效评估学生研学准备、参与过程及情感认知，提供个性化反馈，加深知识理解，优化教学方式，提高教学质量	采取日常记录、讨论互动、问卷调查等方式，教师密切关注并有效评估每位学生在知识获取、行为表现、情感认同及团队合作各方面的发展，为学生提供个性化建议和反馈，加深对知识和技能的理解和运用	采取日常记录、问题互动、教学反馈及口头交流等多元手段，教师对学生的探究能力、创新能力、活动参与、行为规范、理解深度等方面进行了细致而全面的评估
		项目评价		行政主管部门联合学校、学生、家长及社会各界，运用问卷调查方法，围绕教学目标设定、教学设计、活动组织、研学路线规划及学生成长多个维度进行评价，并评估项目整体风险与效益，旨在深入分析并持续优化该项目	行政部门联手校方、学生群体、家长以及社会各方，通过问卷调查途径，从教学核心目标、课程设计、教育资源、教学手段、实践活动安排、合作管理模式、研学路线到学生成长各个层面展开综合评审，同时考量项目的总体风险与收益效果，以期实现深度分析并不断改进项目品质	行政管理部门、合作学校、学生、家长及社会各界，采用问卷调查方法，全面评估教学各环节，如目标制定、课程构建、资源配备、教学方法、活动策划、联合管理、研学实践路径及学生成长发展等，并考察项目执行的风险收益比，旨在持续优化项目效果

4.13 教学计划与策略列表：传承优秀文化，弘扬时代精神

<table>
<tr><td colspan="3">营地名称</td><td>潍坊市中小学生示范性综合实践基地（简称“山东潍坊营地”）</td><td>命名机构</td><td>教育部</td><td>识别码</td><td>Y145370001</td></tr>
<tr><td colspan="3">从业资质（摘要）</td><td>综合实践教育；研学实践教育；劳动教育；创新实验教育</td><td>单位属性</td><td>公益一类</td><td>法定代表人</td><td>鞠克亮</td></tr>
<tr><td colspan="3">研学主题</td><td>传承优秀文化，弘扬时代精神</td><td colspan="2">主要目的指向</td><td colspan="2">文化传承与创新教育</td></tr>
<tr><td rowspan="8">营地（枢纽）及周边主要优质研学资源</td><td colspan="2">基地层级</td><td colspan="5">研学站点（基地）名称</td></tr>
<tr><td rowspan="2">教育部命名基地</td><td>已列入教学计划</td><td colspan="5">一、与本主题相关列入教学计划的基地19个
1.齐文化博物馆；2.黄河口生态文明研学基地（简称“黄河口”）；3.曲阜孔庙、孔林和孔府（简称“三孔”）；4.孟庙孟府孟林景区（简称“三孟”）；5.山东景芝教育投资有限公司（简称“景芝公司”）；6.山东博物馆；7.桓台华夏粮仓博物馆（简称“华夏粮仓”）；8.山东沂蒙红色文化产业有限公司（简称“沂蒙红色教育基地”）；9.广饶县孙子文化旅游区（简称“孙子文化园”）；10.山东泰山研学教育有限公司（简称“泰山研学”）；11.台儿庄古城景区（简称“台儿庄”）；12.中国海军博物馆；13.蓬莱仙境戚继光文化管理有限公司（简称“蓬莱仙境”）；14.青岛海洋地质研究所；15.山东省山青世界青少年实践活动中心（简称“山青世界”）；16.中国水准零点景区；17.日照市山泽海洋旅游产业开发有限公司（简称“日照山泽海洋”）；18.青岛鲁海丰海洋牧场（简称“鲁海丰牧场”）；19.山东航天科技展馆（简称“山东航天馆”）
二、与本主题关联不大但列入本营地教学计划的基地11个
1.山东特种工业集团有限公司（简称“山特集团”）；2.青岛市妇女儿童中心；3.浪潮集团有限公司（简称“浪潮集团”）；4.济南市气象局；5.青岛蓝树谷文化传媒旅游集团股份有限公司（简称“蓝树谷”）；6.山东省科学技术宣传馆；7.国家中印科技国际创新园（简称“中印科技”）；8.蒙阴岱崮地貌拓展服务中心（简称“岱崮地貌”）；9.山东莱阳白垩纪国家地质公园（简称“白垩纪公园”）；10.山东北海湿地鸟类教育基地（简称“北海湿地”）；11.山东省妇女儿童活动中心</td></tr>
<tr><td>待列入教学计划</td><td colspan="5">无</td></tr>
<tr><td colspan="2">其他部委命名基地</td><td colspan="5">1.国家方志馆黄河分馆（简称“黄河分馆”）；2.临淄足球博物馆；3.艺博园非遗体验馆（简称“艺博园”）；4.昌邑县抗日殉国烈士祠（简称“昌邑烈士祠”）；5.牛头镇抗日起义陈列馆（简称“牛头镇”）；6.巨淀湖风景区；7.中国柳疃丝绸博物馆、华晨悦胜丝绸公司（简称“柳疃博物馆”）</td></tr>
<tr><td colspan="2">地方命名基地</td><td colspan="5">1.临朐淌水崖水库党性教育基地（简称“淌水崖”）；2.红高粱抗战纪念馆（简称“红高粱”）；3.潍坊十笏园博物馆（简称“十笏园”）；4.潍坊市杨家埠民俗文化大观园（简称“杨家埠”）；5.渤海走廊革命斗争陈列馆（简称“渤海走廊”）；6.青州古城；7.坊子区煤炭博物馆；8.乐道院·潍县集中营博物馆（简称“乐道院”）；9.青州博物馆；10.潍坊市坊茨小镇；11.威海民族复兴基地</td></tr>
<tr><td colspan="2">本营地资源</td><td colspan="5">1.非遗文化中心；2.生命安全教育中心；3.素质拓展中心；4.心理体验中心；5.智慧闯关中心；6.传统美食中心</td></tr>
<tr><td colspan="2">其他资源</td><td colspan="5">仓颉汉字艺术馆</td></tr>
</table>

维度或要素	小学高年级段	初中段	高中段
校内教育基础（与校内教育的衔接）	对照课标，小学高年级段在文化传承与创新方面提出：“要认同中华文化，继承和弘扬中华优秀传统文化、革命文化、社会主义先进文化；理解社会主义核心价值观的内涵，在日常生活和社会生活中积极践行；学习制作工艺品，知道中国传统工艺是中华民族文化艺术的瑰宝，增强民族自豪感。”本研学主题与校内教育的衔接内容如下：1.人教版道德与法治五年级上册第四单元第2课“古代科技，耀我中华”、第3课“传统美德，源远流长”；2.人教版道德与法治五年级下册第三单元第1课“不甘屈辱，奋勇抗争”、第4课“夺取抗日战争和人民解放战争的胜利”；3.人教版美术五年级下册第13课“风筝的魅力”；4.人教版美术六年级上册第12课“保护文物”	对照课标，初中段在文化传承与创新方面提出：“要体会中华文化的源远流长与博大精深，理解中华优秀传统文化的核心思想理念、人文精神和传统美德；学习和理解社会主义先进文化和革命文化，坚定文化自信；感受传统工艺作品中蕴含的人文价值和工匠精神，树立传承中华优秀传统文化的观念。”本研学主题与校内教育衔接内容如下：1.人教版道德与法治九年级上册第三单元第1课“延续文化血脉”“凝聚价值追求”；2.人教版地理七年级上册第二单元第1课“大洲和大洋”；3.人教版地理八年级上册第四单元第2课“农业”；4.人教版地理八年级下册第二单元第3课“河流”；5.人教版美术八年级下册第二单元第1课“了解纹样”；6.人美版美术九年级上册第10课“民间工艺品制作”	对照课标，高中段在文化传承与创新方面提出：“继承和弘扬中华优秀传统文化、革命文化、社会主义先进文化，理解和借鉴不同民族和地区的文化，拓展文化视野，增强文化自觉，提升中国特色社会主义文化自信；弘扬中国精神、凝聚中国力量，为实现中华民族伟大复兴的中国梦而奋斗。”本研学主题与校内教育的衔接内容如下：1.人教版高中语文必修上册第二单元第5课“以工匠精神雕琢时代品质”；2.人教版高中思想政治必修4第三单元第7课“继承发展中华优秀传统文化”、第9课“发展中国特色社会主义文化”；3.人教版历史选择性必修3第一单元第1课“中华优秀传统文化的内涵与特点”、第2课“中华文化的世界意义”；4.人教版历史选择性必修3第六单元第14课“文化传承的多种载体及其发展”、第15课“文化遗产：全人类共同的财富”；5.人教版高中生物学必修2第四章第2节“生物多样性及其保护”、第3节“生态工程”；6.人教版高中美术选择性必修5第一单元第1课“工艺之道——源远流长的文明载体”

维度或要素			小学高年级段	初中段	高中段
研学课程	必修课程一	名称	兵法智慧	皮影艺术	木版年画
		活动目的	了解《孙子兵法》中的基本战略思想，通过实践活动亲身体验孙子兵法的智慧	了解皮影的历史和传统制作工艺，掌握皮影的制作和操作技巧	了解木版年画的历史和传统制作工艺，掌握木版年画的制作技巧和工艺流程
		活动形式	教师讲授、实地查看、实践体验	教师讲授、实践体验	教师讲授、实践体验
	必修课程二	名称	智慧闯关	烙笔生花	篆刻艺术
		活动目的	设计与孙子兵法相关的挑战任务，运用所学的孙子兵法智慧解决问题	了解电烙画的特点和技艺，掌握电烙画的制作方法和艺术表现技巧	学习篆刻的基本知识和技法，掌握篆刻刀法和印章制作的技艺
		活动形式	教师讲授、小组合作、实践体验	教师讲授、实践体验	教师讲授、实践体验
	必修课程三	名称	红色芦苇荡	布艺文创	杨家埠年画
		活动目的	了解抗战历史背景，讲述抗战故事，感悟人民军队英勇顽强、不怕牺牲的革命精神	学会基本的手缝技巧，理解立体成型过程，掌握手缝等基本生活技能	了解我国四大年画产区，掌握杨家埠年画的特点与制作技艺
		活动形式	教师讲授、实地查看、实践体验	教师讲授、实践体验	教师讲授、实地探访、实践体验
	必修课程四	名称	华夏粮仓行	味蕾之旅	沂蒙故事
		活动目的	增强学生的自然观察力和环保意识，增加对科学、历史、文化等方面的了解	通过观看酿酒技艺、品鉴技巧等，体验中华饮食文化的魅力，增强文化自信	了解沂蒙地区的革命历史，包括重要事件、人物和战役
		活动形式	教师讲授、实地查看、实践体验	教师讲授、实地探访、实践体验	教师讲授、实地探访、实践体验

维度或要素			小学高年级段	初中段	高中段
研学课程	必修课程五	名称	探“味”华夏	传统烹饪	沂蒙体验
		活动目的	了解中国饮食文化，与五谷对话、交流，体验芝香美酒文化的传承、融合、创新	掌握基本的烹饪技能，培养他们的实践操作能力，传承和创新传统饮食文化	参观沂蒙红色教育基地，亲身感受红色文化的魅力，讲红色故事，唱红色歌曲
		活动形式	教师讲授、实地查看、实践体验	教师讲授、小组合作、实践体验	教师讲授、实地探访、实践体验
	必修课程六	名称	童梦茶缘	历史印记	登泰山之巅
		活动目的	了解茶的基本知识和茶文化的简单概念，提高审美，传承优秀传统文化	了解山东博物馆的基本情况，感受中华文化的博大精深，增强文化自信	了解泰山历史文化和自然风光，增强对传统文化的认识和尊重，增强文化自信
		活动形式	教师讲授、小组合作、实践体验	教师讲授、实地探访、实践体验	教师讲授、实地探访、实践体验
	必修课程七	名称	齐韵风华	山青探索	访圣人故里
		活动目的	了解齐国的历史、文化和社会背景，理解齐国在中国历史上的重要地位	通过参观历史遗迹、文化景点，了解当地的历史文化，增强文化自信	深入了解“三孔”（孔庙、孔府、孔林）的历史文化背景和重要地位
		活动形式	教师讲授、实地查看、实践体验	教师讲授、实地探访、实践体验	教师讲授、实地探访、实践体验
	必修课程八	名称	蹴鞠探秘	走进海博	寻“三孔”文化
		活动目的	了解足球的起源、发展过程，培养对传统文化的热爱和尊重	学习海军历史和传统，了解海军在国家安全和海洋事业中的重要性	探究“三孔”与儒家文化的联系，理解儒家思想在中国传统文化中的地位
		活动形式	教师讲授、实地查看、实践体验	教师讲授、实地探访、实践体验	教师讲授、实地探访、实践体验

维度或要素			小学高年级段	初中段	高中段
研学课程	必修课程九	名称	走进非遗风筝	畅游海洋牧场	黄河生态探秘
		活动目的	了解风筝的历史和制作工艺，感受风筝艺术的魅力，传承和发扬传统文化	了解传统渔业文化及其创新与发展，学会识别鱼类、简单垂钓	了解黄河地貌与民俗风情，掌握黄河三角洲成因和黄河生态环境治理规划
		活动形式	任务驱动、小组合作、实践体验	教师讲授、实地探访、实践体验	教师讲授、实地探访、实践体验
	必修课程十	名称	中药香囊	保护母亲河	研学黄河口
		活动目的	了解中药的药用价值和保健作用，掌握中药香囊的制作技巧和配方知识	了解黄河九省的自然、历史与文化特色，理解“黄河宁，天下平”含义	了解黄河自然生态，理解保护生物资源对生存环境及可持续发展的重要意义
		活动形式	教师讲授、实地探访、实践体验	教师讲授、实地探访、实践体验	教师讲授、实地探访、实践体验
	选修课程		1. 传统美食 2. 陶艺	1. 寻找“黄河精神” 2. 探寻湿地，守护生命	1. 历史文化探究 2. 自然风光体验 3. 文化实践活动 4. 学习儒家礼仪 5. 寻找“黄河精神”

维度或要素		小学高年级段	初中段	高中段
研学线路	代表性线路（时长五日）	第一天：山东潍坊营地—孙子文化园—山东潍坊营地智慧闯关中心—山东潍坊营地；第二天：山东潍坊营地—巨淀湖风景区—华夏粮仓—山东潍坊营地；第三天：山东潍坊营地—景芝公司—山东潍坊营地传统美食中心—山东潍坊营地；第四天：山东潍坊营地—齐文化博物馆—临淄足球博物馆—山东潍坊营地；第五天：山东潍坊营地—山东潍坊营地非遗文化中心—山东潍坊营地	第一天：山东潍坊营地—山东潍坊营地非遗文化中心—山东潍坊营地；第二天：山东潍坊营地—景芝公司—潍坊市坊茨小镇—山东潍坊营地；第三天：山东潍坊营地—山东博物馆—山青世界—山东潍坊营地；第四天：山东潍坊营地—中国海军博物馆—鲁海丰牧场—山东潍坊营地；第五天：山东潍坊营地—黄河分馆—黄河口—山东潍坊营地	第一天：山东潍坊营地—山东潍坊营地非遗文化中心—山东潍坊营地；第二天：山东潍坊营地—沂蒙红色教育基地—临沂营地；第三天：临沂营地—泰山研学—临沂营地；第四天：临沂营地—三孔—山东潍坊营地；第五天：山东潍坊营地—黄河分馆—黄河口—山东潍坊营地
	可选择线路（按天设计，菜单式选择）	1. 山东潍坊营地—青州古城—青州博物馆—山东潍坊营地；2. 山东潍坊营地—杨家埠—十笏园—山东潍坊营地；3. 山东潍坊营地—牛头镇—山东潍坊营地；4. 山东潍坊营地—巨淀湖风景区—仓颉汉字艺术馆—山东潍坊营地；5. 山东潍坊营地—柳疃博物馆—山东潍坊营地；6. 山东潍坊营地—淌水崖—山东潍坊营地；7. 山东潍坊营地—红高粱—山东潍坊营地；8. 山东潍坊营地—渤海走廊—山东潍坊营地	1. 山东潍坊营地—青岛海洋地质研究所—山东潍坊营地；2. 山东潍坊营地—蓬莱仙境—山东潍坊营地；3. 山东潍坊营地—齐文化博物馆—临淄足球博物馆—山东潍坊营地；4. 山东潍坊营地—山东航天馆—山东潍坊营地；5. 山东潍坊营地—杨家埠—十笏园—山东潍坊营地；6. 山东潍坊营地—三孔—山东潍坊营地；7. 山东潍坊营地—孙子文化园—山东潍坊营地；8. 山东潍坊营地—青州博物馆—山东潍坊营地	1. 山东潍坊营地—中国水准零点景区—山东潍坊营地；2. 山东潍坊营地—中国海军博物馆—鲁海丰牧场—山东潍坊营地；3. 山东潍坊营地—蓬莱仙境—山东潍坊营地；4. 山东潍坊营地—三孟—山东潍坊营地；5. 山东潍坊营地—山东博物馆—山东潍坊营地；6. 山东潍坊营地—台儿庄—山东潍坊营地；7. 山东潍坊营地—日照山泽海洋—山东潍坊营地；8. 山东潍坊营地—景芝公司—山东潍坊营地
	规划线路（按天设计）	1. 山东潍坊营地—昌邑烈士祠—山东潍坊营地；2. 山东潍坊营地—蓝树谷—山东潍坊营地；3. 山东潍坊营地—白垩纪公园—山东潍坊营地；4. 山东潍坊营地—乐道院—坊子区煤炭博物馆—山东潍坊营地；5. 山东潍坊营地—艺博园—山东潍坊营地	1. 山东潍坊营地—山东省妇女儿童活动中心—山东潍坊营地；2. 山东潍坊营地—山特集团—山东潍坊营地；3. 山东潍坊营地—中印科技—山东潍坊营地；4. 山东潍坊营地—青岛市妇女儿童中心—山东潍坊营地；5. 山东潍坊营地—浪潮集团—山东潍坊营地	1. 山东潍坊营地—威海民族复兴基地—山东潍坊营地；2. 山东潍坊营地—岱崮地貌—山东潍坊营地；3. 山东潍坊营地—山东省科学技术宣传馆—山东潍坊营地；4. 山东潍坊营地—北海湿地—山东潍坊营地；5. 山东潍坊营地—济南市气象局—山东潍坊营地

维度或要素		小学高年级段	初中段	高中段
教学重点难点（以代表性线路教学设计为例，以下同）	教学重点	1.了解《孙子兵法》中的核心战略思想 2.了解和认识粮食安全的重要性，以及粮食文化的深厚底蕴 3.学习简单的泡茶流程，了解茶的种类和基本特点 4.对齐国历史文化的深入探索与研究，培养学生的独立思考和创新能力 5.通过对风筝、中药香囊、陶艺等内容的学习，传承中华优秀传统文化	1.设计制作非遗文创作品，掌握非遗作品的象征意义 2.探寻饮食文化传统工艺的精髓和技艺 3.实地参观山东博物馆，深入了解展品背后的历史文化故事 4.深入了解海军的历史、传统和使命，培养学生对海军文化的认同感和自豪感 5.了解黄河文化的历史渊源、特点及其在现代社会中的传承与发展	1.学会鉴赏非遗作品，掌握非遗制作技法，设计制作非遗文创作品 2.学习革命先烈艰苦奋斗精神，感知改革开放伟大成就，珍惜当下的美好生活 3.掌握泰山在中国历史文化中的重要地位，了解泰山与历代帝王、文人墨客间的联系 4.理解曲阜“三孔”的历史文化背景和重要地位，培养学生的文化认同感和文化自信 5.探究黄河的文化历史及黄河生态环境面临的挑战
	教学难点	1.将“孙子兵法”核心思想应用于实际情境中 2.激发学生的兴趣和参与度，引导学生积极参与到课程的各个环节中 3.掌握泡茶时的水温控制和茶叶的投放量，在日常生活中守护传统文化 4.理解齐国文化的深层内涵，以及将其应用于实际生活中的能力 5.将传统技艺与现代设计相结合，实现文化的传承和创新	1.掌握非遗文创作品的制作技巧，传承和创新非遗文化 2.了解饮食文化的历史、传统和现状，增强对传统文化的认同感和归属感 3.信息整合并理解和认识，在重温历史的过程中坚定跟党走的信念 4.充分利用海军博物馆、军事训练基地等教学资源，为学生提供丰富多样的学习体验 5.将跨学科知识有效整合到课程中，使学生形成全面的认识和理解	1.体悟先辈抗战不易，把革命先烈艰苦奋斗、顽强不屈的红色文化传承发扬好 2.用现代技术让非遗作品呈现新样态 3.泰山文化与自然研学课程涉及历史、文化、地理、地质等多个学科领域，将这些跨学科知识有机地整合形成一个完整的教学体系 4.理解“三孔”建筑的象征意义和文化内涵，以及在中国古代政治和社会中的作用 5.融合历史、地理、化学等学科知识，提出黄河生态保护的可行措施

维度或要素	小学高年级段	初中段	高中段
教学策略	针对小学高年级段学生对传统文化有初步了解，但缺乏深入探索的兴趣等实际情况，基于多元智力理论等指导思想和兴趣理念、互动理念、发展理念等现代教学理念，选取红色教育、传统文化教育等为主的研学站点，依托研学基地、研学手册、研学教师等研学资源，整合社会资源，以学生为主体，注重个性化和综合素养的发展，以培养学生的责任担当和实践能力，让学生在研学实践中全面成长为目标。采取情境教学、启发教学、演示法教学、问题导向教学等教法和自主学习、体验式学习、合作学习、探究式学习等学法，使用游戏化、体验式、情境式、合作学习等学习策略来进行总体设计，开展参观、体验、制作等多种形式的活动，并在实际教学过程中根据学生反馈进行动态调整，确保小学高年级段的学生能够深度参与并在研学实践中学有所得	针对初中段学生对传统文化有学习兴趣，但可能受到外来文化的影响等实际情况，以发现学习理论、多元智力理论为指导思想，基于兴趣理念、主体理念、互动理念、发展理念、问题理念等现代教学理念，选取红色教育、文化传承教育、文化创新教育等为主的研学站点，依托研学基地、研学手册、研学教师等研学资源，以学生持续生长为中心，关注学生践行社会主义核心价值观，在传承的基础上实现创造性转化。以问题解决与实践探究、实验探究、情境教学、合作探究等现代化教学手段，采取讲授法、演示法、讨论法、练习法、实践法等教法和自主学习、合作学习、探究学习等学法，借助丰富的实践体验教学资源和数字化技术，使用体验式、情境式、合作学习、跨学科、项目式、相互教学等学习策略来进行总体设计，开展实践体验、交流分享等活动，并在实际教学过程中根据学生反馈进行动态调整，确保不同基础的初中段学生都能够在研学中学有所悟	针对高中段学生抽象思维能力更加成熟，对文化传承与创新有更深刻的理解，且对传统文化有更深厚的兴趣，但可能面临升学压力，需要更专业的指导和支持等实际情况，以建构主义理论、发现学习理论、多元智力理论为指导思想，基于主体理念、互动理念、发展理念、问题理念、反思理念、多元理念等现代教学理念，选取红色教育、文化传承教育、文化创新教育等为主的研学站点，依托研学基地、研学手册、研学教师等研学资源，以养成学生关心社会发展、关注社会问题、关切社会生活、践行社会主义核心价值观为培养目标，采取讲授法、演示法、讨论法、练习法、实践法、实验法等教法和自主学习、合作学习、探究学习、验证法等学法，借助丰富的实践体验教学资源和数字化技术，使用体验式、情境式、合作学习、跨学科、项目式、相互教学、服务学习、探究学习、问题解决等学习策略来进行总体设计，开展实践体验、交流反思、实验验证等活动，并在实际教学过程中根据学生反馈进行动态调整，确保研学实践活动能对高中段学生世界观人生观价值观的形成发挥积极的促进作用

维度或要素				小学高年级段	初中段	高中段
实施方案	入营教育	安全	引导	开展入营安全主题教育，签订研学安全协议，熟知安全注意事项，确保研学安全	开展入营安全主题教育，签订研学安全协议，寻找安全隐患并进行汇报交流，确保研学安全	开展入营安全主题教育，签订研学安全协议，探究营地可能发生的安全事故，确保研学安全
			实训	通过教师的讲解指导，学习安全手册，组织开展疏散演练	通过教师的指导，学习安全手册，讨论制订疏散方案并组织疏散演练	通过教师的指导，学生分小组绘制疏散图、制订疏散方案，开展疏散演练
		应急	引导	通过视频案例和演示，认识营内危险点和危险行为带来的危害	通过视频了解地震、火灾等案例，认识掌握应急事件处理方法和技巧的重要性	探究地震和人为不当行为引起的火灾灾难程度，产生掌握应急技巧的意愿
			实训	依托教师演示和模拟训练，学习应急常识，学会快速报警，了解逃生技巧	通过实践体验，熟练使用灭火器，学习地震、火灾、车祸的应急技能	通过实践体验，学会合作使用消火栓，掌握灾难发生时应对、疏散和逃生方法
		救助	引导	通过模拟人身伤害情境，引发救助他人的意向	模拟真实情境，针对出血、骨折、搬运开展主题引导	模拟真实情境，针对地震火灾开展主题引导，提高应对措施和应变能力
			实训	通过模拟演练，学会拨打急救电话，能配合老师做一些简单的前期救助工作	利用应急急救包开展模拟训练，学会止血、包扎、固定、搬运等急救技能	利用心肺复苏模拟人开展模拟训练，熟练掌握心肺复苏救助方法和技巧
		自我管理	引导	通过视频案例，引起学生管理情绪和生活的认知	通过自我管理成功案例，激发学生对情绪、时间、目标管理的兴趣	通过心理建设课程，引发学生对时间、情绪、目标、健康管理的意愿
			实训	明确寄宿制管理要求，通过团队心理游戏等活动，了解自我管理的内容与方法	通过拓展训练、性格解析、集体生活等项目，学会从不同层面进行情绪管理	通过绘图说话、心理团建等心理建设活动，提升时间、情绪等自我管理能力
		团队协作	引导	通过集体生活细节，引导同学们认识团队协作重要性	通过体验拓展项目，引导学生发表对团队协作重要性的认识	通过团建课程，培养学生对于团队归属感和打造互助高效团队的深入认识
			实训	通过桥类项目、团建游戏等拓展训练项目，完成破冰，并培养合作互助意识	通过场地项目、中高空项目等拓展训练项目，完成破冰，并培养合作互助意识	通过高空项目、团建游戏等拓展训练项目和心理建设活动，打造互助高效团队

维度或要素		小学高年级段	初中段	高中段
实施方案	导入教学环节	1.故事导入：选取与《孙子兵法》相关的故事，如“田忌赛马”“围魏救赵”等，通过故事讲述让学生了解故事背景和智慧所在，引出研学任务 2.实物导入：展示与粮食相关的实物，如种子、粮食样本、粮食加工工具等，让学生观察并触摸，增强感官体验 3.问题导入：你对中国的传统文化了解吗？引导学生畅谈感受，引出研学任务 4.情境导入：展示一组齐国历史人物的插画或短视频，引起学生的兴趣和好奇心，引导学生进入对齐文化的学习状态 5.情境导入：通过展示精美的非遗作品、制作视频和场馆作品，激发学生的学习欲望	1.情境导入：通过展示精美的非遗作品、制作视频和场馆作品，激发学生的学习欲望 2.问题导入：你想体验古朴的匠心酿艺，与五谷对话交流吗？一起去江北最大的地下酒窖探索发现吧 3.故事导入：通过一段历史故事激发学生对山东博物馆的兴趣，引出研学任务 4.情境导入：通过展示海军相关视频、图片或故事，营造海军文化氛围，激发学生的学习兴趣和好奇心 5.问题导入：黄河被称之为“母亲河”的原因	1.任务导入：以“我的魅力家乡”宣传片导入，请化身为家乡宣传员，为家乡拍摄宣传片 2.问题导入：沂蒙精神包含了坚定的信仰、无私的奉献、顽强的斗争精神？今天让我们一起去发现、体验 3.问题导入：“会当凌绝顶，一览众山小”，诗句描述的地点是哪里 4.问题导入：山东省有“一山一水一圣人”之说，“圣人”指的是谁？他有哪些典故 5.情境导入：通过播放黄河入海口的壮丽风景视频，配以旁白介绍，营造身临其境的感受
	授课教学环节	第一天：入营教育，必修课程一“兵法智慧”、必修课程二“智慧闯关”；第二天：必修课程三“红色芦苇荡”、必修课程四“华夏粮仓行”；第三天：必修课程五“探‘味’华夏”、必修课程六“童梦茶缘”，选修课程1“传统美食”；第四天：必修课程七“齐韵风华”、必修课程八“蹴鞠探秘”；第五天：必修课程九“走进非遗风筝”、必修课程十“中药香囊”，选修课程2“陶艺”	第一天：入营教育，必修课程一“皮影艺术”、必修课程二“烙笔生花”、必修课程三“布艺文创”；第二天：必修课程四“味蕾之旅”、必修课程五“传统烹饪”；第三天：必修课程六“历史印记”、必修课程七“山青探索”；第四天：必修课程八“走进海博”、必修课程九“畅游海洋牧场”；第五天：必修课程十“保护母亲河”，选修课程1“寻找‘黄河精神’”、选修课程2“探寻湿地，守护生命”	第一天：入营教育，必修课程一“木版年画”、必修课程二“篆刻艺术”、必修课程三“杨家埠年画”；第二天：必修课程四“沂蒙故事”、必修课程五“沂蒙体验”；第三天：必修课程六“登泰山之巅”，选修课程1“历史文化探究”、选修课程2“自然风光体验”、选修课程3“文化实践活动”；第四天：必修课程七“访圣人故里”、必修课程八“寻‘三孔’文化”，选修课程4“学习儒家礼仪”；第五天：必修课程九“黄河生态探秘”、必修课程十“研学黄河口”，选修课程5“寻找‘黄河精神’”

维度或要素		小学高年级段	初中段	高中段
实施方案	进阶教学环节	1. 介绍其他古代兵法或哲学思想，如《孙膑兵法》《六韬》等，以扩展学生的视野 2. 学习粮食安全和文化知识后，了解粮食市场的运作、农业技术的创新等 3. 从基础泡茶技能逐渐引入茶叶的简单鉴别，如观察茶叶的颜色和香气 4. 与专家进行互动，进行实地考察 5. 尝试创作具有独特风格和创新元素的艺术作品	1. 与专家互动交流，拓展视野，提升对非遗文化的认识和理解 2. 深入研究传统烹饪技艺，参与烹饪实践工作坊，亲手制作传统美食 3. 鼓励学生选择自己感兴趣的展览或文物进行深入研究，撰写研究报告 4. 引入更深入的内容和观点，引导学生逐步深入理解海军文化的内涵和价值 5. 深化对黄河文化、生态以及黄河入海口重要性的理解，形成更系统、全面的认识	1. 拓展相关领域，将不同的非遗文化项目进行整合，进行综合性的主题探究 2. 邀请当地老红军、老战士分享他们的革命故事，围绕沂蒙红色历史和文化开展研究性学习 3. 学习和欣赏泰山石刻艺术，理解其在中国石刻艺术中的地位和影响 4. 了解"一山一水一圣人"的深度内涵 5. 分组进行专题研究，如黄河文化的某个具体方面或黄河入海口的生态保护措施
	巩固教学环节	1. 利用历史或现代案例，引导学生深入讨论，分析其中的战略思想和决策过程，挖掘其中的智慧与启示 2. 介绍与粮食相关的其他领域，如食品加工、营养学等，让学生全面了解粮食产业链 3. 与家人分享所学的泡茶知识，制作茶艺学习手册 4. 鼓励学生参与相关创意活动，如制作齐国文化主题的微电影、绘画、手工艺品等 5. 开展传统文化主题的知识竞赛或展览活动，传承和发扬优秀传统文化	1. 开展非遗文化创意项目或研究，制作非遗文化主题的微电影、手工艺品等 2. 展示自己的学习成果和对饮食文化的理解 3. 制作与博物馆相关的手工艺品、绘画或微电影等，展示自己的成果 4. 撰写研究报告、制作海报等，全面了解海军文化、培养实践技能并增强国防意识 5. 制作展板、撰写研究报告等，强化学生对黄河文化的理解和应用	1. 加深对非遗技艺的了解，为传统文化的传承贡献力量 2. 通过情境剧、调查报告、答辩等方式阐释"沂蒙精神"在抗战期间发挥的重要作用 3. 复盘泰山的地质特征和形成过程，探究泰山的自然奥秘 4. 通过撰写研学报告、开展竞赛、辩论等进行分享交流"三孔"的文化特色，增强对传统文化的认同感和自豪感 5. 撰写研究报告、制作展示PPT等，提高实践能力

维度或要素			小学高年级段	初中段	高中段
实施方案	总结教学环节	教学创新	通过角色扮演、故事讲述等互动方式，让学生在参与中体验文化传承，在游戏中学习并了解优秀传统文化	进行跨学科的教学设计，文化学习与社会实践相结合，组织学生参观革命遗址，文化学习与社会实践相结合，通过小组讨论和辩论的形式，让学生深入思考和探讨文化的内涵	引导学生进行文化相关的课题研究，培养学生的研究能力和批判性思维。鼓励学生将现代元素结合，进行文化传承和创新
		教学总结	学生通过互动式学习和游戏化学习，对传统文化产生浓厚的兴趣，能够了解并讲述红色故事，在参与中培养文化传承的意识和能力	学生对传统文化有了更深入的理解，能够认识到其在历史和社会中的重要地位。小组讨论和辩论培养学生的思辨能力和合作精神，在实践中增强社会责任感和爱国情怀	培养学生的自主学习能力和创新能力，使他们能够深入研究了解优秀文化，有了更深刻的认识和理解，能够将其与现代社会相结合，为文化传承与创新作出贡献
		教学反思	进一步丰富教学内容和形式，以吸引学生的注意力并保持他们的学习兴趣；可以增加更多的互动环节，让学生更多地参与和体验；需要关注学生的学习差异，为不同水平的学生提供个性化的教学支持	更好地平衡不同研学点之间的内容和难度，确保学生能够顺利理解和接受；活动中，需要提前做好充分的准备和安排，确保活动的顺利进行和学生的安全；在小组讨论和辩论中，需要加强对学生的引导和指导，确保他们能够深入思考和有效交流	需要为学生提供更多的研究资源和指导，帮助他们更好地完成课题研究。创新创作环节中，需要鼓励学生大胆尝试和创新，同时给予他们适当的支持和帮助

维度或要素				小学高年级段	初中段	高中段
实施方案	评价教学环节	教学水平评价	自我评价	是否充分结合学生年龄特点，是否通过生动有趣的方式传递了文化知识；在研学活动中，是否有效培养了学生的动手能力和创意思维	是否引导学生深入了解传统文化，并激发了他们对文化创新的兴趣；反思是否通过项目式学习等方式，培养学生团队合作和问题解决能力	是否引导学生进行深入研究，并引导其批判性思维；评估在研学活动中，是否为学生提供了足够的自主研究空间，并促进了他们创新实践
			学生评价	通过问卷调查或访谈，了解学生对文化传承活动的兴趣程度以及从中获得的知识。收集学生对教师教学方法和研学活动组织的反馈	邀请学生评价研学活动对他们文化认知的影响，以及对传统文化创新的态度。鼓励学生提出对研学活动和教学方法的改进建议	通过学生的研究报告、展示和讨论，评估他们对文化传承的深度和创新思维的发展，收集学生对教师在研学活动中的指导和支持的反馈
			同行评价	是否采用了适合小学生年龄特点的直观、有趣的教学方法，吸引小学高年级段学生积极参与，同时确保活动的安全性和教育性；是否能促进他们之间的合作与交流，培养团队精神	是否采用了项目式、探究式等教学方法，引导学生深入探究传统文化，并培养他们的创新思维；观察学生在活动中的自主性，以及他们是否能够通过研学活动加深对传统文化的理解，并在此基础上进行创新实践	是否引导学生进行深入研究和培养批判性思维；活动是否具有高度的教育性和创新性。观察学生在活动中的自主性和深度参与情况，以及他们是否能通过研学活动形成对传统文化的深入理解和创新实践
			培训和考核	提供针对小学高年级的文化传承与创新教学方法的培训。通过考核，确保教师掌握了适合小学生的教学方法和研学活动组织方式	为教师提供针对初中生的文化传承与创新研学活动的培训资源。通过考核评估教师是否能够将培训内容有效应用于实际教育教学中	提供高级培训，如项目式学习指导、创新思维培养等，以满足高中生在文化传承与创新方面的学习需求。通过严格的考核标准，确保教师具备指导高中学生研学实践的专业素养和教学能力
			教学成果展示	用图文、音像等资料记录学生的研学实践表现；用分享会、作品展等展示研学实践成果；撰写研学实践课程案例	用图文、音像等资料记录学生的研学实践表现；用研究报告、推介会、作品展等展示研学实践成果；撰写研学实践课程案例	用图文、音像等资料记录学生的研学实践表现；用研究报告、推介会、作品展等展示研学实践成果；撰写研学实践课程案例

维度或要素				小学高年级段	初中段	高中段
实施方案	评价教学环节	学业评价	形成性评价	观察学生在研学活动中是否积极参与讨论、是否主动分享自己的见解等；通过小组活动记录，了解学生在小组内的合作情况，如是否愿意与他人合作、是否能够有效沟通等	记录研学活动中学生参与的主动性和积极性，如是否愿意主动参与讨论、是否愿意承担任务等。观察学生在活动中的表现，如是否能够独立思考、是否能够主动探索等	记录学生在研学活动中的投入程度，如是否全程参与、是否对活动保持热情等。通过观察学生的团队合作和分工情况，评估他们的责任感和协作能力
			总结性评价	研学实践后，以预先设定的学习目标为基准，通过测验、展示等形式，对学生达成目标的程度作出评价	研学实践后，以预先设定的学习目标为基准，通过测验、报告、展示等形式，对学生达成目标的程度作出评价	要求学生完成一份关于研学实践的研究报告，研究项目是否具有创新性、深度性和实用性；报告的语言表达是否准确、流畅，逻辑是否清晰严密
			教师评价	观察学生是否积极参与活动并表现出对文化的兴趣；评估学生在活动中的合作与分享精神，评估学生的作品是否展示了他们对传统文化的理解与创新思维；反思教学活动是否达到了预期目标，是否需要调整教学策略；收集学生的反馈，以便改进未来的教学活动	检查学生的研学项目是否对传统文化进行了深入探究，是否展示了创新思考；评估学生项目报告的结构、逻辑和语言表达；鼓励学生提出对传统文化的不同见解，培养批判性思维能力；分析项目指导过程中的得失，思考如何更好地激发学生的创造力和批判性思维；收集学生的建议和意见，改进未来的研学活动	鼓励学生将传统文化与现代元素结合，进行创新性实践；评估学生在实践活动中展现的创新思维和实践能力；检查学生跨学科合作项目的质量和深度，评估合作效果。根据学生的学术表现和反馈，不断更新自己的知识储备和教学方法；反思自己在研学活动中的表现，寻求改进和提升的空间
		项目评价		教育主管部门、学生家长、社会各界对教育教学目标设定、教学设计、研学线路规划等方面进行评价	教育主管部门、学生家长、社会各界对教育教学目标设定、教学设计、研学线路规划等方面进行评价	教育主管部门、学生家长、社会各界对教育教学目标设定、教学设计、研学线路规划等方面进行评价

4.14 教学计划与策略列表：探访传统文化，触摸创新之光

<table>
<tr><td colspan="3">营地名称</td><td>威海市中小学生综合实践教育中心（威海市综合实践活动实验学校，简称“山东威海营地”）</td><td>命名机构</td><td>教育部</td><td>识别码</td><td>Y145373004</td></tr>
<tr><td colspan="3">从业资质（摘要）</td><td>培养青少年动手能力、创新精神及综合素质全面发展，开展各项综合实践活动</td><td>单位属性</td><td>公益一类</td><td>法定代表人</td><td>元红君</td></tr>
<tr><td colspan="3">研学主题</td><td colspan="2">探访传统文化，触摸创新之光</td><td colspan="2">主要目的指向</td><td>文化传承与创新教育</td></tr>
<tr><td rowspan="7">营地（枢纽）及周边主要优质研学资源</td><td colspan="2">基地层级</td><td colspan="5">研学站点（基地）名称</td></tr>
<tr><td rowspan="2">教育部命名基地</td><td>已列入教学计划</td><td colspan="5">一、与本主题相关列入教学计划的基地10个
1. 蒙阴岱崮地貌拓展服务中心；2. 曲阜孔庙、孔林和孔府；3. 孟庙、孟府、孟林景区；4. 山东泰山研学教育有限公司（简称“泰山研学教育有限公司”）；5. 中国海军博物馆；6. 青岛鲁海丰海洋牧场；7. 山东特种工业集团有限公司；8. 山东博物馆；9. 台儿庄古城景区；10. 山东沂蒙红色文化产业有限公司
二、与本主题关联不大但列入本营地教学计划的基地4个
1. 齐文化博物院；2. 青岛海洋地质研究所；3. 山东北海湿地鸟类教育基地；4. 蓬莱仙境戚继光文化管理有限公司</td></tr>
<tr><td>待列入教学计划</td><td colspan="5">1. 山东省防震减灾科普馆；2. 济南市气象局</td></tr>
<tr><td colspan="2">其他部委命名基地</td><td colspan="5">1. 黄河口生态旅游区；2. 国家方志馆黄河分馆；3. 胜利油田培训中心</td></tr>
<tr><td colspan="2">地方命名基地</td><td colspan="5">1. 威海船模文化馆；2. 威海锡镶文化馆</td></tr>
<tr><td colspan="2">本营地资源</td><td colspan="5">1. 威海市防震减灾教育基地；2. 威海市中小学法治教育基地；3. 非遗文化中心</td></tr>
<tr><td colspan="2">其他资源</td><td colspan="5">1. 荣成市中小学生综合实践教育中心；2. 乳山市中小学综合实践教育基地</td></tr>
</table>

维度或要素		小学高年级段	初中段	高中段
校内教育基础（与校内教育的衔接）	学情分析	对照课标，小学高年级段在文化传承与创新方面提出初步认识科学的本质，初步形成基本的科学观念，知道节约资源和保护环境的重要性；感知、发现、体验和欣赏艺术美、自然美、生活美、社会美，提升审美感知能力；感受和理解我国深厚的文化底蕴，传承和弘扬中华优秀传统文化。本研学主题必修课程与校内教育衔接内容如下：1.人教版四年级科学上册第一单元第1课“鸟和哺乳动物”；2.人教版四年级科学下册第三单元第11课“不同环境中的植物”；3.人教版六年级科学上册第四单元第13课“煤、石油和天然气”；4.人教版六年级科学下册第一单元第1课“生物的栖息地”；5.人教版六年级音乐下册（简谱）第五单元第4课“唱歌保卫黄河”；6.人教版六年级音乐下册（简谱）第五单元第5课“音乐家故事 冼星海与《黄河大合唱》”；7.人教版六年级音乐下册（简谱）第五单元第6课“活动黄河与长江”	对照课标，初中段在文化传承与创新方面提出能够初步了解中国的基本国情、中华优秀传统文化的主要代表性成果，了解中国共产党的历史和革命传统、改革开放和中国特色社会主义的伟大成就；能够初步认识地理环境是人类生存的基础，人类活动深刻影响着地理环境，掌握生物学基础知识，形成基本的生命观念。本研学主题必修课程与校内教育衔接内容如下：1.人教版七年级道德与法治下册（部编版）第三单元第8课“我与集体共成长”；2.人教版八年级道德与法治上册（部编版）第四单元第8课“国家好，大家才会好”；3.人教版八年级地理上册第二单元第3课“河流”；4.人教版八年级地理下册第六单元第3课“世界最大的黄土堆积区——黄土高原”；5.人教版七年级地生物上册第一单元第2课“调查周边环境中的生物”	对照课标，高中段在文化传承与创新方面提出热爱祖国，热爱人民，关心祖国命运，增强民族自尊心、自信心和自豪感，弘扬中华民族精神，树立为实现中华民族伟大复兴而奋斗的志向；提高主动参与经济、政治、文化生活的能力。从历史的角度认识中国的国情，具有家国情怀，形成对祖国的认同感；能够认识中华民族多元一体的历史发展趋势，形成对中华民族的认同，具有民族自信心和自豪感；了解并认同中华优秀传统文化，认识中华文明的历史价值和现实意义；认同社会主义核心价值观，树立道路自信、理论自信、制度自信、文化自信；关怀我国的基本地理国情，关注我国环境与进展的现状与趋势，增强喜爱祖国、喜爱家乡的情；增强对资源、环境的保护意识和法治意识，形成可持续发展观念，增强关怀和爱护环境的社会责任感，养成良好的行为习惯。本研学主题必修课程与校内教育衔接内容如下：1.人教版高二思想政治必修4哲学与文化（部编版）第三单元第7课“继承发展中华传统优秀文化”；2.人教版高三历史选择性必修3文化交流与传播第一单元第1课“中华优秀传统文化的内涵与特点”；3.人教版高三地理选择性必修3资源、环境与国家安全第一单元第2课“自然资源及其利用”

维度或要素			小学高年级段	初中段	高中段
研学课程	必修课程一	名称	指尖上的灵动——剪纸艺术	我的京剧梦	华夏霓裳——汉服制作与展示
		活动目的	通过了解剪纸艺术的历史，掌握剪纸技巧，使学生体会剪纸的艺术创作乐趣	通过了解京剧历史发展、角色分类等相关知识，掌握上妆步骤，装扮京剧角色	通过学习汉服制作技巧及汉服穿着的礼仪，让学生通过亲手缝制汉服
		活动形式	讲解指导、动手创作	表达交流、合作探究、展示分享	观摩指导、实践操作、自主探究
	必修课程二	名称	威海非遗——宫家葫芦彩绘	烙画艺术	威海非遗——大活报
		活动目的	通过了解葫芦彩绘的技法并完成葫芦彩绘作品，感受葫芦彩绘艺术的魅力	通过学习烙画机使用方法，掌握点、线、面的烙画基本技法，烙制一幅烙画作品	通过了解大活报文化，掌握大活报表演方式，提升学生对非遗文化的认同和崇敬之情
		活动形式	自主探究、实践体验、交流分享	自主探究、巡回指导、展示分享	沉浸体验、团队合作、创新展示
	必修课程三	名称	威海锡镶作品的分类展播	非遗传承之威海锡镶讲解员	锡镶模具的设计与制作
		活动目的	通过参观展馆，认识威海锡镶技艺，感受老一辈手艺人的智慧和追求卓越的品质	亲历锡镶非遗讲解员的活动，加深作为小传承人的体验感，提升爱家乡的责任感	通过学习锡镶锻打技法，小组合作完成锡镶模具母版，体会劳动的快乐和成就感
		活动形式	实地参观、答疑解惑，总结分享	参观考察、角色演绎、小组探究	自主探究、实践操作、交流感悟
	必修课程四	名称	叶子的生命纹理	流淌在器皿上的锡箔变身	威海记忆——锡镶天鹅湖创作
		活动目的	观察叶子的纹理，将其锻打到锡箔上，体会艺术源于对生活的道理	通过学习锡镶锻打技法，独立创作锡镶小瓷杯，感受精益求精的工匠精神	通过合作完成锡镶工艺品，提升动手能力、创新意识，感悟文化传承的责任与使命
		活动形式	实地观察、实践体验、交流分享	自主探究、实践体验、分享交流	实践操作、小组探究、感悟分享

维度或要素			小学高年级段	初中段	高中段
研学课程	必修课程五	名称	小木片的新生命	船模的探究与制作	父母儿时的记忆——小推车模型制作
		活动目的	通过参观，了解威海平头舢板船的产生与发展，感受家乡老一辈手艺人的智慧	通过组装平头舢板船，体会劳动的快乐和精益求精的工匠精神	通过组装小推车，锻炼思维能力，体会劳动的快乐美好，提升学生传承与创新意识
		活动形式	视频介绍、教师讲解、实践操作	小组探究、实践操作、分享感悟	小组探究、教师指导、交流分享
	必修课程六	名称	沐浴黄河之恩——传统文化VR奇遇	鸟鸣古韵——探寻鸟类博物馆	翰墨之旅——野外观鸟漫步
		活动目的	了解黄河文化的民俗风情等，增强文化自信心，培养对传统文化的尊重与热爱	探究鸟类文化的神奇之处，拓宽视野，激发对自然、鸟类及传统文化的深刻理解	体验中国古代文人笔下的“鸟语花香”之美，加深对中国传统文学艺术的理解
		活动形式	实地参观、VR体验、讲解指导	实地参观、讲解指导、分享交流	实地探访、讲解指导、分享交流
	必修课程七	名称	黄河赞歌——黄河大合唱	孙子兵法大智慧	沙场秋点兵
		活动目的	通过歌唱，让学生了解、感受黄河文化的底蕴，激发对母亲河的热爱和敬畏之情	以孙子兵法为基础，了解传统文化中的智慧，在体验中理解孙子兵法的战略思想	通过沙场秋点兵活动，了解传统文化的战争策略，培养团队协作和战略思维
		活动形式	实地参观、合唱、感悟理解	实地探访、自主探究、实践体验	实践体验、小组合作、分享交流
	必修课程八	名称	探寻华八井	石油之谜揭秘	传统工坊——打造抽油机
		活动目的	引导学生了解其历史、地质意义及文化传承，激发对地质科学的兴趣	了解石油的重要性，探索石油产业的文化与创新向环保、可持续的方向发展的方法	深入了解传统打油工匠精湛的技艺，培养学生对传统工艺的尊重和理解
		活动形式	实地参观、讲解指导、互动合作	实地探访、展示实验、合作讨论	设计制作、实地演示、展示分享

维度或要素			小学高年级段	初中段	高中段
研学课程	必修课程九	名称	皮影戏制作和展示	锻铜——书签的制作	锔艺体验
		活动目的	了解皮影戏的历史和文化内涵，传承和弘扬传统艺术，提高动手能力和创造力	通过手工锻铜技巧的练习，传承和弘扬锻铜艺术，在实践活动中提高动手能力	通过对锔艺历史的学习，了解锔艺的实用价值和观赏价值，体验劳动的成果和快乐
		活动形式	视频学习、实地演练、分角色演练	视频学习、动手实践、交流分享	实地参观、动手实践、交流分享
	必修课程十	名称	非遗大课堂	纸筐箩	锻铜工艺画
		活动目的	通过多种教学形式，了解非遗文化，体验非遗精神，增强弘扬传统文化的使命感	通过学习了解纸筐箩的民俗文化内涵和使用价值，弘扬和传承非遗文化	学习铜的基本性能以及技术操作要点，增强审美意识、感受精益求精的工匠精神
		活动形式	参观展览、小游戏、情境剧	视频学习、实践操作、展示分享	视频学习、动手操作、展示分享
	选修课程		1. 民族服饰娃娃制作 2. 多彩布艺世界 3. 家乡的非遗文化调查与推介	1. 古法刺绣 2. 我是服装设计师 3. 探寻“孙子精神”	1. 黄河经典故事舞台剧 2. 草木染色 3. 探索黄河流域生态环境

维度或要素		小学高年级段	初中段	高中段
研学线路	代表性线路（时长五日）	1. 山东威海营地—山东威海营地非遗文化中心—山东威海营地 2. 山东威海营地—威海锡镶文化馆—山东威海营地 3. 山东威海营地—威海船模文化馆—山东威海营地 4. 山东威海营地—黄河三角洲保护区—山东威海营地 5. 山东威海营地—黄河方志馆—胜利油田培训中心—山东威海营地	1. 山东威海营地—山东威海营地非遗文化中心—山东威海营地 2. 山东威海营地—威海锡镶文化馆—山东威海营地 3. 山东威海营地—威海船模文化馆—山东威海营地 4. 山东威海营地—黄河三角洲保护区—山东威海营地 5. 山东威海营地—黄河方志馆—胜利油田培训中心—山东威海营地	1. 山东威海营地—山东威海营地非遗文化中心—山东威海营地 2. 山东威海营地—威海锡镶文化馆—山东威海营地 3. 山东威海营地—威海船模文化馆—山东威海营地 4. 山东威海营地—黄河三角洲保护区—山东威海营地 5. 山东威海营地—黄河方志馆—胜利油田培训中心—山东威海营地
	可选择线路（按天设计，菜单式选择）	1. 山东威海营地—中国海军博物馆—山东威海营地；2. 山东威海营地—青岛鲁海丰海洋牧场—山东威海营地；3. 山东威海营地—曲阜孔庙、孔林和孔府—山东威海营地；4. 山东威海营地—山东特种工业集团有限公司—山东威海营地；5. 山东威海营地—孟庙、孟府、孟林景区—山东威海营地；6. 山东威海营地—山东博物馆—山东威海营地；7. 山东威海营地—台儿庄古城景区—山东威海营地；8. 山东威海营地—蒙阴岱崮地貌拓展服务中心—山东威海营地；9. 山东威海营地—泰山研学教育有限公司；10. 山东威海营地—山东沂蒙红色文化产业有限公司—山东威海营地	1. 山东威海营地—中国海军博物馆—山东威海营地；2. 山东威海营地—青岛鲁海丰海洋牧场—山东威海营地；3. 山东威海营地—曲阜孔庙、孔林和孔府—山东威海营地；4. 山东威海营地—山东特种工业集团有限公司—山东威海营地；5. 山东威海营地—孟庙、孟府、孟林景区—山东威海营地；6. 山东威海营地—山东博物馆—山东威海营地；7. 山东威海营地—台儿庄古城景区—山东威海营地；8. 山东威海营地—蒙阴岱崮地貌拓展服务中心—山东威海营地；9. 山东威海营地—泰山研学教育有限公司；10. 山东威海营地—山东沂蒙红色文化产业有限公司—山东威海营地	1. 山东威海营地—中国海军博物馆—山东威海营地；2. 山东威海营地—青岛鲁海丰海洋牧场—山东威海营地；3. 山东威海营地—曲阜孔庙、孔林和孔府—山东威海营地；4. 山东威海营地—山东特种工业集团有限公司—山东威海营地；5. 山东威海营地—孟庙、孟府、孟林景区—山东威海营地；6. 山东威海营地—山东博物馆—山东威海营地；7. 山东威海营地—台儿庄古城景区—山东威海营地；8. 山东威海营地—蒙阴岱崮地貌拓展服务中心—山东威海营地；9. 山东威海营地—泰山研学教育有限公司；10. 山东威海营地—山东沂蒙红色文化产业有限公司—山东威海营地
	规划线路（按天设计）	1. 山东威海营地—齐文化博物馆—山东威海营地；2. 山东威海营地—青岛海洋地质研究所—山东威海营地；3. 山东威海营地—蓬莱仙境戚继光文化管理有限公司—山东威海营地；4. 山东威海营地—齐文化博物馆—山东威海营地；5. 山东威海营地—山东北海湿地鸟类教育基地—山东威海营地	1. 山东威海营地—齐文化博物馆—山东威海营地；2. 山东威海营地—青岛海洋地质研究所—山东威海营地；3. 山东威海营地—蓬莱仙境戚继光文化管理有限公司—山东威海营地；4. 山东威海营地—齐文化博物馆—山东威海营地；5. 山东威海营地—山东北海湿地鸟类教育基地—山东威海营地	1. 山东威海营地—齐文化博物馆—山东威海营地；2. 山东威海营地—青岛海洋地质研究所—山东威海营地；3. 山东威海营地—蓬莱仙境戚继光文化管理有限公司—山东威海营地；4. 山东威海营地—齐文化博物馆—山东威海营地；5. 山东威海营地—山东北海湿地鸟类教育基地—山东威海营地

维度或要素		小学高年级段	初中段	高中段
教学重点难点（以代表性线路教学设计为例，以下同）	教学重点	1.认识剪纸分类，学习基本的剪纸工具使用技巧，学习双喜字剪纸方法 2.了解锡镶工艺的历史背景、发展脉络及其在中华文化中的地位，理解传统工艺对于文化传承的重要性 3.了解黄河文化的历史背景、神话传说、民间故事等 4.了解华八井的地理位置、地质特征以及与当地历史文化的关联 5.编排和表演简单的皮影戏剧目，提升艺术审美和表现力	1.了解京剧历史发展、角色分类等相关知识 2.学习作为锡镶讲解员的技能，包括口头表达、文化传承能力等 3.掌握船模制作的基本技能，包括木材的选择、切割、打磨、拼接等 4.学习孙子兵法的核心思想与战略原则，理解孙子兵法在中国传统文化中的地位与影响； 5.了解纸管篓的历史、工艺和审美价值，弘扬和传承非遗文化，增强文化自信	1.学习汉服制作的基本技能，培养动手能力，加深对传统工艺的理解和尊重 2.学习锡镶模具知识，理解锡镶技艺的精髓，掌握设计与制作的基本技能 3.了解小推车的作用以及价值，体验传统手工艺的魅力，以及精益求精的匠心精神 4.体验抽油机的制作过程，提高学生对石油工业的兴趣，培养动手实践能力、创造力 5.学习锻铜工艺画的基本制作流程，在实践操作中增强审美能力，增强对传统文化的尊重和传承意识
	教学难点	1.将传统文化与现代元素相结合，发挥想象力，尝试创作自己的剪纸作品 2.认识威海锡镶技艺的产生与发展，感受家乡老一辈手艺人的智慧和追求卓越的品质，提升民族自豪感 3.利用VR技术进行自主探索和创作，在享受高科技新奇体验的同时，感受传统文化的魅力 4.探究并体验华八井的文化特色，感受油田文化的魅力 5.了解皮影文化背景，增强对非物质文化遗产的尊重和保护意识	1.掌握上妆步骤，装扮京剧角色，学习简单的京剧表演技巧，亲身感受京剧的魅力 2.引导学生思考如何在现代社会中融入和发展威海锡镶技艺 3.在组装的过程中，深入地理解船体结构、材料选择以及组装工艺，锻炼自己的实践操作能力 4.将古代的军事智慧转化为现代思维，并运用孙子兵法的原理，分析解决现实中的问题 5.在传承传统文化的基础上，鼓励学生对纸管篓的设计和制作进行创新	1.发挥创新思维，尝试将现代审美和文化元素融入汉服设计中 2.引导学生参与锡镶模型的设计与实践，创作出具有独特风格和实用价值的锡镶作品 3.在尊重传统的基础上，鼓励学生发挥想象力和创造力，对小推车模型进行创新和改造 4.探索如何在传统抽油机设计基础上进行创新，提高效率与性能 5.熟练掌握锻铜技法制作作品，并将现代元素融入工艺画中

维度或要素	小学高年级段	初中段	高中段
教学策略	针对小学高年级段学生的特点，选取具有代表性的文化传承与创新教学内容，依托丰富的专业导师队伍和研学营地，采取讲授法、任务驱动法、分组教学法、多媒体技术展示等多元化的教法，结合观察法、小组探究法、自主学习法等实效性的学法，开展富有教育意义的研学活动。在教学过程中，充分发挥专业导师队伍的优势，为学生提供详尽的专业解说和指导。此外，准备充足的研学物资和资料，确保学生在研学过程中能够充分利用资源，取得最佳的学习效果。为确保学生的安全，制定完备的安全预案、明确的安全责任书，并配备了必备的急救药品。通过这样的教学策略，激发学生对文化传承与创新的热爱，调动学生的积极性，使他们成为具有创新精神和实践能力的新时代好青年	针对初中段学生具有叛逆、情绪波动等特点，但同时也具有可塑性大，对历史、艺术和非遗文化等领域有一定了解的学情分析，基于实用主义、建构主义、发现学习理论思想，以学生对优秀传统文化的价值观引领、传承保护等能力培养为目标，选取威海营地非遗文化中心、威海锡镶文化馆、威海船模文化馆、黄河三角洲保护区、黄河方志馆、胜利油田培训中心等内容，运用任务驱动法、分组教学法、演示法、实地考察与探究等教法和自主学习、探究学习、合作学习等学法，依托项目化研学课程教材、研学手册、教学设备、教学耗材及研学实践教育基地基础设施等教学资源和增强现实等数字化技术，开展历史文明、传统文化、非遗传承、生态保护等主题研学实践活动，并在实际教学过程中根据具体教学情况进行灵活变动	针对高中段学生心智发展迅速，兴趣广泛，创新意识较强，能够在教师的指导下通过自主学习、合作探究等方式开展学习，但是对如何处理好传统和现代、守正和创新的关系没有形成深度系统认知的学情分析，基于多元智力、实用主义等理论思想，以培养学生对优秀传统文化的传承创新意识和能力、弘扬传统文化精神的价值观和责任感为目标，选取威海营地非遗文化中心、威海锡镶文化馆、威海船模文化馆、黄河三角洲保护区、黄河方志馆、胜利油田培训中心等内容，运用多媒体技术展示、艺术创作与表演、数字化学习与应用等学法，依托项目化研学课程教材、研学手册、教学设备、教学耗材及研学实践教育基地基础设施等教学资源和三维、虚拟现实、增强现实等数字化技术，使用混合教学、游戏化、情境教学、跨学科教学、合作学习、基于探究的学习、基于问题的学习等策略进行总体设计，开展历史文明、传统文化、非遗传承、生态保护等主题研学实践活动，并在实际教学过程中根据教学进度、学生学习情况进行相应的变动

维度或要素				小学高年级段	初中段	高中段
实施方案	入营教育	安全	引导	组织学习《学生安全手册》，强调各环节注意事项及管理规定	实施入营安全主题教育，签订研学安全协议，确保学生对安全问题的充分认知	自主认识安全警示标识，熟悉安全自我管理知识，提升安全防护意识
			实训	进行设施设备实践操作训练，开展安全教育比赛	举办开营仪式、安全知识讲座，树立安全意识，提高其应对潜在风险的能力	组织学生开展安全应急演练，提高自我防护技能
		应急	引导	发放《应急救护手册》以及紧急情况疏散线路图	进行安全疏散演练，确保在面对突发状况时能够冷静、迅速而有序地逃生	学习应急事件处理办法，观看安全知识视频，培养面对突发事件应变能力
			实训	了解安全避险常识，开展紧急疏散、避险等应急演练	学习包扎方法和心肺复苏等应急处置技能，提高在紧急情况下的急救能力	强化安全避险意识，组织学生开展地震、消防等安全应急演练
		救助	引导	通过播放应急救助案例视频，让学生学会正确的求助方式	设定应急救助预案，确保在需要紧急救助的情况下，能够有效迅速地采取行动	通过教学示范，学生体验等方法学习心肺复苏、AED的正确使用方法
			实训	观看视频，熟悉各种求助方式，学会使用求助手势	进行急救、救助电话拨打流程的详细学习	学习急救、救助电话拨打流程，强调及时救助的重要性
		自我管理	引导	学生认识管理方法，形成管理意识	推动学生自主管理模式创设，培养在团队中的责任心和领导力	激发学生参与自主管理模式的建设，促使责任心和领导力的培养
			实训	开展自我管理培训，通过竞赛的形式掌握自我管理知识	对学生的表现进行全面考核，鼓励积极参与并表现出色的学生	对学生表现进行全面评价，激励优秀学生积极参与活动
		团队协作	引导	分配团队合作任务，引导学生分享交流团队协作心得	对学生自主管理建设进行指导检查，确保学生团队管理规范、高效	通过小组合作、任务驱动的方式，培养团队意识和协助精神
			实训	分组完成实践体验任务，合作形成团队合作成果	成立学生研学管理团队，明确分工，落实责任，以建立一个有序、高效的队伍	通过素质拓展游戏，培养学生的团队协作能力

维度或要素		小学高年级段	初中段	高中段
实施方案	导入教学环节	1.游戏导入：组织学生进行互动游戏，在轻松愉快的氛围中了解课程内容 2.故事导入：通过讲述与文化传承或创新相关的有趣故事，引导学生进入学习主题 3.实物展示导入：展示与教学内容相关的实物，如传统工艺品、历史文物复制品等，让学生通过观察实物来感受文化的魅力 4.问题导入：提出与教学内容相关的问题，引导学生思考并展开讨论，激发求知欲 5.图片导入：展示研学项目相关的图片，感受文化的多样性和创新性	1.音乐导入法：播放一段传统音乐或现代创新音乐，让学生通过音乐感受文化的韵味，进入学习状态 2.角色扮演导入：通过扮演相关历史人物，模拟对话或表演，引导学生理解研学内容 3.情境导入：带领学生进入研学场地，在真实的情境中体验实践过程 4.视频导入：通过影像资料激发学生的兴趣和好奇心 5.挑战任务：设计小挑战或任务，在完成任务的过程中了解研学主题，激发学习兴趣	1.互动导入：采用互动问答的方式，鼓励学生大胆发言，分享自己的想法和见解 2.诗词朗诵导入：选取主题相关的诗词，让学生朗诵并感受诗词中的文化内涵和美感 3.实地观察：带领学生通过实地观察，通过亲身体验感受到研学的真实性，从而增加对学习内容的投入感 4.多媒体展示：利用图片、视频等资源展示与研学主题相关的内容，激发学生的兴趣 5.艺术作品创作导入：引导学生创作与研学主题相关的艺术作品，如绘画、手工制作等，让学生在创作过程中感受文化的魅力
	授课教学环节	第一天：必修课程一“指尖上的灵动——剪纸艺术”、必修课程二“威海非遗——宫家葫芦彩绘”、选修课程1“民族服饰娃娃制作”；第二天：必修课程三“威海锡镶作品的分类展播”、必修课程四“叶子的生命纹理”、必修课程五“小木片的新生命”；第三天：必修课程六“沐浴黄河之恩——传统文化VR奇遇”、必修课程七“黄河赞歌——黄河大合唱”；第四天：必修课程八“探寻华八井”、必修课程九“皮影戏制作和展示”、选修课程2“多彩布艺世界”；第五天：必修课程十“非遗大课堂”、选修课程3“家乡的非遗文化调查与推介”、结营仪式	第一天：必修课程一“我的京剧梦”、必修课程二“烙画艺术”、选修课程1“古法刺绣”；第二天：必修课程三“非遗传承之威海锡镶讲解员”、必修课程四“流淌在器皿上的锡箔变身”、必修课程五“船模的探究与制作”；第三天：必修课程六“鸟鸣古韵——探寻鸟类博物馆”、必修课程七“孙子兵法大智慧”；第四天：必修课程八“石油之谜揭秘”、必修课程九“锻铜——书签的制作”、选修课程2“我是服装设计师”；第五天：必修课程十“纸管箩”、选修课程3“探寻“孙子精神”、结营仪式	第一天：必修课程一“华夏霓裳——汉服制作与展示”、必修课程二“威海非遗——大活报”、选修课程1“黄河经典故事舞台剧”；第二天：必修课程三“锡镶模具的设计与制作”、必修课程四“威海记忆——锡镶天鹅湖创作”、必修课程五“父母儿时的记忆——小推车模型制作”；第三天：必修课程六“翰墨之旅——野外观鸟漫步”、必修课程七“沙场秋点兵”；第四天：必修课程八“传统工坊——打造抽油机”、必修课程九“锡艺体验”、选修课程2“草木染色”；第五天：必修课程十“锻铜工艺画”、选修课程3“探索黄河流域生态环境”、结营仪式

维度或要素		小学高年级段	初中段	高中段
实施方案	进阶教学环节	1. 什么是非物质文化遗产，威海有哪些当地的非遗项目 2. 威海锡镶技艺具有哪些特点，传承人是谁 3. 参观威海船模文化馆，了解不同型号的舢板船构造 4. 黄河三角洲形成的原因是什么 5. 石油是如何形成的，在生活中都有怎样的用途	1. 了解保护威海非物质文化遗产的方法 2. 了解威海锡镶技艺的发展过程，基本掌握锡镶的工序 3. 了解威海造船史的各个阶段 4. 黄河三角洲保护区对保护湿地系统和濒危鸟类发挥了怎样的作用 5. 胜利油田目前的石油储备及每年的采量是多少	1. 保护非物质文化遗产对增强文化自信有何重要意义 2. 基本掌握锡镶工艺的制作工序 3. 从“海上威海”战略的提出到“蓝色经济区战略”实施各个阶段的发展过程 4. 黄河三角洲保护区调水调沙期间生态补水的重要意义是什么 5. 胜利人艰苦奋斗的精神品格具体体现在哪里，如何传承胜利人的优良传统和爱国精神
	巩固教学环节	1. 通过汇报的形式，以小组为单位，对感兴趣的主题进行板块式汇报，以此培养学生的记忆力、知识组织加工能力 2. 实践体验、总结分享相结合，交换想法，加深理解和记忆，通过互相交流分享，提高学生遣词造句及表达能力 3. 小组讨论总结问题并反馈，教师针对问题进行讲解 4. 通过分工合作，共同完成研学手册等多种活动，加深对传统文化的认识，培养学生的团队意识 5. 通过实地考察，带领学生亲身体验不同传统文化的氛围	1. 实践与分享交流相结合，总结分享自己的收获，发表对传统文化的感想，通过汇报的形式，以小组为单位、对研学知识进行全面汇报 2. 小组之间比汇报内容、比汇报方式，对所学知识进行全面复盘 3. 实地探访与体验相结合，加深对传统文化的理解和认同感，并及时总结反思 4. 发布任务引导学生总结分析，撰写活动感悟，并促进知识迁移 5. 研学结束后，对研学内容进行总结交流，及时解答学生的疑难问题	1. 总结分享自己的收获，并形成文字内容，也是对高中阶段所学历史、地理、语文、政治知识的全面考察 2. 小组合作交流分享，反馈问题，教师根据问题进行讲解 3. 小组探究、实践体验、实地探访、总结分享相结合 4. 依据研学体验，可思考、撰写具有价值和意义的课题 5. 组织讲座和座谈，邀请非遗传承人讲述传承故事，体会文化传承的艰辛与不易，提升传承文化的信念

维度或要素			小学高年级段	初中段	高中段
实施方案	总结教学环节	教学创新	通过丰富多样的课程设计和活动安排，注重因材施教，激发学生的思维想象力、创造力和审美能力。引导学生从多角度思考问题，通过学习优秀传统文化，培养他们的责任感和使命感	以启发式教学和实践探究为基础，强调学科知识和技能的构建。通过小组讨论、项目合作等形式，促进学生之间的合作学习，培养逻辑思维和解决问题的能力，实现学习共同进步的目标	采用个性化学习计划和选修课程，鼓励学生进行自主研究和科研项目。结合实践应用和社会责任，开展社区服务和实习实践，培养学生的社会责任感和实践能力。倡导学生提高独立思考和创新能力，促进学生终身学习意识的培养
		教学总结	建立反馈机制，收集来自学生、家长、研学讲解员等的反馈，深入了解研学环节的优劣，并建立研学档案和完善研学手册。通过各地传统文化的研学学习，增进学生对传统文化的认识与了解，培养其传统文化认同感和崇敬之情，激发家国情怀与责任意识	建立反馈机制，收集学生、家长、社会导师等各方面的反馈，以完善实践方案并建立档案。通过社区服务、志愿活动等实践，拓展学生的社会视野，培养社会责任感和团队合作能力。提供选修课程和实践机会，促进学生个性发展，引导他们探索兴趣、发展特长，培养终身学习意识	建立反馈机制，不断改进实践方案，推进学生全面成长。通过科研、社会实践等项目，培养学生的批判性思维和问题解决能力，引导他们深入了解社会问题。开展创新创业教育，激发学生的创新精神，培养实践能力，引导他们积极探索创新创业机会
		教学反思	根据研学反馈和评估结果，对研学环节进行调整和优化，多样化研学内容呈现形式，如生活常识、温故知新、提问和游戏等。重新挖掘研学资源，进一步梳理与学校课程的衔接，提炼经验教训，为下一次研学活动提供参考	结合学生反馈和评估结果，优化实践环节，提高实践活动的教育效果。引导学生将所学知识与实际生活联系起来，提高对学科知识的理解和应用能力。加强实践活动与学校课程的衔接，提升实践活动的教育价值和实用性。不断总结经验，完善实践活动的方案和流程	基于学生反馈和评估结果，进一步优化实践活动，提高实践教育的针对性和有效性。通过实践活动促进学生的自主学习和创新思维，培养解决问题的能力和实践能力。加强实践活动与社会需求的对接，培养学生的社会责任感和实践能力。不断反思总结，持续提升实践教育的水平和质量

维度或要素				小学高年级段	初中段	高中段
实施方案	评价教学环节	教学水平评价	自我评价	在研学过程中全程录像，运用视频记录的方式把教学全过程如实存档，为课后对照、查摆、分析教学内容、教学方法、教学目标等完成情况，教学反思一课一文，实时跟进调整教学实践	从教师的师德师风、业务水平、教学过程、教学质量等多方面，时常反思总结，回顾教学过程，每节课进行一次自我评估，形成教学总结和整改后的教学计划，并落实到教学实践	坚持可行性原则，紧扣文化传承与创新目标，针对不同课程实施场地环境和条件差异，采用个案分析法，围绕教学内容、方法和质量，形成自我评价报告，运用评价结果改进教学
			学生评价	通过运用反馈问卷、成果展示等多种方式，收集学生对研学旅行成果、教师教学品质的看法，以便了解学生在学习过程中的感受与体验，为教师提供具体且有针对性的优化建议	拟订学生满意度调查表，学生不记名式填写，调查表中内容包括教学内容、教学效果、教师态度、整体满意度等方面，协助教师及时了解学生建议，发现问题，改进调整再提升	运用调查问卷和随机访谈相结合的方式，学生对任课教师的教学态度、表达能力、教学技巧、教学组织能力以及沟通协调能力等填写调查问卷，通过随机抽查访谈调查研学课程内容和研学活动环节改进建议和意见，形成总结报告
			同行评价	由营地教师和教学领导人员通过跟队听课观摩、文件审阅等方式，对教师的教学设计、实施策略和实施效果等方面进行综合评价	由营地教师和教学领导人员通过跟队听课观摩、文件审阅等方式，对老师的教学设计、实施策略和实施效果等方面进行综合评价	依据研学基地导师、营地教师、学校学科教师以及其他营地教师等对线路及课程的评价进行多维度分析，以便及时反馈初设目标，不断完善和优化研学线路及课程
			培训和考核	建立系统的考核和培训制度，定期为营地教师进行培训，例如，课程资源的开发与实施进行评价与考核等；对学生和家长进行调查问卷式进行满意度调查	组织教师进行各专业能力提升培训；对学生和家长通过调查问卷式进行满意度调查	为教师们进行私人定制式培训方案，定期组织教师素养比赛等活动；对学生和家长进行调查问卷式进行满意度调查
			教学成果展示	根据本学段学生特点，采用口头展示和讨论、展示活动表演、手工制作等方式进行成果展示，总结在研学活动中所学到的技能和知识	根据本学段学生特点，采用展板汇报、多媒体展示等方式，直观地展示研学的效果，同时也可以激发学生的学习热情和参与度	根据本学段学生特点，采用演讲或报告、设计作品展览等成果分享会，展示学生在研学活动中的收获和体验

维度或要素				小学高年级段	初中段	高中段
实施方案	评价教学环节	学业评价	形成性评价	对学生实际操作、团队协作、问题解决能力等方面的观察与记录，再结合课后的反思与交流，多元化的评价方式全面客观地评价了学生的表现	评价方式创新多元，既注重学生的操作技能和知识掌握，又强调团队协作和问题解决能力，还引入自我评价和同伴评价，确保了评价的全面性和客观性	在研学中，对学生的表现进行密切的观察和记录，并给予及时的反馈和指导。深入了解学生在职业体验中的学习进度和所遇到的问题，并及时调整教学策略，以提升教学效果
			总结性评价	包括个人总结、小组总结和教师评价。个人总结要求学生反思自己在研学过程中的表现和收获，小组总结则要求学生分享小组合作和团队协作的经验和成果，教师评价则根据学生的表现和反馈进行综合评价	采用档案袋评价，记录学生在活动中的各种成果和进步，展示其发展轨迹。结合即时性评价，关注学生在活动中的情绪情感、参与程度、投入程度等表现，给予及时、恰当地评价，以促进活动的深入开展和学生的全面发展	研学活动结束后，根据学生的整体表现，给予全面评估。在评价过程中，遵循综合性评价原则，明确指出学生的努力方向和改进空间，并提供合理化建议，以助力学生提升综合素养
			教师评价	通过观察学生在活动中的表现，包括参与度、团队合作能力、学习态度等，记录下观察到的情况。教师需要根据学生的表现和反馈进行针对性地指导和建议，帮助学生更好地发展自己的潜力和能力	教师评价方式应注重学生的实践过程、技能掌握和问题解决能力。通过观察学生的实际操作、合作与交流，以及他们在实践中所展现出的创新思维和解决问题的能力，给予积极肯定和鼓励，激发学生的学习兴趣，提升实践能力	教师应采用多元、动态的评价方式。通过观察、记录学生的参与过程、合作态度、技能运用和创新表现，给予及时反馈和指导。这种评价方式有助于全面、客观地评估学生的实践成果，促进他们的持续发展
		项目评价		通过问卷调查、交流研讨等途径，对研学过程中项目目标的实现程度、教学环节的衔接程度以及教学策略的有效性进行全面评估与建议，助力该研学项目有效完成	学校组织教师团队评估项目效果，并鼓励学生自我反思与同伴交流。家长参与问卷调查，提供宝贵意见。同时，引入社会专业人士参与评价，确保项目需求与社会需求紧密结合，助力学生全面发展	主管部门和学校共同构建评价框架，采用量化与质性相结合的方法，全面评估项目成效。鼓励学生进行深度反思与同伴讨论，提升自我认知。家长通过问卷和座谈会参与评价，形成家校合作

4.15 教学计划与策略列表：笃行文化中原，礼敬文明华夏

<table>
<tr><td colspan="3">营地名称</td><td>济源市示范性综合实践基地（简称“河南济源营地”）</td><td>命名机构</td><td>教育部</td><td>识别码</td><td>Y145410001</td></tr>
<tr><td colspan="3">从业资质（摘要）</td><td>中小学生综合实践教育活动的组织与开展</td><td>单位属性</td><td>公益二类</td><td>法定代表人</td><td>原涛</td></tr>
<tr><td colspan="3">研学主题</td><td>笃行文化中原，礼敬文明华夏</td><td colspan="2">主要目的指向</td><td colspan="2">文化传承与创新教育</td></tr>
<tr><td rowspan="7">营地（枢纽）及周边主要优质研学资源</td><td colspan="2">基地层级</td><td colspan="5">研学站点（基地）名称</td></tr>
<tr><td rowspan="2">教育部命名基地</td><td>已列入教学计划</td><td colspan="5">一、与本主题相关列入教学计划的基地14个
1. 中国文字博物馆（简称“文字博物馆”）；2. 郑州铁路局洛阳机务段“中共洛阳组”诞生纪念馆（简称“中共洛阳组”）；3. 林州市红旗渠（简称“红旗渠”）；4. 兰考焦裕禄纪念园；5. 中国一拖东方红农耕博物馆（简称“东方红农耕博物馆”）；6. 河南博物院；7. 殷墟；8. 郑州市大河村遗址博物馆（简称“大河村遗址博物馆”）；9. 黄河博物馆；10. 洛阳博物馆；11. 灵宝市函谷关历史文化旅游区（简称“函谷关”）；12. 洛阳师范学院河洛文化主题园区（简称“洛阳师范学院”）；13. 山西皇城相府文化旅游有限公司相府景区（简称“皇城相府”）；14. 汤阴县岳飞纪念馆（简称“岳飞纪念馆”）
二、与本主题关联不大但列入本营地教学计划的基地6个
1. 黄河小浪底水利枢纽风景区；2. 南水北调中线干线河南省郑州市温县孤柏嘴穿黄工程；3. 中国农业科学院农田灌溉研究所；4. 沙河渡槽工程；5. 淇河倒虹吸工程；6. 河南省妇女儿童活动中心</td></tr>
<tr><td>待列入教学计划</td><td colspan="5">1. 驻马店市防洪博物馆；2. 陶岔渠首枢纽工程；3. 鄂豫皖苏区首府革命博物馆；4. 淮阳县太昊陵</td></tr>
<tr><td colspan="2">其他部委命名基地</td><td colspan="5">1. 清明上河园；2. 嵩阳书院；3. 少林寺；4. 龙门石窟；5. 云台山；6. 郑州黄河文化公园；7. 天波杨府；8. 龙亭公园；9. 神农山</td></tr>
<tr><td colspan="2">地方命名基地</td><td colspan="5">1. 王屋山；2. 卢仝茶园；3. 洛邑古城；4. 康百万庄园；5. 开封府；6. 开封中国翰园碑林；7. 开封市博物馆；8. 万岁山武侠城；9. 八里沟；10. 中原福塔；11. 郑州博物馆；12. 二里头夏都遗址博物馆；13. 隋唐大运河文化博物馆；14. 洛阳市隋唐城遗址植物园；15. 温县小麦博物馆；16. 隋唐洛阳城国家遗址公园；17. 张家彩窑；18. 陈家沟太极拳文化旅游区；19. 俏花匠；20. 黄帝故里；21. 羑里周易博物馆；22. 杜甫故里；23. 只有河南戏剧幻城；24. 南阳武侯祠博物馆；25. 郑州园博园；26. 小沟背；27. 老君山；28. 红旗渠精神营地；29. 三门峡市虢国博物馆；30. 三门峡市天鹅湖城市湿地公园；31. 陕州地坑院；32. 神垕古镇；33. 郑州·中国绿化博览园（简称“郑州绿博园”）；34. 嵩山风景名胜区</td></tr>
<tr><td colspan="2">本营地资源</td><td colspan="5">1. 陶艺馆；2. 文明之光馆；3. 非遗传承馆；4. 金工木工馆</td></tr>
<tr><td colspan="2">其他资源</td><td colspan="5">1. 黄河三峡景区；2. 五龙口景区；3. 董渡沟；4. 薛平华家庭纪念馆；5. 杜八联革命纪念馆；6. 愚公移山精神展览馆；7. 中华清廉家风馆</td></tr>
</table>

维度或要素	小学高年级段	初中段	高中段
校内教育基础（与校内教育的衔接）	对照课标，小学高年级段在文化传承与创新方面提出努力学习社会主义先进文化、革命文化和中华优秀传统文化，逐步领会改革创新时代精神，理解和践行社会主义核心价值观的培养目标。本研学主题必修课程与校内教育衔接内容如下： 1. 人教部编版道德与法治四年级下册第7课“我们的衣食之源” 2. 人教部编版中国历史六年级第一册第2课“原始农耕生活” 3. 人教版美术六年级上册第12课“保护文物” 4. 人教版美术五年级上册第10课“彩墨脸谱” 5. 人教版六年级语文下册第24课“清明上河图” 6. 人教部编版语文六年级上册第5课“七律·长征” 7. 人教版道德与法治五年级下册第9课“中国有了共产党” 8. 人教版道德与法治五年级上册第9课“古代科技 耀我中华”	对照课标，初中段在文化传承与创新方面提出认识中华文化丰厚博大，汲取智慧，弘扬社会主义先进文化、革命文化、中华优秀传统文化，建立文化自信的培养目标。本研学主题必修课程与校内教育衔接内容如下： 1. 人教版历史七年级下册第2课“从贞观之治到开元盛世” 2. 人教版历史七年级上册第5课“青铜器与甲骨文” 3. 人教版历史七年级上册第20课“魏晋南北朝的科技与文化” 4. 人教版体育与健康七年级第八章“武术” 5. 人教版地理八年级上册第四章第二节“农业” 6. 人教版道德与法治九年级上册第三单元第5课“守望精神家园”	对照课标，高中段在文化传承与创新方面提出热爱中华文化，继承和弘扬中华优秀传统文化、革命文化、社会主义先进文化，关注和参与当代文化生活，了解和借鉴人类文明优秀成果，具有比较开阔的文化视野和一定的文化底蕴的培养目标。本研学主题必修课程与校内教育衔接内容如下： 1. 人教版历史高一上册第1课“中华文明的起源与早期国家” 2. 人教版历史高一上册第8课“三国至隋唐文化” 3. 人教版美术必修三雕塑第一单元第2课“石雕 木雕” 4. 人教版语文必修上册第三单元第8课“登高” 5. 人教版音乐艺术与文化第五单元第1课“大唐气象”

维度或要素			小学高年级段	初中段	高中段
研学课程	必修课程一	名称	东方红，中国红	河洛之光，古都洛阳	石上镂刻，目下千工
		活动目的	通过参观东方红农耕博物馆，让学生从农机发展变迁中了解我国农耕发展的历史	参观洛阳博物馆，领略古都洛阳博大精深的历史文化，聆听华夏文明的千古足音	通过参观石刻艺术内容，了解考古工作及古代文化艺术成就
		活动形式	实地参观、导师讲解、观看视频	实地参观、聆听讲解、交流分享	观察学习、问题探究、辨识游戏
	必修课程二	名称	追忆峥嵘岁月	三彩大唐，盛世千年	聆听石窟传音
		活动目的	通过参观革命遗址，感受中共洛阳组的奋斗历史，追忆峥嵘岁月，传承红色圣火	通过参观洛阳博物馆，见证盛唐时期的大国气派，领略唐代瓷器工艺的非凡成就	了解龙门石窟的石刻造像艺术价值，鉴赏隋唐两朝中落的石窟艺术，分析其特点
		活动形式	实地参观、导师讲解、观看视频	参观讲解、观察交流	参观讲解、实地探究、交流讨论
	必修课程三	名称	魅力三彩	梦里隋唐，尽在洛邑	豫商家园
		活动目的	参观唐三彩博物馆，动手体验素胎上釉，了解唐三彩的历史和特点	实地探访历史遗迹、特色建筑及代表性非遗项目，探访文明，认识非遗	了解康家的发展历史，汲取康家修身、治家、教子、经商、为官的豫商精神
		活动形式	教师讲授、上釉体验	实地参观、动手体验	参观讲解、实地探究
	必修课程四	名称	嵩阳启智，泮水洗礼	千年古刹	诗圣故里
		活动目的	参观宋代四大书院之一的嵩阳书院，追寻北宋文人风骨，沉浸式体验中国传统文化	寻访少林寺内的历史遗迹，聆听少林故事，感受少林寺的内在精神	了解杜甫的生平事迹，提升学生对杜甫诗词的理解和鉴赏能力
		活动形式	实地参观、实践体验、交流分享	参观讲解、实地探究	参观讲解、敬献鲜花、诵读诗词

维度或要素			小学高年级段	初中段	高中段
研学课程	必修课程五	名称	星空下的聚落	少林功夫	殷墟之最，解密甲骨
		活动目的	探寻黄河流域文明起源，了解旧石器时代文明和中国古代农耕文明的发展历程	观摩少林弟子的功夫表演，感受千年少林的武术精魂	探索甲骨文所蕴藏的智慧与魅力，提升学生对传统历史遗迹的探索兴趣
		活动形式	展厅参观、知识讲座学习、考古发掘体验、陶器欣赏	观看表演、体验学习	讲解指导、实践体验、感悟理解
	必修课程六	名称	壮美黄河育文明	国宝重器	汉字探源
		活动目的	了解黄河的自然概况、治河情况、泥沙特点、洪水规律，树立生态环境保护意识	找寻河南博物院的镇院之宝，了解重点文物的艺术特点及其背后的历史故事	了解汉字的起源和发展历程，感受汉字文化的博大精深
		活动形式	实地参观、导师讲解、学生发言、绘制图表	教师讲授、实践体验	参观讲解、活动体验、分享交流
	必修课程七	名称	画卷中的开封城	登临福塔阅中原	人工天河红旗渠
		活动目的	通过参观清明上河园，领略宋朝经济的繁荣盛景，了解宋朝社会生活状况	了解河南历史名人及十八地市的特色文化，感悟厚重的中原文化	了解红旗渠修建的历史背景，感受修渠之艰辛，感悟伟大的红旗渠精神
		活动形式	参观讲解、观看表演、情境体验	观看《锦绣中原》全景画、讲解指导、感悟理解	参观讲解、活动体验、分享交流
	必修课程八	名称	精忠报国识英雄	书记精神传久远	青年洞中忆往昔
		活动目的	观看岳飞枪挑小梁王节目表演，了解岳飞忠义故事，学习岳飞精神，树立远大志向	了解焦裕禄同志的伟大事迹和杰出贡献，培养学生的理想信念	了解青年洞的由来，聆听修渠背后的故事，深刻领悟红旗渠精神内涵
		活动形式	观看实景演出表演、交流讨论	导师讲解、宣誓缅怀	实地走访、实景体验、分享交流

维度或要素			小学高年级段	初中段	高中段
研学课程	必修课程九	名称	一身正气包青天	探东方古堡，研陈氏家训	精忠报国
		活动目的	走进开封府，了解包拯的生平事迹，学习包拯优秀的精神品质	了解陈廷敬的生平，学习陈氏家风家训，走进官宅建筑，欣赏山西古建风格	了解岳飞生平事迹，感悟岳飞精忠报国之情，树立远大理想和报国之志
		活动形式	参观讲解、活动体验	教师讲授、探究性学习	参观讲解、感悟理解、交流分享
	必修课程十	名称	重走函谷关	相府庄园，探秘自然	勇闯八卦阵
		活动目的	诵读道德真经，吟诵函关诗词，体悟函谷雄关的军事文化和诗词文化	探究现代农业栽培方式，见证科学技术对农业的重要作用	聆听“文王拘而演周易”故事，亲身体验周礼，勇闯八卦奇阵，感受周易文化
		活动形式	讲解指导、集体诵读	参观讲解、实践体验	参观讲解、观看情境剧、实践体验
	选修课程		1. 取材用人科举制 2. 巧手绘彩陶 3. 果园采摘乐	1. 探秘塔林 2. 一棵泡桐映初心 3. 谱写兰考新篇章	1. 洛阳铲知多少 2. 唐风魏骨越千年 3. 大学之大

维度或要素		小学高年级段	初中段	高中段
研学线路	代表性线路（时长五日）	第一天：河南济源营地—东方红农耕博物馆—中共洛阳组—张家彩窑—河南济源营地；第二天：河南济源营地—嵩阳书院—河南济源营地；第三天：河南济源营地—大河村遗址博物馆—黄河博物馆—河南济源营地；第四天：河南济源营地—清明上河园—开封府—河南济源营地；第五天：河南济源营地—函谷关—河南济源营地	第一天：河南济源营地—洛阳博物馆—洛邑古城—河南济源营地；第二天：河南济源营地—少林寺—河南济源营地；第三天：河南济源营地—河南博物院—中原福塔—河南济源营地；第四天：河南济源营地—兰考焦裕禄纪念园—河南济源营地；第五天：河南济源营地—皇城相府—河南济源营地	第一天：河南济源营地—洛阳师范学院—龙门石窟—河南济源营地；第二天：河南济源营地—康百万庄园—杜甫故里—河南济源营地；第三天：河南济源营地—殷墟—中国文字博物馆—红旗渠精神营地；第四天：红旗渠精神营地—红旗渠—红旗渠精神营地；第五天：红旗渠精神营地—岳飞纪念馆—羑里周易博物馆—河南济源营地
	可选择线路（按天设计，菜单式选择）	1.河南济源营地—金工木工馆—文明之光馆—河南济源营地；2.河南济源营地—非遗传承馆—陶艺馆—河南济源营地；3.河南济源营地—王屋山—小沟背—河南济源营地；4.河南济源营地—卢仝茶园—黄河三峡景区—河南济源营地；5.河南济源营地—俏花匠—五龙口景区—河南济源营地；6.河南济源营地—二里头夏都遗址博物馆—隋唐大运河文化博物馆—河南济源营地；7.河南济源营地—隋唐洛阳城国家遗址公园—洛阳市隋唐城遗址植物园—河南济源营地；8.河南济源营地—老君山—重渡沟—河南济源营地；9.河南济源营地—云台山—河南济源营地	1.河南济源营地—温县小麦博物馆—陈家沟太极拳文化旅游区—河南济源营地；2.河南济源营地—黄帝故里—郑州园博园—河南济源营地；3.河南济源营地—郑州黄河文化公园—河南济源营地；4.河南济源营地—只有河南戏剧幻城—河南济源营地；5.河南济源营地—开封市博物馆—开封府—河南济源营地；6.河南济源营地—开封中国翰园碑林—万岁山武侠城—河南济源营地；7.河南济源营地—龙亭公园—天波杨府—河南济源营地；8.河南济源营地—神农山—河南济源营地；9.河南济源营地—薛平华家庭纪念馆—杜八联革命纪念馆—河南济源营地	1.河南济源营地—三门峡市虢国博物馆—三门峡市天鹅湖城市湿地公园—河南济源营地；2.河南济源营地—陕州地坑院—河南济源营地；3.河南济源营地—神垕古镇—河南济源营地；4.河南济源营地—八里沟—河南济源营地；5.河南济源营地—中原福塔—河南济源营地；6.河南济源营地—嵩山风景名胜区—河南济源营地；7.河南济源营地—郑州绿博园—河南济源营地；8.河南济源营地—南阳武侯祠博物馆—河南济源营地；9.河南济源营地—愚公移山精神展览馆—中华清廉家风馆—河南济源营地
	规划线路（按天设计）	1.河南济源营地—驻马店市防洪博物馆—河南济源营地；2.河南济源营地—鄂豫皖苏区首府革命博物馆—河南济源营地；3.河南济源营地—淮阳县太昊陵—河南济源营地；4.河南济源营地—陶岔渠首枢纽工程—河南济源营地	1.河南济源营地—驻马店市防洪博物馆—河南济源营地；2.河南济源营地—鄂豫皖苏区首府革命博物馆—河南济源营地；3.河南济源营地—淮阳县太昊陵—河南济源营地；4.河南济源营地—陶岔渠首枢纽工程—河南济源营地	1.河南济源营地—驻马店市防洪博物馆—河南济源营地；2.河南济源营地—鄂豫皖苏区首府革命博物馆—河南济源营地；3.河南济源营地—淮阳县太昊陵—河南济源营地；4.河南济源营地—陶岔渠首枢纽工程—河南济源营地

维度或要素		小学高年级段	初中段	高中段
教学重点难点（以代表性线路教学设计为例，以下同）	教学重点	1. 了解农耕文化的发展历程以及农耕工具的演变历史 2. 了解“中共洛阳组”的诞生背景和早期活动内容 3. 了解历史上在嵩阳书院求学的名人及其作品，重温“程门立雪”的故事 4. 了解大河村遗址所处的年代，认识各类陶器的作用 5. 了解黄河流经的城市以及黄河流域的地理、气候等概况	1. 了解十三朝古都厚重的历史文化 2. 认识河南博物院九大镇院之宝，了解文物的艺术特点 3. 了解老家河南历史名人及十八个地市的历史文化 4. 了解焦裕禄的生平事迹，学习焦裕禄精神 5. 学习陈氏家风家训和陈廷敬为官、治学、修身之道	1. 了解河洛地区不同历史阶段的历史文物 2. 了解龙门石窟的历史发展和造像艺术 3. 解密甲骨文，正确识别甲骨文的寓意 4. 了解红旗渠修渠背景、修建过程以及十六字红旗渠精神 5. 了解岳飞生平事迹，学习精忠报国的爱国精神
	教学难点	1. 深入了解农具在推动生产力发展过程中起到的作用 2. 感悟革命前辈的初心和使命担当 3. 了解嵩阳书院在我国古代教育史上重要而独特的地位 4. 了解几千年前大河之畔先民们的生活方式，感受古代人民的智慧与创造力 5. 了解母亲河对于人类活动的重要作用，树立保护母亲河的意识	1. 了解十三朝古都之于华夏文明的重要地位 2. 列举《国家宝藏》《国宝档案》等央视节目中出现的文物，了解镇院之宝背后的故事，以绘画的方式展示 3. 熟知家乡方位，完成河南省地图拼图挑战 4. 认同“全心全意为人民服务”不仅是焦裕禄精神的本质体现，同时也是中国共产党一贯坚持的根本宗旨 5. 认识到科技之于农业生产的重要作用	1. 发掘石刻中所展现的时代与物象 2. 了解魏碑体书法艺术的发展历程、特点及文化意义 3. 感受殷商文明，深刻理解中国汉字文化传承的文化价值 4. 了解红旗渠精神在新时代焕发出的新价值 5. 弘扬岳飞精忠报国的精神，树远大理想，立报国之志

维度或要素	小学高年级段	初中段	高中段
教学策略	小学高年级段学生对中华优秀传统文化中的重要历史人物、科技发明、传统技艺等还处于了解阶段，对中华优秀传统文化的亲切感和感受力相对较为薄弱，以及对中华优秀传统文化缺乏弘扬意识。为了有效提升学生的文化传承能力和保护意识，结合丰富的文化资源和地域特色，选取农耕文化、黄河文化、工艺文化、非遗文化等具有地方特色的内容，采用讲授、阅读指导、演示、参观等多种教法，使学生在活动中能够系统地学习文化知识，提升他们的认知能力。结合自主、探究、合作等学习方法，鼓励学生主动参与研学活动，培养他们的动手实践能力和团队协作精神。使用趣味教学、情境教学、跨学科教学等策略，让学生在轻松愉快的氛围中学习传统文化，提升学习效果。依托项目化研学课程教材、研学手册、教学设备、教学耗材及省内的研学实践教育基地基础设施等教学资源，为学生提供丰富的学习材料和实践机会。我们期望达到的目的是使学生初步了解中华优秀传统文化的源远流长、博大精深，通过各种活动设计，引导学生增进对中华文化的认识，并汲取创新的力量，热爱人民，热爱民族，热爱国家	初中段学生对中华优秀传统文化的理解不够充分，且认同度不高，对我国各族人民创造灿烂文化的历史及伟大成就缺乏系统的认识。为激发他们的学习兴趣和潜能，提升他们的文化传承与创新能力，结合丰富的文化资源和地域特色，选取少林文化、中原文化、非遗文化、红色文化等具有地方特色的内容，采用讲授、读书指导、演示、参观等多种教法，结合自主、探究、合作等学习方法，鼓励学生主动参与研学活动。使用趣味教学、情境教学、跨学科教学等策略，让学生在轻松愉快的氛围中学习传统文化，提升学习效果。依托项目化研学课程教材、研学手册、教学设备、教学耗材及省内的研学实践教育基地基础设施等教学资源，为学生提供丰富的学习材料和实践机会。利用数字化技术，如三维建模、虚拟现实、增强现实等，为学生呈现河南历史文化场景，增强他们的感知和理解。我们期望达到的目的是引导学生践行中华传统美德，初步体会道法自然、天人合一、修齐治平、革故鼎新、实事求是等中华核心思想理念和人文精神，尊重各民族传统习俗，珍视各民族共同创造的中华优秀文明成果，进一步增强中华民族归属感和自豪感	高中段学生已经积累了一定的文化知识和历史背景，能够对文化传承与创新有更深入的理解和思考，具有批判性的思维，能将不同学科的知识进行整合。为给学生提供更全面的文化传承与创新的视角和思路，结合丰富的文化资源和地域特色，选取殷墟文化、石窟文化、豫商文化、周易文化等具有地方特色的内容，采用讲授、读书指导、演示、参观等多种教法，结合自主、探究、合作等学习方法，鼓励学生主动参与研学活动。使用趣味教学、情境教学、跨学科教学等策略，让学生在轻松愉快的氛围中学习传统文化，提升学习效果。依托项目化研学课程教材、研学手册、教学设备、教学耗材及省内的研学实践教育基地基础设施等教学资源，为学生提供丰富的学习材料和实践机会。利用数字化技术，如三维建模、虚拟现实、增强现实等，为学生呈现河南历史文化场景，增强他们的感知和理解。我们期望达到的目的是增强学生对中华优秀传统文化的理性认识和践行能力，更加客观全面地认识中华文化，领悟民族独特智慧，更加理性地看待外部世界，坚定文化自信，使学生自觉践行中华传统美德，形成天下兴亡、匹夫有责的担当意识和精忠报国、振兴中华的爱国情怀

维度或要素				小学高年级段	初中段	高中段
实施方案	入营教育	安全	引导	开展安全主题教育，强调安全的重要性，了解安全常识	开展安全主题教育，强调安全的重要性，树立安全防护意识	开展安全主题教育，强调安全的重要性，提升安全防护意识
			实训	通过视频、图片等形式讲解用水、用电、活动出行等相关安全注意事项	通过安全知识问答活动，使学生掌握用水、用电、活动出行等方面安全知识	通过学生讲解体验、教师补充示范的方式，掌握安全知识
		应急	引导	通过视频案例和演示，了解应急事件的处理方法和技巧	培养学生对于突发事件的冷静思考和随机应变的能力	培养学生在应急事件中自救的同时可以进行他救
			实训	通过实操演练，让学生掌握基本的逃生技巧	通过实操演练，熟练使用灭火器，学习遇到地震、火灾、车祸时的应急疏散技能	通过实操演练，学会合作使用消防栓，掌握灾难发生时疏散和逃生方法
		救助	引导	引导学生在遇到危险时保持冷静，能够尽快向老师求助，减少伤害	引导学生主动寻找各种资源开展自救，增强救助能力	引导学生关注多种情形下的救助知识和技能的学习
			实训	通过模拟演练，学会拨打急救电话，能配合老师做一些简单的前期救助工作	利用应急急救包开展模拟训练，学会止血、包扎、固定、搬运等急救技能	利用心肺复苏模拟人开展模拟训练，熟练掌握心肺复苏救助方法和技巧
		自我管理	引导	引导学生形成良好的时间观念，树立纪律意识	引导学生自我规范、自我约束、自我提高	引导学生做好时间管理、情绪管理、学习管理、健康管理
			实训	通过填写时间安排表、研学任务完成进度表等，强化学生自我管理意识	在活动中通过让学生担任安全员、纪律员、引导员等角色，增强自我管理意识	学生根据研学活动目标，通过目标对照和关键成果法对自己进行跟踪评价
		团队协作	引导	通过集体生活的细节，引导学生认识团队协作的重要性	展示优秀团队协作案例，启发学生对如何进行合作与分工的思考	通过小组合作，任务驱动的方式，培养团队意识和协作精神
			实训	通过破冰游戏、宿舍内务整理、研学过程中的团队合作，培养合作互助的意识	开展团建拓展活动，帮助学生建立自信，体会团队合作的重要性	通过信任背摔等素质拓展项目，培养学生的团队协作能力

维度或要素		小学高年级段	初中段	高中段
实施方案	导入教学环节	1.问题导入：引导学生说出认识的农耕工具，调动学生参与度 2.视频导入：观看古代入泮礼视频，了解古代入学仪式 3.任务导入：发放研学任务单，引导学生探寻黄河流域古村落文明 4.故事导入：讲述包拯铁面无私的断案故事，激发学生了解历史的兴趣 5.情境导入：观看岳飞枪挑小梁王的实景演出，学习岳飞精神，树立远大理想	1.任务导入：发布研学任务，引导学生传承优秀非遗，弘扬河洛文化 2.故事导入：聆听少林故事，学习少林文化，感受武术精魂 3.情境导入：带领学生进入相关场景，感受中原文化的深厚底蕴 4.故事导入：讲述焦裕禄生平故事，体会焦裕禄精神的基本内涵和精神实质 5.问题导入：对于康熙皇帝眼中的完美大臣陈廷敬有哪些了解	1.问题导入：设置问题，让学生带着问题进行学习，寻找答案 2.任务导入：下发汉字题卡，让学生探究寻找甲骨文，并完成相应任务 3.故事导入：讲述岳飞“精忠报国”故事，诵读《满江红》，激发学生学习兴趣 4.故事导入：引用“文王拘而演周易”的历史典故，激发学生学习兴趣 5.情境导入：通过实地体验，亲身感受修建红旗渠的历史情境
	授课教学环节	第一天：必修课程一“东方红，中国红”、必修课程二“追忆峥嵘岁月”、必修课程三“魅力三彩” 第二天：必修课程四“嵩阳启智，泮水洗礼” 第三天：必修课程五“星空下的聚落”、必修课程六“壮美黄河育文明”、选修课程2“巧手绘彩陶” 第四天：必修课程七“画卷中的开封城”、必修课程八“精忠报国识英雄”、必修课程九“一身正气包青天”、选修课程1“取材用人科举制” 第五天：必修课程十“重走函谷关”、选修课程3“果园采摘乐”	第一天：必修课程一“河洛之光，古都洛阳”、必修课程二“三彩大唐，盛世千年”、必修课程三“梦里隋唐，尽在洛邑” 第二天：必修课程四“千年古刹”、必修课程五“少林功夫”、选修课程1“探秘塔林” 第三天：必修课程六“国宝重器”、必修课程七“登临福塔阅中原” 第四天：必修课程八“书记精神传久远”、选修课程2“一棵泡桐映初心”、选修课程3“谱写兰考新篇章” 第五天：必修课程九“探东方古堡，研陈氏家训”、必修课程十“相府庄园，探秘自然”	第一天：必修课程一“石上镂刻，目下千工”、必修课程二“聆听石窟传音”、选修课程1“洛阳铲知多少” 第二天：必修课程三“豫商家园”、必修课程四“诗圣故里”、选修课程3“大学之大” 第三天：必修课程五“殷墟之最，解密甲骨”、必修课程六“汉字探源”、选修课程2“唐风魏骨越千年” 第四天：必修课程七“人工天河红旗渠”、必修课程八“青年洞中忆往昔” 第五天：必修课程九“精忠报国”、必修课程十“勇闯八卦阵”

维度或要素		小学高年级段	初中段	高中段
实施方案	进阶教学环节	1.洛一拖定址洛阳的历史背景 2.丝绸之路上的唐三彩 3.函谷关为什么能成为古代兵家必争之地 4.本条线路中我们学到了哪些历史人物、哪些历史故事，对我们的学习和生活有哪些指导 5.包拯为什么能世代受人敬仰	1.隋唐时期洛阳的繁荣景象与民俗风情 2.少林寺建筑的背景和少林功夫的发展 3.馆藏宝物背后的意义以及中原文化对于华夏文明历史发展的影响 4.传承弘扬焦裕禄精神的现实意义 5.皇城相府的建筑特点及文化特色	1.甲骨文对于中国文字起源与发展起到了什么样的作用 2.汉字的结构演变，具有哪些特点 3.实地了解红旗渠工程的修建过程，感受修渠的艰辛，深刻领悟“自力更生、艰苦创业、团结协作、无私奉献”的红旗渠精神 4.岳飞身上的哪些精神值得我们学习，我们都知道哪些精忠报国的英雄，请举例说明 5.小组合作探究，完成“勇闯八卦迷阵”任务，探寻周易文化的博大精深
	巩固教学环节	回到研学营地后，研学导师带领学生，根据学生填写的研学手册对当天活动进行总结和回顾。组织学生分享研学中的所见所闻，并展示自己的创意作品，采用问答、启发、互动等教学方法，从学科知识融合角度提升学生综合能力	教师引导学生借助研学手册对整个活动进行总结和回顾，通过小组讨论、展示、演讲等方式，分享学生在实践中的体验和感悟，更清晰地认识传统文化对个人成长的影响，鼓励学生对所学的传统文化进行深入思考，引导学生思考如何将所学的传统文化传承下去，并在现代社会中发扬光大	小组探究文字起源，分享交流对中国汉字文化产生哪些深远影响。小组合作探究中国文字构型特征和演化历程，完成问题讨论，并进行分享交流。学生通过对岳飞事迹的了解，弘扬爱国精神，并畅谈立志报国的重要性。小组讨论新时代如何传承和发扬红旗渠精神。学生通过情境演绎，加强对周易文化和周礼的认识，并探讨礼仪传承的重要性

维度或要素			小学高年级段	初中段	高中段
实施方案	总结教学环节	教学创新	基于学情特点，不同于课堂教学的固有模式，以实景体验，动手实践为主，拓宽学生视野；通过问题设置，激发学生的自主意识，发挥学生的主观能动性，改变学生被动学习和不会学习的现状，真正实现在研中学、学中研	在研学过程中，以丰富的活动方式激发学生运用发散性思维去深度剖析和理解问题，调动学生的主观能动性，引导学生在实践操作和亲身体验中发现问题并积极寻求有效对策，形成自己独立正确的观点，树立创新精神，提升创新能力	基于研学资源特点，通过小组合作探究的方法，将研学实践活动任务进行分类，引导学生选择不同的研究方法进行主动探究，形成研究汇报与成果，培养学生自主探究意识
		教学总结	以写、开、看、听等多种形式展开研学反思和总结活动，引导学生深刻感受传统文化的魅力，自觉树立传承和发扬传统文化的良好习惯；对于活动中出现的新问题，应及时调整和完善，汇总预设目标的完成情况；完善档案，留下过程性资料	收集学生的反馈意见和评价，了解他们对课程的认可度、满意度和需要改进、加强的方面；通过对课程的全面总结和评估，及时发现问题并加以解决，进一步提升教学质量	对学生研究学习成果针对性提出建议和引导，并收集归纳大多学生的兴趣与关注点，课程结束后利用回程或课余时间组织学生讨论相关问题，发掘和指引学生进一步提升探究学习能力
		教学反思	在保障学生安全的前提下，活动组织是否有序；是否实现传承与发扬传统文化的目标；学生是否积极参与到研学活动中；体验活动是否激发学生的参与兴趣；研学活动后学生是否有所收获；总结经验，为下一次研学活动提供参考	根据教学总结得出的反馈，进行教学计划和实际情况对比，并结合学生实际情况和兴趣爱好，及时进行反思和改进，制订针对性的调整方案，为以后的研学活动做准备	引导学生将研学课程与自己兴趣爱好和生活实际相结合，是否能为提升学生自主探究意识发挥积极的促进作用。进一步梳理与学科融合的衔接深度，为以后的研学活动积累经验。根据研学反馈和评价结果，积极优化调整研学方案，逐步完善教学实施策略

维度或要素				小学高年级段	初中段	高中段
实施方案	评价教学环节	教学水平评价	自我评价	采用自我总结分享模式，在活动结束后根据教学目标达成情况以及学生完成度情况进行自我总结反思，发挥创新精神，探索提高教学效率的科学方法，最大程度提升教学效果	在活动结束后基于教学目标、学生的学习成果、互动、教学方法等各方面进行明确的评价，反思自己的教学成果，不断优化教学方法和策略，提供更加优质的教学服务	在活动结束后对教学内容的传达、与学生的互动、氛围的营造以及学科关联程度等各方面反思教学中的优点和不足，找到改进的方法并明确下一步教学计划，提升教研水平
			学生评价	采用调查问卷和评价表的方法让学生进行评价，关于学生参与度、兴趣度、是否理解课程内容为评价依据，进行教学水平评价	通过满意度调查表，让学生进行评价，关于课程互动、课程开发及内容科学合理性、德育渗透度和情感熏陶等为评价依据，综合评价教学水平	用问卷调查和座谈会结合的方式进行评价，以学生能力提升程度、课程开发与学科结合程度、课程设计科学合理性等为评价依据，多方面提升活动评价效果
			同行评价	研学教师和教学管理人员通过听课、教案审阅等方式对教师的教学设计、实施流程、实施效果、研学组织和节奏把控等方面进行评价	研学教师和教学管理人员通过座谈会的形式进行教学水平展示、互评、交流学习，对教师的教学设计、实施流程、实施效果以及学生体验情况等方面进行评价	邀请高中的相关专家针对高中段学生的学情特点进行指导评价，并给予改进建议；营地教师和教学管理人员对研学课程采用交流、互评的方式进行沟通，提出合理建议进行提升
			培训和考核	定期组织教师开展实践课程的听、讲、评活动，利用线上教育资源组织培训学习，把学生、家长、学校满意度的调查测评纳入考核，定期对教师课程实施效果、教学能力等进行综合评价考核	邀请初中学段专家进行线上和线下相结合的方式进行专题培训，并组织教师开展实践课程的听、讲、评活动，把满意度的调查测评纳入考核，对教师教学水平采用集体汇报的方式进行考核	利用线上线下相结合的模式定期开展教学培训，邀请本市高中学段专家结合高中学科进行专题培训，把满意度的调查测评纳入考核，对教师课程开发创新能力、教学水平能力进行综合评价考核
			教学成果展示	运用录音录像、投影等形式进行教学成果展示，教师分享自己在教学实践中的经验和心得，其他教师和教学管理人员进行反馈建议	通过专题研讨会、教学案例分享会等形式进行教学成果展示，教师利用多媒体工具展示教学内容、设计和教学内容方面的创新	根据高中学段特点采取课程展示、研学记录报告、教学案例分享会等形式进行教学成果展示，不断提升教学能力

维度或要素				小学高年级段	初中段	高中段
实施方案	评价教学环节	学业评价	形成性评价	在活动中随机对学生提问，进行小组讨论，对研学手册填写以及学生参与程度进行观察、记录和总结反馈，根据反馈结果，及时调整课程难度和教学方法，提升学生体验感	基于学生在活动中的知识获取程度和课程目标的完成情况以及团队协作和情感表达等进行观察并及时指导评价，及时调整教学方案和方式，着重关注对学生知识探究、团结协作能力的培养	根据学生在活动中的参与程度、对课程的了解程度和团队协作、个人创新等进行观察，关注学生知识探究的方式方法及时指导评价
			总结性评价	根据学生对教学目标完成程度，结合研学手册填写情况，全面了解学生对课程的参与程度及情感认知情况，给学生以综合性评价，提出合理建议	以研学课程目的为基准，通过调查问卷形式以及个人分享情况，对学生的课程参与程度、知识获取情况做全面的总结，给予指导性的意见	结合调查问卷、学生互评、分享展示的方式，全面了解学生对课程了解程度、知识获取及应用情况，给学生以综合评价，提出合理建议，提升学生知识应用实践能力
			教师评价	利用调查问卷、教学反思和分享交流方式，针对学生研学中对课程的参与了解、完成程度及兴趣度进行深度评价，优化课程模式，提升教学质量	由教师收集学生研学手册、交流心得记录，针对学生研学中对课程的参与了解、完成程度及能力提升程度进行深度评价，优化课程模式，提升教学质量	利用调查问卷、教学反思和分享交流的方式，针对学生研学中对课程的参与了解、完成程度及知识应用能力实践进行深度评价，优化课程模式，提升教学质量
		项目评价		教育主管部门、参与学校、学生、家长、各研学点，采取问卷调查，座谈会、主题研讨会的形式，对研学目标设定、活动组织形式、线路规划、学生收获程度等方面进行评价，评价项目实施的整体完成度，并进一步优化	教育主管部门、参与学校、学生、家长、各研学点，采取问卷调查，座谈会、主题研讨会的形式，对研学目标设定、课程设计、活动组织形式、线路规划、学生收获程度等方面进行评价，评价项目实施的整体完成度，并进一步优化	教育主管部门、参与学校、学生、家长、各研学点，采取问卷调查，座谈会、开展主题会的形式，对研学目标设定、课程设计、学科结合程度、活动组织形式、线路规划、学生收获程度等方面进行评价，评价项目实施的整体完成度，并进一步优化

4.16 教学计划与策略列表：传承文化经典，弘扬工匠精神

<table>
<tr><td colspan="3">营地名称</td><td>荆门市示范性综合实践基地（简称“湖北荆门营地”）</td><td>命名机构</td><td>教育部</td><td>识别码</td><td>Y145420001</td></tr>
<tr><td colspan="3">从业资质（摘要）</td><td>生存体验、素质拓展、科学实践、专题教育等综合实践活动</td><td>单位属性</td><td>公益二类</td><td>法定代表人</td><td>阚本力</td></tr>
<tr><td colspan="3">研学主题</td><td>传承文化经典，弘扬工匠精神</td><td colspan="2">主要目的指向</td><td colspan="2">文化传承与创新教育</td></tr>
<tr><td rowspan="7">营地（枢纽）及周边主要优质研学资源</td><td colspan="2">基地层级</td><td colspan="5">研学站点（基地）名称</td></tr>
<tr><td rowspan="2">教育部命名基地</td><td>已列入教学计划</td><td colspan="5">一、与本主题相关列入教学计划的基地7个
1.宜昌市青少年综合实践教育基地（简称“湖北宜昌营地”）；2.荆门爱飞客航空小镇（鄂旅投荆门爱飞客投资有限公司）；3.长江三峡旅游管理区；4.屈原故里文化旅游区（湖北省三峡平湖旅游发展有限公司）；5.随州炎帝故里（炎帝故里风景名胜区管理委员会）；6.隆中文化园（湖北襄阳隆中文化园投资有限公司）；7.荆州市中小学生社会实践基地（简称“荆州基地”）
二、与本主题关联不大但列入本营地教学计划的基地4个
1.辛亥革命武昌起义纪念馆；2.长江文明馆（武汉自然博物馆）；3.湖北省博物馆；4.李四光纪念馆</td></tr>
<tr><td>待列入教学计划</td><td colspan="5">1.水利部丹江口水利枢纽管理局丹江口工程展览馆；2.武钢工业文化区；3.中国航天三江集团公司</td></tr>
<tr><td colspan="2">其他部委命名基地</td><td colspan="5">1.宜昌车溪名俗博物馆（简称“宜昌车溪”）；2.屈家岭国家考古遗址公园（简称“屈家岭遗址公园”）；3.荆州博物馆；4.钟祥市明显陵文化旅游景区（简称“钟祥明显陵”）；5京山绿林寨景区；6.荆门市园博园；7.太子山狩猎文化主题公园；8.太子山国家森林公园；9.彭墩乡村世界；10.襄阳市盛世唐城景区；11.王莽洞风景区</td></tr>
<tr><td colspan="2">地方命名基地</td><td colspan="5">1.荆门市陈士榘将军故居；2.京山张文秋故居；3.屈家岭屈陶屈窑文化发展有限公司（简称“屈家岭屈陶屈窑”）；4.孝感董永公园；5.屈家岭白鹿春风景区；6.荆门花博园；7.荆州方特东方神话主题乐园；8.金色阳光创客工场（简称“创客工场”）；9.京山文峰公园；10荆门花博园</td></tr>
<tr><td colspan="2">本营地资源</td><td colspan="5">1.陶艺馆；2.剪纸馆；3.国安馆；4.花艺馆；5.篆刻馆</td></tr>
<tr><td colspan="2">其他资源</td><td colspan="5">无</td></tr>
</table>

维度或要素	小学高年级段	初中段	高中段
校内教育基础（与校内教育的衔接）	对照课标，小学高年级段在文化传承与创新方面提出要认真学习中华优秀传统文化，了解中国共产党的历史和革命传统，通过学习中华传统文化及革命故事，热爱中华文化，继承和弘扬中华优秀传统文化、革命文化。本研学必修课程与校内教育衔接内容如下：1.人教版语文五年级上册第二单元第14课“圆明园的毁灭”；2.人教版语文下册第二单元第11课“军神”；3.人教版语文六年级上册第二单元第5课“七律 长征”、第7课“开国大典”、第三单元第11课“故宫博物院”；4.人教版道德与法治五年级上册第四单元第8课“美丽文字 中华瑰宝”；5.人教版道德与法治五年级下册第三单元第10课“夺取抗日战争和人民解放战争的胜利”；6.人教版道德与法治六年级下册第三单元第6课“探访古代文明”；7.人教版美术五年级下册第12课“十二生肖”、第18课“旅游的魅力”；8.人教版美术六年级上册第12课“保护文物”、第13课“古建筑的保护”；9.人教版美术六年级下册第4课“雕与刻的艺术”	对照课标，初中段在文化传承与创新方面提出，初中生应当深刻认识和理解中华文化的丰厚博大，汲取民族文化的智慧，对中华民族历史传统尊重和传承的培养目标。本研学主题必修课程在设计上与校内教育课程衔接的有关内容如下：1.人教版美术八年级下册第五单元“中国古典园林欣赏”；2.人教版历史八年级第三单元第9课“辛亥革命”；3.人教版美术九年级上册第三单元“土与火的艺术”；4.人教版历史七年级上册第一单元第2课“原始农耕生活”；5.人教版语文八年级上册第一单元第1课“消息二则”；6.人教版历史七年级下册第三单元第16课“明朝的科技、建筑与文学”；7.人教版历史八年级上册第六单元第22课“抗日战争胜利”；8.人教版历史七年级上册第四单元第16课“三国鼎立”；9.人教版美术九年级上册第四单元第1课“古城古镇美术考察”；10.人教版语文九年级第六单元第23课“出师表”	对照课标，高中段在文化传承与创新层面，致力于深入弘扬博大精深的中华优秀传统文化，继承并弘扬革命文化，培养学生的社会主义核心价值观。此外，课程还注重引导学生尊重并理解文化的多样性，培养具备开放的意识和广阔的国际视野。本研学主题必修课程与校内教育衔接内容如下：1.人教版高中语文上册第二单元第5课“工匠精神雕琢时代品质”；2.人教版高中语文下册第三单元第8课“中国建筑的特征”；3.人教版高中语文上册第七单元第14课“荷塘月色”、第四单元第一章节“家乡文化生活”、第三单元第9课“屈原列传”；4.人教版高中美术必修二单元第7课“华夏意匠——中国传统建筑与园林艺术”、第二单元第9课“美在民间——中国民间美术”；5.人教版高中思想政治必修三第二单元第4课“文化的继承性与文化发展”、第5课“文化创新”、第三单元第6课“我们的中华文化”

维度或要素			小学高年级段	初中段	高中段
研学课程	必修课程一	名称	走进屈家岭遗址	探寻屈家岭文化	研学屈家岭，寻耕六千年
		活动目的	通过参观屈陶屈窑与屈家岭遗址博物馆，激发学生对考古工作的兴趣	通过对屈家岭文化的深入了解，感受博大精深的农耕文明，提升文化素养	通过体验模拟文物修复课程，了解文物修复对文化传承的重要意义，增强文化自信心
		活动形式	教师讲授、课堂探究、实践体验相结合	实地探访、教师讲授、感悟体会	教师讲授、实地探访、实践体验相结合
	必修课程二	名称	盘画：不忘初心	中华皮影	旋转的艺术
		活动目的	通过绘画的形式，深入理解和体会“不忘初心”的内涵，树立正确的世界观、人生观和价值观	观看皮影戏表演，了解皮影戏的起源、历史和发展，让学生在创意实践中践行传统文化内涵，增强文化自信	亲身体验陶艺创作的乐趣，掌握拉坯的技巧，培养学生的动手能力与审美情趣
		活动形式	教师讲授、课堂探究、实践体验相结合	教师讲授、自主探究、实践体验相结合	教师讲授、自主探究、实践体验相结合
	必修课程三	名称	走进明显陵	解密明显陵	传承文化经典
		活动目的	通过参观明显陵，聆听皇家陵寝故事，瞻仰传统建筑，体验文化风情	通过观察明显陵陵寝，感受中华建筑艺术的魅力，提高保护传统文化的意识	参观明孝陵，感受皇家文化，形成文化认同感
		活动形式	教师讲授、课堂探究、实践体验相结合	实地探访、小组合作、问题讨论	教师讲授、实地探访、实践体验相结合
	必修课程四	名称	茶艺：以茶会友	木棍搭建	植物拓印
		活动目的	了解中国悠久的茶文化历史，学习茶叶知识、冲泡技巧等专业茶艺技能，传承和弘扬茶文化精髓	学生通过搭建和设计不同形状的模型，不断尝试和调整，培养耐心和探索欲，学会从失败中吸取经验并继续前进	学习植物拓印的历史，掌握拓印的技巧，感受中华文化的博大精深，激励学生传承和弘扬传统文化
		活动形式	任务驱动、课堂探究、实践体验相结合	教师讲授、小组合作、实践体验相结合	教师讲授、小组合作、实践体验相结合

维度或要素			小学高年级段	初中段	高中段
研学课程	必修课程五	名称	游览荆州博物馆	探秘荆楚文化	品荆楚文化新篇章
		活动目的	通过参观荆州博物馆，学生学习荆楚文化	通过参观荆州博物馆，感受荆楚的历史文化和艺术魅力，形成文化认同	学习荆州地区的文化历史，了解荆州的重要地位及其文化贡献，提升文化自信
		活动形式	教师讲授、课堂探究、实践体验相结合	教师讲授、实地探访、实践体验	教师讲授、实地探访、实践体验相结合
	必修课程六	名称	研学车溪民俗园	钢铁长城	传承巴楚文化
		活动目的	通过参观车溪民俗风景区多个民俗文化场馆，感受中华民族的创造力	学习国家安全教育，激发学生的爱国热情，培养学生的社会责任感和使命感，增强国家安全意识	体验民俗节目，感受当地人民的生活方式和习俗，增强对民俗文化的热爱和传承意识
		活动形式	教师讲授、课堂探究、实践体验相结合	教师讲授、自主探究、总结分享	教师讲授、实地探访、实践体验相结合
	必修课程七	名称	寻访张文秋故居	弘扬红色革命精神	非遗漆扇
		活动目的	通过参观张文秋故居，聆听革命先辈在抗日战争中的故事，感悟和平生活的来之不易	通过对张文秋英雄事迹的深入了解，学习革命先烈艰苦奋斗、不畏艰辛的红色精神	通过非遗漆扇制作，深入了解和体验这一传统技艺，激励学生弘扬和传承中华优秀传统文化
		活动形式	教师讲授、实地探访、实践体验相结合	实地探访、自主探究、总结分享	教师讲授、自主探究、实践体验相结合
	必修课程八	名称	泥条盘筑	寻访古隆中，与孔明对话	户外搭建
		活动目的	学习陶艺的基本知识和技法，感受中华文化的博大精深	通过学习荆楚大地的三国文化，感受独特的荆楚文化，培养文化传承意识	通过参与搭建活动，观察搭建材料的特性、形状和大小，分析如何合理利用这些材料搭建出稳定、美观的作品，培养学生思维能力
		活动形式	教师讲授、实地探访、实践体验相结合	实地探访、小组合作、实践体验	教师讲授、小组合作、实践体验

维度或要素			小学高年级段	初中段	高中段
研学课程	必修课程九	名称	篆刻艺术	拉胚成型	草船借箭
		活动目的	学习篆刻的刀法和印章制作的技艺，增强学生的民族自豪感	感受陶艺的魅力，了解陶艺文化的深厚底蕴，培养审美情趣	重温草船借箭的故事，掌握射箭的技巧，感受三国英雄的智慧与策略，培养学生的分析思考能力与策略思维
		活动形式	教师讲授、实地探访、实践体验相结合	教师讲授、实地探访、实践体验	教师讲授、实践体验、总结分享
	必修课程十	名称	剪纸窗花	篆刻艺术	游绿林古寨，赏古寨风光
		活动目的	学习剪纸窗花的历史和文化内涵，掌握剪纸的基本技巧和方法	通过学习篆刻的起源与发展历程，掌握篆刻的基本技法，感受中华文化的博大精深	感受古寨的独特氛围，了解古代建筑、军事、文化，挖掘其蕴含的深邃智慧与人文精神
		活动形式	教师讲授、实地探访、实践体验相结合	教师讲授、实操体验、总结分享	教师讲授、实地探访、实践体验相结合
	选修课程		1. 编草鞋 2. 造纸术 3. 做春卷	1. 刻纸艺术 2. 植物拓印 3. 文物修复	1. 剪纸艺术 2. 衍纸立体画 3. 木棍搭建

维度或要素		小学高年级段	初中段	高中段
研学线路	代表性线路（时长五日）	第一天：湖北荆门营地—京山张文秋故居—湖北荆门营地；第二天：湖北荆门营地—屈家岭屈陶屈窑—屈家岭遗址博物馆—湖北荆门营地；第三天：湖北荆门营地—钟祥明显陵—湖北荆门营地；第四天：湖北荆门营地—荆州博物馆—荆州基地；第五天：荆州基地—宜昌车溪—湖北荆门营地	第一天：湖北荆门营地—京山张文秋故居—湖北荆门营地；第二天：湖北荆门营地—屈家岭遗址博物馆—湖北荆门营地；第三天：湖北荆门营地—钟祥明显陵—湖北荆门营地；第四天：湖北荆门营地—襄阳古隆中—湖北荆门营地；第五天：湖北荆门营地—荆门爱飞客航空小镇—荆州博物馆—湖北荆门营地	第一天：湖北荆门营地—屈家岭遗址博物馆—湖北荆门营地；第二天：湖北荆门营地—京山绿林寨—湖北荆门营地；第三天：湖北荆门营地—钟祥明显陵—荆门市基地；第四天：湖北荆门营地—宜昌车溪—宜昌营地；第五天：宜昌营地—荆州博物馆—湖北荆门营地
	可选择线路（按天设计，菜单式选择）	1.湖北荆门营地—白鹿春养殖基地—湖北荆门营地；2.湖北荆门营地—钟祥莫愁村—湖北荆门营地；3.湖北荆门营地—太子山狩猎文化主题乐园—湖北荆门营地；4.湖北荆门营地—太子山国家森林公园—湖北荆门营地；5.湖北荆门营地—彭墩乡村世界—湖北荆门营地；6.湖北荆门营地—荆门爱飞客航空小镇—湖北荆门营地；7.湖北荆门营地—张文秋故居—湖北荆门营地；8.湖北荆门营地—荆门花博园—湖北荆门营地	1.湖北荆门营地—屈家岭屈陶屈窑—湖北荆门营地；2.湖北荆门营地—白鹿春养殖基地—湖北荆门营地；3.湖北荆门营地—钟祥莫愁村—湖北荆门营地；4.湖北荆门营地—太子山狩猎文化主题乐园—湖北荆门营地；5.湖北荆门营地—太子山国家森林公园—湖北荆门营地；6.湖北荆门营地—彭墩乡村世界—湖北荆门营地；7.湖北荆门营地—宜昌车溪—湖北荆门营地；8.湖北荆门营地—荆门花博园—湖北荆门营地	1.湖北荆门营地—屈家岭屈陶屈窑—湖北荆门营地；2.湖北荆门营地—白鹿春养殖基地—湖北荆门营地；3.湖北荆门营地—钟祥莫愁村—湖北荆门营地；4.湖北荆门营地—太子山狩猎文化主题乐园—湖北荆门营地；5.湖北荆门营地—太子山国家森林公园—湖北荆门营地；6.湖北荆门营地—彭墩乡村世界—湖北荆门营地；7.湖北荆门营地—荆门爱飞客航空小镇—湖北荆门营地；8.湖北荆门营地—张文秋故居—湖北荆门营地；9.湖北荆门营地—荆门花博园—湖北荆门营地
	规划线路（按天设计）	1.湖北荆门营地—三峡大坝—湖北荆门营地；2.湖北荆门营地—荆州方特东方神话—湖北荆门营地；3.湖北荆门营地—襄阳盛世唐城景区—湖北荆门营地；4.湖北荆门营地—随州炎帝故里风景名胜区—湖北荆门营地；5.湖北荆门营地—辛亥革命武昌起义纪念馆—湖北荆门营地	1.湖北荆门营地—三峡大坝—湖北荆门营地；2.湖北荆门营地—荆州方特东方神话—湖北荆门营地；3.湖北荆门营地—襄阳盛世唐城景区—湖北荆门营地；4.湖北荆门营地—随州炎帝故里风景名胜区—湖北荆门营地；5.湖北荆门营地—长江文明馆（武汉自然博物馆）—湖北荆门营地	1.湖北荆门营地—三峡大坝—湖北荆门营地；2.湖北荆门营地—荆州方特东方神话—湖北荆门营地；3.湖北荆门营地—襄阳盛世唐城景区—湖北荆门营地；4.湖北荆门营地—随州炎帝故里风景名胜区—湖北荆门营地；5.湖北荆门营地—湖北省博物馆—湖北荆门营地

维度或要素		小学高年级段	初中段	高中段
教学重点难点（以代表性线路教学设计为例，以下同）	教学重点	1. 了解京山抗日英雄的相关事迹，抗日战争时期的历史，传承红色精神 2. 了解屈家岭黑陶文化的特点、屈家岭文化遗址的挖掘重要性 3. 了解明显陵的建筑特点 4. 感受荆楚文化，知晓古楚国的相关历史故事 5. 欣赏自然风光，感受历史人文	1. 学习革命英雄的相关事迹，探寻抗日战争时期的历史及抗日战争对中国历史的影响 2. 深入了解新石器时代的农耕文化，认识考古对人类发展的重要性，探寻传统文化根源 3. 观察钟祥明显陵，分析“一陵双冢”的建筑由来 4. 学习古隆中相关历史故事，体会中华文明的源远流长 5. 探索荆楚文化，体会博物馆对中华文化传承与发扬的重要作用	1. 实地考察遗址博物馆，掌握文物修复的手法，知晓文物修复的重要性和意义 2. 了解古寨的历史背景、文化价值及其在古代社会中的地位 3. 深入了解显陵的历史沿革、建筑特色以及其在明代历史中的地位和影响 4. 走进屈家岭，探寻五千年前屈家岭灿烂的史前文明与文化发掘的历史意义 5. 深入了解荆楚文化，感受古人的智慧，激励现代人的创新思维
	教学难点	1. 重温张文秋同志走向革命、投身革命的红色故事，感受革命前辈爱国爱党情怀 2. 走进屈家岭文化遗址，理解屈家岭文化对长江流域文化组成的影响 3. 走进明显陵，感受中华传统建筑的独特魅力 4. 通过参观荆州博物馆，聆听楚文化的故事 5. 参观车溪民俗园，感受当地人文历史，了解当代对传统文化是如何继承、融合与创新	1. 自主探究张文秋同志的革命英雄事迹，铭记历史，学习爱国主义精神 2. 探寻传统文化根源，感受史前文明，掌握文物修复的方法与技巧 3. 学习明显陵的建筑特点，感受古人建筑工艺与人文气息 4. 对相关的历史故事有所认识，并在故事中学习古人的智慧，感悟三国文化对中国传统文化的深远影响 5. 探究江汉平原的文化历史，感受荆楚文化的深厚底蕴	1. 培养学生的历史文化探究能力，强化学生对文化遗产保护的意识 2. 引导学生深入挖掘和领悟古寨的历史文化价值 3. 对历史文化的深入理解和鉴赏、对建筑艺术和工艺复杂性的掌握，以及文物保护意识 4. 探究明显陵的历史及建筑特点，感受建筑艺术的魅力和中华文明的灿烂 5. 领悟荆楚历史文化内涵，增强文物保护意识

维度或要素	小学高年级段	初中段	高中段
教学策略	针对小学高年级段学生具有一定的认知水平和学习能力，对历史、艺术和非遗文化等领域有一定的了解，但是动手实践能力不强，对传统文化的系统认知不足的学情分析，基于文化传承理论，以培养学生对优秀传统文化的认知和实践能力为目标，选取屈家岭文化、荆楚文化、古建筑文化、巴楚文化、红色革命文化、非遗文化等内容，运用讲授、参观、演示、练习等教学方法和体验式学习；通过自主学习、小组合作等方法，依托研学课程教材、研学手册、教学设备、教学耗材及周边传统文化资源，采取实地探究、情境教学、合作学习等手段来进行设计，开展传统文化研学活动，不断深入学习传统文化，形成文化自信，使学生积极参与学习传承中华传统优秀文化	针对初中段学生正处于形式运算阶段，具备基本的逻辑推理能力，对新奇事物感到好奇，喜欢探究，对于传统文化的认知也上升到新的层面，在实践创作中更有新意更具想法，但是对于文化背后的精神和意义了解不够深入的学情分析，基于实用主义、构建主义、发现学习理论，以培养学生对于传统文化的认识和传承中华民族精神为目标，选取屈家岭文化、荆楚文化、古建筑文化、巴楚文化、红色革命文化、非遗文化等内容，运用讲授、参观、演示等教学方法；采用体验式学习、合作学习、探究式学习等学习方法；依托研学课程教材、研学手册、教学设备、教学耗材及研学实践教育基地基础设施等教学资源，采取情境教学、合作学习、自主探究等策论来进行设计，开展传统研学活动，并在实际教学过程中根据学生的反馈来进行调整，力求达到预定的教学活动目的	针对高中段学生他们已具有发展成熟的思考能力，拥有多样化的兴趣爱好以及较为活跃的创新思维，但是在快速变化的社会环境中，对文化传承与创新的态度可能会受到家庭和媒体的影响的学情分析，基于多元智能、建构主义、发现学习理论，以培养学生对优秀传统文化的传承意识、弘扬优秀传统文化的价值为目标，选取屈家岭文化、荆楚文化、古建筑文化、巴楚文化、红色革命文化、非遗文化等内容，运用讲授、参观、演示等教法和自主学习、探究学习、合作学习等学法；依托研学课程教材、研学手册、教学设备、教学耗材及研学基地基础设施等教学资源，采取项目导向、任务驱动、情境教学的方式开展研学活动，有效的为学生树立正确的价值导向，助力优秀传统文化的传承

维度或要素				小学高年级段	初中段	高中段
实施方案	入营教育	安全	引导	利用《学生研学安全手册》进行入营安全主题教育，强化行为规范	利用《学生研学安全手册》进行入营安全应急主题教育，签订研学安全协议	利用案例警示视频播放和安全警示标识进行安全防护意识教育
			实训	学习安全手册，绘制营地疏散图，进行安全知识竞赛	开展安全知识问答活动，进行应急安全疏散演练	安全标识辨识，案例讨论
		应急	引导	学习急救常识，通过视频学习，学习应急事件处理的方法和技巧	通过视频学习，掌握应急事件处理的方法和技巧	结合案例，讲解应急处置方法和逃生注意事项
			实训	学习消防器材的使用方法，学会火场逃生自救	开展心肺复苏等基本救护技能实操	开展地震、消防逃生演练
		救助	引导	播放救助经典案例，教授简单常用的救助方式方法	模拟真实环境，现场讲解并示范常用急救包扎方法和技巧	教师教学示范心肺复苏的正确操作方法
			实训	观看视频、PPT学习止血、包扎、搬运的方法	进行心肺复苏、包扎等应急技能培训，帮助学生熟悉和掌握求助的方法和技巧	模拟体验，技能测试
		自我管理	引导	通过行为规范管理，形成基本的自我管理	学生通过团建课程，缓解恐惧感，培养主动适应环境的能力	以问题引导的方式，让学生掌握科学的管理方法
			实训	学习行为规范，交流学习心得，制定明确目标	进行“团队浮桥”“携手并进”等项目团建，进行自我管理心理建设	问题讨论，互动交流，制定自我管理监测办法
		团队协作	引导	学生通过破冰行动，建设团队，缓解恐惧感，培养主动适应环境和他人的能力	通过小组合作等方式，培养团队协作能力，引导学生自主带领团队	通过小组合作、任务驱动方式，培养团队协作精神
			实训	进行“团队浮桥”项目团建，分享和表达团队协作观点，提升团队协作能力	在实践体验中进行协作观点表达、合作方法沟通并评价，提出改进建议	毕业墙、信任背摔拓展训练，小组竞赛

维度或要素		小学高年级段	初中段	高中段
实施方案	导入教学环节	1. 故事导入：教师讲述张文秋事迹，激发学生的学习兴趣 2. 视频导入：播放屈家岭文化考古挖掘视频，让学生对屈家岭文化有初步的了解 3. 情境导入：让学生进入实地去感受明显陵建筑 4. 发散思维导入：参观荆州博物馆，请同学们化身家乡宣传员，宣传家乡传统文化是如何继承、融合与创新 5. 任务导入：教师发布研学任务单，引导学生探寻车溪民俗文化	1. 任务导入：教师发布研学任务单，引导学生探寻红色革命精神 2. 参观导入：参观博物馆，观看当时文物挖掘时的场景，激发学生对考古的兴趣 3. 问题导入：钟祥明显陵的园林建筑有什么样的特点？ 4. 故事导入：研学导师讲述三顾茅庐的故事，让学生梦回三国，深入了解古隆中的历史 5. 任务导入：学生在了解中华历史文明的同时，带着任务去研学博物馆，感受楚文化的魅力	1. 视频导入：播放考古视频，向学生讲述考古的重要意义 2. 故事导入：讲述“西汉末年绿林起义”的故事，激发学生的兴趣 3. 问题导入：明显陵在历史上的特殊意义？让学生在实践中找答案 4. 任务导入：设置任务单，以任务驱动的方式促使学生完成研学任务 5. 问题导入：为什么荆州在历史中是兵家必争之地？让学生在研学活动中找答案
	授课教学环节	第一天：必修课程七“寻访张文秋故居”、必修课程二“盘画:不忘初心”、选修课程1“编草鞋” 第二天：必修课程九“篆刻艺术”、必修课程一“走进屈家岭遗址” 第三天：必修课程八“泥条盘筑”、必修课程三“走进明显陵” 第四天：必修课程五“游览荆州博物馆”、选修课程2“造纸术”、选修课程3“做春卷” 第五天：必修课程十“剪纸窗花”、必修课程六“研学车溪民俗园”、必修课程四“茶艺：以茶会友”	第一天：必修课程七“弘扬红色革命精神”、必修课程六“钢铁长城” 第二天：必修课程一“探寻屈家岭文化”、必修课程九“拉坯成型”、选修课3“文物修复” 第三天：必修课程十“篆刻艺术”、必修课程三“解密明显陵”、必修课程四“木棍搭建” 第四天：必修课程八“寻访古隆中，与孔明对话”、选修课程1“刻纸艺术” 第五天：必修课程五“探秘荆楚文化”、必修课程二“中华皮影”、选修课程2“植物拓印”	第一天：必修课程一“研学屈家岭，寻耕六千年”、必修课程二“旋转的艺术”、选修课程1“剪纸艺术” 第二天：必修课程四“植物拓印”、必修课程十“游绿林古寨，赏古寨风光” 第三天：必修课程三“传承文化经典”、必修课程八“户外搭建”、选修课程3“木棍搭建” 第四天：必修课程六“传承巴楚文化”、必修课程七“非遗漆扇”、选修课程2“衍纸立体画” 第五天：必修课程五“品荆楚文化新篇章”、必修课程九“草船借箭”

维度或要素		小学高年级段	初中段	高中段
实施方案	进阶教学环节	1.分享：讲述张文秋的有关故事，鼓励学生主动学习红色革命文化 2.表达：以“假如文物会说话”的形式介绍守护非遗文化的想法和做法 3.观察：明显陵、车溪民俗建筑群的布局特色 4.体认：了解中国传统楚文化建筑的造园手法，古今对比，感悟中国社会发展与变迁 5.物化：制作具有创意的非遗文创作品	1.体认：进一步了解张文秋的革命历史故事，感悟革命精神 2.传承：将破损的陶器进行修复，在了解考古学文化的同时，进一步认识中华陶文化 3.展示：从明显陵的结构，绘制展示不同的中华园林独特景观，增强审美意识 4.分享：以小组形式分享自己所知晓的三国历史故事 5.观察：通过实地参观学习，加深对荆楚文化了解与认识	1.分组体验：课程体验拉坯成型，学习拉坯成型的基本手法和技巧 2.任务拓展：学习使用指南针和地图进行定向越野 3.集体讨论：明显陵的规制布局和建筑手法 4.问题简答：车溪有哪些自然风光、传统文化和民俗风情 5.集体交流：深入了解楚国文物的历史背景和文化内涵
	巩固教学环节	1.通过讲故事，做手抄报等多种活动加深对革命红色文化的认识 2.通过前期调查、视频学习、设计制作等活动加深对屈家岭文化的认知 3.分析：明显陵建筑群的荆楚特色 4.迁移：通过情境再现的方式加深对荆楚名人历史的认识 5.展示：以任务卡的形式引导学生回顾在车溪的所见所闻，学生研学心得，感悟以写日记等多样化的方式加以呈现	1.分享：通过研学任务形式，加深学生对中国红色历史革命精神的学习 2.拓展：回顾中国历史的发展历程，进一步探究五千年前人们的衣食住行，讨论分享展示探究成果 3.通过实地参观的形式了解明显陵“一陵双冢”陵寝结构 4.通过历史故事的了解，感受不一样的三国文化 5.通过任务单的方式，加深对荆楚文化的了解与认识	1.引导实践与分享交流相结合，总结、分享自己的收获发表对屈家岭文化的感想 2.小组探究、实地考察、总结分享相结合，加深对绿林寨文化价值的理解 3.实地探访加深对古代历史文化的理解和认识，思考更具价值和意义的文化创新课题 4.总结分享、实践体验相结合，交换彼此对传统文化的看法加深理解点 5.采用任务驱动和小组交流分享方式实地探访荆州博物馆，探究传统文化和历史故事发展脉络，领悟“三分天下”的谋略

维度或要素			小学高年级段	初中段	高中段
实施方案	总结教学环节	教学创新	在研学过程中，通过实地参观、亲身参与、合作学习等方式，培养学生的创新能力，让学生理解“知者行之始，行者知之成”实践出真知的道理	通过实地研学、自主探究、小组合作、沉浸式体验等多种教学方式，让学生将书本上的理性知识与实际操作相互印证，夯实学生的知识纹理，进一步激发学生的求知欲和探索精神	以问题为导向，最大限度地给予学生自主权，让学生利用跨学科知识与小组讨论的方式解决问题，激发学生的学习兴趣与求知欲望，培养学生自主学习、合作探究的能力
		教学总结	根据研学实际情况，收集学生、老师、家长的反馈和评价意见，了解研学活动中的优缺点，并及时进行调整	在研学实践活动后，通过学生课堂反馈进行回顾总结，整理听课老师评价意见，针对意见进行调整或完善，汇编教学信息档案，以便随时查阅和分析教学成效	在研学活动后，深入剖析教学中的困难与挑战，并迅速寻找有效的解决方案，不断总结教学经验，在实践中持续提升教学质量，通过不断调整教学策略并记录变化
		教学反思	根据学生在研学活动过程中的参与程度，知识掌握情况和反馈的评价结果及时优化活动环节设计，从而提升教学质量	根据研学活动的目标设定，对比学生在研学活动过程中展现的综合素质和实际操作能力进行分析，增强研学活动的互动性，调整活动设计方向，助力学生的全面发展	根据学生在研学活动过程中的参与程度和知识掌握情况和学生进行沟通反馈，做好总结评价，对教学活动内容进行反思，提高活动质量

维度或要素				小学高年级段	初中段	高中段
实施方案	评价教学环节	教学水平评价	自我评价	根据学生活动中的表现，对知识点的掌握程度，活动后的分享进行文字图像影音记录，教师在活动结束后，根据记录此对次研学活动进行反思，建立教学反思档案	根据学生活动体验情况，对研学活动的环节设计、学生知识点的掌握程度、学生参与情况及任务单完成情况及时给予评价与点评，对于在活动过程中所出现的问题及时进行归纳，总结经验	根据研学活动的完成情况对标课程目的，针对课程的差异化效果，采用案例复盘，围绕教学环节、方法，形成自我评价报告，根据评价结果改进教学
			学生评价	对利用研学手册、收集学生意见、课程中学生的参与度、完成度、教师与学生互动是否充分等方面进行评价	学生对教师的授课方式是否有吸引力，教师与学生互动是否充分，是否善于引导学生思考，课程环节设置是否引起学生兴趣等方面设置评价表进行评价	以课程评价表与座谈的形式，以学生对研学课程的环节、教师组织、教师语言组织、教学态度进行评价并提出建议，形成综合报告，全面提升活动评价效果
			同行评价	由营地教学管理人员、学校带队老师对研学活动的环节设计、实施效果、目标达成情况进行文字性评价，并由本基地教师及管理人员前往其他营地进行观摩、听课、交流	由营地教学管理人员、学校带队老师通过随队听课等方式，对研学活动的环节设计、实施效果、目标达成情况进行文字性评价	由营地教学管理人员、学校带队老师对研学活动的环节设计、实施效果、目标达成情况进行文字性评价
			培训和考核	建立健全的培训及考核制度，定期组织老师外出培训学习，常态化开展听评课活动	建立健全的培训及考核制度，定期组织老师外出培训学习及研学点考察，常态化开展听评课活动	建立健全的培训及考核制度，定期组织老师外出培训学习及研学点考察，常态化开展听评课活动
			教学成果展示	通过图文、影像视频记录教师的教学过程，学生在研学实践活动中的表现、活动后的分享、教育系统课例评比的成果、在研究会、基地公众号、交流会上展示交流	通过图片、影像视频记录教师的教学过程，以及学生在研学实践活动中的精彩表现、学生作品成果展示、教育系统课例评比的成果展示，在研究会、基地公众号、交流会上展示交流	定期组织老师开展优质课展示，邀请研学实践专家对参赛课程、经验报告进行点评，助力老师提升

维度或要素				小学高年级段	初中段	高中段
实施方案	评价教学环节	学业评价	形成性评价	观察学生在研学实践活动中的参与程度与兴趣度，记录学生任务成果，根据学生不同的年龄段，及时调整研学方法与课程深度	通过观察学生的学习态度、思维能力、创新能力、实践能力，以及在研学实践活动中的参与程度，结合学生情况及时调整活动环节与教学形式	围绕学生的探究能力、价值观培养和团队协作等方面，采用持续观察、记录与反思的方式，深入了解学生的学习进展。结合不同学段的特点，灵活调整教学计划和教学方式，确保教学内容与学生的认知水平相契合
			总结性评价	根据学生对研学活动的参与过程、活动分享展示、研学任务单完成情况、情感的认知，对学生的研学目标达成情况进行考核，并进行口头评价	根据学生在研学活动过程中的情感交流；活动分享与成果展示、研学任务单完成情况中，对学生的研学目标达成情况进行评价，根据评价结果调整活动组织形式	以研学课程的预定目标为基准，利用考核、展示、汇报等手段，对参与研学实践活动的学生在知识获取、探究能力、责任意识等方面进行综合评估，并据此调整教学活动的形式和内容，以确保教学效果的最大化
			教师评价	教师采取研学前的准备、研学过程评价，记录学生日常的表现，从情感认知、参与过程、行为纪律方面进行评价，优化教学内容及方式，提高教学质量	教师采取成果分享、记录学生日常表现等方式，从自我展示、知识探索、感悟体会等方面进行评价，优化教育教学水平，以更高效地实现学生的知识吸收与技能提升	日常记录、问卷调查、解决问题的实践活动、课堂反馈以及口头表达等多种方式全面评估学生在知识技能掌握、研究能力、团队合作精神、个人素养以及考试表现等方面的进展，确保教学效果与质量持续提升
		项目评价		教育主管部门、学校老师、学生家长对研学线路、教学设计、学生食宿等方面进行问卷调查评价，进一步优化项目	教育主管部门、学校老师、学生家长对研学线路、教学设计、学生食宿等方面进行问卷调查评价，进一步优化项目	邀请教育主管部门、学校老师、学生家长通过调查问卷的形式，对研学线路、教学设计、学生食宿等方面进行评价

4.17 教学计划与策略列表：寻伟人故里，慕潇湘风华

<table>
<tr><td colspan="3">营地名称</td><td>长沙市中小学素质教育实践基地岳麓营地（简称“湖南长沙营地”）</td><td>命名机构</td><td>教育部</td><td>识别码</td><td>Y145430001</td></tr>
<tr><td colspan="3">从业资质（摘要）</td><td>学生综合实践活动</td><td>单位属性</td><td>公益一类</td><td>法定代表人</td><td>杨伟</td></tr>
<tr><td colspan="3">研学主题</td><td>寻伟人故里，慕潇湘风华</td><td colspan="2">主要目的指向</td><td colspan="2">文化传承与创新教育</td></tr>
<tr><td rowspan="7">营地（枢纽）及周边主要优质研学资源</td><td colspan="2">基地层级</td><td colspan="5">研学站点（基地）名称</td></tr>
<tr><td rowspan="2">教育部命名基地</td><td>已列入教学计划</td><td colspan="5">一、与本主题相关列入教学计划的基地10个
1.湖南韶山毛泽东同志纪念馆（简称“毛泽东故居”）；2.湖南省博物馆（简称“湖南省博”）；3.长沙市博物馆（简称“长沙市博”）；4.湖南雨花非遗文化传播有限公司（简称“雨花非遗馆”）；5.胡耀邦故里管理局（简称“胡耀邦故居”）；6.湖南省立第一师范学校旧址（简称“湖南第一师范”）；7.红军营景区（平江起义纪念馆管理处，简称“红军营”）；8.湖南党史陈列馆（简称“湖南党史馆”）9.长沙市望城区雷锋纪念馆（简称“雷锋纪念馆”）；10.刘少奇故里
二、与本主题关联不大但列入本营地教学计划的基地8个
1.湘潭市博物馆；2.中国人民抗日战争胜利受降纪念馆；3.国防科技大学校史馆；4.湖南省森林植物园；5.湘潭盘龙生态农业示范园有限公司；6.湖南粮食集团有限责任公司；7.中国农业科学院衡阳红壤实验站；8.中核二七二铀业有限责任公司</td></tr>
<tr><td>待列入教学计划</td><td colspan="5">无</td></tr>
<tr><td colspan="2">其他部委命名基地</td><td colspan="5">1.中共湘区委员会旧址（简称“中共湘区旧址”）；2.秋收起义文家市会师纪念馆（简称“秋收起义纪念馆”）</td></tr>
<tr><td colspan="2">地方命名基地</td><td colspan="5">1.新华联铜官窑古镇（简称“铜官窑”）；2.长沙简牍博物馆（简称“简牍博物馆”）；3.湖南岳阳楼；4.屈子文化园（简称“屈子祠”）；5.左宗棠故居（简称“左公故里”）；6.彭德怀纪念馆（简称“彭德怀故居”）；7.湖南省沙坪湘绣博物馆（简称“沙坪湘绣馆”）；8.湘乡市东山书院和“毛泽东与东山学校”陈列馆（简称“东山书院”）；9.岳麓书院；10.岳麓山橘子洲旅游区含青年毛泽东艺术雕像（简称“橘子洲”）；11.贾谊故居；12.火宫殿；13.新民学会；14.肖劲光故居；15.中共湘区委员会旧址；16.李富春故居；17.贺龙故居；18.湘鄂川黔革命根据地纪念馆；19.任弼时纪念馆；20.李立三故居；21.炎陵红军标语博物馆；22.靖港古镇</td></tr>
<tr><td colspan="2">本营地资源</td><td colspan="5">1.基地国防教育馆；2.基地人防教育馆；3.民俗民风馆；4.基地CS活动区；5.劳动技艺坊；6.创意手工坊；7.国学礼仪教室</td></tr>
<tr><td colspan="2">其他资源</td><td colspan="5">1.湖南省文化馆（简称“文化馆”）；2.天心阁；3.白果园历史文化旅游街区；4.湖南和平解放史事陈列馆（程潜公馆）；5.都正街历史文化街区；6.田汉文化园</td></tr>
</table>

维度或要素	小学高年级段	初中段	高中段
校内教育基础（与校内教育的衔接）	对照课标，小学高年级段在文化传承与创新方面提出“努力学习和弘扬社会主义先进文化、革命文化和中华优秀传统文化，理解和践行社会主义核心价值观，逐步领会改革创新的时代精神”的培养目标。本研学主题课程与校内教育的衔接内容主要如下： 1.人教版道德与法治五年级上册第三单元第6课“我们神圣的国土” 2.人教版道德与法治六年级下册第7课“多元文化 多样魅力” 3.人美版美术四年级上册第6课“最受尊敬的人” 4.湘美版美术六年级上册第10课“艰苦岁月” 5.湘美版美术六年级上册第11课“劳动最光荣” 6.湘文艺版音乐五年级上册第3课“我美丽的家乡” 7.人教版语文五年级下册第一单元口语交际“即兴发言” 8.人教版语文五年级下册第四单元第13课“董存瑞舍身炸碉堡” 9.人教版语文五年级下册第四单元综合性学习“奋斗的历程”	对照课标，初中段在文化传承与创新方面提出“领悟伟大建党精神，开展中国共产党人的精神谱系教育”“学习和理解社会主义先进文化和革命文化，坚定文化自信”“了解中国共产党带领中国人民进行革命、建设改革的历史性成就，认识中国共产党的领导作用”的培养目标。本研学主题课程与校内教育的衔接内容主要如下： 1.人教版道德与法治八年级上册第三单元第6课“责任与角色同在” 2.人教版道德与法治八年级上册第四单元第8课“国家利益至上” 3.人教版道德与法治九年级上册第三单元第5课“守望精神家园” 4.人教版道德与法治九年级上册第四单元第8课“中国人中国梦” 5.人教版道德与法治九年级下册第三单元第5课“少年的担当” 6.人教版语文八年级上册第三单元名著导读“《红星照耀中国》纪实作品的阅读” 7.人教版语文九年级上册第一单元第1课“《沁园春·雪》” 8.人教版中国历史八年级上册第五单元第16课“毛泽东开辟井冈山道路” 9.人教版美术八年级下册第二单元第1课“了解纹样”	对照课标，高中段在文化传承方面提出“热爱祖国，拥护中国共产党。弘扬中华优秀传统文化，继承革命文化，发展社会主义先进文化，增强文化自信”“树立正确历史观，从历史的角度认识中国国情，形成对祖国的认同感和正确的国家观”的培养目标。本研学主题课程与校内教育的衔接内容主要如下： 1.人教版语文必修上册第一单元第1课“《沁园春·长沙》” 2.人教版语文选修上册第一单元第1课“中国人民站起来了” 3.人教版语文选修中册第一单元第2课“改造我们的学习” 4.人教版语文选修下册第一单元第1课“《离骚》” 5.人教版思想政治必修1第2课“只有社会主义才能救中国” 6.人教版历史必修上册第八单元第22课“从局部抗战到全国抗战” 7.人教版历史必修上册第八单元第23课“全民族浴血奋战与抗日战争的胜利”第24课“人民解放战争” 8.人教版思想政治选择性必修1第1课“国家是什么”

维度或要素			小学高年级段	初中段	高中段
研学课程	必修课程一	名称	韶山冲的好少年	富有个性的农家孩子	恰同学少年风华正茂
		活动目的	学习伟人的优秀品质与在学习上的好习惯，联系生活，增强对学习的热爱	探究伟人毛泽东的人生经历，重点探究家庭对毛泽东性格养成的影响	深入体会一代伟人的青年风采和精神风貌，培养学生的爱国情怀和社会责任感
		活动形式	教师讲授、实地探访、实践体验	教师讲授、实地探访、实践体验相结合	教师讲授、实地探访、实践体验相结合
	必修课程二	名称	少年励志出东山	东山书院与毛泽东	问苍茫大地谁主沉浮
		活动目的	了解毛泽东在东山的求学经历以及新式学堂对革命伟人人生轨迹的影响	探究新式学堂东山书院的创新之处，以及学校课程、师生对于毛泽东的影响	了解湖南籍革命先辈们的崇高理想和品质，培养学生社会责任感与历史使命感
		活动形式	教师讲授、实地探访、实践体验	教师讲授、实地探访、实践体验相结合	教师讲授、实地探访、实践体验相结合
	必修课程三	名称	橘子洲头引诗情	刻苦上进的师范生	一代“骄杨”杨开慧
		活动目的	了解伟大领袖开始为革命事业不懈奋斗的历史，激发爱国热情	探究革命伟人在湖南第一师范的求学经历与立志过程，培养对毛主席的敬仰之情	了解杨开慧同志的光辉事迹，感受敢为人先、坚贞不屈、敢于牺牲的革命精神
		活动形式	教师讲授、实地探访、实践体验	教师讲授、实地探访、实践体验相结合	教师讲授、实地探访、实践体验相结合
	必修课程四	名称	学习雷锋好榜样	橘子洲头的青年革命家	走进耀邦故里
		活动目的	了解雷锋同志的光荣事迹，学习其奉献精神和高尚品德	在橘子洲欣赏并感受长沙的壮丽秋景，使学生深刻体会诗人昂扬炽烈的革命情怀	了解胡耀邦同志的生平，感受胡耀邦同志坚守信仰、献身理想的高尚品格
		活动形式	教师讲授、实地探访、实践体验	教师讲授、实地探访、实践体验相结合	教师讲授、实地探访、实践体验相结合

维度或要素			小学高年级段	初中段	高中段
研学课程	必修课程五	名称	魅力非遗湘绣	秋收起义，星火燎原	唯我彭大元帅
		活动目的	学习国家级非遗——湘绣的相关知识，了解湘绣技艺，培养学生的文化自信	了解以毛泽东为代表的中国共产党人把马克思主义与中国革命实际相结合的历程	全面了解彭德怀同志伟大、光辉、战斗的一生，感受其非凡胆略和高尚品德
		活动形式	教师讲授、实地探访、实践体验	教师讲授、实地探访、实践体验相结合	教师讲授、实地探访、实践体验相结合
	必修课程六	名称	探秘湖湘青铜器	文家市里绘红旗	重温平江起义
		活动目的	走进湖南省博，了解楚汉青铜文明，培养学生热爱家乡，热爱祖国的情感	通过绘制红旗如画等系列活动，感受军民一家亲，感悟“光辉起点”的熠熠生辉	参观平江起义旧址及史料陈列馆，深入了解平江起义，感受湖湘红色文化精神
		活动形式	教师讲授、实地探访、实践体验	教师讲授、实地探访、实践体验相结合	教师讲授、实地探访、实践体验相结合
	必修课程七	名称	铜官窑里的史韵陶情	党史馆寻长沙魂	亲历屈子故里
		活动目的	了解大唐铜官窑与海上丝绸之路的关联，揭秘为何铜官窑瓷器在千年前能畅销海外	在党史馆了解湖南地方党史，缅怀先烈的英雄事迹	吟诵屈原的诗歌，体验祭屈仪式，制作汨罗香囊，感受屈原初心未改的家国情怀
		活动形式	教师讲授、实地探访、实践体验	教师讲授、实地探访、实践体验相结合	教师讲授、实地探访、实践体验相结合
	必修课程八	名称	解密釉下彩	探寻千年学府	探访岳阳名楼
		活动目的	学习铜官窑釉下彩的烧制方法，激发对非遗文化的热爱	探寻千年学府欣欣向荣的奥秘，激发学生作为湖南人的自豪感	品读经典《岳阳楼记》，感受胸怀天下的意境熏陶，体会敢为人先的精神
		活动形式	教师讲授、实地探访、实践体验	教师讲授、实地探访、实践体验相结合	教师讲授、实地探访、实践体验相结合

维度或要素			小学高年级段	初中段	高中段
研学课程	必修课程九	名称	游美丽靖港	马王堆符文之谜	左宗棠的“公”与“勇”
		活动目的	走进千年良港，感受湖南四大米市的繁荣，鉴赏江南水乡的民居建筑之美	通过探秘西汉马王堆展厅，了解中国传统文化之厚重	探寻民族英雄左宗棠的家风家训以及其传奇的一生，感悟左公的崇高精神
		活动形式	教师讲授、实地探访、实践体验相结合	教师讲授、实地探访、实践体验相结合	教师讲授、实地探访、实践体验相结合
	必修课程十	名称	寻古镇文明	湘绣的传承与创新	“我的中国心”主题演讲
		活动目的	通过探访江南古镇的民俗、美食、商埠，激发学生对于传统文化遗产的认同与自豪	考察探访沙坪古镇，了解以湘绣为代表的文化传承现状与创新发展的诉求	开展爱国主题演讲，缅怀革命先辈，激发学生的爱国热情和民族自豪感
		活动形式	教师讲授、实地探访、实践体验	教师讲授、实地探访、实践体验相结合	教师讲授、实地探访、实践体验相结合
	选修课程		1. 绘出耀眼星城 2. 设计西汉云肩 3. 烙印长沙美	1. 风华正茂影音思政课 2. 探寻胡耀邦故里 3. 绘制湖湘名人脸谱	1. 书画伟人故里 2. 诗歌诵读会 3. 湖湘灯光画

维度或要素		小学高年级段	初中段	高中段
研学线路	代表性线路（时长五日）	第一天：湖南长沙营地—毛泽东故居—东山书院—湖南长沙营地；第二天：湖南长沙营地—橘子洲—雷锋纪念馆—湖南长沙营地；第三天：湖南长沙营地—雨花非遗馆—湖南省博—湖南长沙营地；第四天：湖南长沙营地—长沙市博—铜官窑—湖南长沙营地；第五天：湖南长沙营地—靖港古镇—湖南长沙营地	第一天：湖南长沙营地—毛泽东纪念馆—东山书院—湖南长沙营地；第二天：湖南长沙营地—湖南第一师范—橘子洲—湖南长沙营地；第三天：湖南长沙营地—秋收起义纪念馆—湖南长沙营地；第四天：湖南长沙营地—湖南党史馆—岳麓书院—湖南长沙营地；第五天：湖南长沙营地—湖南省博—沙坪湘绣馆—湖南长沙营地	第一天：湖南长沙营地—毛泽东故居—湖南第一师范—湖南长沙营地；第二天：湖南长沙营地—杨开慧故居—胡耀邦故居—湖南长沙营地；第三天：湖南长沙营地—彭德怀故居—红军营—湖南长沙营地；第四天：湖南长沙营地—屈子文化园—湖南岳阳楼—湖南长沙营地；第五天：湖南长沙营地—左公故里—湖南长沙营地
	可选择线路（按天设计，菜单式选择）	1. 湖南长沙营地—岳麓书院—湖南长沙营地；2. 湖南长沙营地—沙坪湘绣馆—湖南长沙营地；3. 湖南长沙营地—湖南党史馆—湖南长沙营地；4. 湖南长沙营地—简牍博物馆；5. 湖南长沙营地—杨开慧故居—湖南长沙营地；6. 湖南长沙营地—湖南第一师范—湖南长沙营地；7. 湖南长沙营地—刘少奇故里—湖南长沙营地；8. 湖南长沙营地—田汉文化园—湖南长沙营地	1. 湖南长沙营地—雨花非遗馆—湖南长沙营地；2. 湖南长沙营地—杨开慧故居—湖南长沙营地；3. 湖南长沙营地—胡耀邦故居—湖南长沙营地；4. 湖南长沙营地—彭德怀故居—湖南长沙营地；5. 湖南长沙营地—铜官窑—湖南长沙营地；6. 湖南长沙营地—田汉文化园—湖南长沙营地；7. 湖南长沙营地—长沙市博—湖南长沙营地；8. 湖南长沙营地—靖港古镇—湖南长沙营地	1. 湖南长沙营地—雨花非遗馆—湖南长沙营地；2. 湖南长沙营地—沙坪湘绣馆—湖南长沙营地；3. 湖南长沙营地—橘子洲—湖南长沙营地；4. 湖南长沙营地—刘少奇故里—湖南长沙营地；5. 湖南长沙营地—岳麓书院—爱晚亭—湖南长沙营地；6. 湖南长沙营地—长沙市博—湖南长沙营地；7. 湖南长沙营地—简牍博物馆—湖南长沙营地；8. 湖南长沙营地—湖南党史馆—湖南长沙营地
	规划线路（按天设计）	1. 湖南长沙营地—湖南省文化馆—湖南长沙营地；2. 湖南长沙营地—天心阁—贾谊故居—火宫殿—湖南长沙营地；3. 湖南长沙营地—新民学会—肖劲光故居—湖南长沙营地	1. 湖南长沙营地—天心阁—贾谊故居—湖南长沙营地；2. 湖南长沙营地—中共湘区委员会旧址—李富春故居—湖南长沙营地；3. 湖南长沙营地—白果园历史文化旅游街区—湖南和平解放史事陈列馆（程潜公馆）—都正街历史文化街区—湖南长沙营地	1. 湖南长沙营地—贺龙故居—湘鄂川黔革命根据地纪念馆—湖南长沙营地；2. 湖南长沙营地—任弼时纪念馆—湖南长沙营地；3. 湖南长沙营地—李立三故居—炎陵红军标语博物馆—湖南长沙营地

维度或要素		小学高年级段	初中段	高中段
教学重点难点（以代表性线路教学设计为例，以下同）	教学重点	1.掌握少年毛泽东时期的时代背景、社会风貌，发现和总结毛泽东一生受益的好习惯 2.引导学生学习雷锋的优秀习惯和高尚品质，继承其无私奉献的精神 3.探寻湖南有代表性的文物宝藏、非遗技艺，感悟三湘文明在中国文化历史长河中的璀璨 4.实地考察铜官窑遗址，学习铜官窑的历史文化背景和陶瓷制作技艺 5.走进古镇，发现江南建筑美学，从多个维度引导学生了解中国传统民居	1.了解伟人性格养成的原因及对其成长的影响 2.追寻革命伟人从韶山、东山到长沙，再到浏阳文家市进行革命的历程，从革命伟人的人物事迹中汲取对自己有启发的部分，进行记录与分享 3.学习近代湖南英雄人物的英勇事迹，并学习以毛泽东、刘少奇为代表的革命伟人的崇高品质，厘清湖南革命总体发展脉络 4.了解书院名人，掌握千年学府岳麓书院的文脉和历史 5.学习非遗湘绣的文化历史，掌握湘绣制作的基本针法	1.走进伟人故里和伟人母校，了解伟人在校期间的工作学习经历与立志革命的伟大事迹 2.了解杨开慧、胡耀邦同志的生平经历，感受其坚守信仰、献身理想的高尚品格 3.了解平江起义的经过与意义，重温峥嵘岁月里的革命故事 4.从“求索精神”“忧乐精神”“民族精神”“革命精神”，厘清湖南文化精神的脉络，激发文化自豪感 5.感悟湖南人敢为人先的精神风骨
	教学难点	1.能够联系实际生活学习伟人的优秀习惯和高尚品质，并转为行动。能够站在当时的时代背景中感悟革命精神的伟大 2.参与陶瓷制作实践活动，亲手制作一件属于自己的陶瓷作品，培养对传统文化的兴趣和热爱，增强对传统技艺的传承意识 3.深入走访学习、探究历史人物和历史事件，感悟湖湘文化的传承与发展 4.通过参观博物馆，学习湖南历史，培养学生对历史的敬畏之心和历史意识，认识到历史对于一个国家和民族的重要性 5.探访古镇，学习古镇的历史沿革、文化背景和传统文化，探究当地居民的民俗与生活方式	1.厘清毛泽东的革命轨迹，理解毛泽东等革命伟人对中国的伟大贡献 2.理解革命伟人的立志过程与祖国发展的关联，感悟青年兴则家国兴的道理 3.探究秋收起义的历史人物和历史事件，理解“半部中国近代史由湘人写就”这句话的价值 4.了解岳麓书院文化开放包容的特点，掌握岳麓书院对潇湘文化经济、军事、思想层面的影响 5.理解楚汉文化和非遗技艺的深层价值，思考文化发展的传承与创新途径	1.能够厘清湖湘文化发展的脉络，并能够创新文化传承的模式，敢于、能于责任上肩 2.从韶山到湖南第一师范，深刻体会当时日益高涨的革命形势 3.探寻毛泽东的励志成长之路，在了解历史的基础上，深刻体会革命先烈的民族担当与气魄，畅谈当代中国青年的责任和担当 4.深刻理解“中国共产党为什么能” 5.深刻理解求索精神、忧乐精神对湖湘文化的影响，并能结合事迹进行创新理解与传承

维度或要素	小学高年级段	初中段	高中段
教学策略	针对小学高年级段学生已具有一定的认知水平和学习能力，在语文、美术等学科有学习传统文化的基础，对历史、艺术和非遗文化等领域有一定的了解，但是动手实践能力不足，对传统文化的系统认知不足的学情分析，基于生活教育理论和多元智能理论，正确引导学生传承和发展中华优秀文化，选取非遗传承、追寻伟人足迹等内容载体，依托相关研学基地中的教学资源，采取讲授法、演示法、情境教学法、体验教学法等教学方法和自主学习法、合作学习等学法，开展非遗体验、红色主题学习等活动，紧扣研学主题与小学高段学生的生活关联点，注重趣味化的教学方式，让学生提高对传统文化的感知力，努力学习社会主义先进文化、革命文化和中华优秀传统文化，达成理解和践行社会主义核心价值观，逐步领会改革创新的时代精神的培养目标	针对初中学段学生进入青春期，其认知能力、自我意识发展迅速，情绪、情感丰富，并具备了一定的逻辑思维能力，渴望挑战，但对于传统文化等一些较为抽象、深奥的概念、理论的理解力仍需加强的学情分析，基于人本主义教学理论和多元智力理论，选取非遗传承、寻访红色故里等内容，依托相关研学基地中相关的教学资源，采取讲授法、演示法、情境教学法、体验教学法等教学方法和自主学习法、合作学习等学法，开展非遗体验、红色主题学习、参观革命故里等活动，采用生动有趣的方式进行讲解和引导，同时注重研学任务思考力和开放度的设计，让学生能更深入地理解文化，激发对文化传承、创新的意识，培养学生的爱国主义精神	针对高中学段学生独立思考和逻辑思维能力已增强，具有较强的探究精神和合作意识，对于传统文化有一定的知识储备和技能储备，但是更看重考试范围的知识点，难以从深层次去理解和感受文化背后精神含义的学情分析，基于生活教育理论、多元智力理论，选取非遗传承、寻访红色革命圣地、探访伟人故里等内容，依托相关研学基地中相关的教学资源，采取讲授法、演示法、情境教学法、体验教学法等教学方法和自主学习法、合作学习等学法，开展非遗体验、红色主题学习、参观革命故里等活动，侧重引导学生主动探究革命历史与革命先烈背后崇高的精神品质，引领学生深入了解革命传统文化的内涵和价值，激发学生把文化传承创新的意识变为行动，培养他们的文化自信

维度或要素				小学高年级段	初中段	高中段
实施方案	入营教育	安全	引导	强调安全的重要性，宣讲各环节注意事项及管理规定，树立安全意识	强调安全的重要意义，带领学生了解安全应急知识，掌握应急救护技能	强调安全的重要意义，熟悉安全自我管理知识，提升安全防护意识
			实训	开展安全知识竞赛，使学生了解工具使用安全、食品安全等知识	通过安全公共课讲解掌握突发事件处置技能	组织学生开展针对住宿、饮食、研学点、交通等环节的安全应急演练
		应急	引导	学习应急事件处理方法和技巧，培养冷静思考和随机应变的能力	观看安全知识科普视频，掌握气道异物梗阻急救处理方法和技巧	强化应急能力培养，掌握应急事件分类、处理方法和技巧
			实训	通过视频学习，学习扭伤、中暑、崴脚等应急事件处理方法和技巧	观看视频，实操演练，学习海姆立克急救法	通过模拟现场演练的方式，掌握各项应急事件处理方法和技巧
		救助	引导	带领学生学习正确的求助方式，引导学生在遇到危险时保持冷静	通过案例情境，引导主动寻找和利用各种资源开展自救，增强救助能力	通过教师示范，引导学生关注救助知识和技能的学习
			实训	通过观看救助视频的方式，带领学生熟悉各种求助方式	通过老师的示范引领，让学生学会基本的应急救护方法	邀请专业人士讲解，带领学生模拟演练，掌握各项基本的应急救护方法
		自我管理	引导	通过视频案例，引导学生做好情绪管理，培养良好的生活习惯	通过主题班会，引导学生形成自我规范，开展自我约束，实现自我提高	引导学生做好时间管理、情绪管理、学习管理、健康管理
			实训	通过导师讲解，学生养成早睡早起、每天洗漱的良好生活习惯	采用沉浸式体验方式，引导学生进行自我管理，扮演班级管理者角色	学生自主设计研学活动管理目标和计划，培养自我管理综合素养
		团队协作	引导	引导学生认识团队协作重要性	引导学生体会团队协作发挥的作用，增强学生的团队荣誉感	引导学生发挥团队力量，培养创新意识、合作能力
			实训	鼓励学生分组完成实践体验任务，合作形成团队合作成果	学生自主设计小组活动，组织和协调活动	开展团建活动，设定团队研学任务，小组协作，合力完成任务目标

维度或要素		小学高年级段	初中段	高中段
实施方案	导入教学环节	1.问题导入：小组讨论，谈论毛泽东“好学”或“聪颖”的故事 2.任务导入：根据少年毛泽东的生活、学习、劳动经历，探究“好习惯对于毛泽东人生的影响”，搜集能够支持自己观点的资料 3.故事导入：讲述雷锋的光荣事迹与乐于助人的故事，激发学生学习兴趣 4.视频导入：观看《国家宝藏》与铜官窑相关的片段，让学生初步了解大唐民窑 5.问题导入：以探寻湖湘文化驱动，制作成题签，设计三天的研学，完成的小组任务	1.提问导入：毛泽东的家庭、学校环境，对他性格的形成和立志的成长有什么影响？ 2.问题导入：通过讨论秋收起义与井冈山革命斗争的关联性问题，激发学生求知欲 3.视频导入：组织学生观看《建党伟业》的人物剪辑视频，引入“数风流人物”的主题 4.任务导入：引导学生从多个方面了解湖湘文化，采用小组合作形式布置任务，培养学生团结协作的能力 5.任务导入：观看《国家宝藏—T型帛画》《湘绣绝技翳毛针》视频，宣布研学任务	1.视频导入：通过播放毛泽东的影视资料《恰同学少年》，激发学生求知欲与兴趣 2.任务导入：发布主题探究任务，调动学生积极性与主观能动性，领会其奉献精神和高尚品德 3.视频导入：观看《彭德怀元帅》视频片段，引出研学主题，了解其伟大、光辉的一生 4.诗词导入：观看《离骚》和《岳阳楼记》片段，激发学生探究湖湘文化的兴趣 5.图片导入：展示新疆的图画与左宗棠的画像，引出研学主题
	授课教学环节	第一天：必修课程一“韶山冲的好少年”、必修课程二“少年励志出东山”；第二天：必修课程三“橘子洲头引诗情”、必修课程四“学习雷锋好榜样”、选修课程1“绘出耀眼星城”；第三天：必修课程五“魅力非遗湘绣”、必修课程六“探秘湖湘青铜器”、选修课程2“设计西汉云肩”；第四天：必修课程七“铜官窑里的史韵陶情”、必修课程八“解密釉下彩”；第五天：必修课程九“游美丽靖港”、必修课程十“寻古镇文明”、选修课程3“烙印长沙美”	第一天：必修课程一“富有个性的农家孩子”、必修课程二“东山书院与毛泽东”；第二天：必修课程三“刻苦上进的师范生”、必修课程四“橘子洲头的青年革命家”、选修课程1“风华正茂影音思政课”；第三天：必修课程五“秋收起义，星火燎原”、必修课程六“文家市里绘红旗”、选修课程2“探寻胡耀邦故里”；第四天：必修课程七“党史馆寻长沙魂”、必修课程八“探寻千年学府”、选修课程3“绘制湖湘名人脸谱”；第五天：必修课程九“马王堆符文之谜”、必修课程十“湘绣的传承与创新”	第一天：必修课程一“恰同学少年风华正茂”、必修课程二“问苍茫大地谁主沉浮”；第二天：必修课程三“一代‘骄杨’杨开慧”、必修课程四“走进耀邦故里”、选修课程1“书画伟人故里”；第三天：必修课程五“唯我彭大元帅”、必修课程六“重温平江起义”、选修课程2“诗歌诵读会”；第四天：必修课程七“亲历屈子故里”、必修课程八“探访岳阳名楼”；第五天：必修课程九“左宗棠的‘公’与‘勇’”、必修课程十“‘我的中国心’主题演讲”、选修课程3“湖湘灯光画”

维度或要素		小学高年级段	初中段	高中段
实施方案	进阶教学环节	1.任务探究：以任务探究了解伟人故里，了解党的发展历程 2.现场考察：寻访雷锋故居，参观雷锋纪念馆，深入学习雷锋先进事迹，讨论雷锋同志身上所具备的精神品质 3.实践探究：了解并掌握湖南有代表性的非遗技艺 4.分享交流：观历史事件，感百年长沙，参观长沙市博物馆，参观完之后进行分享交流 5.主题汇报：以小组为单位分享研学活动的心得体会	1.实地探究：毛泽东诗作《吟天井》《赠父诗》《咏蛙》中表达出怎样的情感 2.情境演绎：参与毛泽东祠堂伦理的情境表演和《恰同学少年》影视配音 3.实地探究：走进文家市秋收起义会师地、中国革命的“光辉起点”，重走长征路 4.实操体验：了解湖南党史，缅怀先烈英雄事迹；品读院内牌匾、楹联的文化内涵和精髓，感受湖湘文化“潇湘槐市”文化气魄 5.实地探究：考察省博马王堆展厅，探究“文物神兽，歌舞乐俑”等，了解璀璨的西汉文明	1.小组讨论：毛泽东《沁园春·长沙》与橘子洲的关联 2.分享交流：观看《中国出了个毛泽东》实景演出，畅谈当代中国青年的责任和担当 3.实地探究：探寻杨开慧、胡耀邦的革命之路 4.实地探究：敬献屈子，了解求索精神的时代背景与现实意义，吟诵和临摹《岳阳楼记》 5.实地考察：探究左宗棠“世德相济，仁爱传家”的祖训精神
	巩固教学环节	1.发布探究主题和实践任务，总结提升 2.实践体验、开展趣味性有奖竞答，趣味性总结分享相结合 3.发布任务，采用任务驱动和小组交流分享非遗技艺传承与发展 4.总结归纳、实践体验相结合，交换彼此对所学的非遗文化、历史知识的看法，加深理解程度 5.开展主题活动策划，引导学生总结活动收获与感悟	1.开展主题班会，引导学生总结分享自己的收获，结合日常学习生活，分享从伟大革命先辈身上学习到的优秀品质 2.实地探访与沉浸式情境体验相结合，撰写研学报告和心得体会 3.总结性参观，引导学生思考文化传承与创新的意义，树立大国责任与文化传承意识 4.任务驱动：以知识竞赛或演讲比赛的形式，让学生发挥主观能动性，总结收获和感悟 5.开展小组讨论，对探寻红色故里、学习非遗知识技能中的成果进行交流和分享	1.引导实践与分享交流相结合，总结分享自己的收获，发表对文化传承与创新的感想 2.教师带领学生一起总结和回顾，及时解答学生遇到的问题 3.总结性参观，通过播放相关视频等形式寓教于乐，增强学生对传统非遗文化与革命文化的直观感受和认识 4.进行针对性训练与实践体验融合，加深对传统文化的理解和认同感，思考更具价值和意义的文化创新课题 5.开展小组合作讨论，总结性参观，发布任务，让学生进一步对中国近代革命历史脉络进行汇总，并总结成思维导图

维度或要素			小学高年级段	初中段	高中段
实施方案	总结教学环节	教学创新	创新课程设计，打破时间、空间的限制，围绕主题展开教学，采用进阶式和巩固式策略，让学生在真实情境中探究和体验实践。同时，加强校内外的教育衔接，串联非遗文化、革命传统文化等知识。这样的课程设计，可以让学生更好地理解和掌握知识，培养他们的综合素质和能力	创新课程主题，注重主题引领、任务驱动、项目学习、学科融合，强调学生主动性，强化实践意识，与校内课程衔接，拓展延伸，内外协同，串联非遗文化、革命传统文化等知识，以培养学生的综合素质和实践能力，促进学生的全面发展	创新教学方式，注重真实情境下的任务驱动，强化深度体验，推动研学过程中的独立思考与团队协作，形成有价值的课题研究，以实践激发学生兴趣，同时串联非遗文化、革命传统文化等知识。通过这一方式，提升学生的综合素质和能力，培养他们的创新精神和实践能力
		教学总结	针对小学的高年级段教学目标和学生学情，在教学过程中，导师多采用提问式、趣味性的教学方式，以培养学生爱党爱国情怀，热爱家乡，传承优秀技艺与文化为主要目标，从而能够更好地把握学生的学习情况和需求，为提供学生更好的教学服务和支持	针对初中学段教学目标和学生学情，在教学过程中，导师应多通过展示学生作品、组织分享感悟、开展团队协作活动等方式，以认识中华文化丰厚博大，汲取智慧，弘扬社会主义先进文化、革命文化、中华优秀传统文化，建立文化自信的培养目标	针对高中学段教学目标和学生学情，在教学过程中，导师应多围绕文化认同开展课程设计，多设置团队协作活动，多采用反馈交流等形式，帮助学生理解课程主题。引导学生自主学习、自我观察社会，在学生自主探索的同时为学生树立爱党爱国思想与文化自信
		教学反思	围绕小学高年级段学生学情进行分析，根据学生与课程评价结果的反馈，进行教学反思，对教学设计环节进行改进，促使课程教学得以提升，梳理实施过程中出现的问题，思考解决问题路径与策略，形成解决方案，调整和优化教学设计，为往后的研学活动提供参考	围绕初中段学生学情进行分析，根据学生与课程评价结果与反馈，进行教学反思，对教学设计环节进行改进，促使课程教学得以提升，梳理实施过程中出现的问题，思考解决问题路径与策略，形成解决方案，调整和优化教学设计，拓宽教学思路，提高教学水平	围绕高中段学生学情进行分析，根据学生与课程评价结果与反馈，进行教学反思，对教学设计环节进行改进，促使课程教学得以提升，思考解决问题路径与策略，在此基础上不断地改完善、推陈出新，形成自己独特的教学风格

维度或要素				小学高年级段	初中段	高中段
实施方案	评价教学环节	教学水平评价	自我评价	教师根据评价反馈进行自我反思，深入了解课程实施的效果，不断调整、优化教学方法	教师基于教学目标、教学设计、安全管理、活动组织等方面进行总结，反思活动实施过程中存在的问题，明确改进方向与策略	教师基于教学目标、教学设计、教学策略等方面进行深入反思，发现问题与不足，找到改进措施与路径，做好改进计划，明确下一步实施策略
			学生评价	学生就教师的组织与教学、课程讨论参与度、课程氛围活跃度、学生积极性等方面进行不同维度的评价	学生就教师的组织与教学、教学设计能力、课程氛围活跃、课程中学生的话题参与度等方面进行不同维度的评价	学生就教师的组织与教学、教师的认知、语言文字表达能力、课程的教学设计能力、课程的教育意义及创新性等方面进行不同维度的评价
			同行评价	营地教师和教学管理人员对教师的教学设计、实施策略、实施效果等方面进行评价，基于证据、数据采取交流、问卷等形式开展，取长补短、相互借鉴，实现共同进步	营地教师和教学管理人员基于随队观摩、听课、教学文件审阅、访谈、交流、问卷等形式，对教师的教学设计、实施策略、实施效果等进行评价	营地教师和教学管理人员充分利用信息技术，通过邀请知名专家随队观摩、听课、教学文件审阅、访谈、交流、问卷等形式，对教师的教学设计、实施策略、实施效果等进行评价
			培训和考核	基于教师师德师风、劳动教育、审美教育、学生管理等进行线上线下相结合的专项培训和考核，通过考核结果来评价教师的教学水平	定期对营地教师进行师德师风、科学教育、劳动教育、生涯规划、学生管理等方面的教学培训和考核，通过考核结果来评价教师的教学水平	定期对营地教师进行师德师风、劳动教育、生涯规划、心理学、学生管理等方面的教学培训和考核，通过考核结果来评价教师的教学水平
			教学成果展示	通过采用研究报告、主题会议、图文作品、视频影像等形式展示研学实践成果	通过采用设计作品、研学报告、作品分享、参与教学比赛等形式展示研学实践成果	通过定期采取设计作品展示、调查报告、研学报告、推介会等方式，并定期举行教师成果展示，组织实践教育专家对教学研究论文，促进教师水平提升，有助于实现教学创新

维度或要素				小学高年级段	初中段	高中段
实施方案	评价教学环节	学业评价	形成性评价	针对小学高年级段学生在研学活动中的参与度、合作度、兴趣度、完成度等采取自评、小组互评，结合加盖“研学站点能力印章”的方式进行评价	针对初中段学生在活动中的探究方法、合作能力、问题解决、创新意识、情感表达等方面，采取自评、互评的方式加盖相应的“研学能力印章”，并及时调整教学计划和教学方式	针对高中段学生的探究能力、价值观培养、团队协作等内容，采取“能力印章”“研学档案”等方式进行评价，结合学段特点，及时调整教学计划和教学方式，增强对学生探究深度和方式方法的指导
			总结性评价	通过“印章数量汇总”、知识考核、成果展示等形式，对学生参与完成成果的过程、活动中的行为纪律、呈现出的情感态度进行整体客观评价，以判断教学效果，便于灵活调整教学形式	以研学课程目的为基准，通过技能闯关、成果展示、演讲汇报、“印章数量汇总”等形式，对参加研学实践活动学生的知识获取、技能掌握、分工合作，信息处理的能力进行评价，根据评价结果，判断教学目的实现程度，调整教学活动形式	通过“能力印章”汇总、“研学档案”审核、辩论、布展、演说等方式，对学生在整体研学过程中表现的探究问题的能力、思辨能力、创新能力和责任与担当意识表现等因素进行整体评价，促进学生提高研学探究水平
			教师评价	采取日常记录、问题简答、教学反馈或口头表达、加盖教师印章的形式，对学生在“行前准备阶段、现场教学阶段、汇报交流阶段”三阶段的活动准备、参与过程、行为纪律、情感认知、作品完成等进行评价	采取日常记录、交流讨论、调查问卷、教学反馈或口头表达的形式，对学生在“行前准备阶段、现场教学阶段、汇报交流阶段”三阶段知识获取、过程行为管理、情感认同、团队协作进行评价，为学生提供个性化建议和反馈，加深对知识和技能的理解和运用	采取日常记录、调查问卷、问题解决、教学口头反馈、加盖教师印章等方式对学生在“行前准备阶段、现场教学阶段、汇报交流阶段”三阶段的知识和技能掌握程度、研究能力、思辨能力、团队协作、素质素养、测验结果进行评价，发现实施中的问题
		项目评价		以参与学校为主体，学生家长、社会公众为辅助，采取问卷调查形式，对教学目标设定、教学设计、活动组织、研学线路规划、学生成长等方面进行评价，评价项目实施的整体风险和效益，进一步优化项目	以参与学校为主体、学生家长、教育行政主管部门、校内教育工作者为辅助采用问卷调查、交流研讨、访谈调研等方式，对项目目标设定、教学设计、组织实施、安全管理、资源站点、课程价值等方面进行综合评价，对结果进行分析与反思，为后续研学项目调整提供一定方向	以行政主管部门和参与学校为主体，学生、学生家长、社会公众为辅助，通过调查问卷、意见建议等方式，对教学目标设定、教学设计、课程资源、教学策略、活动组织、协同管理、研学线路规划、学生成长、执行规范等方面进行评价，评价项目风险和效益

4.18 教学计划与策略列表：赓续传统文化基因，提升民族文明自信

<table>
<tr><td colspan="3">营地名称</td><td>广元市示范性综合实践基地管理中心（简称“四川广元营地”）</td><td>命名机构</td><td>教育部</td><td>识别码</td><td>Y145510001</td></tr>
<tr><td colspan="3">从业资质（摘要）</td><td>组织开展校外综合实践教育、青少年思想道德建设、基础教育课程改革、青少年社会实践与创新能力提升</td><td>单位属性</td><td>公益一类</td><td>法定代表人</td><td>郭永昌</td></tr>
<tr><td colspan="3">研学主题</td><td>赓续传统文化基因，提升民族文明自信</td><td colspan="2">主要目的指向</td><td colspan="2">文化传承与创新教育</td></tr>
<tr><td rowspan="7">营地（枢纽）及周边主要优质研学资源</td><td colspan="2">基地层级</td><td colspan="5">研学站点（基地）名称</td></tr>
<tr><td rowspan="2">教育部命名基地</td><td>已列入教学计划</td><td colspan="5">一、与本主题相关列入教学计划的基地8个
1.剑门关旅游开发股份有限公司剑门关景区（简称“剑门关”）；2.剑门关旅游开发股份有限公司翠云廊景区（简称“翠云廊”）；3.四川省唐家河国家级自然保护区管理处（简称“唐家河”）；4.眉山市青少年综合实践基地（简称“四川眉山营地”）；5.成都金沙遗址博物馆（简称“金沙遗址”）；6.四川博物院；7.朱德故居管理局（简称“朱德故居”）；8.汉中秦巴民俗村有限责任公司（简称“汉中民俗村”）
二、与本主题关联不大但列入本营地教学计划的基地6个
1.中国两弹城；2.四川广汉三星堆博物馆（简称“三星堆”）；3.成都杜甫草堂博物馆（简称“杜甫草堂”）；4.成都武侯祠博物馆（简称“武侯祠”）；5.川陕苏区纪念馆；6.成都市新都区家风教育基地服务管理中心（简称“家教基地”）</td></tr>
<tr><td>待列入教学计划</td><td colspan="5">1.邓小平故居；2.成都博物馆</td></tr>
<tr><td colspan="2">其他部委命名基地</td><td colspan="5">1.广元市木门会议会址纪念馆（简称“木门会议会址”）；2.苍溪红军渡纪念馆（简称“红军渡”）</td></tr>
<tr><td colspan="2">地方命名基地</td><td colspan="5">1.明月峡研学实践教育基地（简称“明月峡”）；2.千佛崖研学实践教育基地（简称“千佛崖”）；3.皇泽寺研学实践教育基地（简称“皇泽寺”）；4.广元市博物馆；5.米仓山研学实践教育基地（简称“米仓山”）；6.中国红军城研学实践教育基地（简称“红军城”）；7.昭化古城研学实践教育基地（简称“昭化古城”）；8.苍溪药博园研学实践教育基地（简称“药博园”）</td></tr>
<tr><td colspan="2">本营地资源</td><td colspan="5">1.唤马剪纸馆；2.绘画馆；3.国学礼仪馆；4.“广元窑”陶艺馆；5.非遗传承馆</td></tr>
<tr><td colspan="2">其他资源</td><td colspan="5">1.大朝驿研学实践教育基地（简称“大朝驿”）；2.拦马墙遗址</td></tr>
</table>

维度或要素	小学高年级段	初中段	高中段
校内教育基础（与校内教育的衔接）	对照《义务教育课程方案和课程标准（2022年版）》，小学高年级段在文化传承与创新方面提出“努力学习和弘扬社会主义先进文化、革命文化和中华优秀传统文化，理解和践行社会主义核心价值观，逐步领会改革创新的时代精神”的培养目标。该主题课程在设计上与校内教育课程衔接的有关内容如下： 1.人教版道德与法治四年级下册第四单元第11课“多姿多彩的民间艺术” 2.人教版道德与法治五年级上册第四单元第9课“古代科技 耀我中华” 3.人教版道德与法治六年级下册第三单元第6课第2节“闻名世界的文化遗产”、第7课“多元文化 多样魅力” 4.人教版美术六年级下册第4课“雕与刻的乐趣” 5.人教版美术六年级上册第12课“保护文物” 6.苏教版科学四年级下册第五单元“生物与环境” 7.北师大版语文五年级上册第四单元第12课“唱脸谱” 8.人教版美术五年级上册第10课“彩墨脸谱”	对照《义务教育课程方案和课程标准（2022年版）》，初中段在文化传承与创新方面提出“认识中华文化丰厚博大，汲取智慧，弘扬社会主义先进文化、革命文化、中华优秀传统文化，建立文化自信”的培养目标。该主题课程在设计上与校内教育课程衔接的有关内容如下： 1.人教版历史七年级上册第四单元第16课“三国鼎立” 2.人教版历史七年级下册第一单元第2课“从贞观之治到开元盛世” 3.人教版历史八年级与社会上册第四单元第1课“三国鼎立与西晋的统一”、第2课“唐的盛衰” 4.人教版生物七年级上册第三单元第六章“爱护植被 绿化祖国” 5.人教版生物八年级上册第六单元第二章“认识生物的多样性”、第三章“保护生物的多样性” 6.人教版生物八年级下册第七单元第三章“生命起源和生物进化” 7.人教版美术九年级上册第二单元第1课“剪纸”、第五单元“中国民间美术” 8.人教版语文九年级下册第四单元第14课“变脸”	对照《普通高中课程方案和语文等学科课程标准（2017年版2020年修订）》，高中学段在文化传承与创新方面提出“弘扬中华优秀传统文化，继承革命文化，发展社会主义先进文化，培育和践行社会主义核心价值观，增强文化自信”“尊重和理解文化的多样性，具有开放意识和国际视野”的培养目标。该主题课程在设计上与校内教育课程衔接的有关内容如下： 1.人教版高中语文必修3第二单元第4课“蜀道难” 2.人教版高中语文必修5名著导读《三国演义》 3.人教版高中生物必修3第五章第1节“生态系统的结构”、第六章“生态环境的保护” 4.人教版高中美术选择性必修5第13课“刻膜艺术” 5.人教版高中美术选择性必修3第一单元第2课“凿石刻木——石雕木雕” 6.人教版高中美术必修第二单元第9课“美在民间——中国民间美术” 7.人教版高中思想政治选修6专题五“对环境的伦理关怀” 8.人教版高中思想政治必修3第二单元第4课“文化的继承性与文化发展”、第5课“文化创新”、第三单元第6课“我们的中华文化”

维度或要素			小学高年级段	初中段	高中段
研学课程	必修课程一	名称	初识剑门关	探访剑门关	研读剑门关
		活动目的	通过诵读《蜀道难》经典名句、游剑门雄关大道，让学生感受剑门关的雄与险	通过对剑门雄关及蜀道文化的初步探密，让学生感受传统文化魅力，提升文化素养	通过探究剑门关地质地貌及蜀道文化特点，让学生感知传统文化的社会价值
		活动形式	参观游览、集体诵读、小组分享	实地探访、小组合作、感悟体会	实地考察、小组讨论、感知体验、分享交流
	必修课程二	名称	古道皇柏	皇柏与驿站	保护古树名木
		活动目的	通过观察皇柏、了解皇柏，初步感知古道柏树来由和深厚的历史文化	通过探究皇柏古道与驿站的关联性等，感知蜀道文化的博大，培养文化传承意识	通过调查古道皇柏与生态环境的关系，寻找古树名木的价值，激发生态保护的热情
		活动形式	参观游览、实物感知、测量记录、交流分享	自主探究、实践体验、总结分享	自主探究、走访调查、交流分享
	必修课程三	名称	认识石窟壁画	品味石刻文化	研习石刻技艺
		活动目的	通过参观千佛崖石窟壁画，认识壁画类别、历史文化及创作背景，激发创新精神	通过观察石窟造像，了解不同时期石刻艺术发展特点，培育审美力，提升文化自信	通过体验石刻技艺过程，培养专技能力，理解工匠精神，树立职业生涯意识
		活动形式	参观游览、任务驱动、总结交流	自主探究、小组合作、问题讨论	实物鉴赏、体验操作、合作协同
	必修课程四	名称	走进皇泽寺	对话武则天	解密汉唐史
		活动目的	通过参观皇泽千年古寺，使学生初步了解唐朝文化和历史名人	通过对女皇武则天生平的深入了解，增进对女皇名人文化的认知，形成文化认同	通过探访皇泽寺文物遗迹，梳理汉唐历史文化脉络，提升历史文献初步研究能力
		活动形式	参观游览、创意绘制、小组交流	实地探访、自主探究、小组交流、总结分享	实地考察、自主探究、体验感悟、讨论研究

维度或要素			小学高年级段	初中段	高中段
研学课程	必修课程五	名称	走进川博	川博里的巴蜀之谜	解密川博巴蜀文明
		活动目的	通过参观四川博物院，初步了解巴蜀文化的由来，培养民族文化自豪感	通过探寻博物院的巴蜀文化，使学生了解蜀文化的辉煌历史，坚定传统文化信心	通过研习川博里的遗迹，感知巴蜀文明的魅力，形成民族文化认同感和自信心
		活动形式	参观游览、分享交流	实地探访、小组合作、分享交流	实地考察、小组合作、交流感悟
	必修课程六	名称	访金沙遗址	解金沙遗址密码	研读金沙遗址
		活动目的	通过参观金沙遗址，使学生初步认识金沙文化特点	通过探访金沙遗址文化之密，寻蜀文化根源，感知古代蜀国的辉煌历史	探究发现金沙遗址在古蜀文化的内涵与外延，激发赓续蜀文化的兴趣和信心
		活动形式	参观游览、交流分享	自主探究、小组合作、交流感悟	实地探究、小组讨论、分享交流
	必修课程七	名称	初识“巴蜀第一县”	探寻“巴蜀第一县”	追溯“巴蜀第一县”
		活动目的	通过游览昭化古城遗址，在行走中聆听三国故事，培养三国文化的喜爱之情	通过在古城遗址中寻找三国故事和文化元素，形成对蜀道文化的理解和认同	通过考察昭化古城历史文化，深化三国文化认知，深刻理解古蜀文化的价值
		活动形式	参观游览、体验感悟、交流分享	实地探访、角色演绎、分享感悟	实地考察、自主探究、实践体验
	必修课程八	名称	走读“交通博物馆”	研习古栈道	探究“千年一道”
		活动目的	通过了解蜀道历史，初步感知古今交通演变历程，激发对传统文化的热爱之情	通过行走明月峡古栈道，了解古栈道修建方法，感受古人的智慧，培养创新思维	通过探究蜀道开凿历史，聆听蜀道故事，掌握蜀道文化发展脉络
		活动形式	参观游览、亲身体验、交流分享	实地探访、亲身体验、感悟交流	实地考察、小组讨论、交流感悟

维度或要素			小学高年级段	初中段	高中段
研学课程	必修课程九	名称	趣味唐家河	探访阴平古道	追溯蜀道历史
		活动目的	通过参观唐家河，了解珍稀动植物保护方法，初步培养生态文明意识	通过走读阴平古道，研习三国文化，培养文化传承意识	通过考察青溪古镇，了解廖化屯田戍守故事，探究蜀国兴衰演变历史
		活动形式	参观游览、问题讨论、分享交流	自主探究、实践体验、小组交流	实地考察、调查发现、交流总结
	必修课程十	名称	大美广元	解密广元文博	研读蜀道华光
		活动目的	通过了解市博物馆里的广元文物和风俗民情，培养对家乡民俗文化的热爱之情	通过探秘馆藏文物，了解文物对历史文化探究的重要意义，培养文物保护意识	通过赏析历史文物，学会鉴别文物的基本方法，培养历史文化认同和民族自信
		活动形式	参观游览、实物观察、视频赏析、交流分享	自主探究、小组合作	小组探究、调查发现、分享交流
	选修课程		1. 细雨谜廊 2. 蜀道题壁 3. 手绘蜀道 4. 唤马剪纸	1. 智取剑门关 2. 小小弓箭手 3. 手绘蜀道 4. 川剧脸谱	1. 古柏守护者 2. 趣味投壶 3. 雄关攻防 4. 川北锣鼓

维度或要素		小学高年级段	初中段	高中段
研学线路	代表性线路（时长五日）	第一天：四川广元营地—剑门关—翠云廊—四川广元营地；第二天：四川广元营地—千佛崖—皇泽寺—四川广元营地；第三天：四川广元营地—四川博物院—金沙遗址—四川眉山营地；第四天：四川眉山营地—昭化古城—明月峡—四川广元营地；第五天：四川广元营地—广元市博物馆—唐家河—四川广元营地	第一天：四川广元营地—剑门关—翠云廊—四川广元营地；第二天：四川广元营地—千佛崖—皇泽寺—四川广元营地；第三天：四川广元营地—四川博物院—金沙遗址—四川眉山营地；第四天：四川眉山营地—昭化古城—明月峡—四川广元营地；第五天：四川广元营地—广元市博物馆—唐家河—四川广元营地	第一天：四川广元营地—剑门关—翠云廊—四川广元营地；第二天：四川广元营地—千佛崖—皇泽寺—四川广元营地；第三天：四川广元营地—四川博物院—金沙遗址—四川眉山营地；第四天：四川眉山营地—昭化古城—明月峡—四川广元营地；第五天：四川广元营地—广元市博物馆—唐家河—四川广元营地
	可选择线路（按天设计，菜单式选择）	1. 四川广元营地—汉中民俗村—四川广元营地；2. 四川广元营地—大朝驿—四川广元营地；3. 四川广元营地—米仓山—四川广元营地；4. 四川广元营地—红军城—四川广元营地；5. 四川广元营地—木门会议会址—四川广元营地；6. 四川广元营地—红军渡—四川广元营地；7. 四川广元营地—药博园—四川广元营地；8. 四川广元营地—朱德故居—四川广元营地；9. 四川广元营地—唤马剪纸馆—绘画馆—“广元窑”陶艺馆—国学礼仪馆—非遗传承馆—四川广元营地	1. 四川广元营地—汉中民俗村—四川广元营地；2. 四川广元营地—大朝驿—四川广元营地；3. 四川广元营地—米仓山—四川广元营地；4. 四川广元营地—红军城—四川广元营地；5. 四川广元营地—木门会议会址—四川广元营地；6. 四川广元营地—红军渡—四川广元营地；7. 四川广元营地—药博园—四川广元营地；8. 四川广元营地—朱德故居—四川广元营地；9. 四川广元营地—唤马剪纸馆—绘画馆—“广元窑”陶艺馆—国学礼仪馆—非遗传承馆—四川广元营地	1. 四川广元营地—汉中民俗村—四川广元营地；2. 四川广元营地—大朝驿—四川广元营地；3. 四川广元营地—米仓山—四川广元营地；4. 四川广元营地—红军城—四川广元营地；5. 四川广元营地—木门会议会址—四川广元营地；6. 四川广元营地—红军渡—四川广元营地；7. 四川广元营地—药博园—四川广元营地；8. 四川广元营地—朱德故居—四川广元营地；9. 四川广元营地—唤马剪纸馆—绘画馆—“广元窑”陶艺馆—国学礼仪馆—非遗传承馆—四川广元营地
	规划线路（按天设计）	1. 四川广元营地—三星堆—四川广元营地；2. 四川广元营地—川陕苏区纪念馆—四川广元营地；3. 四川广元营地—中国两弹城—四川广元营地；4. 四川广元营地—杜甫草堂—武侯祠—四川广元营地；5. 四川广元营地—家教基地—四川广元营地	1. 四川广元营地—三星堆—四川广元营地；2. 四川广元营地—川陕苏区纪念馆—四川广元营地；3. 四川广元营地—中国两弹城—四川广元营地；4. 四川广元营地—杜甫草堂—武侯祠—四川广元营地；5. 四川广元营地—家教基地—四川广元营地	1. 四川广元营地—三星堆—四川广元营地；2. 四川广元营地—川陕苏区纪念馆—四川广元营地；3. 四川广元营地—中国两弹城—四川广元营地；4. 四川广元营地—杜甫草堂—武侯祠—四川广元营地；5. 四川广元营地—家教基地—四川广元营地

维度或要素		小学高年级段	初中段	高中段
教学重点难点（以代表性线路教学设计为例，以下同）	教学重点	1.理解“蜀道难，难于上青天”的含义 2.认知女皇名人文化及壁画艺术特点 3.了解金沙遗址的文化特点，初步认识古蜀文化 4.了解本地三国文化遗产都有哪些，这些文化遗产对中华传统文化的影响 5.认识生物多样性与自然环境的关系，知道生态文明的基本含义	1.认识古蜀道文化对本地社会发展的重要影响 2.了解女皇名人文化、石窟文化的具体内容，认识其对中国传统文化和石窟艺术发展的重要价值 3.了解金沙文化与中原文化的内在联系，深刻理解中华古文明多元一体论的内涵 4.了解古栈道产生的历史背景，探究古代交通方式对现代交通方式变革产生的推动作用 5.了解文物保护与损毁修复的常用方法和基本措施，认识馆藏文物	1.探寻剑门关地理位置在军事上的战略意义 2.理解女皇名人文化、摩崖造像石窟艺术文化的内涵和历史价值，探究石刻技艺 3.全面了解古蜀国的历史变迁以及产生的文化特点，发现其对中华优秀传统文化发展的作用 4.研讨广元文化发展历史，特别是古城文化、三国文化与大蜀道文化之间的联系 5.体会古人智慧与勤劳，探寻现代人如何守正创新为文化传承做出贡献
	教学难点	1.理解古代柏树种植的历史意义 2.了解石窟文化保护的方法和意义，树立文物保护意识 3.认识金沙遗址发现的意义，了解其对拓展古蜀文化内涵与外延的重要作用 4.了解古栈道的修建意义，感受古代劳动人民的智慧 5.了解生态保护的重要意义，树立生态文明意识	1.感知驿站在蜀道交通运输中发挥的重要作用 2.理解女皇名人文化、石刻文化对广元当地文化发展及民情风俗的影响 3.理解金沙文化、巴蜀文化的内涵 4.探究孔眼的开凿方法以及在古代交通要道修建中的重要作用 5.深入探究馆藏文物的历史文化内涵，感悟中华文化的博大精深	1.深刻理解古树名木保护的意义和习近平生态文明思想的内涵 2.探寻石窟群损毁的原因，掌握摩崖造像艺术的特点 3.探究巴蜀文明形成的原因及其在中华文明发展史中的重要地位 4.理解古代劳动人民开山修路的艰辛，感受交通变迁对社会发展的重要意义 5.感知大蜀道文化精髓，在传承中华优秀传统文化中汲取奋进力量

维度或要素	小学高年级段	初中段	高中段
教学策略	针对小学高年级段学生已具有一定的认知水平和学习能力，对历史、艺术和非遗文化等领域有一定的了解，但是动手实践能力不足，对传统文化的系统认知不足的学情分析，基于多元智能理论，以培养学生的文化传承能力和保护意识为目标，选取蜀道文化、三国文化、石窟文化、名人文化、非遗文化等内容，运用讲授、演示、练习等教学方法和自主学习、小组合作等学法，依托项目化研学课程教材、研学手册、教学设备、教学耗材及基地基础设施等教学资源，利用三维动画、虚拟VR、多媒体等数字信息化技术手段，在教学环节中设置游戏、情境、跨学科融合、实训操练等活动。同时将巩固提升、多元化评价等纳入总体设计，不断激发学生学习积极性和参与性，达到学生正确认识并积极参与传承优秀传统文化的目标	针对初中段学生身心处于青春期，具有情绪不稳定，易受外界影响、认知偏于自我等特点，同时具有可塑性大、主动尝试、追求独立等积极因素的学情分析，基于实用主义、建构主义、发现学习理论，以培养学生对优秀传统文化的正确认知、传承保护、守正创新等能力为目标，选取蜀道文化、三国文化、石窟文化、女皇名人文化、非遗文化等内容，运用讲授、演示、实验、练习等教学方法，采用自主学习、探究学习、合作学习等学习方法，依托项目化研学课程教材、研学手册、教学设备、教学耗材及基地基础设施等资源，借助三维动画、虚拟现实、增强现实等数字化技术手段作为教学媒介进行教学辅助，采用情境教学、跨学科教学、项目驱动学习、问题探究学习等多种方式进行总体设计，以历史文明、传统文化、非遗传承、生态保护等为主要课程进行开发设计，力求达到预定的教学活动目的	针对高中段学生心智较成熟，兴趣爱好广泛，创新意识较强，能够在教师的指导下通过自主学习、合作探究等方式开展学习，但是对如何处理好传统和现代、守正和创新的关系尚未形成系统认知的学情分析，基于多元智能、实用主义、建构主义、发现学习理论，以培养学生对优秀传统文化的传承创新意识和能力、弘扬传统文化精神的价值观和责任感为目标，选取蜀道文化、三国文化、石窟文化、女皇名人文化、非遗文化等内容，运用讲授、讨论、演示、练习实验、实训等教法和自主学习、探究学习、合作学习等学法，依托项目化研学课程教材、研学手册、教学设备、教学耗材及基地基础设施等教学资源，利用三维动画、虚拟现实、增强现实等数字化技术，使用混合教学、游戏、情境教学、跨学科教学等教法和合作学习、基于探究的学习、基于问题的学习等学法，以历史文明、传统文化、非遗传承、生态保护等主题实践活动为主，各学校根据不同的教学内容、教学进度，组合不同的课程，使学生在探究学习和实践活动过程中达成有效目标

维度或要素				小学高年级段	初中段	高中段
实施方案	入营教育	安全	引导	利用《学生安全手册》组织学习，强化吃、住、行、学等重要环节的行为管理	利用《学生安全手册》《研学手册》等进行安全应急知识教育	利用案例警示视频播放和安全警示标识进行安全防护意识教育
			实训	安全知识竞赛，设施设备操作训练	安全知识应答，讨论交流	安全标识辨识，案例讨论
		应急	引导	利用应急疏散线路图引导学生学习	结合应急预案和安全方案，教授常用的应急处理方法	结合案例，讲解应急处置方法和逃生注意事项
			实训	开展应急疏散演练	开展止血包扎等基本救护技能实操	开展地震、消防逃生演练
		救助	引导	播放救助案例视频和 PPT 演示稿，教授正确的救助方式	教师进行示范教学，讲解常用的应急救护方法	教师教学示范心肺复苏的正确操作方法
			实训	观看视频、演示稿，学会常用求助方法	小组合作，练习止血、包扎、搬运的方法	模拟体验，技能测试
		自我管理	引导	通过对自我管理方法的培训，形成基本自律意识	对学生自我管理进行培训，提升自我管理能力	通过自主管理问题引导，让学生掌握科学的管理方法
			实训	聆听讲座，小组交流自我管理心得，制定自我约法内容	沉浸式体验，制定自我管理办法	问题讨论、互动交流、制定自我管理监测办法
		团队协作	引导	以小组任务驱动，引导学生形成团队意识	引导学生制订团队合作计划、目标和任务	通过小组合作、任务驱动方式，培养团队协作精神
			实训	小组合作、活动体验，初步形成团队意识	活动、游戏，信任度训练，制订计划	毕业墙、信任背摔拓展训练，小组竞赛

维度或要素		小学高年级段	初中段	高中段
实施方案	导入教学环节	1. 情境导入：通过真实案例讲解、分析导入新课内容 2. 问题导入：讲讲广元当地特色文化有哪些，小组讨论，老师引导 3. 任务导入：发布研学任务单，激发学生对地方文化、传统文化的兴趣 4. 情境导入：带领学生进入实际场景、扮演相应角色 5. 视频导入：播放珍稀动植物视频，激发学生学习兴趣	1. 故事导入：分享诸葛亮“三分天下取其一”的故事，调动学生研究历史的积极性与主动性 2. 任务导入：发布任务清单，引导学生自主思考、探究、合作与总结 3. 任务导入：发布任务清单，调动学生主动参与活动的积极性与主观能动性 4. 问题导入：设置问题，让学生在自主探究三国文化、蜀道文化过程中找寻问题所对应的解决方案 5. 故事导入：讲述“邓艾偷渡阴平”的故事，激发学生学习三国文化的兴趣	1. 故事导入：讲述“五丁开山”的故事，调动学生的积极探究性，激发学生学习兴趣 2. 问题导入：设置问题，让学生带着问题进行实践活动，在过程中寻找答案 3. 任务导入：发布探究性任务，调动学生积极性与主观能动性 4. 故事导入：讲述“石牛粪金”的故事，参与情境剧演绎，激发学生学习兴趣 5. 悬念导入：如果文物会说话，它们会怎样介绍自己
	授课教学环节	第一天：必修课程一“初识剑门关”、必修课程二“皇柏古道”、选修课程1“细雨谜廊” 第二天：必修课程三“认识石窟壁画”、必修课程四“走进皇泽寺”、选修课程2“蜀道题壁” 第三天：必修课程五“走进川博”、必修课程六“访金沙遗址” 第四天：必修课程七“初识巴蜀第一县”、必修课程八“走读‘交通博物馆’”、选修课程3“手绘蜀道” 第五天：必修课程九“趣味唐家河”、必修课程十“大美广元”、选修课程4“唤马剪纸”	第一天：必修课程一“探访剑门关”、必修课程二“皇柏驿站”、选修课程1“智取剑门关” 第二天：必修课程三“品味石刻文化”、必修课程四“对话武则天”、选修课程2“小小弓箭手” 第三天：必修课程五“川博里的巴蜀之谜”、必修课程六“解金沙遗址密码” 第四天：必修课程七“探寻‘巴蜀第一县’”、必修课程八“研习古栈道”、选修课程3“手绘蜀道” 第五天：必修课程九“探访阴平古道”、必修课程十“解密广元文博”、选修课程4“川剧脸谱”	第一天：必修课程一“研读剑门关”、必修课程二“保护古树名木”、选修课程1“古柏守护者” 第二天：必修课程三“研习石刻技艺”、必修课程四“解密汉唐史”、选修课程2“趣味投壶” 第三天：必修课程五“解密川博巴蜀文明”、必修课程六“研读金沙遗址” 第四天：必修课程七“追溯‘巴蜀第一县’”、必修课程八“探究‘走读千年一道’”、选修课程3“雄关攻防” 第五天：必修课程九“追溯蜀道历史”、必修课程十“研读蜀道华光”、选修课程4“川北锣鼓”

维度或要素		小学高年级段	初中段	高中段
实施方案	进级教学环节	1. 任务拓展：剑门关历史上发生过哪些著名的战役，对历史发展有着怎样的影响 2. 交流分享：千佛崖摩崖造像文物保护用到的方法与策略列举 3. 问题解答：参观四川博物院馆藏文物后，我们了解到四川的哪些悠久历史和文化魅力 4. 话题访谈：谈谈古往今来交通方式的变化情况 5. 拓展延伸：我们应该怎样去保护身边的自然环境	1. 集体讨论：古树名木保护与习近平生态文明思想的深刻内涵和重要意义 2. 问题简答：摩崖石刻技艺的发展和中华石刻艺术的特点是什么 3. 组内交流：古蜀国文明发展演进的阶段 4. 任务完成：六条交通要道的修建背景及原因 5. 问题简答：古蜀道在四川境内的分布情况，简要说明其历史作用	1. 分组讨论：剑门关所代表的中国关隘文化有着什么样的特点 2. 问题简答：武则天的治国措施和影响 3. 分组讨论：古蜀国文明存在的重要意义 4. 任务拓展：昭化古城在古蜀道中的战略地位 5. 集体讨论：大蜀道文化的精神内涵和实质有哪些；参观蜀道文化后，你从哪里看到了古代劳动人民的哪些智慧和勤劳精神
	巩固教学环节	1. 发布探究主题和实践任务，总结提升 2. 实践体验、总结分享相结合，形成传统文化与历史知识框架，加深记忆 3. 发布任务，采用任务驱动和小组交流分享相结合方式实地探访文化遗址，探究传统文化和历史故事发展脉络 4. 总结分享、实践体验相结合，交换彼此对所学历史知识、文化的看法，加深理解程度 5. 通过讲故事、做手抄报等多种活动加深对蜀道文化的认识	1. 引导实践与分享交流相结合，总结分享自己的收获，发表对蜀道文化的感想 2. 通过讲故事、情境剧等多种活动加深对女皇名人文化、石窟文化的理解 3. 引入历史典故；总结故事发展脉络图；发布任务引导学生总结分析，促进知识迁移 4. 通过案例分析，对比、探究，提升对中华文化的审美能力，感悟当今的美好生活 5. 引导学生进行总结交流，及时解答学生的疑难问题；通过实践体验，加深知识印象	1. 引导自我总结，绘制蜀道文化知识框架图，建构蜀道文化知识体系 2. 教师带领学生一起总结和回顾，及时解答学生遇到的问题 3. 小组探究、实践体验、实地探访、总结分享相结合，加深对巴蜀文化的理解 4. 实地探访与沉浸式情境体验相结合，加深对传统文化的理解和认同感，思考更具价值和意义的文化创新课题 5. 设计蜀道文化主题知识竞赛，加深学生对蜀道文化的记忆和理解

维度或要素			小学高年级段	初中段	高中段
实施方案	总结教学环节	教学创新	在研学课程实施中，注重课程动态性调整，根据学生学习情况，创新课程内容、及时调整结构；根据学生年龄特点，充分发挥学生主体性和主动性，培养学生的创新意识，初步提升创新能力，初步形成在生活中发现问题、思考问题、解决问题的意识和能力	在研学课程实施中，注重学生学习方法的创新，充分发挥学生的主观能动性，强化学生主动实践的意识，让学生在实践中提出解决问题的方法，形成自己独立正确的观点，具备大胆探索的胆识，养成勇于创新的习惯，树立创新精神，提升创新能力	在研学课程实施中，注重学生解决问题的方法和评价方式创新，让学生主动参与研学方案制订、活动开展、总结评价等，体现独立思考与周密计划的能力，在研学过程中，通过独立思考和团队协作，发现具有价值的问题和观点，培养解决问题的能力，鼓励大胆探索，激发勇于创新的思维
		教学总结	采用个案分析、分组讨论、教师点评等方式，充分利用研学手册填写，对学生学习态度、学习方法、合作交流、安全管理等方面进行总结，重点考量学生学习习惯、文明意识、知识储备、方法创新、拓展延伸、结果运用等方面，使学生养成主动自我总结的意识，提升核心素养	围绕价值体认、责任担当、问题解决、创意物化教学目标，就学生的学习过程进行全面总结，以学生自主总结为主，教师总结为辅的方式，充分发挥学生主观能动性，对研学课程实施过程中的自主管理、团队合作、考察探究、学习方法、知识拓展、习惯形成、物化拓展等进行分析和总结，强化总结意识，根植核心素养	主要采取学生自我总结为主的方式，围绕价值体认、责任担当、问题解决、创意物化教学目标，就主动实践与创新、考察与研究、管理与发展、成果与运用等方面进行总结，让学生在学习中发现问题、解决问题，初步形成研究课题的思维模式，教师重点考量学生的社会责任感、实践能力和创新意识，体现社会责任与担当
		教学反思	根据研学课程主题和学生年龄特点，就教学目标设定、教学内容设置、教学过程实施、教学策略优化等方面，采用实际讨论、行动研究等方式，在教学过程中和教学后进行反思，及时发现问题并解决问题，特别注重教学目标的达成、教学方法的优化，以提升学生核心素养为导向	采用研究法、比较法、对话法、录像法等方式进行教学反思，重点对话学生，让学生根据自己的学习情况提出研学课程实施过程中存在的问题，横向与纵向对比、内容与方法更新、过程与结果运用等，充分发挥学生对教师课程设计的反思作用，进一步优化课程，以适应学生认知特点和兴趣需要	积极发挥学生反馈意见作用，对研学前、研学中、研学后的设计进行调查，找出存在的问题，并结合学生自身学习需求，对教学方法提出改进措施，教师及时撰写反思日志，重点考量研学过程中提出的研究性课题以及成果的运用，提升学生的核心素养，提升适应社会的发展需要的综合能力

维度或要素				小学高年级段	初中段	高中段
实施方案	评价教学环节	教学水平评价	自我评价	坚持个性化发展原则，采用录像法，利用视频记录教学过程，课后仔细对比分析教学内容、方法和教学目标达成情况，填写自评量表并形成书面教学反思，建立教学水平档案，并不断改进教学实践	坚持全面发展性原则，围绕教师业务水平、师德师风、教学质量、教学过程，采用个体反思总结法回顾教学过程，进行自我评估，按阶段形成工作总结，不断改进教学方法、内容和策略	坚持个性化和实践性原则，紧扣文化传承与创新目标，针对不同课程实施场地环境和条件差异，采用个案分析法，围绕教学内容、方法和质量，形成自我评价报告，运用评价结果改进教学
			学生评价	采用效果评估和意见收集相结合的方法进行评价，以学生的活动参与度、活动任务完成情况、研学手册完成情况等为效果评价维度，通过个别访谈收集学生对教师的看法和建议，综合评价教师教学质量和水平	制订教师满意度测评表，学生匿名填写测评表，围绕教师态度、教学内容、教学效果、活动满意度等维度对教师进行评价，建立畅通的评价反馈机制，帮助教师及时了解学生意见，发现问题，改进教学方式，提升教学质量	运用问卷调查和座谈相结合的方式，学生针对教师的教学态度、教学技巧、表达能力、教学组织能力以及沟通协调能力等填写调查问卷，通过抽样座谈调查研学内容和活动环节改进建议和意见，形成综合报告，全面提升活动评价效果
			同行评价	营地教师和教学管理人员通过教学文件审阅、问卷调查等方式对教师的教学设计、实施策略、实施效果等方面进行评价	由营地教师和教学管理人员通过随队观摩、听课、教学文件审阅等方式对教师的教学设计、实施策略、实施效果等进行评价	由营地教师和教学管理人员通过随队观摩、听课、教学文件审阅、问卷调查等方式对教师的教学设计、实施效果等方面进行评价
			培训和考核	建立培训和考核制度，定期对营地教师进行研学实践课程资源的开发与实施的培训和考核，对学生、家长、社会公众满意度进行调查测评	组织教师专业能力提升培训，通过培训机构或专业机构考核评价活动质量，对学生、家长、社会公众满意度进行调查测评	制订培训计划与方案，对教师进行项目化培训，并定期组织团队对教师素养进行考核，对学生、家长、社会公众满意度进行调查测评
			教学成果展示	用图文、音像等资料记录学生的研学实践表现；用研究报告、推介会、作品展等展示研学实践成果；撰写研学实践课程案例	积累教学资料，准备教学案例或教学设计，参与教学比赛或案例评选，展示自己在教学方面的创新和成果	定期举行教师教学成果展示，组织研学实践教育专家对教学研究论文、科研报告进行点评，督促教师提升

维度或要素				小学高年级段	初中段	高中段
实施方案	评价教学环节	学业评价	形成性评价	围绕学生的参与程度、兴趣表现等内容，采取持续观察、记录、反思的方式进行评价，根据评价结果，结合学段特点，及时调整课程深度和教学方法，提高学生体验感	围绕学生的知识获取程度、探索深度、团队协作、情感表达等内容，采取持续观察、记录、反思的方式进行评价，根据评价结果，结合学段特点，及时调整教学计划和教学方式，重点关注学生知识获取程度、探究方法和能力的培养	围绕学生的探究能力、价值观培养、团队协作等内容，采取持续观察、记录、反思的方式进行评价，结合学段特点，及时调整教学计划和教学方式，增强对学生探究深度和方式方法的指导
			总结性评价	以研学课程目的为基准，通过考核、展示等形式，对参与研学实践活动学生的参与程度、情感认知等方面进行评价，根据评价结果，判断教学目的实现程度，调整教学活动形式	以研学课程目的为基准，通过测验、考核、展示等形式，对参加研学实践活动学生的参与程度、知识获取和技能掌握程度、行为习惯培养、价值观培养等方面进行评价，根据评价结果，判断教学目的实现程度，调整教学活动形式	以研学课程目的为基准，通过测验、考核、展示、汇报等形式，对参与研学实践活动学生的知识获取、探究能力、责任意识等方面进行评价，根据评价结果，判断教学目的实现程度，调整教学活动形式
			教师评价	采取日常记录、问题简答、教学反馈或口头表达的形式，对学生研学前准备、研学参与过程、行为纪律、情感认知和教学深度进行评价，优化教学方式，提高教学质量	采取日常记录、交流讨论、调查问卷、教学反馈或口头表达的形式，对学生的知识获取、过程行为管理、情感认同、团队协作进行评价，为学生提供个性化建议和反馈，加深对知识和技能的理解和运用	采取日常记录、调查问卷、问题解决、教学反馈或口头表达的形式，对学生知识和技能掌握程度、研究能力、团队协作、素质素养、测验结果进行评价，发现实施中的问题
		项目评价		以参与学校为主体，学生家长、社会公众为辅助，采取问卷调查形式，对教学目标设定、教学设计、活动组织、研学线路规划、学生成长等方面进行评价，评价项目实施的整体风险和效益，进一步优化项目	以行政主管部门和参与学校为主体，学生、学生家长、社会公众为辅助，采取问卷调查、意见收集等方式，对教学目标设定、教学设计、课程资源、教学策略、活动组织、协同管理、线路规划、成长过程等方面进行评价，进一步优化项目设计	以行政主管部门和参与学校为主体，学生、学生家长、社会公众为辅助，采取调查问卷、意见建议等方式，对教学目标设定、教学设计、课程资源、教学策略、活动组织、协同管理、研学线路规划、学生成长、执行规范等方面进行评价，评价项目风险和效益

4.19 教学计划与策略列表：传承优秀文化，弘扬时代精神

营地名称		眉山市青少年综合实践基地（简称“四川眉山营地”）	命名机构	教育部	识别码	Y145513003
从业资质（摘要）		负责组织、指导、协调开展青少年校外实践活动的服务等工作	单位属性	公益二类	法定代表人	刘志祥
研学主题		传承优秀文化，弘扬时代精神	主要目的指向		文化传承与创新教育	
营地（枢纽）及周边主要优质研学资源	基地层级	研学站点（基地）名称				
	教育部命名基地：已列入教学计划	一、与本主题相关列入教学计划的基地14个： 1.成都市建川博物馆聚落；2.眉山三苏祠博物馆；3.四川广汉三星堆博物馆；4.成都杜甫草堂博物馆；5.成都武侯祠博物馆；6.国际非物质文化遗产博览园（简称“成都国际非遗博览园”）；7.都江堰水利工程；8.眉山东坡泡菜制作技艺非遗体验基地；9.眉山职业技术学院非遗体验基地；10.中国竹编艺术博物馆；11.成都蜀锦织绣博物馆；12.邓小平故居；13.大千纸故里；14.状元纸坊 二、与本主题关联不大但列入本营地教学计划的基地23个： 1.攀枝花中国三线建设博物馆；2泸州北方化学工业有限公司；3.“5.12”汶川特大地震映秀震中纪念馆；4.成昆精神教育基地；5.成都金沙遗址博物馆；6.成都博物馆；7.朱德故居管理局；8.剑门关旅游开发股份有限公司；9.成都市植物园；10.川陕苏区纪念馆（川陕革命根据地红军烈士陵园管理局）；11.中国两弹城；12.中国工农红军强渡大渡河纪念馆；13.全国青少年延安革命传统教育基地；14.广元市示范性综合实践基地；15.华蓥山旅游区；16.“5·12”汶川特大地震纪念馆；17.北川三秒应急安全体验中心；18.四川博物院；19.成都大熊猫繁育研究基地；20.四川省唐家河国家级自然保护区管理处；21.四川卧龙国家级自然保护区管理局；22.成都市郫都区唐昌镇战旗村村民委员会；23.成都市新都区家风教育基地服务管理中心				
	教育部命名基地：待列入教学计	无				
	其他部委命名基地	1.袁隆平水稻科技产业园；2.乐山3D打印科技园区；3.中国竹艺城研学基地				
	地方命名基地	1.峨眉山农夫山泉研学基地；2.龚义青少年综合实践基地；3.乡音梦粮谷劳动实践基地；4.桂花湖研学基地；5.苏稽蚕种研学基地				
	本营地资源	1.艾滋病防治科普馆；2.科技体验馆；3.诗画眉山馆；4.竹编体验中心；5.茶艺体验中心；6.丝网花制作中心；7.趣味航模体验中心；8.趣味遥感体验中心；9.智能控制中心；10.陶艺体验中心；11.萤火虫馆；12.创客空间；13.3D打印中心；14.3D照相中心				
	其他资源	1.陕西历史博物馆；2.五粮液研学基地；3.电子科技大学实践园区				

维度或要素	小学高年级段	初中段	高中段
校内教育基础（与校内教育的衔接）	对照课标，小学高年级段文化传承与创新提出传播和弘扬中华优秀传统文化，注重了解中华优秀传统文化的源远流长、丰富多彩，提升自身中华优秀传统文化修养等目标要求。本研学主题必修课程与校内教育的衔接内容如下：1.人教版语文四年级上册第三单元第9课“古诗两首”；2.人教版语文六年级下册第六单元古诗朗诵第9课“浣溪沙”；3.人教版语文三年级下册第一单元第1课“古诗三首”；4.人教版科学三年级上册第二单元第5课“盐和糖的溶解”；5.人教版语文六年级上册第一单元第3课“古诗三首”；6.人教版语文三年级上册第二单元第4课“古诗三首”；7.苏教版科学三年级下册第四单元第13课“纸”；8.人教版科学三年级下册第二单元第8课“凤仙花的一生”；9.人教版科学六年级上册第5课“植物的光合作用”；10.人教版美术四年级上册第16课“穿编的乐趣”	对照课标，初中段在文化传承与创新方面提出，理解和尊重中华优秀传统文化，注重理解中华优秀传统文化蕴含的核心思想理念、中华人文精神和传统美德，表达自己作为中华民族一员的归属感和自豪感；培养文化素养，提升文化自觉与文化自信；体认英雄模范忠于祖国和人民的优秀品质，培育民族气节和爱国主义情怀等目标要求。本研学主题必修课程与校内教育的衔接内容如下：1.人教版历史七年级上册第一单元第4课“夏商周的更替”；2.人教版化学九年级下册第八单元课题1“金属材料”；3.人教版地理七年级上册第一章第四节“地形图的判读”；4.人教版地理八年级上册第二章第一节“地形与地势”；5.人教版地理八年级上册第二章第三节“河流”；6.人教版美术七年级下册第二单元第1课“色彩的魅力”；7.人教版美术八年级下册第二单元第1课“了解纹样”；8.人教版语文七年级上册第四单元第15课“诫子书”；9.人教版语文八年级下册第六单元第24课“唐诗三首”；10.人教版历史八年级上册第六单元第22课“抗日战争的胜利”	对照课标，高中段在文化传承与创新方面提出，深入研究中华文化精髓，确定中华优秀传统文化内容主题，注重弘扬讲仁爱、重民本、守诚信，崇正义、尚和合、求大同等核心思想理念；弘扬自强不息、敬业乐群、扶危济困、见义勇为、孝老爱老的优良传统等要求。本研学主题必修课程与校内教育的衔接内容如下：1.人教版高中语文必修四第二单元第5课“苏轼词两首”；2.人教版高中化学必修一第四章第二节“富集在海水中的元素——氯”；3.人教版高中历史选修5第五单元第1课“一醒惊天下”的三星堆遗址”；4.人教版高中历史选修5第五单元第2课“三星堆文化的丰富内涵”；5.人教版高中历史选修5第五单元第3课“三星堆文化和古蜀文明”；6.人教版高三语文中国现代诗歌散文欣赏电子课本散文部分第三单元“都江堰”7.人教版高一地理必修第一册第六章第一节“气象与水文灾害”；8.人教版高中地理必修第一册第五章第二节“土壤”；9.人教版高一美术必修美术鉴赏第二章“美在民间——中国民间美术”；10.人教版高一历史必修2第四单元“中国特色社会主义建设的道路”

维度或要素			小学高年级段	初中段	高中段
研学课程	必修课程一	名称	寻迹三苏文化	梦回古蜀国，探秘三星堆	寻迹三苏文化
		活动目的	传承三苏优良家风，培养民族自豪感，坚定文化自信	聆听文物背后的故事和代表的意义，了解古蜀先民的智慧	弘扬三苏优良家风，内化其优良传统，坚定民族自豪感，坚定文化自信
		活动形式	教师讲授、实地探访	教师讲授、导师引领参观，自主体验	教师讲授、实地探访、总结分享
	必修课程二	名称	心香一瓣谒三苏	青铜小师傅	探索东坡泡菜博物馆
		活动目的	学习古代祭祀相关礼仪，体验祭拜三苏过程，感受中华传统文化的博大精深	了解三星堆青铜器的制作技术，感受古代工匠的精湛技艺和聪明才智	学习东坡泡菜制作技艺，体验制作东坡泡菜，感知东坡文化魅力，传承东坡文化
		活动形式	教师讲授、实地探访、自主体验	教师讲授、实地探访、实践体验	现场探究、查阅资料、教师讲解、分享交流
	必修课程三	名称	探索东坡泡菜博物馆	模拟考古	梦回古蜀国，探秘三星堆
		活动目的	探索东坡泡菜生产场所及“千坛”车间，了解东坡泡菜制作技艺	了解考古四大流程，体会科考工作的不易，学习科考工作人员吃苦耐劳，认真严谨的优良品质	聆听文物背后的故事和代表的意义，学习并感悟古蜀先民的智慧，联系实际生活的运用
		活动形式	教师讲授、学生实践体验	实地参观考察、情境模拟再现	实地参观、教师讲解、现场探究
	必修课程四	名称	东坡泡菜制作	拜水都江堰	青铜小师傅
		活动目的	探究东坡泡菜的制作，感受东坡文化魅力	探究都江堰水利工程，感受古代水利工程的艰巨与神奇	学习三星堆青铜器的制作技术，感受古代工匠的精湛技艺和聪明才智
		活动形式	教师讲授、实地参观、自主探索	教师讲授、实地探访、合作交流	现场探究、查阅资料、教师讲解、实践体验

维度或要素			小学高年级段	初中段	高中段
研学课程	必修课程五	名称	走进东坡茶文化展览馆	治水法宝“杩槎”	模拟考古
		活动目的	学习东坡茶文化，感受中国茶制作工艺的发展与创新	学习杩槎模型，感受都江堰水利工程对天府平原的深远影响和重大意义	了解考古流程，体会科考工作不易，学习科考工作人员吃苦耐劳、认真严谨的优良品质
		活动形式	教师讲授、实地参观、自主探索	实地参观考察、情境模拟再现	实景模拟、教师讲解、实地探访
	必修课程六	名称	茶香漫趣	探寻蜀锦千年记忆	拜水都江堰
		活动目的	体验长嘴茶壶技艺、四川盖碗茶技艺，感受传统技艺的精妙	了解蜀锦数千年的灿烂发展历程，发现服饰里的非遗传承与创造，纵览璀璨的华夏文明	探究“宝瓶口”的重要引水机制，感受古代水利工程的神奇，结合当今技术思考创新
		活动形式	教师讲解、实地探访、自主探究	实地探访、自主探究、合作交流	实地参观、教师讲解、现场探究
	必修课程七	名称	探索大千纸故里	蜀锦织绣	治水法宝“杩槎”
		活动目的	了解中国四大发明中的造纸术和印刷术，感受古人智慧	认识蜀绣，体验蜀锦织绣，感受传统手工艺的魅力与价值，保护和传承传统技艺文化	制作杩槎模型、模拟防洪的过程，探究都江堰水利工程的运作机制
		活动形式	实地参观、自主探索、制作体验	教师讲授、实地参观、实践体验	实地参观考察、情境模拟再现、现场探究
	必修课程八	名称	花草纸制作	三国历史蜀地武侯故人遗迹	茶香漫趣
		活动目的	学习花草纸的制作方法，体验花草纸制作技艺	了解三国文化，理解文化传统中的“三国精神”，为家乡文化感到自豪	掌握长嘴茶壶技艺、四川盖碗茶技艺、东坡传统仿宋点茶技艺，体会传统技艺的乐趣
		活动形式	实地参观、自主探索、制作体验	教师讲授、实地探访、合作交流	实地参观、自主探索、制作体验

维度或要素			小学高年级段	初中段	高中段
研学课程	必修课程九	名称	状元纸坊	领略古诗圣地，走进杜甫草堂	寻青神竹韵，习非遗技艺
		活动目的	了解竹子是如何变成一张纸，学习竹纸制作，传承非遗技艺	领略诗史的文化魅力，感悟并学习诗圣伟大的爱国情怀	理解竹与人类的生活、发展的关系，感受非遗竹编的神奇魅力，学习制作竹编作品，了解当代的竹艺发展
		活动形式	实地参观、自主探索	教师讲授、实地探访	实践体验、查阅资料
	必修课程十	名称	寻青神竹韵，习非遗技艺	缅怀英烈，传承红色	走进邓小平故居陈列馆
		活动目的	学习竹与人类的生活、发展的关系，感受非遗竹编的神奇魅力	缅怀先烈，传承红色，激发学生铭记历史、复兴中华的爱国热情与时代使命	了解伟人波澜壮阔的人生经历，感知伟人独特的人格魅力和家国情怀，培养学生爱乡爱国之情，肩负起复兴中华的历史使命
		活动形式	教师讲授、学生实践体验	现场探究、查阅资料、分享交流	教师讲授、实地探访、分享感受
	选修课程		1. 古法制盐 2. 茶艺六君子 3. 竹纸制作	1. 都江堰地理模型 2. 蜀绣诗词大会 3. 经典诵读 4. 探寻红色记忆	1. 古法制盐 2. 都江堰地理模型 3. 体验拓印画 4. 讲述伟人故事

维度或要素		小学高年级段	初中段	高中段
研学线路	代表性线路（时长五日）	第一天：四川眉山营地—眉山三苏祠博物馆—四川眉山营地；第二天：四川眉山营地—东坡泡菜非遗体验基地—四川眉山营地；第三天：四川眉山营地—眉山职业技术非遗基地—四川眉山营地；第四天：四川眉山营地—大千纸故里—状元纸坊—四川眉山营地；第五天：四川眉山营地—青神竹编艺术博览馆—四川眉山营地	第一天：四川眉山营地—三星堆博物馆—四川眉山营地；第二天：四川眉山营地—都江堰水利工程—四川眉山营地；第三天：四川眉山营地—成都蜀锦织绣博物馆—四川眉山营地；第四天：四川眉山营地—成都武侯祠—成都杜甫草堂—四川眉山营地；第五天：四川眉山营地—四川建川博物馆—四川眉山营地	第一天：四川眉山营地—眉山三苏祠博物馆—东坡泡菜非遗体验基地—四川眉山营地；第二天：四川眉山营地—三星堆博物馆—四川眉山营地；第三天：四川眉山营地—都江堰水利工程—四川眉山营地；第四天：四川眉山营地—眉山职业技术非遗基地—青神竹编艺术博览馆—四川眉山营地；第五天：四川眉山营地—广安市邓小平故里旅游区—四川眉山营地
	可选择线路（按天设计，菜单式选择）	1. 四川眉山营地—成都金沙遗址博物馆—四川眉山营地；2. 四川眉山营地—成都博物馆—四川眉山营地；3. 四川眉山营地—成昆精神教育基地—四川眉山营地；4. 四川眉山营地—泸州北方化学工业有限公司—四川眉山营地；5. 四川眉山营地—“5.12”汶川特大地震映秀震中纪念馆—四川眉山营地；6. 四川眉山营地—中国两弹城—四川眉山营地；7. 四川眉山营地—朱德故居管理局—四川眉山营地；8. 四川眉山营地—成都市植物园—四川眉山营地	1. 四川眉山营地—中国工农红军强渡大渡河纪念馆—四川眉山营地；2. 四川眉山营地—“5.12”汶川特大地震映秀震中纪念馆—四川眉山营地；3. 四川眉山营地—川陕苏区纪念馆—四川眉山营地；4. 四川眉山营地—成都博物馆—四川眉山营地；5. 四川眉山营地—“5.12”泸州北方化学工业有限公司—四川眉山营地；6. 四川眉山营地—成昆精神教育基地—四川眉山营地；7. 四川眉山营地—成都市植物园—四川眉山营地；8. 四川眉山营地—攀枝花中国三线建设博物馆—四川眉山营地	1. 四川眉山营地—剑门关旅游开发股份有限公司—四川眉山营地；2. 四川眉山营地—朱德故居管理局—四川眉山营地；3. 四川眉山营地—成都金沙遗址博物馆—四川眉山营地；4. 四川眉山营地—中国工农红军强渡大渡河纪念馆—四川眉山营地；5. 四川眉山营地—成都博物馆—四川眉山营地；6. 四川眉山营地—中国两弹城—四川眉山营地；7. 四川眉山营地—“5.12”汶川特大地震映秀震中纪念馆—四川眉山营地；8. 四川眉山营地—川陕苏区纪念馆—四川眉山营地
	规划线路（按天设计）	1. 四川眉山营地—华蓥山旅游区—四川眉山营地；2. 四川眉山营地—汶川特大地震纪念馆—四川眉山营地；3. 四川眉山营地—四川博物院—四川眉山营地	1. 四川眉山营地—成都大熊猫繁育研究基地—四川眉山营地；2. 四川眉山营地—北川三秒应急安全体验中心—四川眉山营地；3. 四川眉山营地—成都市新都区家风教育基地服务管理中心—四川眉山营地	1. 四川眉山营地—四川卧龙国家级自然保护区管理局—四川眉山营地；2. 四川眉山营地—成都市郫都区唐昌镇战旗村村民委员会—四川眉山营地；3. 四川眉山营地—四川省唐家河国家级自然保护区管理处—四川眉山营地

维度或要素		小学高年级段	初中段	高中段
教学重点难点（以代表性线路教学设计为例，以下同）	教学重点	1.了解和感悟三苏家族的家训家规；2.领会三苏家族核心价值观，如孝顺父母、尊敬师长、诚实守信等，感受中华传统文化的博大精深；3.让学生亲眼目睹东坡泡菜生产的全过程；4.直观地了解泡制的过程和技术细节；5.探索中国茶文化的起源和发展过程；6.体验传统茶艺的乐趣；7.学习造纸术和印刷术两项伟大发明的历史渊源、发展历程和深远影响；8.学习花草纸的制作方法，体验花草纸制作技艺；9.了解竹子在中国历史上发挥的巨大作用；10.了解竹制品在人民生活中的广泛应用	1.了解古蜀文明的辉煌；2.了解三星堆青铜器的制作技术，感受古代工匠的精湛技艺和聪明才智；3.了解考古四大流程，体会科考工作的不易；4.学习都江堰工程的水利功能，理解古代工程技术的精妙，培养学生对自然科学的兴趣；5.学习制作杩槎模型并模拟防洪的过程；6.品味蜀锦的千年历史，欣赏中国传统文化的瑰丽；7.认识蜀绣工艺和技巧，体验蜀锦织绣；8.理解三国时期的文化精神，塑造学生对地方英雄主义和团结协作的正面形象的看法；9.学习杜甫的爱国主义情怀，提倡学生关心国家大事，培养责任感；10.纪念革命烈士，传承红色基因	1.了解和感悟三苏家族的家训家规，传承博大精深的中华传统文化；2.让学生亲眼目睹东坡泡菜生产的全过程，了解泡制过程和技术细节；3.了解古蜀文明的辉煌，引发学生对历史的兴趣以及探索欲望。4.了解三星堆青铜器的制作技术，感受古代工匠的精湛技艺和聪明才智；5.学习考古四大流程，体会科考工作的不易；6.学习都江堰工程的水利功能，理解古代工程技术的精妙；7.学习制作杩槎模型并模拟防洪的过程；8.探索中国茶文化的起源和发展过程及与苏轼的关系；9.了解竹子在中国历史上发挥的巨大作用，以及竹制品在人民生活中的广泛应用；10.透过伟人的故事，理解成功人士的经历和特质
	教学难点	1.理解并消化复杂的传统文化要素；2.理解家风对当代社会的价值与意义；3.详细了解东坡泡菜的原料选取、腌制手法、调味方法等；4.明白东坡泡菜每一道工序背后的讲究和学问；5.理解茶文化的深远意义；6.理解其对古代与当代人们生活的影响；7.对比古今造纸技术和印刷技术的不同，看到古人卓越的创造力和聪明才智；8.掌握花草纸的制作方法；9.了解竹子在中国历史上发挥的巨大作用；10.了解竹制品在人民生活中的意义，思考在当今时代的创新发展	1.理解三星堆文物的象征意义；2.体会古蜀先民的智慧；3.学习考古四大流程的技巧；4.理解都江堰工程的运作原理，细致入微地观察、严谨推断；5.感受都江堰水利工程对天府平原的深远影响和重大意义；6.能够欣赏蜀锦的美感，感受传统手工艺的魅力与价值；7.知道保护和传承文化的重要性；8.理解三国时期的战争冲突和政治格局，塑造学生对地方英雄主义和团结协作的正面形象的看法；9.揣摩杜甫的诗歌意境，细腻地感应诗人的所思所感，明白责任感；10.理解革命烈士事迹与崇高的精神，传承红色基因	1.理解并消化复杂的传统文化要素，理解家风对当代社会的价值与意义；2.详细了解东坡泡菜的原料选取、腌制手法、调味方法等，明白每一道工序背后的讲究和学问；3.理解三星堆文物的象征意义；4.学生需要历史知识储备和辩证思维能力，体会古蜀先民的智慧；5.体会考古工作者的不易；6.理解都江堰工程的运作原理；7.感受都江堰水利工程对天府平原的深远影响和重大意义；8.理解茶文化的深远意义以及对古代与当代人们生活的影响。激发同学们对传统文化的热爱及保护，树立文化传承的责任担当；9.理解竹纸制作的具体步骤；10.将革命先烈艰苦奋斗、顽强不屈的精神传承，肩负起复兴中华的历史使命

维度或要素	小学高年级段	初中段	高中段
教学策略	小学高年级学生处于认知发展的关键期，好奇心强且富有想象力。在此阶段的学生往往还不能完全理解抽象的概念，并且对传统文化的认知浅显、不成体系，需要借助具体的事物或活动来让学生了解国家丰富的文化遗产，感受传统文化的多样性 针对以上学情分析，基于合作教学、多元智能理论，选取案例教学、情境教学、讲授法、演示法的教法和体验式学习、合作学习、探究式学习等学法，以学生为主体，注重个性化和综合素养的发展，培养学生的责任担当和动手实践能力，整合社会资源，让学生在研学实践中身心全面成长，以保障研学实践活动质量及文化传承与创新的实施效果	初中学生的心理特征发生变化，开始追求个性自由，渴望得到他人的认同和支持。同时对未知的世界充满了好奇，愿意主动寻求答案 针对以上学情分析，基于建构主义、多元智能等理论思想，运用参观法、讨论法、演示法、讲授法、游戏活动等教法和体验式学习、合作学习、探究式学习等学法，以非物质文化遗产和优秀文化传统、名人事迹、红色传承为切入点，链接学生已有知识与经验，建立学生文化自信认同，传承优良品质，培养爱国情怀，以保障研学实践活动质量及文化传承与创新的实施效果	高中段正处于人生的转折点，学生已经有一定的专业知识积累，对自己的身份角色也有更深的理解，开始意识到社会责任的重要性，也有较强的主观能动性，喜欢探索新领域，敢于发表见解 针对以上学情分析，基于建构主义、多元智能等理论思想，设定了既要传播民族文化精髓、弘扬优良传统，又要培养肩负起复兴中华的历史使命感的教学目标。通过采用参观法、讨论法、讲授法、演示法等教法和体验式学习、合作学习、探究式学习等学法，进入到实际环境中，以非物质文化遗产和优秀文化传统、名人事迹、红色传承为切入点，链接学生已有知识与经验，激发学生的责任感与使命感，培养爱国情怀与优良品质

维度或要素				小学高年级段	初中段	高中段
实施方案	入营教育	安全	引导	营地小安全员，安全带行动，安全微课堂，开展安全教育，引导学生自我安全管理	发放营地《安全手册》、营地平面图，引领学生认识安全标识，熟悉安全通道，开展安全教育，引导学生自我安全管理	传承优秀传统文化，树立文化自信，安全带行动，安全微课堂，开展安全教育
			实训	教官讲解消防知识，让学生学会不玩火、会报警、懂灭火、巧逃生、察隐患	观看安全教育视频，提高安全防范意识；讲解研学实践所在地的派出所、医院的位置、通信联系方式和方法	观看安全教育视频，进行情境模拟练习。知道如何处理常见的安全问题，有基本的规避安全风险的能力
		应急	引导	具备安全意识，掌握自护方法	知道研学实践中救援应急物资在哪里以及使用方法，知道应急物资负责人及其联系方式等	明确掌握处理自然灾害事件的应急流程及方法，学会保护自己
			实训	教师讲解突发事件发生的自护方法，学生掌握应急的技巧	应急演习训练，在校医指导下学习急救方法，重点学习心肺复苏、海姆立克急救法	学生掌握应对森林火灾、自然灾害的技能，学会应急的技巧
		救助	引导	培养学生在遭遇突发事件时学会报警，并牢记紧急联络人联系方式	通过案例情境，培养学生遇到需要求助时信息获取和资源整合能力	通过案例情境，培养学生引导学生在遇到危险时能自救并帮助同伴脱困的能力
			实训	进行模拟演练，学会119、120、110、122等报警方法	模拟实施，帮助学生熟悉和掌握场馆火灾逃生技能、求助等方法和技巧	通过实施角色扮演、团队合作等活动，帮助学生掌握大巴车应急逃生
		自我管理	引导	通过情绪管理的培训和指导，帮助学生掌握应对压力和困难的方法	在教师的带领下，通过合理规划时间并设定明确的目标	在教师的带领下，引导学生进行自我管理、班级管理
			实训	通过角色扮演、案例分析、团队合作等活动，帮助学生熟悉自我管理的方法和技巧	通过角色扮演、案例分析、团队合作等活动，掌握绘制时间规划图，制定研学目标	通过角色扮演、案例分析、团队合作等活动，使学生掌握进行自主分工及职责制定
		团队协作	引导	分小组协作，鼓励学生在小组内分工合作，制订计划、分配任务、协调进度等	鼓励学生学会分工合作，培养团队协作能力、团队荣誉感	鼓励学生互帮互助，学会及时为同伴提供必要的帮助
			实训	学生自主设计小组活动，通过拓展小游戏及故事，加深学生对团队的认识	通过团队拓展课程，让学生理解团队合作的重要性，组织和协调的活动	培养学生制定团队目标的能力，建立团队契约，学会为团队荣誉负责

维度或要素		小学高年级段	初中段	高中段
实施方案	导入教学环节	第一天：提问导入：习近平总书记说“一滴水可以见太阳，一个三苏祠可以看出我们中华文化的博大精深。我们说要坚定文化自信，中国有‘三苏’，这就是一个重要例证。”“三苏”分别是哪三苏？激发学生的思考；第二天：故事导入：以苏东坡与美食的故事导入，激发学生兴趣；第三天：故事导入：以苏东坡与茶的故事导入，激发学生兴趣；第四天：故事导入：以状元纸的故事导入，激发学生兴趣；第五天：视频导入：通过观看竹子在生活中的运用，激发学生兴趣与探索欲	第一天：提问导入：“沉睡数千年，一醒惊天下”说的是哪里；第二天：故事导入：以李冰治水的故事导入，激发学生兴趣；第三天：视频导入：通过视频观看蜀锦在成都大运会中的身影，欣赏蜀锦的精美；第四天：任务导入：研学教师布置行前作业，指导学生查找研学地相关资料，并列出资料内容清单；第五天：故事导入：以建川博物馆的故事导入，激发学生兴趣	第一天：提问导入：“三苏”分别留下了哪些优秀作品，激发学生的思考、培养学生搜集、整理资料的能力；第二天：视频导入：了解三星堆文物的故事，引起学生的兴趣；第三天：故事导入：以李冰治水的故事导入，激发学生兴趣；第四天：提问导入：一根竹子可以用来做些什么，引发学生的思考；第五天：故事导入：以邓小平同志的故事导入，激发学生对伟人的崇敬之情
	授课教学环节	第一天：必修课程一“寻迹三苏文化”、必修课程二“心香一瓣谒三苏” 第二天：必修课程三“探索东坡泡菜博物馆”、必修课程四“东坡泡菜制作”、选修课程1“古法制盐” 第三天：必修课程五“走进东坡茶文化展览馆”、必修课程六“茶香漫趣”、选修课程2“茶艺六君子” 第四天：必修课程七“探索大千纸故里”、必修课程八“花草纸制作”、必修课程九“状元纸坊” 第五天：必修课程十“寻青神竹韵，习非遗技艺”、选修课程3“竹纸制作”	一天：必修课程一“梦回古蜀国，探秘三星堆”、必修课程二“青铜小师傅”、必修课程三“模拟考古” 第二天：必修课程四“拜水都江堰”、必修课程五“治水法宝杩槎”、选修课程1“都江堰地理模型制作” 第三天：必修课程六“探寻蜀锦千年记忆”、必修课程七“蜀锦织绣”、选修课程2“蜀绣诗词大会” 第四天：必修课程八“三国历史蜀地武侯故人遗迹”、必修课程九“领略古诗圣地，走进杜甫草堂”、选修课程3“经典诵读” 第五天：必修课程十“缅怀英烈，传承红色”、选修课程4“探寻红色记忆”	第一天：必修课程一“寻迹三苏文化”、必修课程二“探索东坡泡菜博物馆”、选修课程1“古法制盐” 第二天：必修课程三“梦回古蜀国，探秘三星堆”、必修课程四“青铜小师傅”、必修课程五“模拟考古” 第三天：必修课程六“拜水都江堰”、必修课程七“治水法宝杩槎”、选修课程2“都江堰地理模型制作” 第四天：必修课程八“茶香漫趣”、必修课程九“寻青神竹韵，习非遗技艺”、选修课程3“体验拓印画” 第五天：必修课程十“走进邓小平故居陈列馆”、选修课程4“讲述伟人故事”

维度或要素		小学高年级段	初中段	高中段
实施方案	进阶教学环节	1.体验祭拜三苏过程，感受中华传统文化的博大精深 2.动手制作泡菜，了解传统非遗技艺 3.体验泡茶、点茶等活动，体会茶文化的趣味 4.动手制作花草纸，了解传统技艺 5.进行竹编制作，感受竹编的精美与在生活中的运用	1.进行考古体验活动，学习科考人员的认真严谨 2.制作治水法宝，体会古人智慧 3.探究蜀绣织绣，了解传统工艺与现代技术的融合 4.朗诵经典，与历史名人、诗圣对话 5.进行红色故事演绎，深刻感受革命先烈的伟大精神	1.诵读经典，与名士对话，学优良家风 2.动手制作泡菜，了解传统非遗技艺 3.进行考古体验活动，学习科考人员的认真严谨 4.制作治水法宝，体会古人智慧 5.动手体验点茶、竹编制作，了解非遗的技艺 6.演绎伟人故事，传承伟人精神
	巩固教学环节	1.组织学生通过朗诵、写作或绘画等形式表达对三苏文化的敬仰和理解 2.展示自己制作的泡菜 3.分享自己在茶文化展览馆的所见所闻和在茶艺体验活动中的心得体会 4.展示和分享自己制作的花草纸作品，并进行互评和讨论 5.学习竹编的基本技巧和创意设计，亲手制作竹编工艺品，并邀请竹编非遗传承人进行现场教学和点评	1.展示和讲解自己的青铜作品 2.讲述探索都江堰水利工程的感受 3.展示和分享自己制作的蜀锦作品，并进行互评和讨论； 4.选择一篇最喜欢的经典名著，并谈谈自己的理解 5.讲述红色故事，说一说自己对抗战精神、革命精神的理解	1.每个小组选择一句最喜欢的家风家训朗诵，并说一说自己的理解；讲述泡菜的制作方法 2.展示和讲解自己的青铜作品，并进行互评和讨论 3.展示和讲解自己的杩槎，并进行互评和讨论 4.以小组为单位，分享自己在茶文化展览馆的所见所闻和在茶艺体验活动中的心得体会；展示和分享竹编作品，并进行互评和讨论 5.分享自己在邓小平故居陈列馆的所见所闻和心得体会

维度或要素			小学高年级段	初中段	高中段
实施方案	总结教学环节	教学创新	创新教学形式，组织学生以小组为单位进行汇总讨论，分享学习收获和感悟，关注学生个体差异，因材施教	创新教学过程，将理论与实践结合，教学时面向全体学生和关注学生个体进行分组和分层教学	突出学科融合、书本知识与生活经验融合，紧密结合学生的需求及学科知识课标进行教学设计
		教学总结	从活动背景与目标、过程与实施、学生表现与收获方面总结，收集学生的反馈意见，了解学生对这次研学活动的满意度以及建议	从活动初衷与目标达成、活动内容与形式等方面总结，收集学生的反馈意见，对教学环节中的不足进行改进	从活动定位与目标、内容与实施、成长与收获等方面总结，收集学生的反馈意见，引导学生从浅层次认识到深层次思考
		教学反思	对学生的学习成果进行评估和反馈，帮助学生更好地理解和应用所学知识，提高学生的综合素养	从学生实际出发，制定教学目标，根据学生年龄的特点，多元化呈现教学内容，让学生从多方面理解研学的目的和内涵	对学生的学习成果进行评估和展示，对学生进行正确的引导，让学生把关注点和体验点真正聚焦在研学的内容和主题上，使学生在价值观和人生观上得以浸润

维度或要素				小学高年级段	初中段	高中段
实施方案	评价教学环节	教学水平评价	自我评价	教师能够基于教学目标、学生成果、教学策略等方面进行反思和评价	教师能够基于学生活动过程及结果、线路设计及课程设计的合理性进行反思	教师能够对教学策略、学生效果、教学过程等方面进行深入反思
			学生评价	针对课堂教学中师生互动是否充分、课堂气氛是否活跃、师生对话参与度是否全面等方面进行评价	针对关注点和体验点是否聚焦在真正的研学内容和主题上，注重研学效果和学生收获	学生针对教师和研学环节互动充分性、研学课程师生对话参与度进行评价
			同行评价	由营地教师和教学管理人员对教师的教学设计、教学实施、教学评价、教学管理、信息技术与教学融合等方面进行评价	关注研学基地导师、营地教师、学校学科教师、其他营地教师等对于线路及课程的多维度评价，用于及时反馈学生学习效果	邀请教育专家、教师对教师的教学设计、教学实施、教学评价、教学管理、学科知识与研学课程融合等方面进行评价
			培训和考核	定期对营地教师进行教学非遗文化、优秀传统文化教育培训和考核，通过考核结果来评价教师的教学水平	定期对营地教师进行政治素养、教学水平、教学态度等方面培训和考核，通过考核结果来评价教师的教学水平	定期对营地教师进行学生管理、课堂管理、课程设计等方面的教学培训和考核，通过考核结果来评价教师的教学水平
			教学成果展示	通过影像、图文、研学活动实记等资料展示研学教学过程，用研学活动总结、学生作品等展示研学实践成果	通过影像、图文、学生个人研学手札等资料展示研学教学过程，用研学活动教案、学生作品、活动反思等展示研学实践成果和教学创新	通过学生个人发言、影像、图文、学生研学活动手册等资料展示研学教学过程，用学生作品、研学活动手册等展示研学实践成果，组织教师研究讨论会，邀请专家进行指导，督促教师不断提升

维度或要素				小学高年级段	初中段	高中段
实施方案	评价教学环节	学业评价	形成性评价	教师在研学过程中进行学生非遗文化、传统文化知识理解的实时反馈，促进学生的学习和发展，提供个性化指导，激励学生积极参与并自我反思	教师在研学过程中进行形成过程性跟踪评价资料的实时反馈，促进学生的学习和发展，提供个性化指导，检验学习效果	教师在研学过程中进行多元化评价，制定与教学目标高度一致的评价标准，促进学生的学习和发展，提供个性化指导，帮助学生自我反思、自我提升
			总结性评价	在研学活动结束后通过学生的研究报告、展示或测试等形式，全面了解学生在研学活动中的学习成果和进步	通过学生的研究报告、汇报交流、团队契约等呈现形式，全面了解学生在研学活动中的学习成果	通过收集学生研学过程中学习能力、文明礼仪、研学纪律、研学态度、研学收获等信息，全面了解学生的提升和发展
			教师评价	由教师根据学生在研学活动中的表现和成果，根据学生的参与度、作业质量、测试成绩等，对学生的学业进行评价	根据学生表现和成果，采取观察、访谈、过程性和终结性评价等方式，对学生进行综合评价	由教师根据学生在研学活动中的表现和成果，根据学生的能力和习惯的发展变化进行客观评价
		项目评价		鼓励校内教育工作者、学生家长、社会各界积极参与评价过程，反思教学活动，形成评价结果，查摆问题并及时整改	鼓励教育行政主管部门、教育工作者、家长、社会各界积极参与评价过程，通过教研活动及针对评价结果的反思，为培养学生适应终身发展和未来社会发展需要的必备品格和关键能力奠基	鼓励学科教师、家长、学生以及相关社会群体积极参与评价过程，通过教研活动及针对评价结果的反思，确保项目的实施效果

4.20 教学计划与策略列表：探寻南疆民族文化多样性

营地名称	红河州中小学示范性综合实践基地（简称“云南红河营地”）	命名机构	教育部	识别码	Y145532001
从业资质（摘要）	推进全州中小学素质教育，培养和提高青少年实践能力和创新精神，组织开展综合实践活动和研学实践活动	单位属性	公益一类	法定代表人	杨黎
研学主题	探寻南疆民族文化多样性	主要目的指向	文化传承与创新教育		

营地（枢纽）及周边主要优质研学资源	基地层级		研学站点（基地）名称
	教育部命名基地	已列入教学计划	一、与本主题相关列入教学计划的基地10个 1.云南省红河州蒙自市青少年活动中心（简称“蒙自活动中心”）；2.石屏县青少年校外活动中心（简称“石屏活动中心”）；3.麻栗坡县青少年校外活动中心（简称“麻栗坡活动中心”）；4.昆明铁路局云南铁路博物馆（简称“云南铁路博物馆”）；5.丽江市古城区青少年学生校外活动中心（简称“丽江活动中心”）；6.石林彝族自治县青少年活动中心（简称“石林活动中心”）；7.盈江县青少年学生校外活动中心（简称“盈江活动中心”）；8.祥云县青少年学生校外活动中心（简称“祥云活动中心”）；9.马龙区青少年学生校外活动管理中心（简称“马龙活动中心”）；10.思茅区青少年校外活动中心（简称“思茅活动中心”） 二、与本主题关联不大但列入本营地教学计划的基地4个 1.中国科学院西双版纳热带植物园（简称“西双版纳植物园”）；2.云南野生动物园；3.澄江化石地自然博物馆；4.中国医学科学院药用植物研究所云南分所（简称“南药所”）
		待列入教学计划	无
	其他部委命名基地		1.蒙自市查尼皮“省一大”会址管理处（简称“查尼皮”）；2.可邑小镇；3.世界遗产哈尼梯田管理委员会·阿者科传统村落（简称“阿者科村”）；4.蒙自碧色寨滇越铁路历史文化公园（简称“碧色寨”）；5.建水文庙（简称“文庙”）；6.建水学政考棚（简称“学政考棚”）
	地方命名基地		1.石屏县龙朋镇李怀秀李怀福非物质文化遗产传习所（简称“李怀秀李怀福非遗传习所”）；2.云南浪鬼建水陶文化和农耕基地（简称“浪鬼陶文化基地”）；3.哈尼梯田文化博物馆（简称“梯田博物馆”）；4.河口瑶族自治县博物馆（简称“河口博物馆”）；5.国立西南联合大学蒙自分校纪念馆（简称“联大蒙自分校”）；6.红河州牛奶小镇（简称“牛奶小镇”）；7.建水朱家花园景区（简称“朱家花园”）；8.石屏县豆腐帅虹豆腐制作技艺非遗传承研学基地（简称“石屏豆腐制作基地”）；9.屏边苗族自治县文物管理所（简称“屏边文物管理所”）；10.同盟会河口起义纪念馆（简称“河口起义纪念馆”）；11.石屏县博物馆；12.红河州博物馆
	木营地资源		1.民族风情馆；2.陶艺工坊；3.茶艺工坊；4.应急救护训练室；5.国防教育馆；6.防震减灾训练馆；7.编织工坊；8.车事体育训练场
	其他资源		无

维度或要素	小学高年级段	初中段	高中段
校内教育基础（与校内教育的衔接）	对照《义务教育课程方案和课程标准（2022年版）》，小学高段关于文化传承与创新方面提出“通过深入学习和理解中华传统文化，培养学生的创新精神和实践能力，以及跨文化交流能力，为他们的全面发展奠定坚实的基础”的培养目标。同时，他们也需要了解中国传统文化的基本元素，如诗词、书法、绘画、音乐、舞蹈等，并能从中感受到中华文化的魅力。该课程主题在设计上与校内教育课程衔接的有关内容如下： 1. 人教版道德与法治五年级上册第四单元第8课“美丽文字 民族瑰宝”、第10课“传统美德 源远流长” 2. 人教版道德与法治六年级下册第三单元第7课“多元文化 多样魅力” 3. 人教版语文五年级上册第四单元第10课“古诗三首” 4. 人教版音乐五年级下册第二单元“乐器学习” 5. 人教版音乐六年级上册第一单元“欣赏我和我的祖国” 6. 人教版音乐六年级下册第二单元“月下踏歌”	对照《义务教育课程方案和课程标准（2022年版）》，初中学段关于文化传承与创新方面提出“引导学生深化对中华优秀传统文化的理解与认同，提升跨文化交流与传播能力，培养创新精神与实践能力，并增强社会责任意识与担当精神，为培养具有全球视野和中华文化根基的新一代青少年奠定坚实基础”的培养目标。该课程主题在设计上与校内教育课程衔接的有关内容如下： 1. 人教版语文七年级上册第一单元第4课“古代诗歌四首” 2. 人教版历史七年级上册第一单元“中华文明的起源” 3. 人教版历史八年级下册第一单元第1课“中国人民站起来了” 4. 人教版音乐八年级上册第四单元“音诗音画”	对照《义务教育课程方案和课程标准（2022年版）》，高中学段关于文化传承与创新方面提出“引导学生深入探究中华优秀传统文化的精髓与价值，培养跨文化比较与批判性思维能力，激发文化创新与实践能力，并增强文化自觉与文化使命感，为培养具有深厚文化底蕴和创新精神的新一代青年奠定坚实基础”的培养目标。该课程主题在设计上与校内教育课程衔接的有关内容如下： 1. 人教版历史高二年级下册第一单元第2课“古代手工业的进步” 2. 人教版思想政治高二年级上册第二单元“文化传承与创新”、第三单元“中华文化与民族精神” 3. 人教版音乐高一年级上册第三单元“民族民间音乐” 4. 人教版音乐高二年级上册第二单元“民族音乐瑰宝”

维度或要素			小学高年级段	初中段	高中段
研学课程	必修课程一	名称	探访红河州博物馆	习跳阿细跳月舞蹈	制作皮影
		活动目的	通过参观红河州博物馆，让学生了解红河州各个世居民族的文化	通过学习彝族阿细人的民族舞蹈，加深学生对民族文化的认识，增强民族自信	通过皮影制作，提高学生对传统皮影文化的认知和欣赏度
		活动形式	教师讲授、实地探访相结合	教师讲授、实践体验相结合	教师讲授、实践体验相结合
	必修课程二	名称	初识碧色寨	“行走的传奇”——马帮	铁路上的民族文化传承
		活动目的	前往碧色寨，认识云南少数民族与越南少数民族文化沟通的桥梁	探索滇南马帮精神的新时代意义，培养学生的文化创新意识	通过探访寸轨铁路，感受中华民族的尊严与骄傲，培养学生的民族自豪感
		活动形式	教师讲授、实地探访相结合	教师讲授、实地探访、实践体验相结合	教师讲授、实地探访、实践体验相结合
	必修课程三	名称	探访建水文庙	指尖上的传承——刻纸	习跳彝族烟盒舞
		活动目的	通过参观文庙，了解儒家文化，让学生学会感恩、知礼、尊师、重教	通过刻纸活动感受传统文化的魅力，激发学生对传统手工艺的兴趣	通过学习彝族烟盒舞，加强学生对彝族文化交流与互动，促进文化多样性的发展
		活动形式	教师讲授、实地探访、实践体验相结合	教师讲授、实践体验相结合	教师讲授、实践体验相结合
	必修课程四	名称	紫陶中的民间智慧	探访李怀福李怀秀非遗传习所	对话“云南状元”
		活动目的	通过参观建水陶习苑，让学生明白传统手工艺的复杂流程与文化传承的艰辛	参观石屏非遗传习所，学习彝族海菜腔的发音、唱法，增强学生对民族文化的认同	通过了解云南经济特科状元的生平及背景，激励学生刻苦学习，奋发图强
		活动形式	教师讲授、实地探访、实践体验相结合	教师讲授、实地探访、实践体验相结合	教师讲授、实地探访相结合

维度或要素			小学高年级段	初中段	高中段
研学课程	必修课程五	名称	习跳彝族烟盒舞	国学魅力实践	探寻古代学子科考之路
		活动目的	通过学习彝族烟盒舞，让学生感受到中华民族文化的丰富多彩	通过参观建水文庙，领悟“仁”的核心思想，树立学生中华民族优秀传统文化自信	通过科举制度实景体验，感受古代学子求学的艰辛，反思当下求学环境的来之不易
		活动形式	教师讲授、实践体验相结合	教师讲授、实地探访、实践体验相结合	教师讲授、实地探访、实践体验相结合
	必修课程六	名称	石屏豆腐体验与制作	研学建水学政考棚	千年建水紫陶工艺体验
		活动目的	了解石屏豆腐的文化，体验石屏豆腐的制作技艺，感受石屏井水点豆腐的独特技艺	探访滇南地区科举场地，感受千年中华文化传承，深刻认知科举制度	通过制作建水紫陶，激发学生对传统文化的兴趣，培养学生的动手能力和创新精神
		活动形式	教师讲授、实践体验相结合	教师讲授、实地探访相结合	教师讲授、实地探访、实践体验相结合
	必修课程七	名称	走进玉屏书院	探访建水陶习苑	中越边境贸易
		活动目的	走进玉屏书院，参观三进四合院的建筑风格，感受滇南地区早期的建筑文化特色	参观建水陶习苑，使学生明白紫陶的生产来源于生活与艺术中的需要	走进越南风情街，感受边境贸易下两国居民和谐的贸易形式，增强对民族共同体的认识
		活动形式	教师讲授、实地探访相结合	教师讲授、实地探访、实践体验相结合	教师讲授、实地探访相结合
	必修课程八	名称	君子六艺——射礼	跨境而居的民族	体验哈尼族长街宴
		活动目的	通过射箭礼仪活动，增加学生对少数民族文化竞技运动的热爱	了解红河州多个跨境而居的少数民族，认识民族文化的多样性与包容性	了解哈尼族长街宴的文化历史和文化内涵，动手制作长街宴美食
		活动形式	教师讲授、实践体验相结合	教师讲授、实地探访相结合	教师讲授、实地探访相结合

维度或要素			小学高年级段	初中段	高中段
研学课程	必修课程九	名称	初识哈尼梯田	哈尼族五色米饭制作	梯田文化生态系统
		活动目的	通过漫步梯田，切身感受哈尼族先民的卓绝智慧和开拓精神	了解哈尼族文化历史和文化内涵，学会哈尼族五色米饭的制作方法	参观哈尼梯田博物馆，认识哈尼梯田“四素同构”，感受哈尼文化的特色魅力
		活动形式	教师讲授、实地探访、实践体验相结合	教师讲授、实践体验相结合	教师讲授、实地探访相结合
	必修课程十	名称	体验中越风情之旅	绿水青山就是金山银山	奇异的哈尼蘑菇房
		活动目的	漫步中越风情街，感受越南少数民族文化与中国少数民族文化交融的异域风情	参观哈尼梯田博物馆，深入了解认识哈尼族农耕文化，培养对家乡文化的热爱	通过参观哈尼族蘑菇房，了解蘑菇房的修建方法，感受古人智慧，培养创新精神
		活动形式	教师讲授、实地探访相结合	教师讲授、实地探访相结合	教师讲授、实地探访相结合
	选修课程		1. 竹筒饭制作 2. 学弹彝族小三弦 3. 茶艺基础	1. 舌尖上的非遗体验 2. 学吹彝族阿细竹笛 3. 茶艺礼仪	1. 鲜花饼制作 2. 学习苗族刺绣 3. 茶艺表演

维度或要素		小学高年级段	初中段	高中段
研学线路	代表性线路（时长五日）	第一天：云南红河营地—红河州博物馆—碧色寨—云南红河营地；第二天：云南红河营地—建水陶习苑—文庙—云南红河营地；第三天：云南红河营地—石屏县博物馆—李怀秀李怀福非遗传习所—云南红河营地；第四天：云南红河营地—梯田博物馆—阿者科村—云南红河营地；第五天：云南红河营地—河口博物馆—云南红河营地	第一天：云南红河营地—红河州博物馆—碧色寨—云南红河营地；第二天：云南红河营地—建水陶习苑—文庙—云南红河营地；第三天：云南红河营地—石屏县博物馆—李怀秀李怀福非遗传习所—云南红河营地；第四天：云南红河营地—梯田博物馆—阿者科村—云南红河营地；第五天：云南红河营地—河口博物馆—云南红河营地	第一天：云南红河营地—红河州博物馆—碧色寨—云南红河营地；第二天：云南红河营地—建水陶习苑—文庙—云南红河营地；第三天：云南红河营地—石屏县博物馆—李怀秀李怀福非遗传习所—云南红河营地；第四天：云南红河营地—梯田博物馆—阿者科村—云南红河营地；第五天：云南红河营地—河口博物馆—云南红河营地
	可选择线路（按天设计，菜单式选择）	1.云南红河营地—联大蒙自分校—云南红河营地；2.云南红河营地—查尼皮—云南红河营地；3.云南红河营地—牛奶小镇—云南红河营地；4.云南红河营地—朱家花园—云南红河营地；5.云南红河营地—可邑小镇—云南红河营地；6.云南红河营地—石屏豆腐制作基地—云南红河营地；7.云南红河营地—屏边文物管理所—云南红河营地；8.云南红河营地—河口起义纪念馆—云南红河营地	1.云南红河营地—联大蒙自分校—云南红河营地；2.云南红河营地—查尼皮—云南红河营地；3.云南红河营地—牛奶小镇—云南红河营地；4.云南红河营地—朱家花园—云南红河营地；5.云南红河营地—可邑小镇—云南红河营地；6.云南红河营地—石屏豆腐制作基地—云南红河营地；7.云南红河营地—屏边文物管理所—云南红河营地；8.云南红河营地—河口起义纪念馆—云南红河营地	1.云南红河营地—联大蒙自分校—云南红河营地；2.云南红河营地—查尼皮—云南红河营地；3.云南红河营地—牛奶小镇—云南红河营地；4.云南红河营地—朱家花园—云南红河营地；5.云南红河营地—可邑小镇—云南红河营地；6.云南红河营地—石屏豆腐制作基地—云南红河营地；7.云南红河营地—屏边文物管理所—云南红河营地；8.云南红河营地—河口起义纪念馆—云南红河营地
	规划线路（按天设计）	1.云南红河营地—石林活动中心—云南红河营地；2.云南红河营地—麻栗坡活动中心—云南红河营地；3.云南红河营地—澄江化石地自然博物馆—云南红河营地；4.云南红河营地—南药所—云南红河营地	1.云南红河营地—石林活动中心—云南红河营地；2.云南红河营地—麻栗坡活动中心—云南红河营地；3.云南红河营地—澄江化石地自然博物馆—云南红河营地；4.云南红河营地—南药所—云南红河营地	1.云南红河营地—石林活动中心—云南红河营地；2.云南红河营地—麻栗坡活动中心—云南红河营地；3.云南红河营地—澄江化石地自然博物馆—云南红河营地；4.云南红河营地—南药所—云南红河营地

维度或要素		小学高年级段	初中段	高中段
教学重点难点（以代表性线路教学设计为例，以下同）	教学重点	1.通过参观红河州博物馆，感受红河州历史民族文化，增强学生深入探索各民族文化的历史兴趣 2.通过参观文庙，了解儒家文化，让学生学会感恩、知礼、尊师、重教 3.了解石屏豆腐的文化，学习石屏豆腐的制作技艺 4.通过漫步梯田，切身感受哈尼族先民的卓绝智慧和开拓精神 5.漫步中越风情街，感受街区的越南少数民族文化与中国少数民族文化交融的异域风情	1.学会彝族阿细跳月的基本舞蹈动作和跳法 2.参观碧色寨及滇越铁路，探索马帮精神的新时代意义 3.领悟“仁”的核心思想；了解儒家文化，让学生学会感恩、知礼、尊师、重教 4.了解红河州多个跨境而居的少数民族，中越两国民族的识别和划分标准不径相同，却又和谐相处，共同发展进步 5.前往元阳梯田博物馆，欣赏历经千年哈尼族先民雕刻大地雕塑	1.了解皮影戏的起源与发展 2.探究寸轨铁路的历史与背景，感受中华民族的尊严与骄傲 3.参观石屏县博物馆，了解云南经济特科状元的生平及背景 4.通过体验建水紫陶的制作过程，用手感受非遗技艺之美 5.通过对哈尼族蘑菇房历史与建筑知识的了解，感受少数民族建筑的魅力，对比少数民族建筑与现代建筑的异同
	教学难点	1.了解云南边疆少数民族历史文化以及红河州州情 2.学习儒学文化及礼仪，传承中华优秀传统文化，让学生学会感恩、知礼、尊师、重教 3.了解少数民族的民风民俗，了解少数民族文化的传承与发展 4.认识射箭礼仪的历史文化背景，加深对少数民族文化竞技运动的理解，增强对民族文化的认同感 5.掌握建水紫陶独特的制作工艺流程，学习传统陶文化	1.非遗舞蹈中折射出的非遗文化，以及非遗文化的传承与创新 2.通过探索马帮精神的新时代意义，培养学生的创新精神和实践能力 3.了解认识哈尼族农耕文化，剖析云南边疆少数民族传统文化历史和文化内涵 4.掌握梯田文化，哈尼族文化的历史及发展，总结农业劳动中的大智慧 5.感受少数民族舞蹈及少数民族运动中所折射出来的少数民族文化	1.制作传统手工艺皮影作品，传承优秀民族文化 2.加深学生对历史文化底蕴的了解，培养学生的动手实践能力和创新精神 3.走进越南风情街，感受边境贸易下两国居民和谐交融的贸易形式 4.了解哈尼族蘑菇房的历史与建筑知识，感受少数民族建筑的魅力，对比少数民族建筑与现代建筑的异同 5.了解河口的历史及河口瑶族的民族文化，走进瑶族的盘王节，感受节日氛围

维度或要素	小学高年级段	初中段	高中段
教学策略	针对小学高年级段的学生已具备一定的认知能力，对少数民族文化和优秀传统文化有一定了解，但是缺乏动手能力，对文化内容系统性认知不足的学情分析，教学内容应选择适合小学生理解和感兴趣的传统文化和少数民族文化内容，如传统故事、节日习俗、艺术（如剪纸、陶艺）等，以及少数民族的音乐、舞蹈、服饰等。利用多媒体、网络资源，向学生展示传统文化的视听盛宴，增加学生的感性认识。活动中组织参与民族文化节、民族艺术表演、民族工艺制作等，让学生亲身体验少数民族文化，加深对传统文化的理解。通过这些活动，培养学生的文化意识、创新能力和团队合作精神，达到传承和创新文化的目的	针对初中段学生思维活跃，对新生事物好奇心强，有强烈的求知欲的认知发展和学习特点，同时具有可塑性大、主动尝试、追求独立等积极因素的学情分析，教学内容选取文化传承与创新相关的核心内容，如传统文化元素、现代创新案例等。课堂教学中应注重学生的参与，采用互动式、讨论式的教学方法，引导学生自主学习。依托丰富的多媒体资源、文化场馆和文化遗址资源，采用启发式教学法、小组合作学习法，开展文化调研、创意设计、实践探究等活动，旨在培养学生的文化素养、创新思维和实践能力，增强学生对文化传承的责任感和使命感。鼓励学生开展研究性学习，对传统文化和少数民族文化进行深入研究，培养学生的研究能力和创新意识。建立合理的评价机制，对学生的传统文化和少数民族文化学习进行评估，根据反馈情况及时调整教学策略，以达到预期的教学目的	针对高中段学生身心发展趋于成熟，独立思考、判断、概括等能力初步具备的学段特点和学情，基于认知发展理论的学情分析，教学内容选取具有深度和广度的文化传承与创新内容，如文化遗产保护、文化创新案例分析等。依托学校和社区的资源，如图书馆、博物馆、文化研究机构、专题讲座等，拓宽学生的知识面。采取问题导向教学法和项目学习法，开展研究性学习、创新实践项目等活动，这样可以培养学生的批判性思维、创新能力和社会责任感。采用多种教学方式，如课堂讨论、案例分析、角色扮演等，激发学生的学习兴趣和参与度，鼓励学生开展学术研究，对传统文化和少数民族文化进行深入研究，培养学生的研究能力和创新意识，达到提升学生文化素养和创新实践能力的目的

维度或要素				小学高年级段	初中段	高中段
实施方案	入营教育	安全	引导	通过视频学习、在活动手册上列出可能的风险、预防措施和应急处理方法	通过示范讲解进行安全意识教育，包括遵守规则、注意个人物品保管等	通过案例视频观看、问题导入、学生自主学习，提升安全防护意识
			实训	通过地震馆地震体验、消防馆消防知识实践体验提升学生安全意识	演示常见的安全装备使用方法，如灭火器	组织学生针对校内、外出交通、研学点等场所安全标识学习，提升安全防护意识
		应急	引导	通过视频学习、手册安全教育，培养学生冷静思考和随机应变的能力	通过视频学习，讲解应急情况下的应对方法，如火灾、地震等	通过案例视频观看、真实故事讲解与分析，提升学生对应急事件的处理能力
			实训	开展应急逃生演练，学习应急救护相关知识和实操，提高学生应急处理能力	组织模拟应急演练，让学生实践应对紧急情况的技能	模拟体验地震，组织体验消防应急演练
		救助	引导	通过案例情境，告知学生如遇特殊情况时，主动寻找和利用各种资源	通过讲解示范，教授基本的急救知识，如伤口处理、扭伤处理等	通过观看教学视频、教学示范与讲解，教会学生救护知识
			实训	通过救护课程的实际操作与讲解，帮助学生掌握自救和互救的方法和技能	培训学生正确进行心肺复苏和止血等急救操作	模拟体验，技能考核
		自我管理	引导	教师做好学生自我管理团队建设，鼓励引导学生进行自我管理	通过创设情境，培养学生的时间管理和任务管理能力	通过课堂教学、主题活动、个体辅导等方式让学生提升自我管理能力
			实训	按分组分宿舍的管理方式，明确管理要求，责任到人，开展“班会”“舍务会”	给予学生一定的时间和任务，让他们自行安排并展示成果	组织学生开展主题班会，互动交流，分享日常自我管理
		团队协作	引导	分小组开展团队竞技活动，激发学生的竞争意识，培养学生的团队协作能力	通过团队建设活动，制定团队合作任务，培养学生的沟通和协作能力	通过小队讨论，分工协作的方式，培养学生团队意识、合作精神
			实训	学生自主规划相关任务，培养学生调配资源，与人合作，沟通交流等能力	开展团队合作游戏，如搭建高塔、接力比赛等	通过动力圈、穿越雷阵等素质拓展游戏，培养学生的团队协作能力

维度或要素		小学高年级段	初中段	高中段
实施方案	导入教学环节	1. 示范导入：教师展示彝族烟盒舞代表性动作，引入课程主题 2. 视频导入：准备建水紫陶精美作品展示的视频，通过视频激发学生的制作兴趣，引出学习内容和主题 3. 图片导入：教师准备传统少数民族运动项目的相关图片，从而引入礼射的主题 4. 问题导入：南疆少数民族传统手艺有哪些？学生讨论，教师引导，激发学生的学习兴趣 5. 情境导入：带领学生进入相关场景	1. 视频导入：准备介绍碧色寨的相关视频，通过视频的观看，让学生了解碧色寨与滇越铁路的发展，激发学生的研学兴趣 2. 游戏导入：用“你比我猜”的游戏来引入课程主题 3. 问题导入：准备与刻纸课程相关的图片，通过问答的方式引出刻纸的学习内容 4. 任务导入：发布研学任务单，引导学生关注传统手工艺的种类 5. 视频导入：准备五色米饭制作的视频，引发学生的学习兴趣	1. 示范导入：教师展示彝族烟盒舞代表性动作，引入课程主题 2. 视频导入：准备彝族烟盒舞的科普和宣传视频，拓宽学生视野，引出学习内容和主题 3. 任务导入：发布研学任务单，引导学生关注红河州的非遗特色文化 4. 问题导入：通过讨论传承优秀传统文化等问题，激发学生自主探究的学习精神 5. 任务导入：发布探究性任务，引导学生在参观梯田博物馆时找到问题的答案，调动学生积极性与主观能动性
	授课教学环节	第一天：入营教育和安全教育、必修课程一“探访红河州博物馆”、必修课程二“初识碧色寨” 第二天：必修课程三“探访建水文庙”、必修课程四“紫陶中的民间智慧” 第三天：必修课程五“习跳彝族烟盒舞”、必修课程六“石屏豆腐体验与制作”、必修课程七“走进玉屏书院” 第四天：必修课程八“君子六艺——射礼”、必修课程九“初识哈尼梯田” 第五天：选修课程3“茶艺基础”、必修课程十“体验中越风情之旅”	第一天：入营教育和安全教育、必修课程一“制作皮影”、必修课程二“铁路上的民族文化传承” 第二天：必修课程三“习跳彝族烟盒舞”、必修课程四对话“云南状元” 第三天：必修课程五“探寻古代学子科考之路”、必修课程六“千年建水紫陶工艺体验” 第四天：选修课程3“茶艺表演”、必修课程七“中越边境贸易” 第五天：必修课程八“体验哈尼族长街宴”、必修课程九“梯田文化生态系统”、必修课程十“奇异的哈尼蘑菇房”	第一天：入营教育和安全教育、必修课程一“制作皮影”、必修课程二“铁路上的民族文化传承” 第二天：必修课程三“习跳彝族烟盒舞”、必修课程四对话“云南状元” 第三天：必修课程五“探寻古代学子科考之路”、必修课程六“千年建水紫陶工艺体验” 第四天：选修课程3“茶艺表演”、必修课程七“中越边境贸易” 第五天：必修课程八“体验哈尼族长街宴”、必修课程九“梯田文化生态系统”、必修课程十“奇异的哈尼蘑菇房”

维度或要素		小学高年级段	初中段	高中段
实施方案	进阶教学环节	1. 红河州有哪些世居民族 2. 红河州世居民族服装的异同点 3. 建水紫陶的工艺流程 4. 说出烟盒舞动作相对应的名称 5. 我们要怎样把这些非遗文化传承下去	1. 彝族阿细跳月与生活的联系 2. 红河马帮的历史背景与发展 3. 建水文庙在滇南地区对于儒学文化的历史作用 4. 滇越铁路的修建背景及原因 5. 刻纸的发展和工艺特点	1. 彝族烟盒舞的特点 2. 皮影的历史背景及文化的传承 3. 中越边境贸易的历史和现状是怎样的 4. 彝族、哈尼族住房建筑特点 5. 新时代青年应该如何弘扬传统文化
	巩固教学环节	1. 总结：教师带领学生回顾学习内容，列出思维导图进行回顾 2. 展示分享：学生以个人或小组的形式展示陶艺作品，教师带领学生分享学习心得体会 3. 拓展：以讲故事的形式引导学生回顾本次研学活动内容，总结心得体会 4. 任务驱动：通过各小组间的学习交流与讨论，加深对边疆少数民族文化的学习兴趣 5. 以讲故事及做手抄报等形式加深学生对于传统文化及民族文化的认识	1. 展示分享：学生展示手工艺作品，教师带领学生分享学习心得体会 2. 拓展：通过查阅资料，回顾研学内容，制作传统手工艺主题的手抄报 3. 任务驱动：通过各小组间的交流讨论，应用案例展示、亲身实践体验，联系现实生活进行创新性开发 4. 针对性训练、实践体验、小组讨论相结合后发布任务，将所学应用于实际生活 5. 拓展：发布任务与小组交流分享相结合，选取代表进行知识分享、技能展示等，将所学知识与生活实际相结合，谈各自体会和感受	1. 展示分享：学生展示自己的作品，讲解设计理念及想法，分享创作过程中遇到的难点 2. 拓展：以采访和调研的形式，加深学生对彝族烟盒舞的印象 3. 沉浸式情境体验：通过场景模拟、角色扮演剧等形式寓教于乐，提升学生的民族认同感，积极弘扬民族文化 4. 拓展：以讲故事的形式引导学生回顾本次研学活动内容，总结心得体会 5. 知识问答、针对性训练、实践体验、小组交流讨论相结合，将学到的东西传承下去

维度或要素			小学高年级段	初中段	高中段
实施方案	总结教学环节	教学创新	教师在研学活动中体现“学生中心”的教育理念和“立德树人”的思想，注重教学互动，根据学生学龄段特点，增设开放性问题，启发学生思考，培养创新意识	在研学活动中充分发挥学生的主观能动性，采用互动式教学方法，通过实地考察等活动让学生在实践中学习和大胆探索问题并寻找解决问题的方法，培养学生创新精神，提升学生的创新能力	在研学活动中引导学生参与活动设计、活动组织实施，在参与过程中，结合学生学段特点，调整教学计划和方法，增设跨学科的课程和项目，促进不同领域知识的融合和创新，增强学生对问题探究的指导
		教学总结	课后及时收集学生、家长和其他相关人员的反馈，教师进行总结和升华，写好教学后记，并认真搜集每节课的知识要点，归纳成集	课后及时分析活动中遇到的问题，并提出改进措施及对后续文化传承与创新教育的规划和期望，为进一步优化教学提供参考	课后概括学生在活动中取得的成果，如研究报告、创新作品、展示演出等，强调活动对学生文化素养和创新能力发展的重要意义
		教学反思	根据教学反馈和评估结果，了解研学教学的实际效果和存在的问题；总结成功的教学方法和策略，分析失败的原因和教训，为今后的研学教学提供有益的参考；对教学环节进行调整和优化，从学生实际出发，把教学过程视为师生合作，共同发展的互动课程	根据教学反馈和评估结果，对教学环节进行调整和优化；从学生实际出发，指定教学要求，把教学过程视为师生合作、共同发展的互动课程，活动情境创设是否有新意，教学重难点在教学中是否得以解决，为下一次活动提供参考	根据自我总结和教学反馈评估结果，梳理教学环节的设计、实施和效果，总结学生对“文化传承与创新的认识及理解”，看教学内容及目标是否达到预期效果，根据数据对课堂教学进行整体优化，提高教学质量

维度或要素				小学高年级段	初中段	高中段
实施方案	评价教学环节	教学水平评价	自我评价	教师对自己的教学活动进行反思和评价，取长补短，记录课后教学反思，不断提高教学水平	教师在教学活动结束后要及时对课堂教学行为过程进行反思，寻找不足，找出闪光点，改进教学策略，逐步形成新的教学理念	在教学活动结束后，教师可以找寻一些同课题的教学资料进行对比反思，通过不断的切磋和琢磨，最后完成总结经验，获取教训，在主动反思中实现自我提升
			学生评价	学生针对教师和学生之间的互动是否充分、研学课程师生对话参与度、学生能否积极参与到课堂教学中、课堂气氛活跃度方面进行评价	教师注重与学生的沟通合作，定期反馈学生的学习情况和表现，精准了解学生的真实想法，及时发现问题，改进教学方式，提升教学质量	通过问卷调查或座谈的方式了解学生对教师的教学技巧、教学组织能力等的评价，对评价中呈现的具体数据进行统计分析，间接地审视课堂教学的成败，从而调整教学策略与方法
			同行评价	由营地教师、带队教师和教学管理人员通过听课、随队观摩对教师的教学设计、教学开展方式，实施策略、实施效果、课程总结等方面进行评价	由教师、同行和教学管理人员通过跟班听课、口头反馈、查阅备课记录等方式对教师的教学活动进行评价	由教师、同行和教学管理人员通过问卷调查、跟班听课、课堂观察等的方式对教师的教学活动进行评价
			培训和考核	定期对营地教师进行教学培训和考核，形成教研培训方式，培养教师发展需要，通过考核结果来评价教师的教学水平	定期对营地教师教学理念与方法、学科知识更新、教育技术应用、课程管理技巧、评价与反馈进行培训和考核，并进行公示	通过对教师进行观察、讲座、试讲参与教学活动，评估教师的教学能力；通过问卷调查向学生、家长收集对教师的教学情况和意见
			教学成果展示	通过研学过程教学展示教师的教学成果，通过学生的成果展示、创新作品、学习收获等，来评价教师的教学水平	通过研学过程教学展示教师的教学成果，通过学生的学业成绩、作品以及图文、音像等记录学生的研学实践收获和学生课堂中的参与度、活跃氛围度，问卷调查学生的满意度	展示自己在教学研究方面的成果，如教学论文、参与的教学研究项目等，以体现自己的教学水平和创新能力

维度或要素				小学高年级段	初中段	高中段
实施方案	评价教学环节	学业评价	形成性评价	教师通过课堂观察法对学生的行为、表现、反应等进行观察和记录，对学生之间的互动进行观察和记录，以了解学生的学习情况，并对学生的表现给予评价	观察学生在学习过程中的表现，包括参与度、积极主动性、团队合作能力等。可以通过课堂观察、小组讨论记录、学习日志等方式进行评价，鼓励学生积极参与、自主学习和不断进步	评价学生在小组讨论中的积极程度、对问题的深入思考以及对不同观点的包容度，评价应注重学生的多元发展，不仅关注知识技能的掌握，也要重视态度、情感和价值观的培养
			总结性评价	在研学活动结束后通过学生的课堂表现、个人或小组成果展示、分享交流等形式，全面了解学生在研学活动中的学习成果和进步	通过评估学生在知识、技能、态度等方面的综合表现，来衡量他们对文化传承的认识深度、对创新实践的掌握程度，以及在活动中所展现出的团队合作、自主学习等能力	通过学生对文化内涵的深入分析、对传统与创新的关系的理解，以及在实践活动中所展现的创新思维和解决问题的能力等方面来进行评价。同时，还可以关注学生在团队合作、沟通表达和社会责任感等综合素养方面的发展
			教师评价	由教师根据学生在研学活动中的表现和成果，根据学生在小组活动中的参与度、活跃度、个人成果或贡献等，对学生的学业进行评价	综合考量学生在知识掌握、实践能力、创新思维、情感态度等方面的表现，注重学生的成长和发展	通过评估学生对文化知识的掌握程度、实践活动中的技能运用、创新思维的展现以及对文化传承与创新的价值观念等方面，全面了解学生的学习成果和个人成长
		项目评价		学校带队教师、学生对研学课程项目、线路规划和课程设计等方面进行综合评价，评估是否达到了研学项目设定的学习目标和预期结果。教师对评价结果进行反思，及时发现问题并加以改进	由教师、学生本人、同伴等共同参与评价，评价内容包括学生对文化知识的掌握、实践能力的提升、创新思维的发展以及对文化传承的态度等。评价方式可以采用课堂表现观察、作品评估、小组讨论、测验考试等多种形式，以确保评价的客观性和全面性	包括教师、学生本人、同伴等，从不同视角评估学生的表现；评价内容要涵盖知识、技能、态度、创新等多个方面，全面反映学生的学习成果；评价方式可以采用考试、作业等多种形式；评价结果要及时反馈给学生，帮助他们了解自己的优势和不足，促进自我提升

4.21 教学计划与策略列表：弘扬优秀历史文化 赓续红色革命精神

<table>
<tr><td colspan="3">营地名称</td><td>陕西省西安市中小学校外综合实践活动基地（简称“陕西西安营地”）</td><td>命名机构</td><td>教育部</td><td>识别码</td><td>Y145610001</td></tr>
<tr><td colspan="3">从业资质（摘要）</td><td>中小学校外教育及社会综合实践教育</td><td>单位属性</td><td>公益一类</td><td>法定代表人</td><td>张伟</td></tr>
<tr><td colspan="3">研学主题</td><td>弘扬优秀历史文化　赓续红色革命精神</td><td colspan="2">主要目的指向</td><td colspan="2">文化传承与创新教育</td></tr>
<tr><td rowspan="7">营地（枢纽）及周边主要优质研学资源</td><td colspan="2">基地层级</td><td colspan="5">研学站点（基地）名称</td></tr>
<tr><td rowspan="2">教育部命名基地</td><td>已列入教学计划</td><td colspan="5">一、与本主题相关列入教学计划的基地7个
1. 陕西历史博物馆；2. 延安革命纪念馆；3. 西安半坡博物馆；4. 富平县爱国主义教育基地；5. 陕西华清宫文化旅游有限公司（简称“华清宫”）；6. 补浪河女子民兵治沙连中小学生研学实践教育基地（榆林市榆阳区大漠军旅文化园管理有限责任公司）（简称“女子民兵治沙连研学基地”）；7. 西安碑林博物馆
二、与本主题关联不大但列入本营地教学计划的基地11个
1. 中国兵器工业试验测试研究院研学部；2. 秦岭国家植物园；3. 陕西省党家村景区管理委员会；4. 陕西省西咸新区泾河新城城市综合服务有限公司；5. 渭华起义教育基地管理办公室（简称“渭华起义纪念馆”）；6. 延川县文安驿镇梁家河行政村村民委员会（简称“梁家河”）；7. 安吴青年训练班纪念馆；8. 汉中秦巴民俗村有限责任公司（简称“汉中秦巴民俗村”）；9. 汉阴县三沈纪念馆；10. 安康盛丰源研学实践教育基地（平利县盛丰源食品有限公司）；11. 北川三秒应急安全体验中心</td></tr>
<tr><td>待列入教学计划</td><td colspan="5">1. 渭南华山艺术中心；2. 周公庙；3. 袁家村关中民俗青少年研学基地；延安市示范性综合实践基地</td></tr>
<tr><td colspan="2">其他部委命名基地</td><td colspan="5">1. 陕西延安中央社会部旧址；2. 西安汉城湖景区；3. 渭南市气象局；4. 陕西牛背梁国家级自然保护区；5. 全国青少年延安革命传统教育基地；6. 大明宫遗址</td></tr>
<tr><td colspan="2">地方命名基地</td><td colspan="5">1. 大唐芙蓉园景区（简称“芙蓉园”）；2. 西安市唐少阳文化研究院（简称“唐少阳”）3. 扶眉战役纪念馆；4. 眉县横渠书院—张载祠（简称“张载祠”）；5. 仓颉庙景区；6. 延安枣园研学基地；7. 商於古道传统文化研学实践教育基地；8. 汉景帝阳陵博物馆；9. 耀州窑博物馆；10. 崇文塔景区；11. 大唐西市博物馆；12. 宝鸡青铜器博物馆；13. 司马迁文史基地；14. 西北大学博物馆；15. 白鹿原影视城；16. 西影基地；17. 铜川药王山基地；18. 诗经里研学基地；19. 中华郡研学基地；20. 中华饮食传统技艺与文化研学基地；21. 汉中留坝张良庙；22. 金蚕小镇蚕桑农旅研学基地；23. 西安易俗社；24. 关中民俗艺术博物院；25. 照金革命纪念馆；26. 陕西雅森研学体验教育基地；27. 富平陶艺村；28. 西安城墙；29. 芸阁书院</td></tr>
<tr><td colspan="2">本营地资源</td><td colspan="5">1. 陶艺馆；2. 安全教育馆；3. 生命教育馆</td></tr>
<tr><td colspan="2">其他资源</td><td colspan="5">1. 黄河壶口瀑布；2. 七大旧址</td></tr>
</table>

维度或要素	小学高年级段	初中段	高中段
校内教育基础（与校内教育的衔接）	对照课标，小学高年级段在文化传承与创新方面提出“开展中小学中华优秀传统文化教育，对于永续中华民族的根与魂，坚守中华民族的共同理想信念，筑牢民族文化自信、价值自信的根基，维护国家文化安全，增强国家文化软实力，培养青少年做堂堂正正的中国人，具有重要意义。传承中华优秀传统文化精神，培养社会主义建设者和接班人是当今教育重大的工作任务”的培养目标。本研学课程必修课与校内教育的衔接内容如下：1.人教版语文四年级上册第七单元第22课“为中华之崛起而读书”；2.人教版语文五年级上册第二单元第5课“秋思”；3.人教版语文五年级第五单元“遨游汉字王国”；4.人教版语文六年级下册第二单元第8课“各具特色的民居”；5.人教版语文六年级下册第五单元第19课“前年梦圆在今朝”；6.人教版思品与社会五年级第三单元第1课“我的祖国多辽阔”；7.人教版思品与社会六年级第三单元第1课“站起来的中国人”；8.人教版六年级思品与社会第一单元第2课“社会文明大家谈”	对照课标，初中段在文化传承与创新方面提出“以增强学生对中华优秀传统文化的理解力为重点，比较系统地介绍我国各族人民创造灿烂文化的历史及伟大成就，引导学生进一步认识中华优秀传统文化的博大精深、悠久历史及其对世界的意义，提高对中华优秀传统文化的认同度”的培养目标。本研学课程必修课与校内教育的衔接内容如下：1.人教版语文七年级下册第二单元第5课“黄河颂”；2.人教版语文八年级上册第五单元第19课“苏州园林”；3.人教版语文八年级下册第一单元第2课“回延安”、第3课“安塞腰鼓”；4.人教版语文九年级上册第一单元第1课“祖国啊，我亲爱的祖国”；5.人教版历史七年级上册第一单元第2课“原始的农耕生活”；6.人教版历史七年级上册第二单元第8课“百家争鸣”；7.部编版道德与法治七年级上册第一单元第3课“发现自己”；8.部编版道德与法治八年级上册第四单元第10课“建设美好祖国”；9.部编版道德与法治九年级上册第三单元第5课“守望精神家园”；10.部编版道德与法治九年级上册第四单元第8课“中国人 中国梦”	对照课标，高中段在文化传承与创新方面提出“以增强学生对中华优秀传统文化的理性认识和践行能力为重点，讲述中华民族多元一体的历史渊源及重要学术、艺术流派等，使学生在与世界文化的比较中，更加客观全面地认识中华文化，领悟民族独特智慧，更加理性地看待外部世界，坚定文化自信”的培养目标。本研学课程必修课与校内教育的衔接内容如下：1.鲁人版语文必修3司马迁“史记”；2.人教版高中地理选修3第一章“现代旅游及作用”；3.人教版高中历史必修1第一单元第2课“秦朝中央集权制度的形成”；4.人教版高中历史必修2第一单元第2课“古代手工业的进步”；5.人教版高中历史必修2第一单元第1课“发达的古代农业”；6.人教版高中历史必修3第三单元第9课“辉煌灿烂的文学”；7.人教版高中历史必修3第三单元第10课“充满魅力的书画和戏曲艺术”；8.人教版高中历史选修4第二单元第1课“儒家文化创始人”：9.人教版高中历史选修4第五单元第4课“新中国的缔造者毛泽东”；10.人教版高中思想政治必修4第一单元第7课“传统文化的推陈出新”

维度或要素			小学高年级段	初中段	高中段
研学课程	必修课程一	名称	人面鱼纹盆	钻木取火	姓氏起源
		活动目的	通过了解原始先民制作陶器技艺，感受先民陶艺魅力	了解火在人类文明进化史上的历史意义，掌握钻木取火技巧	通过中国姓氏的发展历史探索，帮助学生奠基文化归属感
		活动形式	辅导员讲授、实践体验相结合	聆听讲解、实践体验相结合	小组协作、实践体验、合作探究相结合
	必修课程二	名称	学唱秦腔	门匾家训	皮影艺术
		活动目的	通过观赏秦腔表演，学唱秦腔，让学生感受秦腔艺术魅力	通过门匾、对联、家训的探索，提高学生文化素养	通过观看皮影表演，了解皮影历史，实习皮影制作，让学生感受民族文化的魅力
		活动形式	辅导员讲授、实践体验相结合	聆听讲解、实践体验相结合	小组协作、实践体验、合作探究相结合
	必修课程三	名称	剪纸艺术	秦药香囊	石刻拓片
		活动目的	通过观看剪纸作品，了解剪纸历史，让学生感受剪纸文化	通过秦药的药用作用与历史价值的探索，让学生体会中医的博大精深	亲自动手参与拓片制作，让学生感受拓片文化
		活动形式	辅导员讲授、实践体验相结合	聆听讲解、实践体验相结合	小组协作、实践体验、合作探究相结合
	必修课程四	名称	中国结	面艺探索	陶埙体验
		活动目的	通过观赏中国结艺术作品，让学生树立家国情怀	通过聆听面艺的制作工艺，实习制作面食，让学生了解秦人饮食文化	通过观赏陶埙表演，实习陶埙演奏，让学生感受陶埙艺术魅力
		活动形式	辅导员讲授、实践体验相结合	聆听讲解、实践体验相结合	小组协作、实践体验、合作探究相结合

维度或要素			小学高年级段	初中段	高中段
研学课程	必修课程五	名称	仓颉造字	碑林揭秘	雕版印刷
		活动目的	通过聆听创造文字对人类文明发展的意义，帮助学生树立文化自豪感	通过实习书写，让学生感受书法魅力	通过制作蜡版作品，让学生了解雕版印刷在人类文化传播中的作用
		活动形式	辅导员讲授、实地体验	辅导员讲授、实地临摹	现场临摹、实地制作，实践体验相结合
	必修课程六	名称	周秦汉唐	雁塔题诗	触摸城墙谈古今
		活动目的	通过周秦汉唐历史了解，让学生了解每个朝代的基本组成形式	寻找并吟诵自己最喜爱的唐诗，帮助学生树立文化自信	登城墙，抚摸文明遗址，让学生感受祖国悠久的历史文化
		活动形式	辅导员讲授、实地参观	辅导员讲授、实践体验相结合	辅导员讲授、实地探访，实践体验相结合
	必修课程七	名称	人民的利益高于一切	沿着先烈的足迹前进	渭华起义
		活动目的	通过聆听革命家习仲勋“人民的利益高于一切”的精神世界，培养革命家精神	聆听西北革命历史背景的介绍，感悟人民军队英勇顽强、不怕牺牲的革命精神	了解渭华起义对西北革命历史的影响，感受艰苦奋斗的革命精神
		活动形式	辅导员讲授、实地探访	辅导员讲授、实践体验相结合	辅导员讲授、实地探访、实践体验相结合
	必修课程八	名称	照金纪事	探秘薛家寨	枣园灯火
		活动目的	通过聆听了解建立西北革命根据地的历史，培养独立意识	了解西北革命根据地的革命历史，深刻领悟革命先烈不屈不挠、艰苦奋斗的精神	了解毛泽东思想形成的历史，让学生体会艰苦奋斗、自力更生的精神实质
		活动形式	辅导员讲授、实地探访	实地探访、实践体验相结合	辅导员讲授、实地探访、实践体验相结合

维度或要素			小学高年级段	初中段	高中段
研学课程	必修课程九	名称	啊，摇篮	革命大学	陕北公学
		活动目的	通过了解革命年代党中央对下一代的关爱，帮助学生建立家国情怀	通过参观毛岸英的劳动大学，了解革命导师毛主席对子女教育的严格和期盼	通过参观中共中央西北局，了解十万青年赴陕北的历程，感受艰苦奋斗的革命精神
		活动形式	辅导员讲授、实地探访	辅导员讲授、实地探访、实践体验相结合	实地探访、实践体验、总结反思相结合
	必修课程十	名称	延安革命纪念馆	探访圣地	再访南泥湾
		活动目的	参观延安革命纪念馆，帮助学生树立革命意识	通过参观体验，理解到群众中去的伟大意义	通过探索南泥湾垦荒对中国革命的伟大贡献，帮助学生树立正确的劳动观
		活动形式	辅导员讲授、实地探访	辅导员讲授、实地探访、实践体验相结合	辅导员讲授、实地探访、集体研讨相结合
	选修课程		1. 陶艺制作 2. 救生知识学习及生命安全教育	1. 陶艺制作 2. 救生知识学习及生命安全教育	1. 陶艺制作 2. 救生知识学习及生命安全教育

维度或要素		小学高年级段	初中段	高中段
研学线路	代表性线路（时长五日）	第一天：陕西西安营地—西安半坡博物馆—西安易俗社—陕西西安营地；第二天：陕西西安营地—关中民俗艺术博物院—陕西西安营地；第三天：陕西西安营地—仓颉庙景区—陕西历史博物馆—陕西西安营地；第四天：陕西西安营地—富平县爱国主义教育基地—照金革命纪念馆—陕西西安营地；第五天：陕西西安营地—延安枣园研学基地—延安革命纪念馆—陕西西安营地	第一天：陕西西安营地—仓颉庙景区—张载祠—陕西西安营地；第二天：陕西西安营地—芸阁书院—西安半坡博物馆—陕西西安营地；第三天：陕西西安营地—关中民俗艺术博物院—西安城墙—陕西西安营地；第四天：陕西西安营地—安吴青年训练班纪念馆—照金革命纪念馆—陕西西安营地；第五天：陕西西安营地—黄河壶口瀑布—七大旧址—陕西西安营地	第一天：陕西西安营地—西安半坡博物馆—西安碑林博物馆—陕西西安营地；第二天：陕西西安营地—西安碑林博物馆—芸阁书院—陕西西安营地；第三天：陕西西安营地—仓颉庙景区—陕西历史博物馆—陕西西安营地；第四天：陕西西安营地—陕西延安中央社会部旧址—延安枣园研学基地—陕西西安营地；第五天：陕西西安营地—全国青少年延安革命传统教育基地—延安市示范性综合实践基地—陕西西安营地
	可选择线路（按天设计，菜单式选择）	1.陕西西安营地—华清宫—陕西西安营地；2.陕西西安营地—扶眉战役纪念馆—陕西西安营地；3.陕西西安营地—汉景帝阳陵博物馆—陕西西安营地；4.陕西西安营地—耀州窑博物馆—陕西西安营地；5.陕西西安营地—张载祠—陕西西安营地；6.陕西西安营地—西安汉城湖景区—大明宫遗址—陕西西安营地；7.陕西西安营地—大唐西市博物馆—陕西西安营地；8.陕西西安营地—唐少阳—陕西西安营地	1.陕西西安营地—西安汉城湖景区—大明宫遗址—陕西西安营地；2.陕西西安营地—大唐西市博物馆—陕西西安营地；3.陕西西安营地—唐少阳—陕西西安营地；4.陕西西安营地—司马迁文史基地—陕西西安营地；5.陕西西安营地—汉阴县三沈纪念馆—陕西西安营地；6.陕西西安营地—崇文塔景区—陕西西安营地；7.陕西西安营地—华清宫—陕西西安营地；8.陕西西安营地—扶眉战役纪念馆—陕西西安营地	1.陕西西安营地—陕西党家村景区管理委员会—陕西西安营地；2.陕西西安营地—女子民兵治沙连研学基地—陕西西安营地；3.陕西西安营地—西北大学博物馆—陕西西安营地；4.陕西西安营地—梁家河—陕西西安营地；5.陕西西安营地—汉中秦巴民俗村—陕西西安营地；6.陕西西安营地—安吴青年训练班纪念馆—陕西西安营地；7.陕西西安营地—西安汉城湖景区—大明宫遗址—陕西西安营地；8.陕西西安营地—大唐西市博物馆—陕西西安营地
	规划线路（按天设计）	1.陕西西安营地—白鹿原影视城—陕西西安营地；2.陕西西安营地—西影基地—陕西西安营地；3.陕西西安营地—陕西雅森研学体验教育基地—陕西西安营地；4.陕西西安营地—渭南华山艺术中心—富平陶艺村—陕西西安营地；5.陕西西安营地—渭华起义纪念馆—陕西西安营地；6.陕西西安营地—商於古道传统文化研学实践教育基地—陕西西安营地	1.陕西西安营地—袁家村关中民俗青少年研学基地—陕西西安营地；2.陕西西安营地—铜川药王山基地—陕西西安营地；3.陕西西安营地—宝鸡青铜器博物馆—周公庙—陕西西安营地；4.陕西西安营地—大明宫遗址—陕西西安营地；5.陕西西安营地—商於古道传统文化研学实践教育基地—陕西西安营地	1.陕西西安营地—诗经里研学基地—陕西西安营地；2.陕西西安营地—中华饮食传统技艺与文化研学基地—陕西西安营地；3.陕西西安营地—汉中留坝张良庙—金蚕小镇蚕桑农旅研学基地—陕西西安营地；4.陕西西安营地—中华郡研学基地—陕西西安营地

维度或要素		小学高年级段	初中段	高中段
教学重点难点（以代表性线路教学设计为例，以下同）	教学重点	1.掌握抗日战争时期的历史背景、当地人民的抗战故事以及抗日战争对中国历史的影响 2.感受革命先烈艰苦奋斗精神，体会改革开放伟大成就 3.探寻腰鼓的魅力，传承中华优秀传统文化 4.结合自身生活实际，体会民族传统文化的感染力，培养审美意识 5.民族优秀传统文化在现代先进文化的冲击下，仍然具有活力和艺术感染力	1.掌握非遗文化和红色文化的重要性 2.探究传统工艺的精髓和技艺 3.探究钻木取火，学习先民们利用大自然改善自身生活的探索精神 4.正确评价抗日战争中敌后战场的地位和作用 5.感悟和平生活的来之不易，珍惜当下的美好生活	1.从非遗文化研究性学习中提炼非遗文化的优缺点，进行创新和发掘，为传统文化注入新的生机 2.正确评价抗日战争中敌后战场的地位和作用 3.感悟和平生活的来之不易，珍惜当下的美好生活 4.探究在西方思潮的冲击下，优秀传统民族文化如何才能推陈出新 5.通过优秀传统文化和革命文化的学习，培养热爱祖国、报效祖国的精神
	教学难点	1.将革命前辈的奉献精神融入学习和生活中 2.了解关中民俗和文化 3.体会民族文化的独特魅力，培养爱家爱校爱国思想 4.通过对比革命岁月中革命先烈们的物质生活和精神生活，对比今天的生活和学习，体会革命先烈的家国情怀 5.让学生汲取民族传统文化中的优秀成果，转化为勤奋学习、建设伟大祖国的理想抱负	1.感受陕西关中传统文化的题材内容、艺术特色，能够制作主题鲜明、具有一定创意的作品 2.理解崇文塔的历史文化背景，开展丰富多样的展览和文化活动，包括书法、绘画等 3.优秀民族传统文化在帮助学生树立民族自豪感方面的积极作用 4.优秀传统技艺的继承和发扬 5.如何才能更好地将革命传统教育贯彻始终	1.优秀传统文化是经过漫长的岁月积淀而成的民族瑰宝，如何更好地继承 2.将革命前辈的奉献精神融入学习和生活中 3.探索如何才能创新性继承优秀传统文化，让其在新时代焕发出蓬勃生机 4.学会民族传统技艺，自觉成为“非物质文化遗产”的继承者和发扬者 5.探究新时代背景下，如何继承革命先烈的遗志，为建设强大祖国而刻苦学习

维度或要素	小学高年级段	初中段	高中段
教学策略	针对小学高年级段学生好奇心强，动手实践活动积极，但自我约束力较差的特点，通过亲身体验，深刻理解中华优秀传统文化的内涵，将文化元素内化为自己的情感、认知和行为；了解中国共产党的革命传统，学习延安精神、照金精神，树立热爱的情怀，为自己是中国人感到自豪；通过亲身体验，深刻理解中华优秀传统文化的内涵，将文化元素内化为自己的情感、认知和行为；遵守公共空间的行为规范、理解公共规则的意义并自觉维护，对个人与集体有正确认识；培养对文化传承的责任心和担当意识，激发主动参与文化传承活动的积极性，担当文化传承的实践者和守护者。培养对中华优秀传统文化的基本认知和积极态度，树立尊重传统优秀文化的价值观。培养学生的责任担当和实践能力，整合社会资源，让学生在研学实践中全面成长；体验式学习、合作学习、探究式学习；教师资源为研学辅导员、场馆讲解员	针对初中段学生接受能力强、参与动手实践意识不高、自我意识逐步觉醒的情况，通过探索文物奥秘，感受历史人文积淀，传承革命先烈不屈不挠的奋斗精神，深化对传统文化的认知，培养对多元文化的包容性观念，形成对文化多样性的尊重和理解；将多学科知识应用于实践，培养综合所学知识和技能解决实际问题的能力；通过实地考察和设计制作，将传统文化知识融入生活，形成对传统文化的情感认同；形成团队合作解决问题的意识，提高观察、记录、搜集和分析信息的能力；增强保护和传承历史文化、优秀传统文化的责任感和使命感，树立爱护和保护文物的意识；提高文化自觉性和文化责任感，培养对中华优秀传统文化的守护意识，激发对文化传承的主动参与和贡献培养文化创意能力，通过手工制作、文艺表演等方式，将传统文化元素重新演绎，在创新中传承；以学生持续生长为中心，关注学生践行社会主义核心价值观，在传承的基础上实现个人创新；合作探究、现代化教学手段	针对高中段学生理解和探索能力突出，创新能力初步觉醒，具有独立思考能力的特点，通过让学生理解延安精神，理解革命先烈的丰功伟绩，培养家国情怀；拓展对传统文化的深层次理解，培养对文化传承的高度认同和价值追求，开展传承与创作；通过实地学习革命先辈们的光辉事迹，初步树立自己正确的人生观、价值观与世界观；通过深度研究与实践，在专业领域深入探究传统文化，形成对中华优秀传统文化的内化性认知和实践经验；通过搜集信息、交流展示等提升团队协作的意识；通过撰写研究报告，锻炼语言表达和写作能力；培养对中华优秀传统文化在全球文化交流中的责任感，引导参与国际性文化传承与交流，形成全球文化责任担当；通过跨学科的创新实践，将优秀传统文化与现代科技、艺术等相结合，推动文化元素的创新性发展，培养综合创造力注重学生个性化发展，以学生持续生长为中心，关注学生践行社会主义核心价值观，在传承的基础上实现个人创新；采用体验式学习、合作学习、探究式学习

维度或要素				小学高年级段	初中段	高中段
实施方案	入营教育	安全	引导	进行入营安全主题教育，签订安全协议	进行入营安全主题教育，签订安全协议，发放安全手册	进行入营安全主题教育，讨论研究活动中可能存在的安全隐患
			实训	学习安全手册，进行疏散安全演练，进行疏散安全演练	学习安全手册，绘制营地疏散图，培养有序性	排查自己身边可能存在的安全隐患，制作安全提示标志
		应急	引导	通过视频学习，掌握应急事件处理的方法和技巧	学习急救常识，学会规避安全隐患，提高自我防护能力	学习急救常识；通过视频学习，掌握应急事件处理的方法和技巧
			实训	熟练使用灭火器，会报警，懂得火灾、地震应急处理方法，进行疏散演练	学习简单的伤口处理，熟悉自己周围的环境，排查可能存在的安全隐患	学习制作担架及简单的伤口包扎，并了解日常应急救护药品
		救助	引导	模拟真实环境，进行救助主题培训，提高应对措施和应变能力	认识日常应急救护药品，通过具有针对性的训练，提高学生救助能力	通过讲解及培训，提高学生安全意识和救护能力
			实训	学习正确地处理身边的安全隐患，学习报警电话的熟练准确应用	进行心肺复苏、包扎等应急技能培训，熟识并熟练运用身边的救助设施	学会正确使用担架，正确处理较为严重的例如摔倒等事故的处理
		自我管理	引导	通过观看视频和知识讲解，引导学生远离身边的安全隐患	通过团队意识的培养，让学生学会借助集体的力量远离安全隐患	培养学生服从意识，将自己融入集体生活，进行自我约束和管理
			实训	培养遵守纪律的习惯，寻找身边的安全隐患并进行标识	进行集体项目团建活动，让学生更好地融入集体，提高集体凝聚力	进行队列队伍训练、集体拓展训练，帮助学生树立集体荣誉感
		团队协作	引导	培养沟通和倾听的能力，学会表达自己的观点	通过团队意识的培养，让学生学会借助集体的力量远离安全隐患	通过团建课程，建设团队，帮助学生缓解恐惧感，提高适应环境和他人的能力
			实训	开展集体游戏活动，以游戏带动学生积极性，提高学生自信心	进行集体项目团建活动，让学生更好地融入集体，提高集体凝聚力	进行“背摔”等团建项目，进行自我管理和心理建设

维度或要素		小学高年级段	初中段	高中段
实施方案	导入教学环节	1.游戏导入：设计与研学内容相关的游戏，吸引学生注意力；2.视频导入：播放“长安三万里”等视频，引发学生学习兴趣；3.故事导入：研学导师讲述延安革命的背景故事，让学生投入到战火纷飞的情境中；4.视频导入：观看剪纸、历史战争视频；5.活动导入：开展学唱秦腔活动，引导学生感受传统文化的魅力	1视频导入：播放关于传统文化的宣传视频，增强学生学习兴趣，同时引起同学对传统文化的关注；2.问题导入：秦始皇帝陵作为世界文化遗产，同学们知道它的历史意义有哪些？3.活动导入：开展传统技艺体验活动，让学生在活动中感受文化传承；4.情境导入：创设情境，让学生以第一视角切入研学过程；5.探索导入：利用问题驱动法，让学生带着问题去参加活动	1.故事导入：研学导师讲述延安革命的背景故事，让学生投入到战火纷飞的情境中来；2.视频景导入：观看剪纸、战争视频；3.故事导入：讲解延安革命故事，激发学生探索兴趣；4.研究性问题导入：中华民族历史悠久，在历史的长河中出现了许多优秀的传统文化及习俗，我们如何才能在新时代将它们发扬光大；5.启发式导入：春节、端午节、中秋节等中国传统文化在全世界范围内广泛传播，你如何看待此问题
	授课教学环节	第一天：必修课程一“人面鱼纹盆”、必修课程二“学唱秦腔”；第二天：必修课程三“剪纸艺术”、必修课程四“中国结”、选修课程1“陶艺制作”；第三天：必修课程五“仓颉造字”、必修课程六“周秦汉唐”；第四天：必修课程七“人民利益高于一切”、必修课程八“照金旧事”；第五天：必修课程九“啊，摇篮”、必修课程十“延安革命纪念馆”、选修课程2“救生知识学习及生命安全教育”	第一天：必修课程一“钻木取火”、必修课程二“门匾家训”；第二天：必修课程三“秦药香囊”、必修课程四“面艺探索”、选修课程1“陶艺制作”；第三天：必修课程五“碑林揭秘”、必修课程六“雁塔题诗”；第四天：必修课程七“沿着革命先烈的足迹”、必修课程八“探秘薛家寨”；第五天：必修课程九“革命大学”、必修课程十“探访圣地”、选修课程2“救生知识学习及生命安全教育”	第一天：必修课程一“姓氏起源”、必修课程二“皮影艺术”；第二天：必修课程三“石刻拓片”、必修课程四“陶埙体验”、选修课程1“陶艺制作”；第三天：必修课程五“雕版印刷”、必修课程六“触摸城墙谈古今”；第四天：必修课程七“渭华起义”、必修课程八“枣园灯火”、选修课程2“救生知识学习及生命安全教育”；第五天：必修课程九“陕北公学”、必修课程十“再访南泥湾”

维度或要素		小学高年级段	初中段	高中段
实施方案	进阶教学环节	1. 体认：了解中国传统建筑的造园手法，古今对比，感悟中国社会发展与变迁 2. 观察：明城墙的建筑特点及历史意义 3. 总结：二虎守长安的英雄事迹，对于学生的爱国主义教育有着哪些重大意义 4. 表达：以“假如文物会说话”的形式介绍守护非遗文化的想法和做法	1. 分析：大唐芙蓉园的古代建筑艺术特点 2. 传承：非物质遗产的扎染、皮影、剪纸、篆刻、古琴、华阴老腔等传统文化艺术 3. 总结：简述中国共产党积极组织抗日民族统一战线的政策 4. 探究：传统文化对现代科技发展的重要意义	1. 分析：延安革命胜利的重要历史意义 2. 总结：民间剪纸艺术及腰鼓艺术作品在革命斗争中发挥的重要作用 3. 体认：从党的二十大看中国共产党成功的密码 4. 探究：普通民间艺术剪纸和非遗文化的镂空剪纸的共同特点及不同之处
	巩固教学环节	1. 展示：通过讲故事、新闻采访、情境再现等多种活动加深对革命历史的认识 2. 拓展：通过对比探究，提升中国传统建筑的审美，感悟当今的美好生活	1. 拓展：通过古今建筑对比、造型手法的探究、古建筑布局对比等增强对古建筑审美立意的理解，感悟自然与人文在建筑学中的结合 2. 展示：通过讲故事、新闻采访、情境再现等多种活动加深对革命历史的认识	1. 拓展；通过情境再现、问题解答等方式加深对十三朝古都历史的理解与认知 2. 巩固：与非遗传承人座谈加深对非遗技艺的理解 3. 迁移：通过情境模拟与革命先烈对话，加深对艰苦奋斗、顽强不屈精神的理解

维度或要素			小学高年级段	初中段	高中段
实施方案	总结教学环节	教学创新	1.针对学生特点，在研学项目选择上倾向于体现动手能力和表达能力的内容，避免简单的知识传授 2.基于学生多元化发展方向，对同一问题创设更多的切入点	1.针对学生特点，通过多途径、多角度、多方向的启蒙教育，层层推进地贯彻以人为本思想，促进学生个性化成长 2.通过参与活动，帮助学生树立正确的人生观和价值观，实现校内校外联动育人	1.针对学生特点，设置更多需要小组协作进行探索的问题，充分激发学生的想象能力和创造能力 2.贯彻以人为本思想，促进学生个性化成长，帮助学生树立正确的人生观和价值观
		教学总结	1.组织研学辅导人员总结活动效果，提出改进措施 2.通过调查问卷、研讨交流等形式，收集参加活动人员的反馈意见，对研学环节进行完善和提升 3.引入学校及科任教师视角，对活动中的问题进行整理，提出改进意见	1.梳理《研学任务书》中的内容和项目，合理分配问题难易度和规划问题模块 2.通过调查问卷等形式，征集学生对研学项目的意见，提升研学活动的针对性 3.基于从简单到复杂的逻辑关系，在关注细节的基础上，整体把握研学环节的衔接关系	1.引导学生通过小组讨论、集体辩论等形式，将研学活动中的收获和个人思想认识进行有机融合 2.结合学生总结反思及心得体会的撰写情况，把握学生对研学课程的认识及创新程度 3.结合活动过程重新审视研学活动方案的合理性和深刻性
		教学反思	1.反思辅导教师在活动组织中是否结合学生年龄特点进行引导和组织 2.反思研学活动过程中学生是否全程参与，难点和重点是否掌握 3.是否培养了学生继承和传播优秀传统文化的兴趣	1.导入环节过程中，学生的学习兴趣是否充分调动，活动热情是否得到激发 2.深挖课程资源，完善课程内容，与学校教学环节进行深度融合 3.反思教学计划的完成情况，提出合理的修改意见	1.采用分层递进的方式，研究提高研学活动效果的新途径、新方法，以学生的个性化成长促进课堂效果的实现 2.在总结的基础上，以教学效果的提升促进学生创新思维能力的培养 3.学生创新精神和创新能力是否得到提升

维度或要素				小学高年级段	初中段	高中段
实施方案	评价教学环节	教学水平评价	自我评价	通过自我反思形式，结合学生参加活动的积极性和主动性，对活动安排、组织实施、讲解辅导过程等进行评价	通过对课程安排的合理性、活动过程的有序性、安全管理的有效性、任务单设置的合理性、活动前期的准备情况等进行评价，探索更加合理的活动组织形式	根据学生参与活动的积极性和主动性、活动中自主探索部分的完成情况、活动展示部分的有效性等进行评价，探索更加适合学生生活学习的课程安排
			学生评价	对营地组织活动的过程及课程安排的合理性进行评价	通过调查问卷形式，收集学生对活动项目及组织实施活动过程的意见建议	组织学生开展研讨，结合研学活动过程中自己的参与度和对课程内容的探索深度，对活动进行综合评价
			同行评价	组织召开研学活动参与人员总结会，鼓励参与人员从导入环节到总结环节进行相互研讨和评价；征集研学活动学校和教师对活动组织的评价	通过调查研究形式，收集研学活动接待基地、研学活动辅导人员、研学活动学校师生及其他活动组织人员的意见建议	在自我评价的基础上，结合活动呈现效果，对研学问题预设的深度和广度、课程项目实施的完整程度、参与人员的敬业精神和专业能力进行评价
			培训和考核	定期组织研学活动参与人员在营地内开展培训活动，聘请相关专家进入营地进行道德修养、专业技能及乐于奉献等培训，鼓励研学辅导员参加更好层次的进修学习；通过政治素养、道德水平、敬业精神、专业素养等多维度对参与活动人员进行综合评价	在完善内部培训制度的基础上，创设交流和研讨平台，组织研学辅导员等活动参与人员到相邻全国营地接受培训；通过政治素养、道德水平、敬业精神、专业素养等多维度对参与活动人员进行综合评价	采用走出去和请进来相结合的方式，提升研学辅导人员的专业能力；鼓励研学活动参与人员参加基地外的相关培训活动；对研学基地课程设计和专业人员进行培训；完善绩效评价考核机制，让更多优秀人才能力得到充分肯定
			教学成果展示	用图文、手抄报等展示自己的研学成果；用图片、音像等资料展示基地研学成果	通过黑板报等展示研学成果；通过网络信息平台、新闻媒体等多种途径展示研学活动成果	学生制作研学活动简报或宣传册；基地通过网络信息平台、新闻媒体等多种途径展示研学活动成果

维度或要素				小学高年级段	初中段	高中段
实施方案	评价教学环节	学业评价	形成性评价	关注研学活动全过程，以发展的眼光看待学生的成长，帮助学生将实践知识和理论知识相结合，实现学生知识和能力的协同发展	关注研学接待基地活动组织的过程、人员专业素质及安全管理等情况，及时反馈活动中的问题，对研学基地进行动态管理，提升研学活动效果	观察学生参与活动的积极性和主动性，结合研学活动课程方案，思考活动项目实施过程中需要改进的地方，提出改进意见，并在后续的活动中加以完善
			总结性评价	活动结束后，通过设置游戏环节，让学生畅谈自己在活动中发现的引起自己特别关注的知识点和活动中的问题，对活动过程进行整体评价	以研学活动方案和教案中预设的问题为导向，综合考量学生的参与度和思考深度、研学基地活动组织的有序性和规范性、活动参与人员的能力水平、安全管理的有效性等，对活动进行综合评价	研学活动结束后，结合多项活动中学生的参与度和思考的深度，总结学生研学实践教育活动效果，形成切合学生实际的总结性评价报告
			教师评价	教师通过游戏等形式，对学生遵守纪律、安全防护、参与活动等进行评价；组织学生进行成果展示活动，并对学生展示的成果进行适当点评	教师通过观察和询问，对学生在活动中的表现及最终成果的体现，对学生进行综合评价，形成教师评价报告	通过调查问卷等形式，教师结合学生行前准备、活动过程和探索创新，对学生进行评价；活动组织学校教师对营地的人员素质和组织流程进行评价；营地对基地完成研学活动的组织能力进行评价
		项目评价		教育主管部门、学生家长、社会各界对教育教学目标设定、教学设计、研学线路规划等方面进行评价	教育主管部门、学生家长、社会各界对教育教学目标设定、教学设计、研学线路规划等方面进行评价	教育主管部门、学生家长、社会各界对教育教学目标设定、教学设计、研学线路规划等方面进行评价

4.22 教学计划与策略列表：赓续文脉，创新传承

营地名称		汉中市中小学综合实践基地（简称“陕西汉中营地”）	命名机构	教育部	识别码	Y145613003
从业资质（摘要）		科技创新、专题教育、生命安全、素质拓展、文化创意、国防教育	单位属性	公益一类	法定代表人	邵小河
研学主题		赓续文脉，创新传承	主要目的指向		文化传承与创新教育	
营地（枢纽）及周边主要优质研学资源	基地层级	研学站点（基地）名称				
	教育部命名基地：已列入教学计划	一、与本主题相关列入教学计划的基地18个 1.陕西汉中营地；2.汉中秦巴民俗村有限责任公司（简称“秦巴民俗村”）；3.川陕革命根据地纪念馆；4.汉中市博物馆；5.洋县蔡伦墓祠文物保护管理所（简称“蔡伦墓祠”）；6.城固县张骞纪念馆（简称“张骞纪念馆”）；7.城固县上元观古镇（简称“上元观古镇”）；8.羌族文化博览园；9.黄官黄酒非遗文化及农耕体验研学基地（简称“黄官黄酒”）；10.汉中藤编非遗文化研学实践基地（简称“汉中藤编”）；11.诸葛古镇景区（简称“诸葛古镇”）；12.勉县武侯墓博物馆（简称“武侯墓”）；13.陕西历史博物馆；14.陕西省西安市中小学校外综合实践活动基地（简称“陕西西安营地”）；15.成都博物馆；16.成都杜甫草堂博物馆（简称“杜甫草堂”）；17.成都武侯祠博物馆（简称“武侯祠”）；18.眉山市青少年综合实践基地（简称“四川眉山营地”） 二、与本主题关联不大但列入本营地教学计划的基地10个 1.汉中匾额博物馆及城固架花传习所；2.龙江草龙非遗基地；3.大咸德老陈醋（酱）制作技艺传习所；4.陕西理工大学；5.紫柏山研学基地；6.广元营地；7.剑门关；8.翠云廊；9.成都熊猫繁育基地；10.都江堰					
	教育部命名基地：待列入教学计划	陕西华清宫文化旅游有限公司				
	其他部委命名基地	1.西安碑林博物馆；2.西安半坡博物馆；3.秦始皇兵马俑博物馆；4.西安城墙；5.钟鼓楼；6.大明宫遗址；7.秦岭国家植物园；8大雁塔；9.苍溪红军渡基地				
	地方命名基地	1.广元市博物馆；2.明月峡研学基地；3.千佛崖；4.皇泽寺；5.昭化古城；6.米仓山基地				
	本营地资源	1.皮影馆；2茶艺国学馆；3沙画馆；4.藤编馆；5.生命安全馆；6.交通安全馆；7.消防安全馆；8.防震减灾馆；9.法制教育馆；10.国防教育馆；11.航模空间馆；12.创客空间馆；13.智慧物联馆；14.禁毒教育馆；15.光影艺术馆				
	其他资源	汉中市群众艺术文化馆				

维度或要素	小学高年级段	初中段	高中段
校内教育基础（与校内教育的衔接）	对照课标，小学段在文化传承与创新方面培养目标应达成以下方面：通过学习文化传承课程，让学生了解和认识本民族或其他文化的历史、传统、习俗等，引导学生树立正确的价值观；培养学生对自己文化的认同感和自豪感，同时促进他们对其他文化的包容和欣赏；激发学生对文化传承的兴趣和责任感，培养他们主动参与文化传承活动的意识。本研学主题必修课程与校内教育衔接内容如下：1.部编版四年级语文上册第七单元第22课“为中华之崛起而读书”；2.部编版六年级道德与法治下册第三单元第6课“探访古代文明”、第7课“多元文化 多样魅力”；3.人教版六年级道德与法治下册第三单元第6课第2节“闻名世界的文化遗产”、第7课“多元文化 多样魅力”；4.人教版六年级美术上册第12课“保护文物”	对照课标，初中段应培养学生全面的文化素养，使他们成为有文化底蕴、有责任感、有创新精神的新一代，可以着重培养以下方面：了解和认识本民族及其他民族的文化传统、历史渊源、风俗习惯等，拓宽文化视野；引导学生树立正确的价值观，培养对传统文化的尊重和认同感，增强民族自豪感；鼓励学生在文化传承的基础上进行创新，培养创新思维和实践能力；帮助学生树立文化自信，勇于展示和传播本民族文化。本研学主题必修课程与校内教育衔接内容如下：1.部编版七年级历史上册第三单元第14课“沟通中外文明的‘丝绸之路’”；2.部编版九年级道德与法治上册第三单元第5课“守望精神家园 延续文化血脉”；3.人教版七年级历史上册第四单元第16课“三国鼎立”；4.人教版七年级历史下册第一单元第2课“从贞观之治到开元盛世”；5.人教版八年级历史与社会上册第四单元第一课“三国鼎立与西晋的统一”、第二课“唐的盛衰”；6.人教版九年级语文下册第六单元第23课“出师表”	对照课标，高中段在文化传承与创新方面培养目标应从如下方面进行：培养学生对传统文化的认知和理解，使学生了解文化的多样性和丰富性，引导学生树立正确的价值观和道德观念；鼓励学生积极参与文化传承和创新活动，培养学生的传承意识和创新精神；培养学生的跨文化交流能力，使学生能够理解和尊重不同文化，促进不同文化之间的交流与融合；培养学生的社会责任感，使学生关注社会问题，积极参与文化保护和传承的公益活动，为社会的发展和进步贡献力量。本研学主题必修课程与校内教育衔接内容如下：1.人教版高三历史选择性必修3第四单元第9课“古代的商路、贸易与文化交流”；2.人教版高中语文必修3第二单元第4课“蜀道难”；3.人教版高中语文必修5名著导读《三国演义》；4.人教版高中美术必修第二单元第9课“美在民间——中国民间美术”；5.人教版高中思想政治必修3第二单元第4课“文化的继承性与文化发展”、第5课“文化创新”、第三单元第6课“我们的中华文化”

维度或要素			小学高年级段	初中段	高中段
研学课程	必修课程一	名称	初识大汉源脉	探访汉风汉韵	研读汉风汉韵
		活动目的	了解栈道文化，理解拜将坛的由来，领悟汉中是汉文化的发祥地	结合传统文化体验，了解汉中如何孕育出“汉”这一复杂而又充满生命力的文化本源	探究传统文化，读懂汉文化，使学生感受传统文化魅力，提升文化素养
		活动形式	教师讲授、实地探访、表达感受	教师讲授、实地探访、小组合作	教师讲授、实地探访、实践体验相结合
	必修课程二	名称	认识丝路文化	品读丝路文化	研习丝路文化
		活动目的	认识张骞事迹、精神和丝路文化，初步感知	了解张骞事迹、精神和丝路文化，体验造纸术，传承文脉	通过对张骞事迹、精神和丝路文化的研究，增强民族自信心和自豪感
		活动形式	教师讲授、实地探访、表达感受	教师讲授、实地探访、小组合作	自主研究、实践体验相结合
	必修课程三	名称	认识古代新进科技——造纸术	体验造纸技艺，感悟古人智慧	感悟古法魅力，传承造纸匠心
		活动目的	理解纸的特性及应用，激发学生的民族自豪感	提升学生在生活中发现、探索和交流科学的热情，传承工匠精神	研究造纸术的历史和文化价值，培养探究精神和团队合作能力
		活动形式	教师讲授、实地探访、表达感受	教师讲授、实地探访、合作交流	教师讲授、实地探访、实践体验相结合
	必修课程四	名称	走进汉中民俗	品读三国文化	寻非遗文化之根
		活动目的	以汉中民俗文化为基础，实地参观了解家乡传统民俗文化	了解诸葛亮屯兵汉中、北伐曹魏的这一段历史，深入体会诸葛亮文化的内涵	探究汉中“非遗”的地域性和乡土文化，增强学生文化自信
		活动形式	教师讲授、实地探访、表达感受	教师讲授、实地探访、合作交流	教师讲授、实地探访、实践体验相结合

维度或要素			小学高年级段	初中段	高中段
研学课程	必修课程五	名称	走进汉中藤编艺术	汉中武侯祠的建筑与文化	黄官黄酒的传承与创新
		活动目的	了解汉中藤编创作过程，在传统文化基础上进行创意拓展	探究三国时期的建筑特色与文化背景	探究古法酿造黄酒制作技艺，探讨古法造酒的传承与发展
		活动形式	实地探访、表达感受	教师讲授、实地探访、合作交流	教师讲授、实地探访、实践体验相结合
	必修课程六	名称	了解黄官黄酒	研学陕西历史博物馆	研学川陕馆，传承红色文化
		活动目的	了解黄官黄酒制作技艺，感受劳动人民的智慧和传统技艺的精巧	走进陕历博，让学生深入了解秦汉唐文化之发源，感受中国历史的厚重	激发学生爱国热情，提高历史素养，促进全面发展，传承红色革命精神
		活动形式	教师讲授、实地探访、表达感受	教师讲授、实地探访、实践体验相结合	教师讲授、实地探访、实践体验相结合
	必修课程七	名称	走进川陕馆，传承红色文化	寻梦长安，研学探古	穿越千年，研读古蜀文明
		活动目的	了解家乡悠久的革命历史和灿烂的文化，培养爱国爱乡情怀	了解大雁塔、大唐芙蓉园背后的相关历史，体会中国古建筑高超的建造艺术	走进成都博物馆，以探究式学习，研习巴蜀文化及川陕习俗
		活动形式	教师讲授、实地探访、表达感受	教师讲授、实地探访、合作交流	教师讲授、实地探访、实践体验相结合
	必修课程八	名称	初探羌族故里	酿造的奥秘：黄官古法黄酒	对话圣贤，诗史合一
		活动目的	让学生了解羌族文化，感知文化特色	探究古法酿造黄酒制作技艺，探讨古法造酒的传承与发展	探访杜甫草堂，探究人物和故事，以对话的形式，建立与成都城市的情感关系
		活动形式	教师讲授、实地探访、表达感受	教师讲授、实地探访、表达感受	教师讲授、实地探访、实践体验相结合

维度或要素			小学高年级段	初中段	高中段
研学课程	必修课程九	名称	古镇探险家：走进诸葛古镇	寻梦长安，研学探古	成都武侯祠文化探究
		活动目的	了解三国历史故事和三国文化，感受三国建筑风格	了解大雁塔、大唐芙蓉园背后的相关历史，体会中国古建筑高超的建造艺术	沿着历史的主线，感知蜀国历史和文化传承、建筑风格与特点
		活动形式	实地探访、教师讲授、小组讨论	教师讲授、实地探访、合作交流	教师讲授、实地探访、小组交流
	必修课程十	名称	武侯传奇	品味汉中民俗	汉中地区的历史与文化遗产保护
		活动目的	了解三国文化以及诸葛亮屯兵汉中的历史故事	通过近距离实践与体验，体悟传统文化中凝结的“中华精神”“中华审美”	探究汉中历史以及文化遗产保护的重要性
		活动形式	实地探访、教师讲授、小组讨论	教师讲授、实地探访、合作交流	教师讲授、实地探访、实践体验相结合
	选修课程		1. 城固剪纸 2. 金石传拓 3. 汉中藤编	1. 汉中藤编 2. 金石传拓 3. 龙舞道具制作技艺	1. 汉中藤编 2. 金石传拓 3. 龙舞道具制作技艺 4. 文物修复

维度或要素		小学高年级段	初中段	高中段
研学线路	代表性线路（时长五日）	第一天：陕西汉中营地—汉中市博物馆—陕西汉中营地；第二天：陕西汉中营地—张骞墓祠—蔡伦墓祠—陕西汉中营地；第三天：陕西汉中营地—群艺馆—秦巴民俗村—陕西汉中营地；第四天：陕西汉中营地—汉中藤编—黄官黄酒—川陕馆—陕西汉中营地；第五天：陕西汉中营地—羌博园—羌绣传习所—陕西汉中营地	第一天：陕西汉中营地—兴汉胜镜—陕西汉中营地；第二天：陕西汉中营地—张骞墓祠—蔡伦墓祠—陕西汉中营地；第三天：陕西汉中营地—武侯墓—诸葛古镇—陕西汉中营地；第四天：陕西汉中营地—陕西历史博物馆—驼铃传奇演出—陕西西安营地；第五天：陕西西安营地—大雁塔—大唐芙蓉园—陕西汉中营地	第一天：陕西汉中营地—兴汉胜镜—陕西汉中营地；第二天：陕西汉中营地—张骞墓祠—蔡伦墓祠—陕西汉中营地；第三天：陕西汉中营地—汉中藤编—黄官黄酒—川陕馆—陕西汉中营地；第四天：陕西汉中营地—成都博物馆—四川眉山营地；第五天：四川眉山营地—杜甫草堂—武侯祠博物馆—陕西汉中营地
	可选择线路（按天设计，菜单式选择）	1.陕西汉中营地—大咸德老陈醋（酱）制作技艺传习所—陕西汉中营地；2.陕西汉中营地—上元观古镇—陕西汉中营地；3.陕西汉中营地—兴汉胜境景区—陕西汉中营地；4.陕西汉中营地—皮影馆—沙画馆—陕西汉中营地；5.陕西汉中营地—诸葛街区—陕西汉中营地；6.陕西汉中营地—龙江草龙—陕西汉中营地；7.陕西汉中营地—陕西理工大学—陕西汉中营地；8.陕西汉中营地—汉中匾额博物馆及城固架花传习所—陕西汉中营地	1.陕西汉中营地—西安半坡博物馆—陕西西安营地；2.陕西西安营地—西安碑林博物馆—陕西西安营地；3.陕西西安营地—秦岭国家植物园—陕西西安营地；4.陕西西安营地—大明宫遗址—大雁塔—陕西西安营地；5.陕西西安营地—茶艺馆—沙画馆—陕西汉中营地；6.陕西汉中营地—紫柏山—陕西汉中营地；7.陕西汉中营地—龙江草龙—陕西汉中营地；8.陕西汉中营地—汉中匾额博物馆及城固架花传习所—陕西汉中营地	1.陕西汉中营地—四川眉山营地；2.四川眉山营地—都江堰—四川眉山营地；3.四川眉山营地—熊猫繁育基地—四川眉山营地；4.四川眉山营地—杜甫草堂—四川广元营地；5.四川广元营地—剑门关—翠云廊—四川广元营地；6.四川广元营地—苍溪红军渡基地—四川广元营地；7.四川广元营地—广元市博物馆—明月峡研学基地—四川广元营地；8.四川广元营地—汉中藤编—陕西汉中营地
	规划线路（按天设计）	1.陕西汉中营地—大咸德老陈醋（酱）制作技艺传习所—陕西汉中营地；2.陕西汉中营地—城固上元观古镇—陕西汉中营地；3.陕西汉中营地—兴汉胜境景区—陕西汉中营地	1.陕西汉中营地—袁家村—陕西西安营地；2.陕西西安营地—兵马俑—陕西西安营地；3.陕西西安营地—西安城墙—钟鼓楼—陕西汉中营地	1.陕西汉中营地—米仓山基地—四川广元营地；2.四川广元营地—千佛崖—皇泽寺—四川广元营地；3.四川广元营地—昭化古城—陕西汉中营地

维度或要素		小学高年级段	初中段	高中段
教学重点难点（以代表性线路教学设计为例，以下同）	教学重点	1. 了解中华文化兼容并蓄的特点，继承和发展中华文化，建立文化自信 2. 了解古代造纸制作流程；理解中国丝绸之路的意义 3. 结合独特民俗文化，以学生直接体验为主要形式，初步感知汉文化 4. 认识当地的“非遗”项目，感悟传承意义和价值 5. 了解当地悠久历史和独特民俗文化，增强文化自信	1. 理解汉文化的历史价值和时代价值 2. 了解张骞事迹、精神和丝路文化，体验造纸术，传承文脉 3. 了解诸葛亮屯兵汉中、北伐曹魏的这一段历史，深入体会诸葛亮鞠躬尽瘁、死而后已的精神内涵 4. 走进历史博物馆，感知历史、反思历史 5. 通过实地参观，体会中国古建筑高超的建造艺术	1. 理解汉文化的历史价值和时代价值，了解中华文化兼容并蓄的特点 2. 通过对张骞事迹、精神和丝路文化的研究，增强民族自信心和自豪感 3. 探究汉中“非遗”的地域性和乡土文化，增强学生文化自信 4. 走进历史博物馆，感知历史、反思历史 5. 以探究式学习，研习巴蜀文化及川陕习俗
	教学难点	1. 了解中华文化兼容并蓄的特点 2. 理解中国丝绸之路的意义 3. 了解古代造纸制作流程 4. “非遗”项目的传承意义和价值 5. 了解优秀传统文化，增强爱国、爱家乡和传承文明的责任意识	1. 学习前人的工匠精神，树立文化自信 2. 了解中华文化的灿烂辉煌，继承和发扬传统文化，树立文化自信的价值观念 3. 深入体会诸葛亮鞠躬尽瘁、死而后已的精神内涵 4. 让学生切实感受到秦、汉、唐文化之发源，战争英雄之壮伟，民族精神之坚韧 5. 推动中国传统文化的传承和发扬，缔造文化之根、文化之魂	1. 了解汉中是如何孕育出“汉”这一复杂而又充满生命力的文化本源 2. 热爱祖国和家乡，爱护文物，传承传统文化的责任意识，深刻理解中华优秀传统文化的内涵，将文化元素内化为自己的情感、认知和行为 3. 将传统文化元素具体化，培养创造力和审美观 4. 研习巴蜀文化及川陕习俗 5. 以对话的形式，建立与成都城市的情感关系

维度或要素	小学高年级段	初中段	高中段
教学策略	针对小学高年级段学生具有一定的认知水平和学习能力，对历史、艺术和非遗文化等领域有一定的了解，但是动手实践能力不足，对传统文化的系统认知不足的学情分析，基于立德树人、多元智能、弘扬传统文化理论，选取汉文化、三国文化、丝路文化、红色文化、民俗文化、张骞、诸葛亮名人文化、非遗文化等内容，运用实地探访、专家讲授、真人实景演艺、播放视频、发布任务等教学方式和自主学习、探究学习、合作学习等学法，依托研学实践教育基地、汉中博物馆、张骞纪念馆、诸葛古镇、武侯祠等教学资源，开展传统文化实践活动，包括历史文明、传统文化、红色文化、民俗文化、“非遗”传承等主题，如制作传统手工艺品、表演观看传统节目、体验非遗项目等，激发学生的学习兴趣，调动学生的积极性，让学生主动学习，培养学生文化传承与创新的能力，让学生在实践中感受文化的魅力	针对初中段学生具有叛逆、追求自由平等、易受外界影响、情绪波动、凭感情行事等特点，但同时也具有可塑性大、行动力强、富有激情等优点的学情分析，基于立德树人、爱心植入理论思想，以学生对优秀传统文化的价值观引领、传承保护、守正创新等能力培养为目标，选取汉文化、三国文化、思路文化、红色文化、民俗文化、张骞、诸葛亮名人文化、非遗文化等内容，运用讲授、演示、实验、练习等教法和自主学习、探究学习、合作学习等学法，依托项目化研学课程教材、研学手册、教学设备、教学耗材及研学实践教育基地基础设施等教学资源和三维、虚拟现实、增强现实等数字化技术，使用情境教学、跨学科教学、合作学习、基于项目的学习、基于探究的学习、基于问题的学习等策略进行总体设计，开展历史文明、传统文化、红色文化、民俗文化、“非遗”传承等主题研学实践活动，在重温历史中培育爱国情怀，在真实情境中强化教育，连接历史与现实，关注学生创新意识	高中段学生心智发展迅速，兴趣广泛，创新意识较强，能够在教师的指导下通过自主学习、合作探究等方式开展学习。基于真实的问题情境，在现实场景中，重点培养学生运用所学知识解决实际问题的能力，强化学生综合素质为目标，选取汉文化、三国文化、丝路文化、红色文化、民俗文化，以及张骞、诸葛亮、杜甫等名人文化、非遗文化等内容，运用讲授、演示、实验、练习等教法和自主学习、探究学习、合作学习等学法，依托项目化研学课程教材、研学手册、教学设备、教学耗材及研学实践教育基地基础设施等教学资源和三维、虚拟现实、增强现实等数字化技术，使用混合教学、游戏化、情境教学、跨学科教学、合作学习、基于探究的学习、基于问题的学习等策略进行总体设计，开展历史文明、传统文化、非遗传承、生态保护等主题研学实践活动，并在实际教学过程中根据教学进度、学生学习情况进行相应的调整

维度或要素				小学高年级段	初中段	高中段
实施方案	入营教育	安全	引导	通过营地安全通道、安全标识学习进行入营安全教育	通过营地安全通道、安全标识学习进行入营安全教育	自主认识安全警示标识，熟悉安全自我管理知识，提升安全防护意识
			实训	开展安全应急演练，掌握突发事件处置技能	开展安全应急演练，掌握突发事件处置技能	开展安全应急演练，掌握突发事件处置技能
		应急	引导	通过消防、防震、急救知识等视频学习，掌握应急事件处理的方法和技巧	通过消防、防震、急救知识等视频学习，掌握应急事件处理的方法和技巧	通过消防、防震、急救知识等视频学习，掌握应急事件处理的方法和技巧
			实训	观看应急救助视频，让学生学会正确的求助方式	观看科普视频，让学生学会正确的求助方式	观看典型案例，学生分享个人体会
		救助	引导	通过模拟情境，培养学生遇到需要求助时，主动寻找和利用各种资源	通过模拟情境，培养学生自主寻找利用各种资源，培养信息获取资源整合能力	培养学生寻找和利用各种资源，培养信息获取和资源整合能力
			实训	观看视频、实例讲解，帮助学生熟悉和掌握求助的方法和技巧	通过案例分析、实践操作等活动，帮助学生熟悉求助的方法和技巧	通过案例分析、团队合作等活动，帮助学生掌握求助的方法和技巧
		自我管理	引导	学生自我管理方法植入，认识管理方法，形成管理意识	通过创设情境，学生亲身体验自我管理，掌握自我管理技能	通过情绪管理的培训和指导，帮助学生掌握应对压力和困难的方法
			实训	开展自我管理培训，相互交流自我管理方法，掌握自我管理知识	通过真实案例分析，帮助学生熟悉和掌握自我管理的方法和技巧	角色扮演、案例分析、团队合作等活动，使学生掌握自我管理的方法和技巧
		团队协作	引导	分小组协作，每个小组负责一个具体的任务或项目	鼓励学生在小组内分工合作，制订计划、分配任务、协调进度等	通过小组合作、任务驱动的方式，培养团队意识和协助精神
			实训	分组完成实践体验任务，合作形成团队合作成果	开展“破冰活动”等团队协作小游戏，培养团队间配合度和信任度	自主设计小组活动，鼓励学生自主规划活动内容、时间安排、资源调配

维度或要素		小学高年级段	初中段	高中段
实施方案	导入教学环节	1.提问导入：汉中有哪些历史人物及与汉文化历史相关的名胜古迹，激发学生兴趣 2.故事导入：观看张骞出使西域等历史文化故事的视频，让学生投入到情境中来 3.任务导入：发布研学任务单，提升学生对地方文化、传统文化的感悟 4.视频导入：播放非遗传承人的藤编视频和川陕革命故事，激发学生兴趣 5.视频导入：播放非遗传承人制作羌绣的视频，感受非遗之魅力	1.视频导入：播放《汉颂》宣传片，感受汉文化魅力 2.故事导入：观看张骞出使西域等历史文化故事的视频，让学生投入到情境中来 3.提问导入：对三国历史人物诸葛亮等的了解 4.任务导入：让学生从历史、文化、建筑风格等方面查找陕西历史博物馆相关资料，感受时代变迁，传承历史文脉 5.任务导入：通过多媒体播放唐代文化、服饰等视频，让学生明白大唐芙蓉园建造背景	1.视频导入：播放《汉颂》宣传片，聆听波澜壮阔的历史长歌 2.视频导入：通过播放张骞出使西域、“楚汉相争”等纪录片，引导学生探索的欲望，激发学生兴趣 3.任务导入：发布研学任务单，引导学生感悟地方文化、传统文化 4.视频导入：通过播放成都博物馆简介视频，让学生初步感受一下它为什么被称之为记录与展现成都恢宏历史的“百科全书”和精神家园，激发学生研学实践兴趣 5.视频导入：指导学生了解诗人杜甫的一生
	授课教学环节	第一天：必修课程一“初识大汉源脉”；第二天：必修课程二“认识丝路文化”、必修课程五“认识古代先进科技——造纸术”；第三天：必修课程三“走进汉中民俗”；第四天：必修课程八“走进汉中藤编艺术”、必修课程六“了解黄官黄酒”、必修课程七“走进川陕馆，传承红色文化”；第五天：必修课程四“初探羌族故里”	第一天：必修课程一“探访汉风汉韵”；第二天：必修课程二“品读丝路文化”、必修课程五“体验造纸技艺感悟古人智慧”；第三天：必修课程四“品读三国文化”、必修课程三“品味汉中民俗”；第四天：必修课程八“走进汉中藤编艺术”、必修课程七“研学陕西历史博物馆”；第五天：必修课程六“寻梦长安 研学探古”	第一天：必修课程一“研读汉风汉韵”；第二天：必修课程二“研习丝路文化”、必修课程五“感悟古法魅力传承造纸匠心”；第三天：必修课程三“寻非遗文化之根”、必修课程四“制作黄官黄酒”、必修课程六“走进川陕馆 传承红色文化”；第四天：必修课程七“穿越千年，研读古蜀文明”；第五天：必修课程九“对话圣贤，诗史合一”、必修课程八“成都武侯祠文化探究”

维度或要素		小学高年级段	初中段	高中段
实施方案	进阶教学环节	1.进行手工制作及表演等体验活动，身临其境感受非遗魅力 2.体验造纸术的智慧与中华民族文化的博大精深 3.进行藤编制作等体验活动，了解传统非遗工艺 4.羌绣手工制作等体验活动 5.你了解到的非遗文化还有哪些	1.汉文化包含哪些内容 2.张骞出使西域的路线 3.三国历史演变过程 4.通过参观陕西历史博物馆，以“假如文物会说话”的形式介绍守护非遗文化的想法和做法 5.我们应该怎样去保护珍贵的非遗文化	1.汉文化的起源与发展 2.张骞出使西域的历史意义 3.三国历史对中国历史发展的影响和意义 4.成都的文化历史 5.浅析《三国演义》中蕴含的文化精神
	巩固教学环节	1.通过实践任务，总结提升 2.将传统文化和历史知识相结合，加深记忆 3.将实践体验和总结分享相结合，行知合一 4.小组交流分享传承非遗文化的意义 5.通过展示自己藤编作品、讲故事、做手抄报等多种形式加深对非遗文化的认识	1.总结分享自己的所感所想和收获 2.引导学生谈谈自己对三国文化的理解 3.学生通过亲自实操，加深对非遗文化的兴趣和理解 4.以小组为单位进行唐朝服饰文化主题探究，提升学生审美能力 5.通过探究，提升对中华文化的理解，感悟当今美好生活	1.以小组为单位，归纳研学实践过程中的收获 2.通过填写研学任务单，使学生掌握资料整理、信息收集等探究课题的流程和方法，帮助学生对当天所学研学内容进行巩固 3.教师带领学生一起回顾和总结，解答学生未解问题 4.小组交流，总结分享 5.通过情境剧、讲故事等活动形式加深对三国人物的理解

维度或要素			小学高年级段	初中段	高中段
实施方案	总结教学环节	教学创新	教师在研学活动中主动尝试新的教学方法和策略，培养学生的创新精神和实践能力，使学生在兴趣和问题驱动的探究过程中发展学科核心素养	教师借助探究式问题充分激发学生的学习兴趣，以巧妙的教学环节持续吸引学生注意力，加强实际操作体验以提高学生的创新思维能力	教师围绕传统文化设计课程，将地方资源特色与传统文化联系起来，加深学生对家乡的认知，培养对家乡的荣誉感与责任感，实现教学目标
		教学总结	及时收集学生、家长和其他相关人员的反馈，了解教学环节的优点和不足，整理研学活动的教学资料，建立教学档案	根据时间、研学点进行阶段性教学总结，及时优化教学环节，在整体总结的基础上强调学生态度与能力的形成，整理研学活动的教学资料，建立教学档案	对学生研究型学习成果进行阶段性的指导与汇总展示，在此过程中及时收集学生出现的问题及成果案例，课程结束后利用半天时间以小组为单位围绕课程核心进行研究型成果展，为后续继续开展研究型学习做铺垫，做好研学活动的教学资料的收集、整理，建立教学档案
		教学反思	根据教学反馈和评估结果，对教学环节进行调整和优化，梳理教学环节的设计、实施和效果，提炼经验教训，为下一次研学活动提供参考	根据教学总结得出的反馈，重点围绕课程对学生的吸引力对教学环节进行调整和优化，强调学生的实践体验，梳理教学环节的设计、实施和效果，提炼经验教训，为下一次研学活动提供参考	根据教学总结得出的反馈，重点围绕课程给学生提供的研究型学习的资源是否到位对教学环节进行调整和优化，梳理教学环节的设计、实施和效果，提炼经验教训，为下一次研学活动提供参考

维度或要素				小学高年级段	初中段	高中段
实施方案	评价教学环节	教学水平评价	自我评价	对自己的教学方法、教学内容、教学效果等进行反思和总结，不断改进教学	反思教学过程中的优点和不足，如教学方法是否生动有趣、教学内容是否丰富多样等	总结自身在教学内容、教学方法和教学效果等方面的表现，评估自己是否有效地引导学生学习文化传承知识
			学生评价	通过课堂表现、作业完成情况、学生反馈等方式，了解学生对课程的掌握程度和学习兴趣	通过学生的课堂参与度、作业质量、考试成绩等方面，了解学生对知识的掌握情况和对教学的满意度	通过学生的反馈、作业和考试成绩等，了解学生对课程的兴趣和参与度，以及对教师教学的满意度
			同行评价	与其他教师进行交流和分享，听取他们对教学的意见和建议，共同提高教学质量	与其他教师交流，获取他们对教学设计、课堂管理等方面的建议，共同探讨教学改进的方法	及时收集相关人员的反馈，了解教学环节的优点和不足，整理研学活动的教学资料，建立教学档案
			培训和考核	参加相关的培训和考核，不断提升自己的专业素养和教学能力	对教学环节进行调整和优化，参加专业培训，提升自身素养；通过考核，检验教学水平	根据教学反馈和评估结果，对教学环节进行调整和优化，梳理教学环节的设计、实施和效果，提炼经验教训，为下一次研学活动提供参考
			教学成果展示	通过学生作品展示、教学成果汇报等方式，展示教学成果，分享教学经验	组织学生进行文化活动展示，如传统文化展览、艺术表演等，展示教学成果	通过观察、记录和反馈学生研学过程中的学习情况，以及他们在活动中的表现给予评价

维度或要素				小学高年级段	初中段	高中段
实施方案	评价教学环节	学业评价	形成性评价	观察学生在课堂上的参与度、专注度、合作能力；评价学生的作业完成情况、作品质量，以及对文化知识的理解和运用	观察学生在课堂上的发言、讨论和小组活动中的表现，评估他们的学习态度和参与度；定期布置作业和进行小测验，检测学生对文化知识的理解和掌握程度。要求学生定期进行学习反思，了解他们在学习过程中的困难和进步	通过观察、记录和反馈学生研学过程中的学习情况，以及他们在活动中的表现给予评价
			总结性评价	通过考试评估学生对文化传承课程的整体学习成果；学生展示自己在文化传承方面的项目成果，如手工制作、文化表演等	安排学生完成一些与文化传承相关的项目作业，如研究报告、文化创作等，展示他们的综合能力	在研学活动结束后通过学生的研究报告、展示或测试等形式，全面了解学生在研学活动中的学习成果和进步
			教师评价	评价学生的学习积极性、努力程度、课堂纪律等；关注学生在学习过程中的进步，鼓励他们不断发展	评价学生的学习方法、自主学习能力和解决问题的能力；评估学生对文化传承的理解、尊重和欣赏程度；观察学生的团队合作精神、责任心和创新意识等品质	由教师根据学生在研学活动中的表现和成果，根据学生的参与度、作业质量、测试成绩等，对学生的学业进行评价
		项目评价		鼓励校内教育工作者、学生家长、社会各界积极参与评价过程，通过活动检验学生是否能理解文化传承项目的基本内容和背景知识；是否能掌握与项目相关的简单技能；在小组活动中是否能积极合作，与同伴友好相处	鼓励校内教育工作者、学生家长、社会各界积极参与评价过程，通过活动检验学生在项目中是否能展现出一定的创新思维，尝试新的方法或途径；是否能意识到文化传承的重要性，对保护和传承文化有一定的责任感	鼓励校内教育工作者、学生家长、社会各界积极参与评价过程，通过活动检验学生是否能进行较为系统的学术研究，运用科学方法分析和解决问题；学生的项目成果是否能对周围环境产生积极影响，甚至在更广泛的社区或社会层面产生一定的影响力

4.23 教学计划与策略列表：穿越丝绸古道，寻梦如意甘肃

<table>
<tr><td colspan="3">营地名称</td><td>兰州市中小学生综合实践教育学校（简称“甘肃兰州营地”）</td><td>命名机构</td><td>教育部</td><td>识别码</td><td>Y145620001</td></tr>
<tr><td colspan="3">从业资质（摘要）</td><td>中小学生综合实践活动组织和管理</td><td>单位属性</td><td>公益二类</td><td>法定代表人</td><td>刘文斌</td></tr>
<tr><td colspan="3">研学主题</td><td>穿越丝绸古道，寻梦如意甘肃</td><td colspan="2">主要目的指向</td><td colspan="2">文化传承与创新教育</td></tr>
<tr><td rowspan="7">营地（枢纽）及周边主要优质研学资源</td><td colspan="2">基地层级</td><td colspan="5">研学站点（基地）名称</td></tr>
<tr><td rowspan="2">教育部命名基地</td><td>已列入教学计划</td><td colspan="5">一、与本主题相关列入教学计划的基地4个
1. 甘肃兰州营地；2. 甘肃省博物馆；3. 临夏市青少年校外活动中心（简称“临夏基地”）；4. 张掖市综合实践学校（简称“甘肃张掖营地”）
二、与本主题关联不大但列入本营地教学计划的基地3个
1. 甘肃地质博物馆；2. 会宁红军长征胜利纪念馆；3. 张掖湿地博物馆</td></tr>
<tr><td>待列入教学计划</td><td colspan="5">民勤防沙治沙纪念馆</td></tr>
<tr><td colspan="2">其他部委命名基地</td><td colspan="5">读者出版集团文化研学实践教育基地（简称“读者集团”）</td></tr>
<tr><td colspan="2">地方命名基地</td><td colspan="5">1. 金城关文化博览园；2. 兰州太平鼓教育保护实践基地；3. 敦煌艺术研究院兰州分院；4. 河口古镇；5. 兰州市规划馆；6. 黄河十里风情线；7. 兰州新区佛慈制药；8. 黄河水电博览园；9. 刘家峡黄河水利博物馆；10. 炳灵寺石窟；11. 武威雷台汉墓；12. 武威文庙；13. 河西都会；14. 张掖大佛寺；15. 张掖七彩丹霞；16. 嘉峪关关城；17. 嘉峪关悬壁长城；18. 敦煌莫高窟；19. 敦煌月牙泉；20. 兰州市西固区中小学教育综合实践基地；21. 张掖市博物馆</td></tr>
<tr><td colspan="2">本营地资源</td><td colspan="5">1. 兰州牛肉面体验坊；2. 甘肃彩陶体验坊；3. 兰州刻葫芦工作坊；4. 匠艺工坊</td></tr>
<tr><td colspan="2">其他资源</td><td colspan="5">1. 兰州市博物馆；2. 甘肃简牍博物馆；3. 永登鲁土司衙门；4. 兰州新区现代农业示范园；5. 兰州水墨丹霞；6. 晴望川民俗文化村；7. 甘肃天庆博物；8. 金味德中国兰州牛肉拉面体验坊；9. 水车博览园；10. 屋兰古镇</td></tr>
</table>

维度或要素	小学高年级段	初中段	高中段
校内教育基础（与校内教育的衔接）	对照《义务教育课程方案和课程标准（2022年版）》，在文化传承与创新教育方面的核心素养中提出“建立文化自信，培养时代新人。热爱中华文化，继承和弘扬中华优秀传统文化、革命文化、社会主义先进文化，关注和参与当代文化生活，初步了解和借鉴人类文明优秀成果，具有比较开阔的文化视野和一定的文化底蕴”。该主题课程在设计上与校内教育课程衔接的有关内容为： 1.人教版美术五年级上册第11课“陶泥的世界” 2.人美版美术四年级上册第11课“泥玩具” 3.人教版六年级道德与法治下册第三单元第7课“多元文化多样魅力” 4.人教版道德与法治五年级下册第十节“传统美德源远流长” 5.人美版美术四年级下册第21课“砖雕艺术” 6.人教版六年级美术上册第12课“保护文物” 7.人教版五年级美术上册第10课“彩墨脸谱”	对照《义务教育课程方案和课程（2022 年版）》，在文化的传承与创新教育方面，明确了培养目标，即“认识中华文化的博大精深，汲取智慧，弘扬社会主义先进文化、革命文化、中华优秀传统文化，树立文化自信。”该主题课程在设计上与校内教育课程衔接的相关内容为： 1.人教版九年级美术上册第二单元第1课“剪纸”、第五单元“中国民间美术” 2.人美版美术九年级下册第7课“陶艺创作” 3.人教版音乐七年级上册第四单元第1课“黄河船夫曲” 4.部编段七年级语文下册第二单元第6课“黄河颂” 5.人教版历史八年级上册第三单元第13课“红军不怕远征难” 6.人教版历史八年级上册第三单元活动课二“模拟导游——重走长征路” 7.人教版历史八年级下册第六单元第20课“模百花齐放　推陈出新” 8.人教版道德与法治八年级上册第10课“建设美好祖国”	对照《普通高中课程方案和课程标准》（2017年版2020年修订），高中段核心素养提出“文化传承与理解”，指出“学生在学习中，继承和弘扬中华优秀传统文化、革命文化、社会主义先进文化，理解和借鉴不同民族和地区的文化，拓展文化视野，增强文化自觉，提升中国特色社会主义文化自信。”该主题课程在设计上与校内教育课程衔接的有关内容为： 1.人教版高中历史必修2第一单元第1课“发达的古代农业” 2.人教版高中美术选择性必修3第一单元第2课“凿石刻木——石雕木雕” 3.人教版高中历史必修3第三单元第10课“充满魅力的书画和戏曲艺术” 4.人教版高中美术选择性必修5第13课“刻膜艺术” 5.人教版高中美术选择必修第二单元第6课“凝神造像——中国传统雕塑”第8课“天工开物——中国传统工艺美术” 6.人教版高中语文必修1第三单元第7课“记念刘和珍君” 7.人教版高中音乐必修歌唱第三单元“啊！中国的土地”

维度或要素			小学高年级段	初中段	高中段
研学课程	必修课程一	名称	兰州牛肉面	舞狮	探寻丝路，天马故里
		活动目的	了解兰州牛肉面文化，传承兰州牛肉面文化，增强学生的地域文化自信	了解舞狮，掌握基本的舞狮技巧，培养合作意识和团队精神，感受传统文化的魅力	参观擂台汉墓，欣赏马踏飞燕的艺术之美和设计之巧
		活动形式	任务驱动、自主探究、小组合作、实践体验	任务驱动、自主探究、小组合作、实践体验	教师讲授、实地探访、实践体验相结合
	必修课程二	名称	甘肃彩陶	兰州太平鼓	探寻丝路，行知张掖
		活动目的	学会辨识甘肃彩陶器，体验甘肃彩陶绘制，感受甘肃彩陶的艺术魅力，增强文化认同感	体验兰州太平鼓擂鼓技法，激发学生对兰州太平鼓的传承保护热情	了解张掖悠久的历史，感受千年古刹的风雨沧桑，提升文化修养，增强文化自信
		活动形式	任务驱动、自主探究、小组合作、实践体验	任务驱动、自主探究、实践体验	教师讲授、实地探访、实践体验相结合
	必修课程三	名称	甘肃花儿	兰州陶艺	探寻丝路，边关怀古
		活动目的	学习花儿演唱基本技巧，增强学生的艺术修养和文化认同	了解兰州的陶艺传统，掌握制陶的基本方法，培养学生的创新和设计能力	参观嘉峪关关城，了解长城历史价值，感受古代劳动人民勇敢、吃苦耐劳的精神
		活动形式	任务驱动、自主探究、实践体验	任务驱动、自主探究、小组合作、实践体验	教师讲授、实地探访、实践体验相结合
	必修课程四	名称	探知佛慈1929——本草世界	探秘百年佛慈，传承中药文化	探寻丝路，遇见敦煌
		活动目的	认识中药材，了解基本的中医药知识，激发学生对中药文化的兴趣	认识中药材，了解不同中药材的功效，了解中药产业的发展现状，领略中医药学魅力	参观敦煌莫高窟，了解洞窟建筑、彩塑、壁画艺术，感受中国艺术风格
		活动形式	教师讲授、实地探访、实践体验相结合	教师讲授、实地探访、实践体验相结合	教师讲授、实地探访、实践体验相结合

维度或要素			小学高年级段	初中段	高中段
研学课程	必修课程五	名称	木简使者	遗珍探秘，丝路寻踪	木简使者
		活动目的	参观丝绸之路文明展馆，进一步了解、感悟丝绸之路蕴含的中华历史文化	实地参观，鉴赏文物珍品，感悟丝绸之路对人类历史进步与现代文明社会形成的意义	通过“寻找木简使者”活动，认识木简，了解木简的历史及功能
		活动形式	教师讲授、实地探访、实践体验相结合	教师讲授、实地探访、实践体验相结合	任务驱动、自主探究、实践体验
	必修课程六	名称	金城黄河桥韵	科技让传统文化“活”起来	遗珍探秘，丝路寻踪
		活动目的	参观黄河桥梁博物馆，了解兰州黄河桥梁的发展历程及文化意义，培养热爱家乡的情怀	观《大梦敦煌》演出，了解丝绸之路敦煌文化，感受古丝路重镇悠久、灿烂的历史文化	参观丝绸之路文明展馆，感悟丝绸之路对人类历史进步与现代文明社会形成的意义
		活动形式	教师讲授、实地探访、实践体验相结合	实地探访、实践体验相结合	教师讲授、实地探访、实践体验相结合
	必修课程七	名称	水车上的兰州	走读黄河风情线	走读黄河风情线
		活动目的	认识水车的结构，了解水车的作用，搭建自己感兴趣的水车	走读黄河风情线，访问居民和游客，感受黄河风情线的美	探访兰州黄河风情线，感受黄河风情线的美，领悟建设黄河风情线的意义
		活动形式	教师讲授、实地探访、实践体验相结合	教师讲授、实地探访、实践体验相结合	教师讲授、实地探访、实践体验相结合
	必修课程八	名称	千年金城见风韵	读金城风韵，揽金城之美	兰州刻葫芦
		活动目的	走进敦煌研究院，追寻古丝绸之路敦煌石窟文化	参观兰州市规划展览馆，结合展馆内容阐述兰州从古至今的变化，感受兰州的历史文化	了解兰州刻葫芦，初步掌握工具的使用和雕刻步骤方法，培养善于动手、乐于创新的精神
		活动形式	教师讲授、实地探访、实践体验相结合	教师讲授、实地探访、实践体验相结合	任务驱动、自主探究、小组合作、实践体验

维度或要素			小学高年级段	初中段	高中段
研学课程	必修课程九	名称	这里是河口	探访黄河与丝绸之路创造的奇美古镇	兰州皮影
		活动目的	参观河口民俗博物馆，了解古城民俗民风，形成对非遗项目及农耕工具的基本认识	研读河口古镇，感受黄河古渡口深厚历史底蕴，感受兰州在中国历史进程中的重要地位	了解皮影的基础知识，学习制作影人，体验表演皮影，激发学生对民间皮影的热爱
		活动形式	教师讲授、实地探访、实践体验相结合	教师讲授、实地探访、实践体验相结合	任务驱动、自主探究、小组合作、实践体验
	必修课程十	名称	探水电摇篮，访千年古寺	探水电摇篮，访千年古寺	黄河水车
		活动目的	参观黄河水电博览园，探寻黄河文化，了解黄河治理；参观炳灵寺石窟，了解石窟文化	参观黄河水电博览园，探寻黄河文化，感受人与自然从抗争到和谐共处的智慧	了解黄河水车，探究黄河水车的运转奥秘，感受古人的智慧
		活动形式	教师讲授、实地探访、实践体验相结合	教师讲授、实地探访、实践体验相结合	任务驱动、自主探究、小组合作、实践体验
	选修课程		1.清疫香囊 2.绳结艺术 3.巧手鲁班	1.年画 2.国学教育 3.我的兰桥	1.走近汉服之岂曰无衣 2.走进汉服之传统礼仪 3.走近汉服之服饰纹样

维度或要素		小学高年级段	初中段	高中段
研学线路	代表性线路（时长五日）	第一天：甘肃兰州营地—兰州太平鼓教育保护实践基地—兰州新区佛慈制药—甘肃兰州营地；第二天：甘肃兰州营地—甘肃省博物馆—金城关文化博览园—水车博览园—甘肃兰州营地；第三天：甘肃兰州营地—读者集团—敦煌艺术研究院兰州分院—兰州市规划馆—甘肃兰州营地；第四天：甘肃兰州营地—河口古镇—临夏基地；第五天：临夏基地—黄河水电博览园—炳灵寺石窟—甘肃兰州营地	第一天：甘肃兰州营地—兰州太平鼓教育保护实践基地—兰州新区佛慈制药—甘肃兰州营地；第二天：甘肃兰州营地—甘肃省博物馆—金城关文化博览园—水车博览园—甘肃兰州营地；第三天：甘肃兰州营地—读者集团—敦煌艺术研究院兰州分院—兰州市规划馆—甘肃兰州营地；第四天甘肃兰州营地—河口古镇—临夏基地；第五天：临夏基地—黄河水电博览园—炳灵寺石窟—甘肃兰州营地	第一天：甘肃兰州营地—武威雷台汉墓—河西都会—武威文庙—甘肃张掖营地；第二天：甘肃张掖营地—张掖市博物馆—屋兰古镇—张掖七彩丹霞—甘肃张掖营地；第三天：甘肃张掖营地—嘉峪关关城—嘉峪关悬臂长城—晚间火车；第四天：晚间火车—敦煌莫高窟—敦煌月牙泉—晚间火车；第五天：晚间火车—甘肃省博物馆—黄河十里风情线—甘肃兰州营地
	可选择线路（按天设计，菜单式选择）	1.甘肃兰州营地—晴望川民俗文化村—甘肃兰州营地2.甘肃兰州营地—兰州市博物馆—甘肃兰州营地3.甘肃兰州营地—甘肃简牍博物馆—甘肃兰州营地4.甘肃兰州营地—兰州市西固区中小学教育综合实践基地—甘肃兰州营地5.甘肃兰州营地—永登鲁土司衙门—甘肃兰州营地6.甘肃兰州营地—兰州新区现代农业示范园—甘肃兰州营地7.甘肃兰州营地—兰州水墨丹霞—甘肃兰州营地8.甘肃兰州营地—金味德中国兰州牛肉拉面体验坊—甘肃兰州营地	1.甘肃兰州营地—晴望川民俗文化村—甘肃兰州营地2.甘肃兰州营地—兰州市博物馆—甘肃兰州营地3.甘肃兰州营地—甘肃简牍博物馆—甘肃兰州营地4.甘肃兰州营地—兰州市西固区中小学教育综合实践基地—甘肃兰州营地5.甘肃兰州营地—永登鲁土司衙门—甘肃兰州营地6.甘肃兰州营地—兰州新区现代农业示范园—甘肃兰州营地7.甘肃兰州营地—兰州水墨丹霞—甘肃兰州营地8.甘肃兰州营地—金味德中国兰州牛肉拉面体验坊—甘肃兰州营地	1.甘肃兰州营地—晴望川民俗文化村—甘肃兰州营地2.甘肃兰州营地—兰州市博物馆—甘肃兰州营地3.甘肃兰州营地—甘肃简牍博物馆—甘肃兰州营地4.甘肃兰州营地—兰州市西固区中小学教育综合实践基地—甘肃兰州营地5.甘肃兰州营地—永登鲁土司衙门—甘肃兰州营地6.甘肃兰州营地—兰州新区现代农业示范园—甘肃兰州营地7.甘肃兰州营地—兰州水墨丹霞—甘肃兰州营地8.甘肃兰州营地—金味德中国兰州牛肉拉面体验坊—甘肃兰州营地
	规划线路（按天设计）	1.甘肃兰州营地—甘肃地质博物馆—甘肃兰州营地；2.甘肃兰州营地—会宁红军长征胜利纪念馆—甘肃兰州营地；3.甘肃兰州营地—张掖湿地博物馆—甘肃张掖营地	1.甘肃兰州营地—甘肃地质博物馆—甘肃兰州营地；2.甘肃兰州营地—会宁红军长征胜利纪念馆—甘肃兰州营地；3.甘肃兰州营地—张掖湿地博物馆—甘肃张掖营地	1.甘肃兰州营地—甘肃地质博物馆—甘肃兰州营地；2.甘肃兰州营地—会宁红军长征胜利纪念馆—甘肃兰州营地；3.甘肃兰州营地—张掖湿地博物馆—甘肃张掖营地

维度或要素		小学高年级段	初中段	高中段
教学重点难点（以代表性线路教学设计为例，以下同）	教学重点	1.参与非遗文化制作体验活动，感受兰州太平鼓、甘肃彩陶、兰州牛肉面等本土非遗文化魅力 2.参观兰州地标建筑，参与传统优秀文化调研，了解丝路文化历史 3.认知敦煌壁画艺术特点 4.感受河口古镇文化的自然美和人文美 5.探究水电站的选址方式、工作原理	1.了解丝绸之路的文化历史和现实意义 2.了解本土优秀非物质文化遗产的历史及发展过程，感知文化传承 3.认知敦煌壁画艺术特点，感受敦煌文化的厚重历史 4.感受古镇文化的自然美和人文美，了解人类改造自然的历史文化内涵和现实意义 5.了解刘家峡大坝结构、发电原理，完成刘家峡地形水路简图	1.深入了解铜奔马及所表达的文化，了解青铜器的文化历史和传承 2.感悟七彩丹霞所展示的自然美，了解所孕育的文化价值和文化底蕴 3.深刻了解古代物品和活动中的文化，了解丝绸之路历史文化和现实意义，思考现代国家重构“一带一路”的重要意义 4.感受鸣沙山中月牙泉的神奇魅力，以及从古至今所展示出的独特文化价值 5.感受中山桥对兰州人民的特殊意义，了解水车的历史贡献，感受黄河母亲雕塑表达的文化内涵
	教学难点	1.从非遗作品的制作及参与过程中体验非遗文化 2.理解甘肃在丝绸之路中的地位和作用 3.理解丝绸之路的历史意义和文化价值 4.树立传承和保护非遗文化的意识和责任 5.分析不同类型非遗所面临相同问题的不同原因及拯救措施	1.从非遗作品的制作过程中感受非遗文化 2.了解中医药的实用价值和文化价值、现代化的创新和应用 3.敦煌文化的欣赏与感受，深刻理解其历史发展和文化价值 4.从地理位置等方面领悟设置古渡口的历史成因，以及因渡口而形成的古镇文化魅力 5.从不同角度分析建设刘家峡水电站的意义和作用	1.从铜奔马的造型及寓意欣赏其自然美，结合其作为中国旅游标志的价值，探寻所代表的文化价值 2.从七彩丹霞感受自然美，深刻体会和领悟我国自然中蕴含的文化内涵和价值 3.观看古代物品、体验传统活动，领悟其中的文化意义和现实意义 4.探寻中山桥的建设历史和实用价值，以及现在它所承载的兰州人文意义；黄河水车的历史作用及黄河母亲的深刻寓意 5.理解甘肃在丝绸之路中的地位和作用，以及丝绸之路的历史作用和文化价值，分析我国重构“一带一路”的重要意义

维度或要素	小学高年级段	初中段	高中段
教学策略	针对小学高年级段学生认知水平与思维能力已日趋成熟，对历史、地理和传统非遗文化等领域了解不多，但学习兴趣较强的学情基础，基于多元智能理论，以学生的文化传承能力和保护意识培养为目标，依托丝路文化、敦煌文化、彩陶文化、石窟文化、本土非遗文化等内容，运用讨论、演示、练习等教学方法和探究学习、小组合作等学法，依托项目化研学课程教材、研学手册、教学设备、教学耗材及研学实践教育基地基础设施等教学资源和三维动画、虚拟VR、多媒体等数字信息化技术手段，在教学环节中设置游戏、情境、跨学科融合、实训操练等活动，培养学生的责任担当和实践能力，整合社会资源，让学生在研学实践中全面成长	针对初中段学生思维能力和推理能力有较大提升，自我认知较强，同时具有可塑性大、主动尝试、追求独立等特点，基于实用主义、建构主义、发现学习理论思想为指引，引导学生对优秀传统文化的正确认知、传承保护、守正创新等方面的能力培养为目标，依托丝路文化、敦煌文化、彩陶文化、石窟文化、本土非遗文化等内容，运用讨论、演示、练习等教学方法和探究学习、小组合作等学法，依托项目化研学课程教材、研学手册、教学设备、教学耗材及研学实践教育基地基础设施等资源，借助三维动画、虚拟现实、增强现实等数字化技术作为教学媒介进行教学辅助；采用情境教学、跨学科教学、项目驱动学习、问题探究学习等多种方式进行总体设计，以历史文明、传统文化、非遗传承、生态保护等为主要课程内容进行开发设计，力求达到预定的教学活动目的	针对高中段学生心智较成熟，逻辑能力和分析能力较强，能够在教师的指导下通过自主学习、合作探究等方式开展学习，但是对如何处理好传统和现代、守正和创新的关系没有形成系统认知的学情分析，基于多元智力、实用主义、建构主义、发现学习理论思想，以学生对优秀传统文化的传承创新意识和能力、弘扬传统文化精神的价值观和责任感培养为目标，依托丝路文化、敦煌文化、彩陶文化、墓葬文化、本土非遗文化等内容，运用讨论、演示、练习等教学方法和探究学习、小组合作等学法，依托项目化研学课程教材、研学手册、教学设备、教学耗材及研学实践教育基地基础设施等教学资源和三维、虚拟现实、增强现实等数字化技术，使用混合教学、游戏、情境教学、跨学科教学、合作学习、基于探究的学习、基于问题的学习等方式，以历史文明、非遗传承、生态保护等主题实践活动为主，让学生在探究学习和实践活动过程中得到有效目标达成

维度或要素				小学高年级段	初中段	高中段
实施方案	入营教育	安全	引导	利用视频等方式组织学习入营安全主题教育，掌握应急事件处理方法和技巧	利用视频、《研学手册》等方式进行入营安全主题教育，掌握应急事件处理方法	通过视频、《研学手册》安全预案提示等方式进行入营安全主题教育
			实训	观看安全教育视频，掌握相关预防措施和应急处理方法，加强安全意识	观看安全教育视频，根据《研学手册》安全提示掌握相关预防措施和处理方法	根据安全教育视频，《研学手册》安全提示中列出的安全提示，掌握应急处理方法
		应急	引导	通过场景模拟，指导学生掌握遇到地震、火灾、交通事故等紧急情况时的处理方法	通过场景模拟，指导学生掌握遇到地震、火灾、交通事故等紧急情况时的处理方法	通过走失、火灾、交通事故等案例情境教育，提高学生遇到紧急情况时应急能力
			实训	开展案例分析、角色扮演等活动，帮助学生熟悉和掌握求助教育的方法	实施案例分析、模拟角色扮演，帮助学生熟悉和掌握求助教育的方法	模拟实施角色扮演，通过团队合作，让学生熟悉和掌握遇险求助的流程和方法
		救助	引导	进行模拟触电、晕倒、磕碰伤等主题救助培训，提高应对措施和应变能力	模拟真实环境开展触电、晕倒、磕碰伤等培训，提高学生遇险救助能力	通过触电、晕倒、磕碰等救助案列分析，提高学生安全意识，学习救助技能
			实训	教师指导利用器材进行心肺复苏、包扎等应急技能培训，学习救助的方法	教师指导，学生间进行心肺复苏、包扎等应急技能培训，学习救助的方法	通过案例分析，学生间相互练习，进行心肺复苏、包扎等应急技能练习
		自我管理	引导	通过团建游戏，建设团队，消除紧张，帮助学生适应环境	通过团建活动，建设团队，调动学生研学积极性	通过团建课程，提高学生适应能力、自我管理能力
			实训	通过体验“团队融炼”等团建游戏，进行体验、合作、分享，提高适应能力	通过体验“默契+1”等团建活动，学习情绪调节、调动研学积极性	通过体验“并肩同行”等团建课程，建立团队，加强学生自我管理心理建设
		团队协作	引导	通过团队小游戏，提高学生团队意识，学习团队建设方法，组建团队	进行“同舟共济”游戏，提供团建方案，协调学生选择团建方式组建团队	明确要求，协调学生完成分组，鼓励学生在小组内分工合作
			实训	完成团队游戏，建立团队，协助学生明确小组内分工，制订计划、分配任务等	完成团建游戏，根据实际选择适合的组建团队方案，协助学生规划活动内容	学生根据实际情况组织分组，鼓励学生自主规划活动内容、安排时间等

维度或要素		小学高年级段	初中段	高中段
实施方案	导入教学环节	1.情境导入：甘肃花儿传承人演唱花儿，欢迎学生到来 2.视频导入：观看《中国兰州城市宣传片》，小组讨论研学 3.问题导入：分发研学行前任务单，完成敦煌石窟艺术研学前置任务 4.视频导入：观看《金城兰州》记录片河口部分，了解“甘肃第一海关” 5.故事导入：教师讲述刘家峡水电站的建设背景，了解人与自然从抗争到和谐共处的故事	1.情境导入：太平鼓队展示太平鼓鼓舞“鹞子翻身”，导入新课 2.问题导入：分发研学行前任务单，完成甘肃彩陶展厅、丝绸之路展厅前置任务 3.视频导入：观看“航拍敦煌，飞阅丝路敦煌”，了解敦煌石窟艺术 4.视频导入：观看《金城兰州》记录片河口部分，了解河口的地理位置 5.故事导入：教师讲述刘家峡水电站的建设背景，黄河永靖段的地理特征，了解人与自然从抗争到和谐共处的故事	1.视频导入：观看《天马行空，自在武威》宣传片，了解雷台汉墓、文庙的历史 2.视频导入：观看东方甄选《穿越河西走廊》视频，进一步增强学生对河西走廊的了解 3.问题导入：分发行前任务单，完成嘉峪关关城、悬臂长城前置任务 4.视频导入：观看敦煌主题宣传片《航拍敦煌，飞阅丝路敦煌》，了解敦煌历史和石窟艺术 5.视频导入：观看《中国兰州城市宣传片》，完成研学行前任务
	授课教学环节	第一天：必修课程一“兰州牛肉面”、必修课程二“甘肃彩陶”、必修课程三“甘肃花儿”、必修课程四“探知佛慈”、选修课程3“巧手鲁班”；第二天：必修课程五“木简使者”、必修课程六“黄河金城桥韵”必修课程七“水车上的兰州”；第三天：必修课程八“千年金城见风韵”选修课程1“清疫香囊”；第四天：必修课程九“这里是河口”选修课程2“绳结艺术”；第五天：必修课程十“探水电摇篮，访千年古寺”	第一天：必修课程一“舞狮”、必修课程二“兰州太平鼓”、必修课程三“兰州陶艺”必修课程四“探索百年佛慈 传承中医文化”、选修课程1“年画”、选修课程2“国学教育”；第二天：必修课程五“遗珍探秘 丝路寻踪”必修课程六“科技让传统文化‘活’起来”、必修课程七“走读黄河风情线”；第三天：必修课程八“读金城风韵，揽金城之美”；第四天：必修课程九“探访黄河与丝绸之路创造的奇美古镇”；第五天：必修课程十“探水电摇篮，访千年古寺”	第一天：必修课程一“探寻丝路，天马故里”；第二天：必修课程二“探寻丝路，行知张掖”；第三天：必修课程三“探寻丝路，边关怀古”；第四天：必修课程四“探寻丝路，遇见敦煌”；第五天：必修课程五“木简使者”、必修课程六“遗珍探秘 丝路寻踪”、必修课程七“走读黄河风情线”、必修课程八“兰州刻葫芦”、必修课程九“兰州皮影”、必修课程十“黄河水车”、选修课程1“走近汉服之岂曰无衣”、选修课程2“走近汉服之传统礼仪”、选修课程3“走近汉服之服饰纹样”

维度或要素		小学高年级段	初中段	高中段
实施方案	进阶教学环节	1.学习体验甘肃彩陶、兰州牛肉面、兰州花儿等非遗课程，参观兰州新区佛慈制药，了解中药材知识 2.走进甘肃省博物馆，结合场馆内展品讲述张骞出塞故事，了解此举对甘肃丝路文化形成的意义；小组合作用微电影或小品展示金城非遗对兰州人生活的影响；结合讲解，讲述白马浪、黄河母亲雕塑的由来，绘制一张黄河母亲的画像 3.集体交流：兰州从历史中走来，经历了怎样的变化？分组完成“金城印象之构筑绿色城市”活动；讲述敦煌壁画故事，临摹敦煌壁画图案 4.走访古城民居，完成以古城姓氏、古城婚俗、古城节日、古城方言、古城庙会为内容的古城民风报告 5.组织水电站选址方案招标评选会，遴选最佳设计方案；进行“我眼中的水电知识”分享；探究不同时期石窟造像的特点	1.学习体验舞狮、兰州太平鼓、兰州陶艺等非遗课程，参观兰州新区佛慈制药，了解中药材知识，了解中国中医药的发展 2.组成“丝路遗珍探秘”小组，围绕学习单的问题，开展探究，用iPad拍摄记录，以“遗珍探秘，丝路寻踪”为题目，制作一个短视频；以小组为单位，漫步“兰州外滩”，访问居民和游客，了解中山桥、黄河母亲雕塑的历史故事；参观水车博览园，探究水车运水的奥秘 3.参观读者集团，了解《读者》杂志背后的故事，合作分享讲述《读者》故事，欣赏插画，学做小小插画师；参观敦煌研究院，临摹飞天壁画 4.以小组为单位，分别从黄河南北两岸考察河口的地理环境，探究河口古镇为“金城西大门的原因；讲述河口的故事，说明河口的变化，表达对河口自然美与人文美的感受 5.参观刘家峡水电站大坝、黄河文化博物馆，了解大坝的结构，完成学习单中发电原理；以小组为单位，合作在地图上标记黄河流经的省份，绘制刘家峡的地形及水路简图	1.开展“中国旅游标志诞生地”“儒学文化重点”探究活动，完成探究表 2.以小组为单位开展“我为张掖代言”活动，探究张掖的历史，了解大佛寺的古往今来，揭密七彩丹霞的奥秘，完成代言活动表 3.以小组为单位，开展“边关见证金戈铁马”活动，观察发现“定城砖”的故事；合作探究“光化楼”爬长城，了解“长城工牌”的作用 4.以小组为单位参观莫高窟，完成学习单“讲好古沙州故事，体悟莫高窟精神；在讲解员带领下有序进入鸣沙山，以小组为单位，探究沙不进泉、山泉共生的奥秘 5.以小组为单位，漫步“兰州外滩”，访问居民和游客，了解中山桥、黄河母亲雕塑的历史故事；参观水车博览园，探究水车运水的奥秘；组成“丝路遗珍探秘”小组，围绕学习单的问题，参考本课程文本学习资料，对甘肃省博物馆“丝绸之路文明”展厅的文物进行鉴赏和讲解，用iPad拍摄记录，以“遗珍探秘，丝路寻踪”为题，制作一个短视频

维度或要素		小学高年级段	初中段	高中段
实施方案	巩固教学环节	1.发布探究主题和实践任务，活动完成后就学生当天课程完成作品进行集体展示分享，总结提升；2.通过实践体验、总结分享相结合的形式，课程结束后以班级为单位开展分享会，回到营地后进行集体分享大会，使学生对研学中的收获加以巩固提升，形成传统文化与历史知识框架；3.发布任务，采用任务驱动和小组合作相结合方式实地探访读者集团、敦煌研究院兰州分院，探究读者集团的发展脉络、敦煌莫高窟的发展历史；4.实地探访河口古镇后，对当天活动进行总结分享，交流对所学地理、历史知识在现实生活中的应用，提高学生将书本知识转化为生活实践的能力；5.以小组为单位分享水电站选址方案心得，绘制不同时期石窟造像特点的思维导图	1.引导实践与分享交流相结合，总结分享自己的收获，发表体验传统文化、中医文化的所思所想所得；2.实地探访与沉浸式情境体验相结合，分享iPad制作的短视频，加深对传统文化学习的理解；3.视频引入读者集团发展历史、敦煌经典故事；发布任务引导学生总结分析，促进知识迁移；4.通过案例分析，对比、探究，提升对“喜看古镇换新颜”的认识，感悟新时代党的好政策；5.引导总结交流，及时检查研学手册的完成度，对学生出现的问题进行疏导讲解	1.引导实践与分享交流相结合，活动完成后就学生当天研学收获、研学中出现的问题及解决方法进行分享，以促成长；2.观察、收集当天研学过程中学生的兴趣点，并加以分享，提出第二天行程中感兴趣的研学点，提前进行研究讨论，制订研学方案；3.小组合作、实地探访、总结分享相结合，加深对边关文化、长城文化的理解；4.实地探访与沉浸式情境体验相结合，课程结束后制作《河西走廊》宣传视频：以小组为单位，运用手机、iPad的等多媒体设备，剪辑成视频，并配以文字，制作成宣传视频；5.通过实地探访与沉浸式情境体验相结合，在课程后，分享iPad制作的短视频，让研学成果惠及每位学生

维度或要素			小学高年级段	初中段	高中段
实施方案	总结教学环节	教学创新	在研学课程实施中，创新课程内容，充分挖掘地域特色，开展传统文化相关课程，通过体验式教学，提高学生的动手实践能力，培养学生的创新意识，初步提升创新能力，初步形成在活动中发现问题、思考问题、解决问题的意识和能力	在研学课程实施中，注重学生学习方法的创新，利用iPad设计课程，充分调动学生学习的主观能动性，强化学生主动实践的意识、大胆探索的胆识，养成勇于创新的习惯，树立创新精神，提升创新能力	在研学课程实施中，注重学生解决问题的方法和评价方式创新，让学生主动参与研学方案制订、活动开展、总结评价等，体现独立思考与周密计划的能力；在研学程中，通过独立思考和团队协作，发现具有价值的问题和观点，培养解决问题的能力，鼓励大胆探索，激发勇于创新的思维
		教学总结	针对学生、家长、带队教师和其他相关人员制作调查问卷，根据反馈情况分析课程的优点和不足，重新修改教学设计，包括课程环节、教学方法、实施策略等，并形成研学报告	根据课标四维目标，就学生的研学过程进行全面总结，学生自我总结为主，教师总结为辅，充分发挥学生主观能动性，对研学课程实施过程中的自主管理、团队合作、考察探究、学习方法、知识拓展、习惯形成、物化拓展等进行分析和总结，强化总结意识，根植核心素养	根据课标四维目标，就学生的研学过程主动实践与创新、考察与研究、管理与发展、成果与运用等方面进行总结，让学生在学习中发现问题、解决问题，初步形成研究课题的思维模式。教师重点考量学生的社会责任感、实践能力和创新意识，体现社会责任与担当
		教学反思	根据调查问卷的反馈以及教学水平评价，优化课程设计；梳理课程实施过程中的优点，提炼经验；分析课程实施过程当中的不足，思考改进策略，形成反思	采用研究法、比较法、录像法等方式进行教学反思，让学生根据自己的学习情况提出研学课程实施过程中存在的问题，横向与纵向对比、内容与方法更新、过程与结果运用等，充分发挥学生对教师课程设计的反思作用，进一步优化课程，以适应学生认知特点和兴趣需要	针对学生、家长、带队教师和其他相关人员制作调查问卷，找出存在的问题，并结合学自身学习需求，对教学方法提出改进措施，教师及时撰写反思日志。重点考量研学过程中提出的研究性课题以及成果的运用，提升学生的核心素养，提升适应社会的发展需要的综合能力

维度或要素				小学高年级段	初中段	高中段
实施方案	评价教学环节	教学水平评价	自我评价	坚持个性化发展原则，教师用观察法、录像法、对话法了解研学全过程中学生的表现，总结课程设计的优缺点，形成结论，不断改进教学设计与方法	坚持全面发展性原则，围绕教师业务水平、师德师风、教学质量、教学过程，采用个体反思总结法回顾教学过程，进行自我评估，按阶段形成工作总结，不断改进教学方法、内容和策略	坚持个性化和实践性原则，紧扣文化传承与创新目标，针对不同课程实施场地环境和条件差异，采用个案分析法，围绕教学内容、方法和质量，形成自我评价报告，运用评价结果改进教学
			学生评价	采用效果评估方式，以学生活动参与度、活动任务完成情况、研学手册完成情况进行评价，通过个别访谈收集学生对教师的看法和建议，综合评价教师教学质量和水平	制作调查问卷，学生对教师的组织能力、互动能力、解说能力进行评价，对教学设计的环节、内容进行评价，并给建议	制作调查问卷，学生对教师的组织能力、互动能力、解说能力进行评价，通过抽样访谈，对教师教学设计的环节、内容进行评价，并给建议
			同行评价	营地教师和教学管理人员通过教学文件审阅、问卷调查等方式对教师的教学设计、实施策略、实施效果等方面进行评价	通过调查问卷，由营地教师跟课、带队教师互评以及管理人员对教师的课程设计、实施过程、教学目标达成情况进行评价	由营地教师和教学管理人员通过随队观摩、听课、教学文件审阅、问卷调查等方式对教师的教学设计、实施效果等方面进行评价
			培训和考核	建立考核机制，针对研学资源开发、研学课程开发以及研学教学方法进行考核，请相关专家对研学教师进行定期培训，以加强业务能力	建立考核机制，针对研学资源开发、研学课程开发以及研学教学方法进行考核，请相关专家进行定期培训	建立考核机制，通过多种方式，对研学资源开发、研学课程开发以及研学教学方法进行考核，请相关专家进行定期培训
			教学成果展示	在教师的协助下，研学后将研学收获做成视频或者PPT，在分享大会上进行展示与分享；撰写研学心得，编纂成册	用图文、音像等资料记录学生的研学实践表现；研学后将研学收获做成视频或者PPT，在分享大会上进行展示与分享。撰写研学心得，编纂成册；撰写研学实践课程案例	用图文、音像等资料记录学生的研学实践表现；研学后将研学收获做成视频或者PPT，在分享大会上进行展示与分享。撰写研学心得，编纂成册；加强研究，撰写研学实践课程案例，书写研学课题

维度或要素				小学高年级段	初中段	高中段
实施方案	评价教学环节	学业评价	形成性评价	围绕学生的参与程度、兴趣表现等内容，根据研学课程评价量化表，对学生的参与程度、知识掌握、知识生成等方面进行定量评价	围绕学生探索深度、协作能力等，采取持续观察、记录、反思的方式进行评价，根据评价结果，结合学段特点，及时调整课程深度和教学方法，提高学生体验感、参与度、知识获取能力	围绕中学生的探究能力、价值观生成、问题解决等内容，采取持续观察、记录、反思的方式进行评价；结合学段特点，及时调整教学计划和教学方式，增强对学生探究深度和方式方法的指导
			总结性评价	以课程目标为标准，对学生的课后成果进行评价，包括研学表现、呈现内容等进行评价，检测学生学习成果	以课程目标为标准，对学生知识获取和技能掌握程度、行为习惯培养、价值观培养等方面进行评价，根据评价结果，判断教学目的实现程度，调整教学活动形式	以课程目标为标准，对学生知识获取和技能掌握程度、探究能力、解决问题能力等方面进行评价，根据评价结果，判断教学目的实现程度，调整教学设计及活动形式
			教师评价	采取视频记录、问题简答、口头表达的形式，对学生研学前、研学中行为纪律、情感认知和知识收集进行评价，优化教学方式，提高教学质量	采取课程实录、交流讨论、调查问卷等形式，对学生的知识掌握、行为管理、价值形成、团队协作进行评价，为学生提供个性化建议和反馈，加深对知识和技能的理解和运用	采取课程实录、调查问卷、问题解决、口头表达的形式，对学生知识和技能掌握程度、研究能力、团队协作、素质素养进行评价，发现实施中的问题
		项目评价		学校、家长和其他相关人员采用问卷调查、观察记录、成果展示、专家评估等方式对项目的知识水平、实践能力、团队合作、社会责任感、创新能力进行量化考核，量化结果按总分分为“优秀”“合格”“不合格”。根据结果进一步优化项目	以行政主管部门、学校、家长、学生采用问卷调查、观察记录、成果展示、专家评估等方式对项目的对教学目标设定、线路规划、教学设计活动组织、协同管理等方面进行评价量化，结果分为“优秀”“合格”“不合格”。根据结果进一步优化项目	以行政主管部门、学校、家长和学生采用问卷调查、观察记录、成果展示、专家评估等方式对项目的教学目标设定、教学设计、课程资源、教学策略、活动组织、协同管理、线路规划等方面进行评价量化结果分为“优秀”“合格”“不合格”。根据结果进一步优化项目

4.24　教学计划与策略列表：砥砺奋进铸昆仑，丝路文韵满天山

<table>
<tr><td colspan="3">营地名称</td><td>乌鲁木齐市青少年综合实践教育中心（简称“新疆乌鲁木齐营地”）</td><td>命名机构</td><td>教育部</td><td>识别码</td><td>Y14565001</td></tr>
<tr><td colspan="3">从业资质（摘要）</td><td>贯彻执行党和国家的教育方针。依据相关教育政策法规和标准，指导和组织开展中小学综合实践教育活动</td><td>单位属性</td><td>公益一类</td><td>法定代表人</td><td>帕尔哈提·努尔买买提</td></tr>
<tr><td colspan="3">研学主题</td><td>砥砺奋进铸昆仑，丝路文韵满天山</td><td colspan="2">主要目的指向</td><td colspan="2">文化传承与创新教育</td></tr>
<tr><td rowspan="8">营地（枢纽）及周边主要优质研学资源</td><td colspan="2">基地层级</td><td colspan="5">研学站点（基地）名称</td></tr>
<tr><td rowspan="2">教育部命名基地</td><td>已列入教学计划</td><td colspan="5">一、与本主题相关列入教学计划的基地7个
1. 新疆乌鲁木齐营地；2. 新疆维吾尔自治区博物馆（简称“自治区博物馆”）；3. 八路军驻新疆办事处纪念馆（简称“八路军办事处”）；4. 吐鲁番博物馆；5. 乌鲁木齐市博物馆（简称“市博物馆”）；6. 新疆古生态野马文化公司（简称“野马古生态园”）；7. 中科院新疆生态与地理研究所（简称“新疆自然博物馆”）
二、与本主题关联不大但列入本营地教学计划的基地4个
1. 温泉县气象局；2. 北庭故城遗址（吉木萨尔县北庭学研究院）；3. 阿克苏地区博物馆；4. 博州温泉县“五馆一中心”（温泉县灵泉旅游开发经营有限公司）</td></tr>
<tr><td>待列入教学计划</td><td colspan="5">1. 新疆儿童发展中心；2. 吐鲁番博物馆</td></tr>
<tr><td colspan="2">其他部委命名基地</td><td colspan="5">1. 新疆富蕴可可托海国家地质公园（简称“可可托海地质公园”）；2. 新疆兵团军垦博物馆；3. 石河子周恩来总理纪念馆</td></tr>
<tr><td colspan="2">地方命名基地</td><td colspan="5">1. 毛泽民故居；2. 乌鲁木齐市烈士陵园（简称“烈士陵园”）；3. 新疆日报报史馆；4. 新疆农业博览园（简称“农博园”）；5. 乌鲁木齐市天山区大巴扎步行街（简称“乌市大巴扎”）；6. 乌鲁木齐市红山公园（简称“红山公园”）；7. 吐鲁番坎儿井</td></tr>
<tr><td colspan="2">本营地资源</td><td colspan="5">1. 皮影非遗馆；2. 沙画非遗馆；3. 3D打印体验馆；4. 木工制作体验馆；5. 农场；6. 法治大讲堂；7. 创新实验室</td></tr>
<tr><td colspan="2">其他资源</td><td colspan="5">1. 新疆生产建设兵团第十师一八五团；2. 十二师畜牧连天鹅之乡劳动实践教育基地（简称“十二师畜牧连”）；3. 中国彩棉（集团）股份有限公司（简称“中国彩棉基地”）；4. 塞外水乡生态农场（简称“塞外水乡”）；5. 乌鲁木齐甘泉堡工业园（简称“甘泉堡”）；6. 吐鲁番火焰山；7. 乌鲁木齐国际纺服中心；8. 空军新疆航空队纪念馆；9. 哈密市伊州区红军西路军进疆纪念园；10. 青格达湖乡“六亩半手作文创园”（简称“青格达湖乡”）；11. 昆仑之约</td></tr>
</table>

维度或要素	小学高年级段	初中段	高中段
校内教育基础（与校内教育的衔接）	对照课标，小学高年级段在文化传承与创新方面倡导认识中华文化的丰厚博大，汲取民族文化智慧，关心当代文化生活，尊重多样文化，吸收人类优秀文化的营养，提高文化品味。本研学主题必修课程与校内教育衔接内容如下：1.人教版五年级美术上册第3课“美丽的纹样”；2.人教版五年级美术上册第11课“陶泥的世界”；3.人教版四年级品德与社会下册第一单元第3课“浓浓乡土情”；4.人教版五年级道德与法治下册第三单元第10课“夺取抗日战争和人民解放战争的胜利”；5.人教版六年级美术上册第12课“保护文物”；6.教科版六年级科学上册第一单元第2课“杠杆的科学”；7.上海科技教育出版社六年级技术上册第一单元第2课“用电波传递信息”；8.北京版六年级劳动技术下册第一单元第1课“技术基础——木制品的连接”；9.河北科学技术出版社五年级上册第四单元第2课“做中学，尝试3D打印”；10.人教版六年级语文下册“古诗词背诵”	对照课标，初中段在文化传承与创新方面提出学生初步了解中华优秀传统文化的主要代表性成果，体会中华文化的渊源流长；理解中华传统文化的核心思想、人文精神和传统美，弘扬民族精神；要继承发扬中华优秀文化传统和革命传统。本研学主题必修课程与校内教育衔接如下：1.人教版八年级体育与健康第十一单元“民族民间体育”；2.河北美术出版社八年级美术下册第8课“皮影艺术”；3.北师大版九年级历史上册第二单元第13课“工业革命带给人类的礼物”；4.人教版九年级上册第三单元第5课“守望精神家园”；5.人美版七年级美术下册第12课“文化衫的设计制作”；6.湘教版七年级劳动技术下册第一单元第1课“调查并认识身边的植物”；7.华师大版八年级科学下册第六单元第2课“电磁波和无线电通信”；8.人民出版社八年级综合实践活动·劳动与技术下册第二单元第5课“木制品的设计与制作”；9.人民出版社九年级劳动第四单元第12课“3D创意设计与打印”；10.人美版七年级美术下册第1课“艺术源于生活，高于生活”	对照课标，高中段在文化传承与创新方面要求通过学习能坚守中华文化立场，认同并弘扬中华优秀传统文化，尊重人类文化的多样性，认识中华文明的历史价值和现实意义。本研学主题必修课程与校内教育衔接内容如下：1.人教版高中美术必修第二单元第9课“美在民间——中国民间美术”；2.人教版高中美术选修：摄影·摄像第8课“剧情类摄像制作“；3.人教版高中思想政治必修3第三单元第7课“我们的民族精神”；4.人美版高中美术选修：设计第7课“艺术与技术的结合——产品设计”；5.人教版高中物理选修1—1第四单元第3课“电磁波的发射和接收”；6.人美版高中美术选修：工艺第4课“方圆的规矩——木工工艺”；7.人教版高中美术选修：电脑绘画·电脑设计第3课“神奇的三维世界——建设3D立体空间”

维度或要素			小学高年级段	初中段	高中段
研学课程	必修课程一	名称	“多彩的纹样”——非遗·哈萨克族羊毛毡	“乐在棋中”——哈萨克族托格孜胡玛拉克棋	“绝美新疆”——非遗·哈萨克族刺绣
		活动目的	通过体验羊毛毡毡化过程，用羊毛毡合作完成一副创意纹样作品	通过了解哈萨克族托格孜胡玛拉克棋的历史与发展，掌握下棋规则、下棋策略	通过学习刺绣颜色搭配、线条运用、图案设计，体悟哈萨克族刺绣文化的魅力
		活动形式	教师讲授、小组合作、实践体验、分享与交流	教师讲授、实践体验、小组交流	观摩欣赏、实地探访、自主探究、实践体验、分享与交流
	必修课程二	名称	我是小小设计师——新疆特色软陶冰箱贴	路阻火焰山——西游记遇上皮影戏	永不磨灭的记忆——可可托海震撼之旅
		活动目的	通过观察少数民族的传统服饰特点，用软陶合作制作新疆特色的冰箱贴	通过小组合作制作皮影人物，操纵表演火焰山的故事，激发学生对传统文化的热爱	通过编排表演英雄人物皮影戏，认识老一辈“身背矿石战严寒”的重要历史精神
		活动形式	实地探访、小组合作、实践体验、总结分享	教师讲授、实地探访、小组合作、实践体验、总结提升	讲解指导、实地探访、实践体验、小组合作、分享与交流
	必修课程三	名称	新疆“棉”之力——棉花标本制作	新疆“棉”之力——工匠精神之“手工纺纱”	新疆“棉”之力——我为新疆“棉花”代言
		活动目的	通过实地观察了解棉花，知道新疆棉花产业在党和政府的大力支持下蓬勃发展	通过“手工纺纱”实践的体验，体会工匠精神，树立精益求精的劳动品质	通过拍摄宣传视频助力家乡棉花产业发展，增强爱家乡爱祖国的家国归属感
		活动形式	教师讲授、实地探访、学生实践、分享与交流	实地探访、学生实践、分享与交流	教师讲授、实地探访、学生活动、实践体验、分享与交流
	必修课程四	名称	法治大讲堂——经典法治故事情境剧	法治大讲堂——探寻法治初心传承红色基因	法治大讲堂——追寻红色法治初心，赓续红色法治血脉
		活动目的	通过了解新疆日报发展历程，激发学生对革命领袖、英雄人物的崇敬之情	通过了解新疆军民的奋斗故事，掌握新疆红色法治故事	通过了解红色法治精神，增强红色法治意识
		活动形式	教师讲授、实地探访、学生情境剧表演、实践体验相结合	教师讲授、实地探访、学生模拟法庭表演、实践体验相结合	小组辩论、展示交流、总结分享

维度或要素			小学高年级段	初中段	高中段
研学课程	必修课程五	名称	文创设计——昆仑之约	文创设计——多彩生态文化衫	文创设计——魅力新疆
		活动目的	通过参观，选出印象最深刻的部分完成文创设计，学会以视觉形象表达内心想法	通过文创设计，激发其爱家乡的感情，锻炼其创意物化的动手实践能力	通过开展活动，了解新疆自古以来就是中国领土不可分割的一部分，维护民族团结
		活动形式	实地探访、学生活动、实践体验、总结分享	教师讲授、实地观摩、学生实践、分享与交流	教师讲授、实地探访、学生活动、实践体验、分享与交流
	必修课程六	名称	杆秤里的科学	探秘植物“芯片”	品军垦精神，讲新疆故事
		活动目的	通过了解杆秤的发明，体会农耕劳动工具中蕴含的人类智慧，感悟杆秤代表的公平公正精神	通过认识不同植物种子，了解种子的重要地位，领会现代“农耕”需要创新精神	通过弘扬兵团精神，忆苦思甜，提升对中国特色社会主义道路的认同感
		活动形式	教师讲授、实地探访、学生活动、实践体验、分享与交流	教师讲授、实地探访、学生活动、实践体验、分享与交流	教师讲授、实地探访、学生活动、实践体验、分享与交流
	必修课程七	名称	无线电测向初体验	无线电测向之夺宝奇兵	隐秘的守护者
		活动目的	通过活动开展，培养学生获取信息、运用科学方法描述和处理信息并得出结论的能力	通过活动开展，让学生认识到在战争过程中信息传递保密工作的重要性	通过活动开展，体验无线电测向和密码学的魅力，认识到国家安全及秘密的重要性
		活动形式	教师讲授、实地探访、学生活动、实践体验、分享与交流	教师讲授、实地探访、学生活动、实践体验、分享与交流	教师讲授、实地探访、学生活动、实践体验、分享与交流
	必修课程八	名称	传统木工——学做小木工	传统木工——木椅的制作	维吾尔传统木雕——木碗的制作
		活动目的	通过实践板拼接活动，培养学生的自主学习、探究学习的能力	通过了解和学习基本的木工技巧，理解立体成型过程，掌握木椅制作等基本技能	通过了解新疆本土少数民族木雕，掌握少数民族木碗的制作技巧和工艺流程
		活动形式	教师讲授、实地探访、学生活动、小组合作、实践体验、分享与交流	教师讲授、实地探访、学生活动、实践体验、分享与交流	教师讲授、实地探访、学生活动、实践体验、分享与交流

维度或要素			小学高年级段	初中段	高中段
研学课程	必修课程九	名称	3D涂鸦——胡杨立体画	3D涂鸦——我眼中的吐鲁番	3D涂鸦——坎儿井模型
		活动目的	通过创作活动，激发孩子们对自然的热爱，弘扬胡杨精神	通过吐鲁番之行，小组合作绘制模型，激发学生对家乡的热爱之情	通过实地探访了解坎儿井原理，制作模型，理解中国古代最伟大的地下水利工程
		活动形式	任务驱动、实地探访、教师讲授，实践体验、分享交流	任务驱动、实地探访、教师讲授、实践体验、分享交流	任务驱动、实地探访、自主探究、实践体验
	必修课程十	名称	沙画之唐诗宋词里的植物	沙画之童眼看工业	沙画之印象可可托海
		活动目的	通过观察农博园，选择与植物相关的诗词完成沙画创作，增强对诗词文化的热爱	通过以甘泉堡开发区沙画创作的形式，提升对工业的认识	通过沙画绘制印象可可托海及视频制作，掌握沙画绘制基本技巧，提升对家乡的热爱
		活动形式	任务驱动、实地探访、教师讲授、小组合作、实践体验、分享交流	任务驱动、实地探访、教师讲授、小组合作、实践体验、分享交流	任务驱动、实地探访、教师讲授、自主探究、实践体验、展示分享
	选修课程		1. 多彩的节日 2. 爱国主义观影活动 3. 内务整理 4. 宣传家乡非遗文化	1. 传统文化知多少 2. 叠军被 3. 爱国主义观影活动 4. 国防教育大讲堂	1. 天山儿女家国情 2. 重走长征路 3. 爱国主义观影活动 4. 国防教育大讲堂

维度或要素		小学高年级段	初中段	高中段
研学线路	代表性线路（时长五日）	第一天：新疆乌鲁木齐营地—野马古生态园—新疆日报报史馆—新疆乌鲁木齐营地；第二天：新疆乌鲁木齐营地—农博园—创新实验室—新疆乌鲁木齐营地；第三天：新疆乌鲁木齐营地—八路军办事处—自治区博物馆—新疆乌鲁木齐营地；第四天：新疆乌鲁木齐营地—十二师畜牧连—昆仑之约—新疆乌鲁木齐营地；第五天：新疆乌鲁木齐营地—中国彩棉基地—农场—新疆乌鲁木齐营地	第一天：新疆乌鲁木齐营地—红山公园—塞外水乡—新疆乌鲁木齐营地；第二天：新疆乌鲁木齐营地—市博物馆—烈士陵园—新疆乌鲁木齐营地；第三天：新疆乌鲁木齐营地—新疆自然博物馆—中国彩棉基地—新疆乌鲁木齐营地；第四天：新疆乌鲁木齐营地—甘泉堡—木工制作体验馆—新疆乌鲁木齐营地；第五天：新疆乌鲁木齐营地—吐鲁番博物馆—吐鲁番火焰山—新疆乌鲁木齐营地	第一天：新疆乌鲁木齐营地—中国彩棉基地—创新实验室—新疆乌鲁木齐营地；第二天：新疆乌鲁木齐营地—十二师畜牧连—法治大讲堂—新疆乌鲁木齐营地；第三天：新疆乌鲁木齐营地—石河子周恩来总理纪念馆—新疆兵团军垦博物馆—新疆乌鲁木齐营地；第四天：新疆乌鲁木齐营地—吐鲁番博物馆—吐鲁番坎儿井—新疆乌鲁木齐营地；第五天：新疆乌鲁木齐营地—可可托海地质公园—新疆乌鲁木齐营地
	可选择线路（按天设计，菜单式选择）	1.新疆乌鲁木齐营地—八路军办事处—烈士陵园—新疆乌鲁木齐营地；2.新疆乌鲁木齐营地—甘泉堡—新疆乌鲁木齐营地；3.新疆乌鲁木齐营地—乌鲁木齐国际纺服中心—自治区博物馆—新疆乌鲁木齐营地；4.新疆乌鲁木齐营地—新疆兵团军垦博物馆—石河子周恩来总理纪念馆—新疆乌鲁木齐营地；5.新疆乌鲁木齐营地—空军新疆航空队纪念馆—毛泽民故居—新疆乌鲁木齐营地；6.新疆乌鲁木齐营地—吐鲁番博物馆—吐鲁番坎儿井—新疆乌鲁木齐营地；7.新疆乌鲁木齐营地—可可托海地质公园—新疆乌鲁木齐营地；8.新疆乌鲁木齐营地—青格达湖乡—新疆乌鲁木齐营地	1.新疆乌鲁木齐营地—八路军办事处—烈士陵园—新疆乌鲁木齐营地；2.新疆乌鲁木齐营地—创新实验室—新疆乌鲁木齐营地；3.新疆乌鲁木齐营地—乌鲁木齐国际纺服中心—自治区博物馆—新疆乌鲁木齐营地；4.新疆乌鲁木齐营地—新疆兵团军垦博物馆—石河子周恩来总理纪念馆—新疆乌鲁木齐营地；5.新疆乌鲁木齐营地—空军新疆航空队纪念馆—毛泽民故居—新疆乌鲁木齐营地；6.新疆乌鲁木齐营地—吐鲁番坎儿井—新疆乌鲁木齐营地；7.新疆乌鲁木齐营地—可可托海地质公园—新疆乌鲁木齐营地；8.新疆乌鲁木齐营地—青格达湖乡—新疆乌鲁木齐营地	1.新疆乌鲁木齐营地—八路军办事处—烈士陵园—新疆乌鲁木齐营地；2.新疆乌鲁木齐营地—甘泉堡—新疆乌鲁木齐营地；3.新疆乌鲁木齐营地—乌鲁木齐国际纺服中心—自治区博物馆—新疆乌鲁木齐营地；4.新疆乌鲁木齐营地—新疆儿童发展中心—新疆乌鲁木齐营地；5.新疆乌鲁木齐营地—空军新疆航空队纪念馆—毛泽民故居—新疆乌鲁木齐营地；6.新疆乌鲁木齐营地—乌市大巴扎—新疆乌鲁木齐营地；7.新疆乌鲁木齐营地—红山公园—新疆乌鲁木齐营地；8.新疆乌鲁木齐营地—青格达湖乡—新疆乌鲁木齐营地
	规划线路（按天设计）	1.新疆乌鲁木齐营地—北庭故城遗址—新疆乌鲁木齐营地；2.新疆乌鲁木齐营地—温泉县气象局—博州温泉县“五馆一中心”—新疆乌鲁木齐营地；3.新疆乌鲁木齐营地—阿克苏地区博物馆—新疆乌鲁木齐营地	1.新疆乌鲁木齐营地—北庭故城遗址—新疆乌鲁木齐营地；2.新疆乌鲁木齐营地—温泉县气象局—博州温泉县“五馆一中心”—新疆乌鲁木齐营地；3.新疆乌鲁木齐营地—阿克苏地区博物馆—新疆乌鲁木齐营地	1.新疆乌鲁木齐营地—北庭故城遗址—新疆乌鲁木齐营地；2.新疆乌鲁木齐营地—温泉县气象局—博州温泉县“五馆一中心”—新疆乌鲁木齐营地；3.新疆乌鲁木齐营地—阿克苏地区博物馆—新疆乌鲁木齐营地

维度或要素		小学高年级段	初中段	高中段
教学重点难点（以代表性线路教学设计为例，以下同）	教学重点	1. 了解新疆日报发展历程 2. 学会无线电测向机的使用方法；学会通过无线电测向机去寻找电台 3. 体验羊毛毡毡化过程，用羊毛毡合作完成一副创意纹样作品 4. 学会欣赏文化润疆大型实景音乐剧——昆仑之约 5. 了解棉花植株的结构特征及其与新疆特殊气候条件的关系，体会棉花种植中蕴含的农耕劳动智慧	1. 学会欣赏新疆自然博物馆中具有新疆特色的动植物及山川地貌，能够在文化衫上创作美术作品 2. 了解乌鲁木齐发展史，了解老一辈无产阶级革命家和英雄模范人物 3. 了解新疆自然地理、生态相关知识 4. 了解新疆工业发展的历史并用自己的理解进行表达，小组合作完成设计并制作模型 5. 小组合作皮影戏西游记角色，亲身体验皮影戏的制作与表演过程	1. 掌握新疆棉花的发展及其天然优势 2. 设计民族木雕纹样 3. 设计制作皮影戏英雄人物角色和编排表演皮影戏英雄人物故事 4. 学会欣赏吐鲁番博物馆中的历史文化及具有新疆特色的各展品，自行运用传统或现代工具、材料和媒介，设计出技术文档 5. 能理解可可托海艰苦奋斗的国脉精神和功勋印记，设计制作皮影戏英雄人物角色和编排表演
	教学难点	1. 用沙画这种艺术形式表达画面，构图合理 2. 如何快速准确地寻找到电台，熟练掌握几种密码学的解密和加密方法 3. 懂得欣赏乌鲁木齐市博物馆中的历史文物，通过记忆和理解，能够选择两种及以上元素在团扇上创作平面美术作品 4. 体验非遗手工制作的技法，培养学生对优秀传统文化的兴趣和热爱 5. 感受家乡得天独厚的气候条件与新疆棉花发展的关系，提升民族自豪感	1. 树立知法爱党、知法爱国意识 2. 小组合作完成皮影戏西游记角色，亲身体验皮影戏的制作与表演过程 3. 从手工纺纱的工艺领会精益求精的劳动品质 4. 掌握沙画的基本手法和制作木椅，培养学生对优秀传统文化的兴趣和热爱 5. 结合研学经历，发现并分析吐鲁番的特点，领略火焰山的魅力与神奇，让学生深深感受到地域特色的魅力	1. 利用图片、视频等方式展示新疆棉花的优势，从宣传家乡农产品中体会爱家乡爱祖国的家国情怀 2. 通过制作木碗，培养吃苦耐劳的品质、精益求精的工匠精神，进一步弘扬非遗文化 3. 懂得欣赏吐鲁番博物馆中的历史文物等具有新疆特色的各类展品，创作设计出技术文档 4. 感受老一辈“身背矿石战严寒”的重要历史精神，感受传统文化的魅力 5. 掌握脚本—录制—剪辑的视频制作流程

维度或要素	小学高年级段	初中段	高中段
教学策略	小学高年级段学生正是学习能力逐步提升的阶段，有一定的自制能力，在知识、实践能力和与人交流方面都有了一定的提升，对新鲜事物充满兴趣；在实践中能一定程度上体现个人的想法和设计，在实地观摩和实践中融入已有知识，能有一定的观察和经验总结能力。针对以上学情，基于建构主义理论，与核心素养的培养有机结合起来，选取新疆文化、新疆民族艺术、信息技术、手工技艺等内容，依托研学手册、研学基地、研学教师、教学设备、数字化技术等资源，采取体验式探究、音像导入法、联系法、比喻启发、比较法等教法和体验式学习、合作学习等学法，开展农耕劳动、文创设计、民族艺术设计制作、红色法治教育等主题研学活动，逐步提升学生对中华文化的自信，对中华民族的自豪感，着重培养学生的动手操作能力和联系生活情境的能力，更好地实现立德树人的根本目的	初中段学生是培育道德品格，形成世界观、人生观、价值观的重要时期。本学段学生正处于青春期，独立思考能力和判断能力进一步增强，情绪波动性大，可塑性强。针对以上学情，基于实用主义、发现学习理论思想，选取法治教育、中华优秀传统文化教育、革命传统教育等研学主题，依托研学手册、研学基地、研学教师、教学设备、数字化技术等资源，采取体验式探究、实例导入法、分解法、设问启发、推导法等教法和体验式学习、合作学习、探究式学习等学法，开展农耕劳动、文创设计、民族艺术设计制作、红色法治教育等主题研学活动，从真实的社会情境角度进行道德教育，强化学生的道德体验和道德实践。引导学生正确认识自己，以及个人与家庭、他人、社会、国家和人类文明的关系，了解国家发展和世界发展大势，增强社会责任感和担当意识，立志做社会主义建设者和接班人。以非物质文化遗产和红色资源为切入点，链接学生已有知识，关注学生文化自信认同。立足学生生活实际，在重温历史中培育爱国情怀	高中段学生兴趣广泛，具有较强的创新意识，敢于挑战权威，勇于尝试新事物，能够在教师的指导下通过自主学习、合作探究等方式开展研究。针对以上学情，基于多元智力理论、建构主义理论，要尽量发挥每位学生的智能优势，强调学生积极获取知识的主动性。强调他们自主构建对项目任务的分析、判断和解决方法等能力，强调学生积极参与对自己的评价，培优补劣，扬长避短，注重个体差异。选取民间艺术、新疆文化、革命传统教育等内容，依托研学手册、研学基地、研学教师、教学设备、数字化技术等资源，采取体验式探究、目标导入法、发散法、类比启发、论证法等教法和自主学习、合作探究等学法，开展非遗传承、文创设计、民族文化、红色法治教育等主题研学活动，引领学生通过观察、辨析、反思和实践，真学真懂真信真用马克思主义，在人生成长的道路上把握正确的思想政治方向。在沉浸式体验中培养学生的爱国情怀，提升学生的文化自信

维度或要素				小学高年级段	初中段	高中段
实施方案	入营教育	安全	引导	通过安全教育讲座和交通安全标识的学习，提醒学生行程中可能出现的安全隐患	通过安全教育讲座和交通安全标识的学习，引导学生寻找安全隐患并进行汇报	通过安全教育讲座和交通安全标识的学习，引导学生探究可能发生的安全事故
			实训	开设安全教育讲座，进行交通安全标识学习，发放安全手册	发放安全手册，组织学生分组讨论、制订疏散方案并组织疏散演练	发放安全手册，组织学生分组绘制疏散图、制订疏散方案，开展疏散演练
		应急	引导	通过视频案例和演示，认识营内危险点和危险行为带来的危害	通过视频了解地震、火灾等案例，认识掌握应急事件处理方法和技巧重要性	探究地震和人为不当行为引起的火灾灾难程度，产生掌握应急技巧的意愿
			实训	体验自然灾害，进行灭火体验、地震体验及初步学习安全绳的使用	体验自然灾害，进行灭火知识讲解及训练、地震知识讲解及学习安全绳的使用	体验自然灾害，进行灭火训练及烟雾逃生训练，能够熟练使用安全绳
		救助	引导	通过校医示范与动作指导，了解急救与包扎基础知识，了解自救与救助他人的知识	通过校医示范与动作指导，了解急救与包扎基础知识	通过校医示范与动作指导，掌握急救知识，进行自救与救助他人的体验
			实训	开展校医培训大讲堂，举办急救知识竞赛	开展校医培训，进行简单的自救与救助他人的体验，举办急救知识竞赛	开展校医培训，进行情境模拟实操实训，举办急救知识竞赛
		自我管理	引导	通过视频学习食堂就餐、内务整理、课程学习等相关要求，树立自我管理意识	通过视频学习食堂就餐、内务整理、课程学习等相关要求，树立自我管理意识	通过视频学习外出乘车、内务整理、课程学习等要求，内务进行自评、互评
			实训	发放研学行为规范手册，进行内务整理活动	发放研学行为规范手册，进行内务整理大比拼	发放行为规范手册，进行内务整理大比拼，参与内务评分，进行自评、互评
		团队协作	引导	通过素质拓展课进行破冰，培养团队意识，建立团队情谊	通过素质拓展课进行破冰，确定组内成员分工，画队旗、设定口号	通过素质拓展课进行破冰，确定组内成员分工，画队旗、设定口号
			实训	组织学生分组建立团队，开设素质拓展团建课	组织学生分组建立团队，让学生画队旗、设定口号，并说明其意义	开设素质拓展团建课，让学生画队旗、设定口号，说明其意义并进行自我宣传

维度或要素		小学高年级段	初中段	高中段
实施方案	导入教学环节	1.主题表演导入：编排情境剧，准备道具，通过情境剧引出学习内容 2.任务导入：发布探究性任务，引导学生关注木工工具的使用技术等问题 3.实物导入：展示优秀学生作品，激发兴趣 4.故事导入：研学教师生动地讲述昆仑之约的美丽神话故事 5.体验式导入：进入棉田引导学生观察长在地里的植物原型；体验用杆秤称量物体重量，引导学生发现劳动工具中的智慧	1.任务导入：发布研学任务单，引导学生关注红色法治故事 2.视频导入：激发学生对棋的兴趣，初步了解棋的历史 3.问题导入：以“棉花是如何从我们眼前的样子变成服装中的布料”问题导入，激发学生带着思考参与实践 4.任务导入：发布探究性任务，调动积极性 5.情境导入：表演贴合学生实际的，能表现出新疆特色的皮影故事	1.视频导入：视频展示新疆棉花的优势，开门见山导入，明确研学主题 2.任务导入：发布探究性对抗式任务，调动学生积极性及小组合作能力 3.故事导入：教师讲述周总理与密码学的故事 4.情境导入：带领学生参观吐鲁番博物馆，充分感受吐鲁番盆地四千年发展历史 5.情境导入：表演贴合学生实际的、能表现出新疆特色的皮影故事
	授课教学环节	第一天：必修课程四“经典法治故事情境剧”、必修课程九“胡杨立体画”、选修课程1“多彩的节日”；第二天：必修课程八“学做小木工”、必修课程十“唐诗宋词里的植物”、选修课程2“爱国主义观影活动”；第三天：必修课程一“多彩的纹样”、必修课程七“无线电测向初体验”、选修课程3“内务整理”；第四天：必修课程二“我是小小设计师”、必修课程五“昆仑之约”、选修课程4“宣传家乡非遗文化”；第五天：必修课程三“棉花标本制作”、必修课程六“杆秤里的科学”	第一天：必修课程四“探寻法治初心传承红色基因”、必修课程六“探秘植物‘芯片’”；第二天：必修课程一“乐在棋中”、必修课程七“无线电测向之夺宝奇兵”、选修课程1“传统文化知多少”；第三天：必修课程三“手工纺纱”、必修课程五“多彩生态文化衫”、选修课程2“叠军被”；第四天：必修课程八“木椅的制作”、必修课程十“童眼看工业”、选修课程3“爱国主义观影活动”；第五天：必修课程二“路阻火焰山”、必修课程九“我眼中的叶鲁番”、选修课程4“国防教育大讲堂”	第一天：必修课程三“我为新疆‘棉花’代言”、必修课程八“木碗的制作”；第二天：必修课程一“绝美新疆”、必修课程四“追寻红色法治初心赓续红色法治血脉”、选修课程1“天山儿女家国情”；第三天：必修课程七“隐秘的守护者”、必修课程六“品军垦精神，讲新疆故事”、选修课程2“重走长征路”；第四天：必修课程五“魅力新疆”、必修课程九“坎儿井模型”、选修课程3“爱国主义观影活动”；第五天：必修课程二“永不磨灭的记忆”、必修课程十“印象可可托海”、选修课程4“国防教育大讲堂”

维度或要素		小学高年级段	初中段	高中段
实施方案	进阶教学环节	1. 通过角色扮演的形式，还原经典红色法治故事 2. 用木工工具完成立体木板作品的拼接 3. 了解无线电测向相关知识 4. 观看大型实景音乐剧《昆仑之约》及参观后台，进行文创设计 5. 你能准确地叫出棉花植物各个部位的名称吗，小组讨论。为什么新疆棉花这么受欢迎。制作标本。你知道科学植物标本应该包含哪些要素吗	1. 了解“乌鲁木齐红山公园的发展史”“新疆与林则徐的故事”“我国法治建设和发展” 2. 开展皮影戏创作比赛，进行非遗传统文化专题讲座 3. 小组讨论：开展无线电测向之夺宝奇兵活动，认识到在战争过程中信息传递保密工作的重要性 4. 棉花是如何从一朵棉球变成服装中的布料的。认识手工织布机及其工作原理 5. 完成木椅的制作	1. 用自己擅长的方式参与“我为新疆棉花代言”服务活动，小组讨论交流，分享收获与感悟 2. 制作具有创意的非遗木雕作品 3. 编写英雄故事剧本，制作英雄皮影作品 4. 小组对抗辩论：当代红色法治精神的传承与创新 5. 探究可可托海三号矿脉背后的故事
	巩固教学环节	1. 发布任务与小组交流分享相结合，教师总结及升华主题 2. 实地体验，近距离观察，加深记忆引导学生深入思考 3. 展示作品、相互评价、总结分享 4. 通过生活常识、讲故事等方式拓展学习成果，加深对文化传承与创新的认识 5. 总结性参观学习，现场教学、自主学习与任务驱动相结合	1. 引入真实案例进行模拟法庭表演，现场教学、自主学习与任务驱动相结合 2. 结合实地观察和实践，以小组讨论形式反思体悟 3. 拓展：展现更多棋文化，让学生广泛了解棋类传统文化的内涵。竞赛：进行校级比赛 4. 小组分享体验，教师总结活动及升华主题 5. 展示作品、相互评价、总结	1. 任务驱动下参与活动，实地观察、多途径展示、分享交流 2. 展示作品、相互评价、总结分享；拓展：创新、融入优秀的文化元素 3. 对研学手册进行分析和总结，进行非遗传统文化专题讲座 4. 小组合作讨论，总结升华，加深对红色法治精神的传承意识 5. 对研学手册进行分析和总结；进行非遗传统文化专题讲座

维度或要素			小学高年级段	初中段	高中段
实施方案	总结教学环节	教学创新	结合地域民族特色、兵团精神、西部农耕文明开发研学课程，将研学与中华文化传承紧密结合，让学生在“行中研、研中学、学中悟”。对标各学段相关学科课程标准，让研学与校内课程相互联系、补充、拓展，拓宽学生视野，将知识内化于心，外践于行，为学生认识、了解中华优秀传统文化提供平台	结合地域民族特色、兵团精神、西部农耕文明开发研学课程，将研学与中华文化传承紧密结合，让学生在研学过程中充分发挥主观能动性，让学生在实践中提出问题并能尝试提出解决问题的方法。鼓励学生树立创新意识，发挥创新能力	面向每一个学生的个性发展，尊重每一个学生的发展需要。结合地域民族特色、兵团精神、西部农耕文明开发研学课程，将研学与中华文化传承紧密结合，让学生感受到研学内容的丰富多样性，学生在选择、尝试过程中培养创新意识、动手能力
实施方案	总结教学环节	教学总结	在研学过程中及时收集学生、家长、研学讲解员和其他相关人员的反馈，了解研学环节的优点和不足，建立研学档案。成立专门的营地研学团队，不断反思和调整研学过程，完善各线路研学手册及研学课程	在研学过程中利用多媒体记录教学过程，及时收集学生、家长、研学导师和其他人的反馈，做好课后分析总结，通过复盘方式分析研学过程的优缺点，优化实施方案，建立研学档案	总结归纳研学活动的收获与认识，全面了解学生在文化、劳动、行为习惯、情感态度等方面的情况，学生完善研学手册，结合报告和手册完成教学评价。成立专门的营地研学团队，不断反思和调整研学过程，完善各线路研学手册及研学课程
实施方案	总结教学环节	教学反思	活动结束后，以问卷调查和面对面交流等形式，及时进行教学反馈和评估，及时分析总结教学反馈和评估结果。例如：教学效果分析、教学环节改进、总结教学经验和教训等，加强课程设计的针对性和实用性，提高教学方法的灵活性，加强活动组织的严谨性和科学性	根据教学计划与教学实际情况进行对比分析，及时进行教学反馈和评估，及时分析总结教学反馈和评估结果。梳理教学环节的设计、实施效果、提炼经验，为下一次研学活动提供参考	针对是否充分尊重学生的身心特点和已有经验的基础进行反思；整合资源不足，进一步融入“整合”思想，开展综合实践活动，提高学生素养。整合资源，既有教育技术的整合，又有学科知识的整合，更有教育内容与学生生活实际的整合

维度或要素				小学高年级段	初中段	高中段
实施方案	评价教学环节	教学水平评价	自我评价	利用录课方式记录教学过程，反思教学过程中教师对教学目标达成、重难点突破、教学内容设计、环节实施流畅度等方面的完成程度，并按照10分满分制进行自我评分	结合个体反思总结法，教师阶段性地反思并汇报个人教学成效，形成个人工作总结评估报告，并能与其他教师进行分享交流	能根据不同的授课对象形成不同的自我评价体系，采用个案分析的方法，针对教学的内容/方式和效果进行评价，并形成新的教学策略运用在新阶段的教学过程中
			学生评价	结合教学效果和意见反馈两方面，针对每个研学的学生发放满意度问卷，评选最喜欢的课程和不太喜欢的课程进行评价	制订教学满意度测评方案，抽样调查学生来填写，根据教师的教学态度、课程内容、教学取得的成效以及对活动的满意程度这几方面综合性地设计评价方案，并设立高效的评价反馈渠道	结合满意度调查方案和个案研究两种方式，学生根据教师的教学态度、课程内容、教学取得的成效以及对活动的满意程度这几方面提出相应的意见，形成评价反馈体系，定期进行学生评价反馈
			同行评价	学校教师、营地教师、研学基地教师结合问卷调查等方式分别就研学课程教学设计、教学策略、学生物化成果展示等进行评价	学校教师、营地教师、研学基地教师结合问卷调查等方式分别就研学课程教学设计、教学策略、学生物化成果展示等进行评价	学校教师、营地教师、研学基地教师结合问卷调查等方式分别就研学课程教学设计、教学策略、学生物化成果展示等进行评价
			培训和考核	按学期为一周期，定期对营地教师进行研学实践课程开发与实施培训，并组织整理学生的研学实践资料档案	按学期为一周期，积累教学的过程性资料和记录，组织教学课堂大赛和优秀教学案例成果展示大赛，推广优秀教师成果	按学期为一周期，制定培训考核制度，常态化开展教研活动，定期开展系列主题教研活动，组织相关专家对教师课堂教学、科研成果进行分析和考核
			教学成果展示	学生提供物化作品分享、研学总结汇报等展示实践成果；教师撰写研学实践课程案例	积累过程性资料，建立教学案例和教学设计资料库，参与各级优秀教学成果展示比赛和各类教学案例、教学论文评比比赛，推广教学成果	定期举行教师教学成果展示，营地在每期研学结束后在营地公众号上推送研学实践图文及视频信息

维度或要素				小学高年级段	初中段	高中段
实施方案	评价教学环节	学业评价	形成性评价	教师观察记录学生课堂参与度、兴趣表现，反馈评价结果	在研学执行过程中，及时关注学生活动表现和完成任务效果，注重对学生过程性表现进行评价，鼓励在《研学手册》中完成相应部分填写	在研学执行过程中使用形成性评价量表，以学生发展能力导向，制定含参与度和注意力表现、创新精神和实践能力、学习方法和研究方法以及沟通和团队合作4个维度分5个等级的量表。鼓励学生进行自我评价和同伴互评，在《研学手册》中完成相应部分的填写
			总结性评价	遵循综合性评价原则，结合配套研学课程中的学生作品展示、研学心得感悟、《研学手册》填写进行综合评定，评选优秀学员	根据学生现实活动表现、动手情况以及研学手册等况给出综合评价，运用自评、互评、他评方式，以正向评价为主，遵循导向性评价原则，提出合理化建议，使学生进一步提升认知能力、思维力、想象力	主要依据活动目标，结合配套研学课程中的学生作品展示、研学心得感悟、《研学手册》填写进行综合评定，评选优秀学员
			教师评价	教师对学生参与度、注意力表现、创新精神、实践能力、方法运用等进行观察和记录，进行综合性评价，在《研学手册》上盖章	教师对学生现实活动表现、动手情况以及《研学手册》填写等情况，结合学生活动收获给予激励性评价	教师根据学生课堂表现，以成果展示形式进行评价
		项目评价		成立学校领导、教师代表、学生代表、学生家长代表组成的评价小组，以调查问卷及访谈法的方式，对项目进行终结性评价	成立学校领导、教师代表、学生代表、学生家长代表组成的评价小组，以调查问卷及访谈法的方式，对项目进行终结性评价	成立学校领导、教师代表、学生代表、学生家长代表组成的评价小组，以调查问卷及访谈法的方式，对项目进行终结性评价

4.25 教学计划与策略列表：重温丝路传奇，揽尽新疆之美

<table>
<tr><td colspan="3">营地名称</td><td>库尔勒市青少年示范性综合实践基地（简称“新疆库尔勒营地”）</td><td>命名机构</td><td>教育部</td><td>识别码</td><td>Y145652003</td></tr>
<tr><td colspan="3">从业资质(摘要)</td><td>组织开展综合实践活动、研学实践活动及夏、冬令营活动</td><td>单位属性</td><td>公益一类</td><td>法定代表人</td><td>郭景梅</td></tr>
<tr><td colspan="3">研学主题</td><td>重温丝路传奇，揽尽新疆之美</td><td colspan="2">主要目的指向</td><td colspan="2">文化传承与创新教育</td></tr>
<tr><td rowspan="7">营地（枢纽）及周边主要优质研学资源</td><td colspan="2">基地层级</td><td colspan="5">研学站点（基地）名称</td></tr>
<tr><td rowspan="2">教育部命名基地</td><td>已列入教学计划</td><td colspan="5">一、与本主题相关列入教学计划的18个
1.乌鲁木齐市青少年综合实践教育中心（简称“新疆乌鲁木齐营地”）；2.吐鲁番博物馆；3.阿克苏地区博物馆（简称“阿克苏博物馆”）；4.北庭故城遗址（吉木萨尔县北庭学研究院）；5.新疆维吾尔自治区博物馆（简称“自治区博物馆”）；6.伊宁市青少年综合实践教育中心（简称“新疆伊宁营地”）；7.阿勒泰地区福海县青少年活动中心（简称“新疆福海营地”）；8.新疆生产建设兵团第十师一八五团；9.乌鲁木齐市博物馆——毛泽民故居（简称“乌鲁木齐市博物馆”）；10.八路军驻新疆办事处纪念馆；11.新疆维吾尔自治区经济和信息化委员会；12.新疆古生态园；13.新疆文化出版社；14.中国科学院新疆生态与地理研究所；15.新疆儿童发展中心；16.哈密市伊州区红军西路军进疆纪念园；17.新疆建设兵团第二师铁门关市革命纪念馆（简称“铁门关市纪念馆”）；18.博州温泉县“五馆一中心”
二、与本主题关联不大但列入本营地教学计划的基地2个
1.温泉县气象局；2.新疆维吾尔自治区科学技术馆</td></tr>
<tr><td>待列入教学计划</td><td colspan="5">无</td></tr>
<tr><td colspan="2">其他部委命名基地</td><td colspan="5">1.喀什古城；2.喀什麦盖提县刀郎之乡（简称“喀什刀郎之乡”）</td></tr>
<tr><td colspan="2">地方命名基地</td><td colspan="5">1.喀什青少年实践基地（简称“喀什营地”）；2.和静县博物馆；3.焉耆县博物馆；4.库尔勒市民俗馆；5.巴州博物馆；6.喀赞其民俗村；7.新疆可可托海研学实践营地教育科技有限责任公司（简称“可可托海营地”）；8.达西村红色的教育基地；9.丝绸之路·长城文化博物馆（长城文化博物馆）；10.铁门关；11.且末县博物馆；12.且末县箜篌文化传承基地；13.交河故城；14.喀什博物馆</td></tr>
<tr><td colspan="2">本营地资源</td><td colspan="5">库尔勒营非遗工坊</td></tr>
<tr><td colspan="2">其他资源</td><td colspan="5">无</td></tr>
</table>

维度或要素	小学高年级段	初中段	高中段
校内教育基础（与校教育的衔接）	对照《义务教育课程方案和课程标准（2022年版）》，小学高年级段在文化传承与创新方面提出要热爱中华民族的优秀传统文化，增强文化自信，培养创新意识，引导学生参与学科实践活动，提高实践能力。该主题课程在设计上与校内教育课程衔接的有关内容为： 1.人教版五年级美术上册第3课“美丽的纹样”；第11课“陶泥的世界”、第20课“珍爱国宝——古代陶瓷艺术” 2.人教版六年级美术上册第12课“保护文物”；第13课“古建筑的保护” 3.人教版六年级美术下册第15课“我国古代建筑艺术” 4.人教版五年级道德与法制上册第三单元“我们的国土 我们的家园” 5.人教版五年级语文下册第七单元20课口语交际“我是小小讲解员”	对照《义务教育课程方案和课程标准（2022年版）》，初中段在文化传承与创新方面提出传承民族精神，培养人文素养，拓展知识视野，促进自己的个人成长和发展。该主题课程在设计上与校内教育课程衔接的有关内容为： 1.人教版七年级历史上册第三单元“秦汉时期”第14课“沟通中外文明的‘丝绸之路’” 2.人教版七年级历史下册“民族关系发展和社会变化” 3.人教版七年级美术上册第一单元“什么是美术”；第2课“美术是个大家庭” 4.人教版八年级美术下册第二单元“了解纹样” 5.人教版九年级美术上册第三单元“土和火的艺术”、第四单元第1课“古城古镇考察”、第二课“民俗文化展” 6.人教版九年级音乐下册第三单元“青春舞曲”	对照《普通高中课程方案和课程标准》，高中段在文化传承与创新方面提出热爱中华文化、继承和弘扬中华优秀传统文化、革命文化、社会主义先进文化，关注和参与当代文化生活，了解和借鉴人类文明优秀成果。该主题课程在设计上与校内教育课程衔接的有关内容为： 1.高中美术必修美术雕塑第一单元第1课“抟土造人——泥塑” 2.高中美术选必修高中美术设计第三单元第1课“科技与文化——决定建筑形式”、第2课“人工与自然——塑造环境景观”、第3课“弘扬传统文化” 3.高中美术必修美术工艺第1课“工艺与文化”、第2课“陶艺工艺”、第8课“纺织工艺”、第9课“刺绣工艺” 4.人教版高中美术选必修美术书画第8课“方寸之间” 5.人教版高中历史选必修三第一单元第1课“中华优秀传统文化的内涵与特点”、第六单元第14课“文化传承的多种载体及其发展” 6.人教版高中思想政治必修四第三单元第7课“继承发展中华优秀传统文化”、第9课“发展中国特色社会主义文化”

维度或要素			小学高年级段	初中段	高中段
研学课程	必修课程一	名称	“陶”你喜欢，迷你缤纷世界	“楼兰小皮匠”皮雕工艺	“楼兰小皮匠”皮雕工艺
		活动目的	通过参观“创意软陶”工作坊，学习软陶的基本知识，掌握组合和装饰技巧	通过体悟皮雕艺术工坊，学习基础知识和雕刻技巧，尝试创作自己的皮雕作品	探寻皮雕艺术，学习基本的皮雕技巧，挑战复杂的皮雕创作，各团队进行作品展示交流
		活动形式	教师讲授、观摩探究、实践体验	教师讲授、观摩探究、实践体验相结合	教师讲授、观摩探究、实践体验相结合
	必修课程二	名称	慧心巧编织	火笔生花·书签烙画	火笔生花·葫芦烙画
		活动目的	通过参观“慧心巧编织”工作坊，学习基本的编织技巧，进行小组展示和分享	通过探寻烙画艺术工坊，学习烙画的基本技巧，尝试制作简单的烙画作品	探寻烙画艺术，掌握其历史和文化背景，学习制作技法，尝试创造不同流派的烙画作品
		活动形式	教师讲授、观摩探究、实践体验	教师讲授、自主探究、实践体验相结合	教师讲授、观摩探究、实践体验相结合
	必修课程三	名称	妙“布”可言·手工布贴画	篆刻——领略方寸之美	篆刻——领略方寸之美
		活动目的	通过参观“布贴画”艺术坊，设计简单布贴画图案，鼓励学生发挥想象力创作作品	通过探寻篆刻艺术工坊，学习基本的篆刻技巧，尝试创作自己的篆刻作品	探寻篆刻艺术，学习其基础知识，掌握基础创作技巧，尝试不同风格和流派的作品
		活动形式	教师讲授、观摩探究、实践体验	教师讲授、实地探访、观摩探究、实践体验相结合	教师讲授、实地探访、观摩探究、实践体验相结合
	必修课程四	名称	“绣意满满”刺绣工艺	“西海寄苇闲”芦苇画制作	“明月寄相思”芦苇画制作
		活动目的	通过参观库尔勒市民俗博物馆，观察蒙古族传统刺绣艺术，创作简单的刺绣作品	通过探寻芦苇画艺术工坊，学习基本的芦苇画知识，尝试创作自己的芦苇画作品	探寻芦苇画艺术，学习芦苇画的基础知识，尝试创作不同风格和流派的作品
		活动形式	教师讲授、实地探访、观摩探究、实践体验	教师讲授、实地探访、观摩探究、实践体验相结合	教师讲授、实地探访、观摩探究、实践体验相结合

维度或要素			小学高年级段	初中段	高中段
研学课程	必修课程五	名称	东归印象	探寻楼兰印记	丝路楼兰·东归印象
		活动目的	通过探寻和静县博物馆，了解土尔扈特部落的东归文化及非遗舞蹈的历史文化	通过探寻巴州博物馆，了解东归历史文化和丝绸之路的兴衰，深植爱国爱家情怀	探寻巴州博物馆，学习东归历史文化，颂扬东归英雄事迹，提高鉴赏能力
		活动形式	教师讲授、实地探访、观摩探究、实践体验	实地探访、观摩探究、实践体验、总结分享相结合	教师讲授、实地探访、观摩探究、实践体验相结合
	必修课程六	名称	博物馆的秘密	我在博物馆修文物	探秘阿克苏博物馆
		活动目的	通过探寻焉耆县博物馆，学生尝试动手修复陶器，了解文物历史故事和文化内涵	通过探寻焉耆县博物馆，学生动手修复陶器，感受历史文化力量，激发对历史的兴趣	探寻阿克苏博物馆，学习龟兹文化，了解古代科技与艺术，新疆多元文化的形成和发展
		活动形式	教师讲授、实地探访、观摩探究、实践体验	实地探访、自主探究、实践体验、小组合作相结合	教师讲授、实地探访、观摩探究、实践体验相结合
	必修课程七	名称	走进世界文化遗产地——交河故城	传承·瑰宝	跨越·时空
		活动目的	了解生土建筑；背诵《古从军行》，从诗中了解交河历史背景	通过探寻和静县博物馆，了解展品的历史文化，互动体验学习非遗舞蹈	通过探寻阿克苏古城，感受阿克苏历史文化魅力以及各族人民共同奋斗的历史
		活动形式	教师讲授、实地探访、观摩探究、实践体验	实地探访、自主探究、问题讨论相结合	教师讲授、实地探访、实践体验相结合
	必修课程八	名称	西域历史文库——吐鲁番博物馆	探秘阿克苏博物馆	疆域土陶——探秘喀什古城
		活动目的	参观吐鲁番博物馆，了解历史宝藏，认识新疆文化多元化发展	通过探寻阿克苏博物馆，了解阿克苏历史文化底蕴和新疆各民族的民间艺术	通过探寻喀什古城，了解土陶历史和文化，创作个人土陶作品，激发学生创作激情
		活动形式	教师讲授、实地探访、观摩探究、实践体验	实地探访、自主探究、实践体验相结合	教师讲授、实地探访、实践体验相结合

维度或要素			小学高年级段	初中段	高中段
研学课程	必修课程九	名称	如果文物会说话	疆域土陶——探秘喀什古城	敲染而至——花模戳拓染技艺
		活动目的	参观自治区博物馆，观摩新疆宝藏，体悟西域文化，初识高足青花瓷碗	通过探寻喀什古城，学习土陶制作技艺，体验非遗土陶文化，了解古老传统工艺	通过探寻喀什古城，学习花模戳拓染技艺，创作个人拓染作品
		活动形式	教师讲授、实地探访、观摩探究、实践体验	实地探访、自主探究、实践体验、总结分享相结合	教师讲授、实地探访、实践体验相结合
	必修课程十	名称	重走丝绸之路	敲染而至——花模戳拓染技艺	刀郎麦西来普
		活动目的	参观北庭故城遗址，感受古城在古代的繁荣和辉煌，了解古城多元文化和开放精神	通过探寻喀什古城，实践学习花模戳拓染技艺，培养艺术创造能力和动手实践能力	学习刀郎歌舞，了解刀郎的历史、传统和特点及在生活中的重要地位
		活动形式	教师讲授、实地探访、观摩探究、实践体验	实地探访、自主探究、实践体验、总结分享相结合	教师讲授、实地探访、实践体验相结合
	选修课程		1. 初探皮雕技艺 2. 库尔勒的古老故事 3. 中国刺绣家族的故事 4. 重温西游文化——火焰山	1. 创意手工烫画艺术 2. 东归文化研究与探索 3. 农民画的创作与设计	1. 慧心巧编织 2. 东归文化研究与探索 3. 创意手工烫画艺术 4. 农民画的创作与设计

维度或要素		小学高年级段	初中段	高中段
研学线路	代表性线路（时长五日）	第一天：新疆库尔勒营地—库尔勒营非遗工坊—新疆库尔勒营地；第二天：新疆库尔勒营地—库尔勒市民俗馆—新疆库尔勒营地；第三天：新疆库尔勒营地—和静县博物馆—焉耆县博物馆—新疆库尔勒营地；第四天：新疆库尔勒营地—交河故城—吐鲁番博物馆—新疆乌鲁木齐营地；第五天：新疆乌鲁木齐营地—自治区博物馆—北庭故城遗址—新疆古生态园—新疆库尔勒营地	第一天：新疆库尔勒营地—库尔勒营非遗工坊—新疆库尔勒营地；第二天：新疆库尔勒营地—巴州博物馆—库尔勒市民俗馆—新疆库尔勒营地；第三天：新疆库尔勒营地营地—阿克苏博物馆—喀什营地；第四天：喀什营地—喀什古城—喀什营地；第五天：喀什营地—喀什刀郎之乡—新疆库尔勒营地	第一天：新疆库尔勒营地—库尔勒营非遗工坊—新疆库尔勒营地；第二天：新疆库尔勒营地—巴州博物馆—库尔勒市民俗馆—新疆库尔勒营地；第三天：新疆库尔勒营地—阿克苏博物馆—喀什古城—喀什营地；第四天：喀什营地—喀什古城—喀什博物馆—喀什营地；第五天：喀什营地—喀什刀郎之乡—新疆库尔勒营地
	可选择线路（按天设计，菜单式选择）	1.新疆库尔勒营地—新疆文化出版社—新疆儿童发展中心—新疆乌鲁木齐营地；2.新疆库尔勒营地—自治区博物馆—新疆乌鲁木齐营地；3.新疆库尔勒营地—乌鲁木齐市博物馆—新疆乌鲁木齐营地；4.新疆库尔勒营地—八路军驻新疆办事处纪念馆—新疆乌鲁木齐营地；5.新疆库尔勒营地—可可托海营地—新疆福海营地；6.新疆库尔勒营地—新疆生产建设兵团第十师一八五团—新疆伊宁营地；7.新疆库尔勒营地—新疆伊宁营地—新疆库尔勒营地；8.新疆库尔勒营地—且末县博物馆—且末县箜篌文化传承基地—新疆库尔勒营地	1.新疆库尔勒营地—吐鲁番博物馆—新疆乌鲁木齐营地；2.新疆库尔勒营地—新疆维吾尔自治区经济和信息化委员会—新疆乌鲁木齐营地；3.新疆库尔勒营地—乌鲁木齐市博物馆—八路军驻新疆办事处纪念馆—新疆乌鲁木齐营地；4.新疆库尔勒营地—自治区博物馆—新疆古生态园—新疆乌鲁木齐营地；5.新疆库尔勒营地—北庭故城遗址—新疆乌鲁木齐营地；6.新疆库尔勒营地—可可托海营地—新疆福海营地；7.新疆库尔勒营地—新疆生产建设兵团第十师一八五团—新疆伊宁营地；8.新疆库尔勒营地—新疆伊宁营地—新疆库尔勒营地	1.新疆库尔勒营地——乌鲁木齐市博物馆—新疆乌鲁木齐营地；2.新疆库尔勒营地—吐鲁番博物馆—新疆乌鲁木齐营地；3.新疆库尔勒营地—八路军驻新疆办事处纪念馆—新疆古生态园—新疆乌鲁木齐营地；4.新疆库尔勒营地—北庭故城遗址—新疆乌鲁木齐营地；5.新疆库尔勒营地—博州温泉县“五馆一中心”—新疆乌鲁木齐营地；6.新疆库尔勒营地—可可托海营地—新疆库尔勒营地；7.新疆库尔勒营地—新疆伊宁营地—新疆库尔勒营地；8.新疆库尔勒营地—哈密市伊州区红军西路军进疆纪念园—新疆库尔勒营地
	规划线路（按天设计）	1.新疆库尔勒营地—达西村红色教育基地—长城文化博物馆—新疆库尔勒营地；2.新疆库尔勒营地—铁门关—新疆库尔勒营地；3.新疆库尔勒营地—铁门关市纪念馆 新疆库尔勒营地	1.新疆库尔勒营地—达西村红色教育基地—长城文化博物馆—新疆库尔勒营地；2.新疆库尔勒营地—铁门关—新疆库尔勒营地；3.新疆库尔勒营地—铁门关市纪念馆—新疆库尔勒营地	1.新疆库尔勒营地—达西村红色教育基地—长城博物馆—新疆库尔勒营地；2.新疆库尔勒营地—铁门关—新疆库尔勒营地；3.新疆库尔勒营地—铁门关市纪念馆—新疆库尔勒营地

维度或要素		小学高年级段	初中段	高中段
教学重点难点（以代表性线路教学设计为例，以下同）	教学重点	1.了解非遗文化故事，学习非遗文化知识，进一步激发同学们对中华民族的认同 2.了解库尔勒民俗文化，感悟库尔勒民俗文化魅力，传承民俗文化 3.理解土尔扈特部东归的史实，传承巴州非遗舞蹈——东归情 4.通过聆听、思考，探寻交河故城宝藏，体悟古老文化，了解多元文化 5.观摩丝绸之路宝藏，激发保护和传承丝绸之路的历史文化遗产	1.掌握基本的皮雕技巧，培养审美能力和创意思维 2.认识东归历史文化和丝绸之路的兴衰，深植爱国爱家情怀 3.了解焉耆的悠久历史及风土人情，学习文物保护与损毁修复的常用方法和基本措施，激发对科技与艺术的兴趣 4.学习土陶制作技艺，体验非遗土陶文化，让学生深度了解中国非遗文化底蕴 5.通过探寻喀什古城，实践学习花模戳拓染技艺，培养学生艺术创造能力和动手实践能力	1.学习非遗文化的传承意义和文化价值，激发学生创作灵感 2.学习巴州从古至今的历史，近距离接触历史遗物，重塑历史场景，讲好巴州故事 3.了解阿克苏作为丝绸之路上的重要节点的历史地位，学习非遗文化知识，激发对祖国的热爱 4.深入了解中国非遗文化的发展以及新疆多元文化的意义，增强民族自豪感，树立传播民族文化的责任与担当 5.学习刀郎歌舞，感受刀郎戏曲、农民画、乐器制作、服饰等艺术形式，感受独特的魅力
	教学难点	1.学习中国非遗文化作品制作方法，激发学生民族自豪感 2.掌握新疆民俗风情，体验新疆多元文化 3.掌握蒙古族舞蹈的风格特点、基本动作和节奏 4.掌握交河故城的历史背景，进行多学科融合，培养学生的兴趣和自主探究 5.理解和欣赏不同的文化瑰宝，体会丝绸之路对当今社会的影响	1.初步掌握中国非遗文化的发展以及新疆历史的变迁 2.理解非遗文化与现代生活的结合与创新 3.深入学习非遗文化知识，制作非遗文化作品 4.深入学习中国非遗文化故事，树立文化创新意识和文化传承意识 5.了解新疆各民族的民间艺术和历史文化底蕴，激发学生对祖国、对家乡的热爱	1.掌握非遗文化传承的主要技艺、技法，感受其文化价值的魅力所在 2.学习巴州历史，理清其历史脉络，了解文化背景，立志为巴州做贡献 3.掌握非遗文化与现代生活的有机结合与现实创新，树立文化传承的价值导向 4.学习新疆多元文化的历史和意义，让学生了解非遗文化故事，学习非遗文化知识，激发同学们对祖国的热爱 5.深度了解中国非遗文化以及新疆悠久历史，建立文化自信，感悟新疆丝绸之路的历史价值和时代价值，树立强烈的民族自豪感和认同感

维度或要素	小学高年级段	初中段	高中段
教学策略	小学高年级段学生对周围的世界充满好奇心，喜欢探索新事物，喜欢与同伴互动，参与集体活动；在学习过程中，需要得到老师的关心和鼓励；好奇心强，积极参与有趣的活动和实验。根据小学生的特点，设计多样化的体验式学习活动，运用多媒体教学手段，激发学生的学习兴趣；组织学生进行实地考察和参观活动，让学生亲身感受传统文化的氛围；开展小组合作学习，培养学生的团队协作能力，促进学生之间的交流与合作；设计小组合作、角色扮演、游戏等趣味活动，增加学习的趣味性，让学生在轻松愉快的氛围中学习传统文化；引导学生通过查阅资料、观察等方式自主探究传统文化，培养学生的自主学习能力和问题意识；组织学生进行交流分享，让他们分享自己的学习成果和感受，促进学生之间的互动学习；提供丰富的传统文化相关研学手册、学习资料等，满足学生的学习需求，帮助他们更好地了解传统文化，如传统文化手工制作、传统游戏体验等，让学生在亲身参与中感受传统文化的魅力	初中段学生对新奇的事物充满好奇心，有较为广泛的兴趣爱好。在教学设计中结合他们的兴趣点，吸引他们的注意力，提高学习积极性；根据学生的个体差异，采用差异化教学方法，满足不同学生的学习需求；通过讲授法和图示法，引导学生自主思考、分析和总结，培养他们的自主学习能力；提倡合作学习，利用合作学习方法，组织学生进行小组讨论和合作任务，培养团队合作精神和沟通能力；采用探寻法和探究式学习，鼓励学生主动探索和研究问题，培养他们的批判性思维和创新能力；结合研学点资源和非遗文化课程耗材，让学生通过亲身参与和体验，深入了解文化知识；设置具体的任务和问题，激发学生的学习动力，通过任务驱动法促进学生的主动学习和问题解决能力；整合师资、课程及教材等多种资源，为学生提供丰富的学习材料和支持；定期进行教学评估，根据学生的学习情况和反馈，及时调整教学策略，提高教学效果	高中段学生心智相对成熟，具有较强的创新意识、自主学习能力和合作探究能力。根据学生的特长进行学习开展，以培养学生对优秀传统文化的传承创新意识和能力、弘扬传统文化精神的价值观和责任感为目标，以人文关怀和思想引领为指引，着重培养学生的主动学习能力、创新发展能力和自主探索能力。通过项目式学习、合作学习、实地考察、角色扮演、技术整合、反思性教学、跨学科教学评估反馈、持续性教学等教学策略，提升学生的学习成果，促进学生的个人成长和社会适应能力，将不同的内容融会贯通，使学生感受新疆深厚的历史文化底蕴、体验多元文化的相互交融、了解非遗对一带一路的重要作用，激发学生为传统文化传承贡献力量的热情，从而实现教学目标

维度或要素				小学高年级段	初中段	高中段
实施方案	入营教育	安全	引导	进行安全知识培训，包括防火、防溺、防走失等	通过营地安全通道、安全标识学习，进行入营安全教育	通过营地警示视频、安全通道、安全标识学习，进行安全防护意识教育
			实训	教授基本的急救技能，如包扎、心肺复苏等	为学生提供一份详细的《安全手册》，列出可能的风险、预防措施和应急处理方法	为学生提供一份详细的《安全手册》，列出可能的风险、预防措施和应急处理方法
		应急	引导	通过讲座、视频等形式，向学生讲解应急的基本知识	通过视频学习和现场教学，掌握应急事件处理方法和技巧	通过视频学习和现场教学，掌握应急事件处理方法和技巧
			实训	火灾逃生、地震避险、心肺复苏等基本救护技能实操	止血、包扎等基本救护技能实操	观看典型视频，学生分享个人体会
		救助	引导	组织学生进行模拟演练，如火灾疏散演习等，让学生在实践中掌握应急技能	通过案例展示，培养学生有效利用周边各种资源解困救助	通过案例展示，培养学生学会利用周边各种资源解困救助
			实训	邀请专业的急救人员进行培训，教授学生常见的急救方法，团队协作训练：设计一些团队协作的实训项目，让学生在合作中学习应对紧急情况	模拟实施包括角色扮演、团队合作等活动，掌握止血、包扎、搬运的方法	模拟实施包括角色扮演、案例分析等活动，帮助学生熟悉和掌握求助教育的方法和技巧
		自我管理	引导	培养学生的时间管理能力，制定作息时间表和任务计划	通过情绪管理的培训和指导，帮助学生掌握应对压力和困难的方法	通过情绪管理的培训和指导，帮助学生掌握应对压力和困难的方法
			实训	引导学生自我反思，总结经验教训，不断提高自我管理能力	沉浸式体验，帮助学生熟悉和掌握自我管理的方法和技巧	实施角色扮演、案例分析、团队合作等，熟悉和掌握自我管理的方法和技巧
		团队协作	引导	设定合作任务，培养学生的沟通、协作和解决问题的能力	拟定活动目标，学生分组协作，制订计划、分配任务	拟定活动目标，分组协作，制订计划、分配任务、协调进度等
			实训	组织团队建设活动，让学生相互了解，增进团队凝聚力	学生自主设计小组活动，自主规划活动内容、时间安排、资源调配等	自主设计小组活动，组织和协调活动，自主规划活动内容、资源调配等

维度或要素		小学高年级段	初中段	高中段
实施方案	导入教学环节	1.视频导入：通过展示相关图片、视频或讲述有趣的非遗历史故事，引起学生对研学地点的兴趣 2.根据学习目标直接导入，介绍营地非遗场馆，为学生制作非遗文化作品做引入和铺垫 3.任务导入：走进民俗馆、博物馆，给学生布置相关人物，激发学生的好奇心，让他们对即将学习的内容产生探索的欲望 4..运用视频进行情境再现式导入，让学生了解新疆历史的背景与发展 5.运用多媒体展示北庭故城的相关历史文化，增加学生学习的参与度和趣味性	1.视频导入：展示非遗文化的视频和图片 2.情境导入：通过实地参观巴州博物馆、阿克苏博物馆，与文物进行亲密接触，感受中国历史文化的魅力 3.任务导入：走进焉耆县博物馆，给学生布置修文物的任务，必须要对文物有足够的了解，激发修文物的兴趣 4.情境导入：通过实地探访、听教师讲授喀什古城的艺术，激发学生体验非遗土陶制作的兴趣 5.问题导入：歌手刀郎和刀郎文化有关系吗？刀郎文化包含哪些内容？激发学生学习国家级非物质文化遗产的兴趣	1.问题导入：巴州为什么是丝绸之路的重要枢纽，带着问题寻觅和沉思古老的楼兰文化 2.任务导入：布置学习东归文化和察吾乎文化的任务，理清其历史发展脉络 3.情境导入：通过实地参观阿克苏博物馆、与文物进行亲密接触，感受阿克苏历史的文化魅力 4.情境导入：通过实地探访、听教师讲授喀什古城的艺术，激发学生的体验非遗土陶、花模戳拓染技艺制作的兴趣 5.任务导入：布置学习刀郎舞的任务，激发学生了解喀什刀郎之乡历史文化的风格和特点
	授课教学环节	第一天：必修课程一“‘陶’你喜欢，迷你缤纷世界”、必修课程二“慧心巧编织”、必修课程三“妙‘布’可言·手工布贴画”；第二天：必修课程四“‘绣意满满’刺绣工艺”、选修课程1“初探皮雕技艺”；第三天：必修课程五“东归印象”、必修课程六“博物馆的秘密”、选修课程2“库尔勒的古老故事”；第四天：必修课程七“走进世界文化遗产地——交河故城”、必修课程八“西域历史文库——吐鲁番博物馆”、选修课程3“中国刺绣家族的故事”；第五天：必修课程九“如果文物会说话”、必修课程十“重走丝绸之路”、选修课程4“重温西游文化——火焰山”	第一天：必修课程一“‘楼兰小皮匠’皮雕工艺”、必修课程二“火笔生花·书签烙画”、必修课程三“篆刻——领略方寸之美”、必修课程四“‘西海寄苇闲’芦苇画制作”；第二天：必修课程五“探寻楼兰印记”、选修课程1“创意手工烫画艺术”；第三天：必修课程八“探秘阿克苏博物馆”、选修课程2“东归文化研究与探索”；第四天：必修课程九“疆域土陶—探秘喀什古城”、选修课程3“农民画的创作与设计”；第五天：必修课程十“敲染而至——花模戳拓染技艺”	第一天：必修课程一“‘楼兰小皮匠’皮雕工艺”、必修课程二“火笔生花·葫芦烙画”、必修课程三“篆刻—领略方寸之美”、必修课程四“明月寄相思”芦苇画制作、选修课程1“慧心巧编织”；第二天：必修课程五“丝路楼兰·东归印象”、选修课程2“东归文化研究与探索”；第三天：必修课程六“探秘阿克苏博物馆”、必修课程七“跨越·时空”；第四天：必修课程八“疆域土陶”、必修课程九“敲染而至”、选修课程3“创意手工烫画艺术”；第五天：必修课程十“刀郎麦西来普”、选修课程4“农民画的创作与设计”

维度或要素		小学高年级段	初中段	高中段
实施方案	进阶教学环节	1.引导学生深入思考，分析非遗文化现象背后的原因 2、分组讨论：中华传统文化的形成与发展 3.任务完成：让学生尝试制作传统手工艺品、学习非遗舞蹈等，加深对非遗文化的体验 4.分组讨论：为什么交河故城是世界的文化遗产 5.思考讨论：分小组探讨丝绸之路的路线和节点	1.集体讨论：概括说出东方皮雕和西方皮雕在文化背景、风格特点、历史发展和技艺上的区别 2.问题简答：总结芦苇画的艺术成就，感受芦苇画的艺术效果及在中国传统文化中的地位 3.分组讨论：非遗舞蹈有什么特色 4.任务驱动：用双手再现“泥巴艺术”土陶的风采 5.任务驱动：花模拓染的染料和拓印技法	1.任务拓展：学习皮雕、篆刻、电烙画、芦苇画等传统艺术的的基本技法后，还可以加入什么技艺，让它们变得多姿多彩？作品怎么做到既要传承传统技艺又要融入现代元素 2.分组讨论：中华传统文化我们将要怎样传承 3.思考讨论：中国非遗文化的发展对丝绸之路有怎样的意义 4.思考讨论：阿克苏博物馆是怎样将中华传统文化、地方特色、时代精神融为一体的 5.分析探究：为什么麦西来普这种古老的民俗文化活动会传承不断
	巩固教学环节	1.对研学实践内容进行总结和回顾，进行知识竞赛、问答等活动，检验学生对所学内容的掌握程度 2.通过非遗作品展示、心得分享，展示自己的研学成果 3.通过角色扮演的方式讲述历史文化的故事 4.通过小组汇报加深对传统文化的认知 5.让学生填写研学学习反馈表，了解他们的学习情况和问题	1.对研学实践内容进行总结和回顾，及时解答学生疑惑问题。通过作品展示、心得分享等方式展示自己的研学成果 2.总结通过动手体验，掌握了中国传统文化皮雕、芦苇画、电烙画、篆刻的艺术特点和制作方法 3.展示所学非遗舞蹈，并进行小组创新编排 4.通过讲故事、新闻采访、情境再现等加深对革命历史的认识 5.通过情境剧、调查报告、答辩等方式阐释非遗文化交流和创新对中国经济发展、科学进步、文化繁荣的重要性	1.回顾前期调查、现场探究、亲身体验收获，掌握传统技艺的艺术特点、制作步骤后，交流这些多元文化它们之间如何交相辉映 2.通过角色扮演的方式讲述博物馆文物的故事 3.通过情境剧、调查报告、答辩等方式阐释非遗文化的传统技艺、民间艺术、民俗风情 4.拓展：通过调查报告、答辩等方式阐释产生的深远意义，对戍边的深刻影响及创新发展 5.总结分享将传统文化的传承贡献自己的力量

维度或要素			小学高年级段	初中段	高中段
实施方案	总结教学环节	教学创新	通过创设情境，提高学习的趣味性和实效性。组织学生进行小组合作学习，培养学生的团队协作能力和沟通能力。鼓励学生自主探究，培养学生的探究精神和创新能力，让学生亲身参与实践活动，增强学生的体验感和成就感	通过多样化的引导和研学实践方式，提高学生思维想象力、创造力和审美能力	通过适当的教学资源方法，根据学生的兴趣需求进行设计，进行多样化的引导和研学实践方式，注重学生的实践能力、拓展知识面、增强团队的协作能力、培养自主学习能力、提高综合素质，对学生的全面发展具有重要意义
		教学总结	概括研学活动的主要内容和成果，包括学生在知识、技能、情感等方面的收获。分析教学目标的达成情况，评估教学方法的有效性。总结学生在研学过程中的表现	回顾研学过程，及时收集学生、家长和其他相关人员的反馈，了解教学环节的优点和不足，整理研学活动的教学资料，建立研学档案，完善研学手册	梳理研学实际达到的成果，学习内容覆盖历史文化、传统文化、社会实践等知识点；反思效果知识技能提升、创新思维和批判性思维的发展、价值观和人文关怀的培养。同时对未来研学活动的期望和计划
		教学反思	研学结束后思考研学课程活动过程中的教学内容的难度及教学组织过程中出现的问题及原因。探讨如何改进教学方法和策略，以提高教学质量。复盘教师在教学中的不足之处，寻求提升教学能力的途径	根据研学反馈和评估结果，对研学环节进行调整和优化，对研学资源进行重新挖掘，提炼经验教训，为下一次研学活动提供参考	研学结束后对研学的目标设定与达成、教学内容与资源、教学方法与实践、学生参与互动、教学效果与反馈、组织协调与管理、文化价值观教育等方面进行综合反思，进行优化改进，有助于研学实践活动持续性发展

维度或要素				小学高年级段	初中段	高中段
实施方案	评价教学环节	教学水平评价	自我评价	教师对自己的教学设计、教学方法、教学组织等进行反思，总结经验教训	教师对教学内容设计、目标落实情况、学生参与度等进行评价与反思	教师对教学专业、团队协作能力和灵活应变能力的设计进行自我评价，对学生个性化发展和实践性原则、学生的综合素质进行评价
			学生评价	通过问卷调查、小组讨论、个人反馈等方式，了解学生对研学活动的感受和收获，以及对教师教学的评价	学生对教师是否激发学生兴趣、师生充分互动、鼓励学生表达交流等方面进行评价	运用问卷调查和座谈相结合的方式，学生针对教师的教学方法、课程组织、激发兴趣、安全与关怀、个性化关注、角色模范等方面填写调查问卷，形成综合报告，全面提升活动评价效果
			同行评价	与其他教师交流，听取他们对教学活动的意见和建议，共同探讨教学改进的方法	营地教师、带队教师对教师的教学设计、实施策略、实施效果等方面进行评价	由营地教师和管理人员通过观摩、听课、资料审阅、问卷调查等方式对教师的教学准备、教学设计、创新与适应性等方面进行评价
			培训和考核	对学生在研学活动中的学习成果进行技能展示考核，同时对教师的培训效果进行评价	定期对营地教师进行研学实践课程培训并进行考核	通过制定继续教育、实地考察、绩效评估等方式，对教师进行专业知识、教学、安全、沟通技巧、技术应用等方面进行持续性的培训和考核
			教学成果展示	组织学生展示学习传统文化技能的作品，评价学生对知识的掌握和运用能力	用图文、视频等资料记录学生的研学实践表现，通过学生作品交流分享展示研学实践成果	定期举行教学成果展示，组织研学实践教育专家对教学研究论文、科研报告进行点评，督促教师提升

维度或要素				小学高年级段	初中段	高中段
实施方案	评价教学环节	学业评价	形成性评价	围绕学生的知识获取程度、探索深度、团队协作、情感表达等内容，教师及时观察学生的学习情况，给予反馈和指导，调整教学策略	围绕学生的知识获取程度、探索深度、团队协作、情感表达等内容，采取持续观察、记录、反思的方式进行评价，根据评价结果，结合学段特点，及时调整教学计划和教学方式，重点关注学生知识获取程度、探究方法和能力的培养	围绕学生的探究能力、价值观培养、团队协作等内容，采取持续观察、口头反馈、自我反思评估、同伴评价、演示汇报等方式进行综合评价，结合学段特点，及时调整教学策略和教学方式，注重学生学习过程中的努力和成长
			总结性评价	以研学课程目的为基准，对整个教学过程进行全面评价，总结优点和不足，为今后的教学提供参考	以研学课程目的为基准，通过测验、考核、展示等形式，对参与研学实践活动学生的参与程度、知识获取和技能掌握程度、行为习惯培养、价值观培养等方面进行评价，根据评价结果，判断教学目的实现程度，调整教学活动形式	以研学课程目的为基准，通过项目作业评价、自我评估、同伴评估、教师评价、汇报展示等形式，对参与研学实践活动学生进行总结性评价
			教师评价	通过对教师在研学活动中的表现进行评价，激励教师不断提高教学质量	采取日常记录、交流讨论、调查问卷、教学反馈或口头表达的形式，对学生的知识获取、过程行为管理、情感认同、团队协作进行评价，为学生提供个性化建议和反馈，加深对知识和技能的理解和运用	通过学生的参与投入度、合作与交流、行为与纪律、进步与成果、项目与成果等形式，进行全面公正的评价，既要肯定学生的优点和成就，也要指出不足提供改进方向，学生能对自己的学习成果进行认可，还能激发其继续学习和进步的动力
		项目评价		以行政主管部门和学校参与为主体，学生和家长为辅助，采取调查问卷、意见建议等方式，对项目目标、计划设计、成果展示、应用与实践、持续性与影响力等方面进行评价	以行政主管部门和参与学校为主体，学生、学生家长、社会公众为辅助，采取问卷调查、意见收集等方式，对教学目标设定、教学设计、课程资源、教学策略、活动组织、协同管理、线路规划、成长过程等方面进行评价，进一步优化项目设计	以行政主管部门和学校参与为主体，营员和家长为辅助，采取调查问卷、意见建议等方式，对项目目标、计划设计、成果展示、应用与实践、持续性与影响力等方面进行评价

后 记

中华优秀传统文化是中华民族的文化根脉，也是世界发展的智慧借鉴。其传承创新是一项复杂的系统工程，需要牢固确立系统观念，在把握发展大势中永葆中华优秀传统文化生命力；加强全局性谋划，在服务复兴大局中增强中华优秀传统文化凝聚力；加强战略性布局，在讲好中国故事中提升中华优秀传统文化传播力；加强整体性推进，在深化协同贯通中强化中华优秀传统文化引导力。

在校外研学实践中弘扬“传统文化”，传承“红色基因”，是文化传承与创新教育的重要载体，也是使青少年深入了解传统文化的历史背景、民族精神和文化内涵的重要途径。因此，我们在青少年校外研学实践教育过程中，努力做好方案设计、讲究教学策略和方法路径、关注课程质量和多元评价生成，让学生学有所得、学有所获，也为其他营地、基地等开展文化传承与创新主题的校外研学实践教育提供借鉴和参考。

本书由中国教育会计学会组织编撰，属于中国教育会计学会确定的重点研究课题研究成果之一。本书由课题负责人、教育部经费监管事务中心田书源，中国教育学会学生发展指导分会副理事长杨昕主审，由四川广元营地郭永昌、徐显平，长沙营地杨伟，山东潍坊营地孟祥池，浙江杭州职业技术学院林春树编著。参加本书撰写的主要人员有：山西皇城相府研学实践教育基地原敏团，四川广元营地刘朝杨、付丽霞、孙溦娜，四川广元开放大学侯艳，山西晋中营地张燕丽、石景融，山东潍坊营地鞠克亮、秦志伟，辽宁盘锦营地王雨萱、刘淼，新疆库尔勒营地姜大伟、贺茹，陕西国防工业职业技术学院张晨亮、史成君。参加本书撰写和资料整理的还有：四川广元营地王欢、赵敏、冯潇文，北京营地胡定军、阎寰宇，山西大同营地王超颖、贾宇，山西太原营地石慧、徐鹏，河北石家庄营地刘京华、宋丽，陕西西安营地骆斌，新疆乌鲁木齐营地吴沛颖，湖南长沙营地王欢、黎荣烨，河南济源营地李亚丽、李小楠，湖北荆门营地阚本力、潘燕，福建晋江营地曾焕录、胥婉真，甘肃兰州营地杨竹林、凌晶晶，云南红河营地王泽元、韩首宁，四川眉山营地唐建君、刘洁莹，陕西汉中营地熊丽娟、苏萌，黑龙江伊春营地任秀燕、邬春雷，内蒙古包头营地吴慧、苗娟，浙江温州营地叶超程、江政泽，福建龙岩营地丘志坤、徐巧红，山东威海营地李世文、孙玉美，上海东方绿舟营地陈海雷、蒋舒静。

在本书编撰过程中，国家督学、中国教育会计学会副秘书长茹家团教授和一些校外研学实践教育专家以及中国财政经济出版社给予了悉心指导，一些全国中小学生研学实践教育营地、基地的领导、老师为本研究提供素材、收集数据、整理资料，在此一并表示感谢并致以崇高的敬意。

需要说明的是，在历史长河中积淀形成的中华优秀传统文化并非一成不变，而是开放的、包容的、发展的，其内涵随着时代的发展而不断丰富，其传承与创新的方式方法也随着时代的发展而不断变革。本书编写是一次尝试，也是一次创新，因此，书中难免有疏漏之处，敬请读者朋友批评指正。

编者

2024年5月